우정의 과학

최첨단 과학으로 밝혀낸
유대의 기원과 진화, 그 놀라운 힘

우정의 과학

리디아 덴워스 지음 | **안기순** 옮김

Friendship

흐름출판

1장　우정의 생물학　　　　　　　　　　　　　　23

만성질환이 주요 사망원인으로 부상하면서 스트레스와 사회적 지지라는 두 개념이
주목받기 시작했다. 연구자들은 외로움이 흡연만큼 사망률을 높인다는 사실을 발견
했다. 사회심리학과 신경과학, 면역학, 유전학이 만나면서 밝혀지고 있는 우정의 힘
과 작용, 그 반대편에 있는 외로움의 파괴력을 살펴본다.

2장　중학교 점심시간　　　　　　　　　　　　　　61

아이들은 5~7세에 이르러 인지능력이 정교해짐과 동시에 고차원적인 사회적 기술
을 훈련하기 시작하며 특히 놀이를 통해 뇌를 성장시키고 사회적 기술을 배운다. 자
녀가 사춘기가 되면 부모의 지지와 위로가 예전만큼 효과를 발휘하지 못한다. 대신
또래의 존재는 긍정적으로든 부정적으로든 심대한 영향을 끼친다.

3장　아기의 애착, 우정의 근원　　　　　　　　　99

우정이란 무엇일까? 아리스토텔레스는 '친구는 또 다른 자신'이라고 말했다. 수천 년
후 신경과학과 유전학은 그 말에 담긴 진실을 밝혀냈다. 현대적인 우정의 과학은 전
혀 어울리지 않아 보이는 두 과학자의 우정에서 시작했다. 정신의학자 존 볼비는 애
착이론을 구상하며 동물행동학자 로버트 힌데와 손을 잡았다.

8장 디지털 세상의 우정

사진작가 탄자 홀랜더는 페이스북 친구들을 찾아 전 세계를 돌아다니며 찍은 자료로 책을 쓰고 영화를 제작했다. 소셜 미디어 시대에 관계는 약화되고 있을까, 그 반대일까? 오프라인 세상 인간관계의 빈익빈 부익부는 디지털 세상에도 반영되며, 디지털의 부정적 효과는 사실 현실의 문제가 온라인에서 드러난 것일 뿐인 경우가 많다.

9장 우정과 유전자

파티를 좋아하는 성향은 유전일까, 환경의 영향일까? 친구의 수, 사회적 네트워크상의 지위 등 친구를 사귀는 성향이 상당 부분 유전된다는 사실이 밝혀지고 있다. 환경에 따라 어떤 유전자의 스위치가 켜지는지 좌우된다는 것을 발견하며 성립한 후성유전학은 유전자와 환경이 우정에 끼치는 영향을 연구하는 분야에서 지속적인 성과를 거두고 있다.

10장 뇌 속에 형성된 우정과 유대

타인과 상호작용할 때 과거의 기억을 끌어오고 마음 읽기 네트워크를 가동하며 자신의 선호를 바탕으로 의사결정을 하는 사회적 뇌의 각 세부 영역의 기능이 드러나고 있다. 최신 뇌 영상 기술에 힘입어 친구끼리는 자극에 반응하는 뇌의 패턴이 비슷하며, 뇌는 사랑하는 사람을 실제로 자신의 일부로 인식한다는 것이 밝혀졌다.

11장 멋진 삶의 비결

60세 이전에는 배우자 유무가 건강에 중요하지만, 이후에는 친구나 친척과의 친밀한 관계가 훨씬 더 중요하다는 것이 밝혀졌다. 직업과 가족에 대한 의무가 줄어들면, 자신이 하고 싶은 일과 그 일을 함께 하고 싶은 사람들에게 쓸 시간이 늘어난다. 80세의 건강을 예측할 수 있는 가장 확실한 지표는 50세 때 자신의 인간관계에 얼마나 만족하는가였다.

새롭게 떠오르는 우정의 과학

과학 저술가로서 나는 주로 뇌에 관심이 있었다. 나는 뇌세포 사이에 형성되는 수많은 연결을 지도로 작성하기 위해 노력해왔다.[1] 하지만 뇌에서 확장해나가는 똑같이 중요한 지도가 있다는 사실이 최근 들어 분명하게 밝혀졌다. 눈에 보이지 않지만 절대적으로 필요한 이 지도는 타인과 형성하는 관계망이고, 행동과 감정을 통해 타인과 서로 영향을 주고받는 개인들의 네트워크다. 우리는 각기 다른 존재일 수 있지만, 생리적인 면에서는 마치 비단실로 한데 묶인 듯 깊이 연결되어 있다. 우리의 개인적인 연결망에는 가족, 연인, 친구가 있다.

세 가지 범주 가운데 가족과 연인은 지금까지 면밀하게 연구되어 왔으며 관련 글도 상당히 많이 발표되었다. 당연한 현상이다. 가족과 연인은 살아가는 내내 좋든 나쁘든 우리에게 엄청난 영향력을 행사한다. 유대 관계가 좋으면 우리는 커다란 기쁨과 성취감을 느낀다. 유대 관계가 나쁘면 우리는 비참해지고 때로 마음에 심각한 상처를 입는다.

우리는 이 세상을 살아가면서 늘 사랑하는 사람들의 영향을 받는다. 지난 십 년 가까이 나는 남편이 새로 벌인 사업을 돕고, 십대 아이들을 키우고, 알츠하이머를 앓는 어머니를 돌보았다. 그러면서 가족의 기분에 따라 내 기분도 덩달아 널 뛴다는 사실을, 생리 작용이 바뀌면서 이따금씩 아드레날린이 솟구치거나 심장이 마구 뛴다는 사실을 실감할 수 있었다.

우정도 같은 영향력을 행사한다. 우정은 소속감이라는 기본적인 욕구를 충족시키고, 고통이나 신체적 쾌락을 유발해 그 욕구에 주의를 집중시킨다. 그래서 대학 시절 기숙사에서 한 방을 썼던 친구와 컨버터블을 타고 목이 터져라 〈Take on Me〉를 열창하며 질주할 때 느꼈던 순수한 기쁨을 지금까지 기억하는 것이다. 다른 한편으로 나이가 열 살이든 쉰 살이든 생일파티에 초대받지 못하면 율리우스 카이사르와 브루투스가 느꼈던 수준의 배신감에 젖을 수 있다.

하지만 혈연이나 사랑으로 맺은 관계와 비교할 때 우정은 역사적으로 과학 분야에서 소홀한 대접을 받아왔다.[2] 인류의 초기 조상을 연구하는 고고학자들은 연구의 초점을 사회생활이 아니라 뼈와 도구에 맞췄다. 생물학자들은 연애나 짝짓기와 달리 번식 성공에 영향을 미치지 않는다고 판단해서 우정을 무시했다. 전문가로서 얘기하자면 우정을 다룬 소수의 심리학자와 사회학자는 선견지명이 있었다고 할 수 있지만 그럼에도 학계에서 고립되어 있었다. 과학계에서 좀 더 광범위하고 진지하게 연구하기에 우정은 정의하고 측정하기가 지나치게 어려우며 지속 기간이 짧은 편이고 다소 감상적인 주제이다. 따라서 이 주제는 대개 철학자의 소관이 되었고 그나마도 많은 철학자에게 외면당했다.

지난 수세기 동안 우정은 순전히 문화적인 산물, 인간 사회의 발명품으로 여겨졌다. C. S. 루이스Clive Staples Lewis가 말했듯 "우정은 철학이나 예술과 마찬가지로 인간의 생존에 필수적인 요소는 아니다. … 우정은 생존을 위해 필요한 것이 아니라 생존에 가치를 부여하는 요소다."[3]

우리 역시 우정을 그 가치만큼 진지하게 여기지 않으므로 과학자들만큼이나 잘못을 저지르고 있다. 입으로는 우정에 찬사를 보내면서도 실제로는 가족과 연애에 우선순위를 두기 때문에, 사랑에 빠지면 친구를 외면하고 바쁠 때는 친구와 만나는 시간을 제일 먼저 없앤다. 나는 수년간 브루클린 인근에 사는 친구들과 우연히 마주치면 선뜻 "언제 얼굴 한번 보자. … 꼭"이라고 말했다. 그때는 정말 진심에서 우러나서 말했지만 가족과 일에 열중하다 보면 거의 실천하지 못했다.

그러다가 가족 전체가 홍콩으로 이사해 아는 사람이 거의 없는 그곳에서 몇 년 동안 살았다. 다른 여성 몇 명과 함께 처음으로 저녁식사 초대를 받았을 때는 마치 고등학교 졸업 파티에 초대받은 것처럼 마음이 설렜다. 하지만 쇼핑과 가사도우미(이곳에서는 가사도우미를 두는 것이 일반적이다) 중심으로 돌아가는 대화를 듣고 실망했다. 그래서 집에 돌아와 남편에게 "나는 이곳 사람들과 안 맞아."라고 눈물을 흘리며 호소했다. 시간이 지나면서 상황은 나아졌고, 좋은 친구도 몇 명 사귈 수 있었다. 두번째 해에는 모임에서 더 이상 신참이 아니었다. 그래도 브루클린에 있는 친구들이 얼마나 소중한지 새삼 깨달았고, 외로움만큼이나 후회가 쓰라리게 마음을 찔렀다.

누구나 시간의 제약을 받기 마련이다. 따라서 자신에게 주어진 시간을 어떻게 분배할지 다시 생각해보아야 한다. C. S. 루이스에겐 미안한 얘기지만, 그의 주장은 틀렸다. 우정은 문자 그대로 생존에 기여한다. 사회적으로 잘 통합된 사람의 수명은 그렇지 않은 사람보다 길다는 사실이 밝혀졌다.

과학이 진행하는 방식이 그렇듯 우정에 대한 새로운 이해가 증진되면서 건강, 생물학, 진화에 대해 연구하는 과학자들이 특별한 관심을 품고 우정에 접근하고 있다. 이제 우정은 빤히 보이는 데도 오랫동안 간과되어온 사회적 행동의 결정적 한 조각으로 인식된다. 그렇다. 루이스가 정확히 지적했듯 친구들은 인생의 커다란 즐거움이고, 친구와 맺는 유대가 문화에 따라 형성되는 것은 부인할 수 없다. 하지만 이것은 전체 이야기의 일부일 뿐이다. 우정에는 생물학적이고 진화적인 토대가 있다.

이러한 토대를 발견하고 탐색하면 우정의 본질이 명쾌하게 드러난다. 그러면 배우자나 형제자매 등 다른 관계가 친구 관계와 어떻게 다른지, 어느 지점에서 두 관계의 경계가 흐려지는지 판단할 수 있다. 우정에 관한 연구는 관계의 양이 아닌 질 쪽으로 기울기 시작했고, 자폐증 같은 신경학적 증상을 동반하는 사회적 기능 장애의 원인을 조명하기 시작했다. 사회적 행동을 연구하는 새로운 과학은 결정적으로, 우정의 반대 현상인 외로움이 흡연이나 비만과 마찬가지로 치명적인 생리적 결과를 낳는다는 것을 확실하게 밝혀내고 있다.

우정의 뿌리를 찾아서

나는 2016년 원숭이 섬으로 알려진 푸에르토리코의 카요섬을 방문해서 둘러보고 연구자들을 인터뷰했다. 그들이 카요섬에 서식하는 히말라야원숭이들의 바쁘고 복잡한 사회생활을 탐구하는 것은 우정의 뿌리를 찾으려는 노력의 일환이다. 이러한 노력이 성공하기 힘들어 보일 수 있지만, 우정 연구처럼 명백한 학제 간 연구에서 동물 연구를 통해 가장 중대한 돌파구들을 몇 개 마련했다.

모든 동물 연구가 동등하게 인간에게 적용된다는 뜻은 아니지만 그렇다고 어떤 동물 연구도 부적절하지는 않다. 최근 들어 돌고래부터 얼룩말까지 놀랄 만큼 많은 동물에게서 우정이나 우정 비슷한 현상이 발견되었다.[4] 관상용 열대어인 제브라피시zebra fish도 흥미로운 사회적 행동을 보인다. 친숙한 물고기의 냄새를 맡으면 두려움이 줄어들고 '친구'를 보면 더욱 줄어든다.[5] 양은 헤어지고 여러 해가 지나도 함께 자란 동물을 알아본다.[6] 카요섬에서 히말라야원숭이를 연구하는 브렌트는 이렇게 설명했다. "우정이란 무엇인지 깊이 고찰하면서 우리는 다른 종에게서 우정을 찾기 시작합니다.

인간과 인간 사회를 넘어선 영역에 어떤 이야기가 있다는 뜻이죠."

인간과 다른 동물을 비교하는 방법이 타당한지를 놓고 열띤 논란이 벌어지고 있다. 인간의 의도와 생각을 비인간 생물에게 투영하는 의인화anthropomorphism는 지속적인 논란의 대상이다. 아울러 다른 종들이 입증한 능력을 믿지 않으려는 태도를 가리켜 영장류학자인 프란스 드 발Frans de Waal이 '의인화 부정anthropodenial'이라고 표현한 도발적 주장도 논란의 대상이다.[7] 영장류학자들은 평상시에 대화할 때만큼은 동물의 친구를 "선호하는 사회적 파트너"가 아니라 친구라고 부르는 것을 더 이상 금지하지 않는다. 앞서 활동했던 학자들의 이론을 근간으로 삼는 브렌트 세대 학자들은 이제 우정의 과학을 연구한다고 당당하게 밝힌다.

물론 동물은 우정의 진화와 생물학에 얽힌 이야기의 일부만 설명할 뿐이다. 인간이 뜻밖의 요소로 가득한 존재라는 사실도 밝혀지고 있다. 친구가 있으면 스트레스 반응이 줄어들고 도전에 직면하더라도 더욱 수월하게 맞설 수 있다고 알려져 있다.[8] 인간의 뇌파와 유전 정보를 더 잘 해독할 수 있게 되면서 우리는 그런 연구를 통해 관계에 대해 상당히 많은 것을 배울 수 있었다. 신경과학자는 뇌가 특정 동영상을 처리하는 방식, 즉 같은 농담을 듣고 웃는 행동의 신경 반응을 관찰함으로써 두 사람이 친구일 가능성을 추정할 수 있다.[9] 건강 분야의 최신 연구에서는 함께 시간을 보내는 사람을 좋아하는 정도가 혈압과 면역세포에 강력한 영향을 끼친다는 사실이 밝혀졌다. 친한 친구가 주는 진정 효과는 상상에 그치지 않는다. 누군가를 친한 친구로 생각할 수 있으려면 반드시 함께 보내야 하는 시간의 양처럼 평범해 보이는 우정의 요소도 진화론에 근거해 설명할 수 있다.

인간과 동물에게 사회적이라는 표현은 다른 존재에 영향을 미치는 방식으로 행동한다는 뜻이다. 이런 행동은 긍정적일 수도 부정적일 수도 있다. 한번 흘끗 보거나, 슬쩍 건드리거나, 소곤거리는 것처럼 미묘하고 사소할 수 있다. 몸으로 공격하거나 소리를 크게 지르는 것처럼 크고 야단스럽고 강력할 수도 있다. 물론 중간인 경우도 있다. 인간을 포함한 영장류는 사회적 행동에 특화된 동물이다. 인간은 사교적이다. '샹들리에에 매달려 그네를 타는'(가수 시아Sia의 팝송 〈샹들리에Chandelier〉의 가사 – 옮긴이) 파티를 즐기거나 끊임없이 파티를 연다는 뜻이 아니라 과학 용어가 의미하는 바 그대로 사회적 동물이라는 뜻이다.

우리는 언제나 무리 지어 살았고, 무리가 커지고 복잡해지면서 무리를 이끌고 구성원끼리 잘 지낼 수 있는 방법을 찾아야 했다. 감정을 읽고 같은 편을 알아보는 방법을 배워야 했다. 집단 차원에서 의사소통하고 식량을 얻고 포식자에 맞서 소속 집단을 지키는 방법을 터득해야 했다. 협동하는 방법을 배워야 했다. 힘든 시기에 누구에게 의지할 수 있는지, 편안한 시기에 누구와 함께 즐길 수 있는지 알아두어야 했다. 다시 말해 친구를 사귀어야 했다.

당연하게도 동물이 보이는 사회적 행동의 특성은 인간과 다르다. 처음 만난 날 모이라가 다짜고짜 던지는 농담을 들으면서 나는 그녀를 더 잘 알고 싶다고 생각했다. 하지만 히말라야원숭이는 그렇게 할 수 없다. 모이라와 함께 런던에서 기자로 일할 때였다. 사무실에 있는 낡은 프린터의 인쇄 속도가 느려 터져 답답하기 짝이 없었다. 이때 모이라는 빅토리아 시대에 쓰던 초록색 챙을 두른 요정이 프린터 안에 살면서 기계를 돌리기 때문이라고 말했다. 썰렁하고 돌발적인 농담이었지만 듣고 있으니 기분이 좋아졌다.

몇 주가 지났을 때 나는 어린 시절 쌍둥이 남동생에게 닥친 심각한 사고에 대해 모이라에게 이야기했다. 사고 경위는 물론 당시에 내가 느꼈던 감정, 사고가 가족에게 미친 영향도 들려주었다. 모이라는 자신을 믿어주고 사연을 털어놓은 내게 책임감을 느꼈다. 이렇듯 최고의 우정은 취약성을 포용한다. 25년이 지난 지금도 모이라와 나는 역경을 웃어넘기도록 서로 돕고, 40년 전에 일어난 일뿐 아니라 4시간 전에 일어난 일도 서로 이야기하며 지낸다.

동물은 이렇게 할 수 없을뿐더러 동물이 그럴 수 있다고 주장하는 사람도 없다. 하지만 동물은 나름대로 웃음과 자기노출이라는 전술을 사용해서 유대를 형성한다. 아니면 소수의 과학자들이 주장하듯 인간이 웃는 것과 각자의 사연을 공유하는 것은 동물이 서로 털고르기를 해주거나 아주 가까이서 시간을 보내는 것에 상응하는 행동이다.[10] 어느 쪽이든 동물과 인간이 공유하는 사회성은 동물에게 예상 밖의 능력이 있음을 보여주고, 인간이 보이는 친밀한 행동에도 예상 밖의 뿌리가 있음을 드러낸다.

우정의 기원과 진화

이 책은 우정의 가시적 측면과 비가시적 측면을 아우른다. 우정은 우리의 능력과 가용성에 따라, 다시 말해 우정의 가능성에 얼마나 마음을 여는가에 따라 삶의 과정 내내 모습을 바꾸는 유기체다. 우정에 대한 취향과 욕구는 다양하지만 우리를 서로 끌어당기거나 떨어뜨리는 보편적인 원리들이 존재한다. 기본적인 수준의 건강과 웰빙을 달성하려고 하더라도 관계 맺기라는 생물학적 필요를 충족해야 한다. 사회적 연결이 공중보건의 주제로 급부상하는 이유다.

우정에 대한 이런 인식은 지금은 명백해 보이지만 예전에도 그랬던 것은 아니다. 사회적 유대와 수명이 밀접한 관계가 있을 뿐만 아니라 외로움이 치명적으로 해롭다는 사실을 밝히기 위해 수만 명의 삶을 추적하는 연구들이 필요했다. 유구한 진화의 역사라는 훨씬 원대한 관점을 갖추는 것만이 오늘날 인간 존재를 형성하는 데 경쟁만큼이나 협동이 반드시 필요했다는 사실을 깨닫는 유일한 방법이다.

집중적인 연구를 통해 우리는 타인을 친구로 만드는 과정에서 복잡하고 난해한 계산을 하는 뇌의 돌출된 부위와 주름진 부위를 이해할 수 있게 되었다. 뇌를 연구하면 우정의 감각적 본질이 드러난다. 외부 세계의 사회적 정보를 처리하고 고차원적인 뇌 영역에 전달하는 시각, 청각, 촉각 등의 감각은 우정이 형성되는 데 핵심적인 역할을 한다. 뇌에 대한 연구는 유아기에서 청소년기를 거쳐 성인기에 이르는 동안 뇌의 사회적 관계망이 계속 바뀐다는 것을 알려주었다. 유전자의 역할을 인식하는 유일한 방법은 면밀한 관찰이다. 우리는 이제 유전자는 자연선택의 매개체이고 사회적 맥락을 포함한 환경에 반응해 활동을 바꾼다는 것을 안다. 마지막으로, 현미경을 통해서만 유효한 연구들을 통해 사회적 행동이 분자 차원과 생리적 차원에서 어떻게 작용하는지 파악할 수 있다.

우리는 아직 우정을 잘 모른다

푸에르토리코를 떠나 브루클린에 있는 집으로 돌아오니 당시 열일곱 살인 아들 제이컵이 친한 친구 크리스티안과 비디오 게임 NBA2K를 하고 있었다. 두 아이는 소파에 몸을 기대고 나란히 앉아 긴 다리를 앞으로 쭉 뻗고 손에는 조종 장치를 든 채 게임에 몰두했다. 가게에 다녀왔는지 빈 샌드위치 포장지와 주스 병이 여기저기 널려 있었다.

아주 친숙한 광경이었다. 마치 내가 집을 비운 동안 아이들이 내내 그 자리에 앉아 있었던 것처럼 느껴질 정도였다. 그들은 고등학교를 막 졸업했고, 간간이 동생 두 명이 합류해 둘씩 편을 먹고 농구 경기를 할 때만 제외하고는 꼼짝하지 않고 집안에 틀어박혀 비디오 게임을 했다. 아마도 매일 아침 눈을 뜨자마자, 심지어 침대에 누운 채로 연락을 했을 것이다. "일어났어?" 먼저 일어난 아이가 문자를 보내면 다른 아이도 이불 속에서 답장을 보냈을 것이다. 그래서 동네에서 만나 아침 식사를 때울 샌드위치를 사러가자고 약속했을 것이다. 그리고 나서 바로 소파에 뛰어들었을 것이다.

아이들의 이러한 행동을 보면서 나는 몹시 화가 났다. 어떤 면에서 이러한 내 태도가 공정하지 않다고는 생각했다. 그해 여름은 고등학교에서 힘들게 공부하고 나서 대학 생활을 시작하기 전에 잠시 숨을 돌릴 수 있는 소중한 기간이었으므로 긴장을 풀고 휴식을 취해야 했다. 더욱이 기간도 짧았다. 몇 주만 지나면 아들은 뉴욕 주 북부에 있는 가족농장에 가서 여름 내내 일할 예정이었다. 그러면 소파에 앉아 있기는커녕 돼지우리를 치워야 할 터였다.

그래도 나는 참을 수가 없었다. 내 안의 책임감 있는 어른이 반란을 일으켰다. 비디오 게임보다 의미 있는 활동을 하며 하루를 보내야 한다는 생각이 들었다. 어떻게 아무 일도 하지 않으면서 그렇게 오랫동안 소파에서 빈둥거리며 시간을 허비할 수 있을까?

그러다가 퍼뜩 이런 생각이 들었다. 아마도 아이들은 무언가를 하고 있는 것이리라. 원숭이를 관찰하고 나서 이 십대 남자애들의 행동을 바라보는 내 방식이 바뀌었다. 근접성을 보라! 친한 원숭이들이 그렇듯 아이들은 신체적으로 매우 가까이 앉아 있었다. 아이들이 주고받는 농담은 또 어떤가! 비디오 게임을 하는 동안에도 간간이 가벼운 욕설을 주고받고 게임과 삶에 대해 이야기하며 키득키득 웃었다. 그들은 원숭이의 털고르기에 해당하는 행동을 하고 있었던 것이다. 더욱 의미심장하게도 그들은 젊은 수컷 원숭이처럼 그동안 자라온 무리를 떠나 이제 넓은 세상으로 막 나아가려는 참이었다. 아이들은 가족과 헤어지는 동시에 친구와도 헤어질 것이다. 헤어지기는 쉽지 않을 것이고, 그래서 함께 있는 지금 이 순간이 더욱 소중했던 것이다.

제이크와 크리스티안은 한 살 때 만나서 네 살 때 서로 가장 친한 친구라고 선언했다. 같은 교실에서 공부하고, 같은 스포츠팀에서 뛰고, 심지어 같은 할로윈 의상을 입은 적도 있다. 우리 가족이 홍콩으로 이사를 가는 바람에 2년 동안 떨어져 있을 때도 둘의 우정은 변하지 않았다. 나중에 크리스티안의 부모가 이혼했을 때도 제이크는 친구 곁을 지켰다. 양가 부모들과 학교 선생님들은 둘 사이를 지켜보며 최고의 우정이라고 생각했다. 형제들은 약간 시기하기도 했는데, 그중 한 명은 "나한테는 그런 친구가 없어."라고 투덜댔었다. 두 사람은 애정이 넘치고 서로 즐거움을 주고 서로를 신뢰했다. 그들의 우정은 서로에게 안식처인 동시에 나머지 사회생활을 잘 꾸려 나가게 해주는 토대였다. 둘은 서로 시샘하지도 않았다. 다른 친구들도 사귀었는데 공통의 친구도 있었고 각자 따로 사귀는 경우도 있었다. 그러면서도 언제나 돌아올 수 있는 편안한 고향 같은 우정을 유지했다.

나는 아이들에게 둘의 관계에서 무엇이 특별한지 물어보았다.

"우리는 서로 뒤통수를 치지 않아요." 제이크가 대답했다. "절대 싸우지도 않죠."

크리스티안이 고개를 끄덕였다. "그럼, 절대 안 싸우지."

서로 친구여서 기쁘다는 듯 아이들의 표정이 환해졌다. 제이크는 "아무리 생각해도 크리스티안보다 더 좋아하는 사람은 없어요."라고 말했다.

두 아이는 어떻게 이처럼 두터운 우정을 키울 수 있었을까? 운이 따라야겠지만, 이런 우정에 이르기 위해서는 어떻게 해야 할까? 우정은 워낙 친숙한 개념이고 일상생활의 일부여서 누구나 우정에 대해 잘 알고 있다고 단정하기 쉽다. 하지만 그렇지 않다. 우정을 이해하고 있다고 생각하지만 실은 온전히 알지 못한다. 우정에 대해 글을 쓰고, 사회적 상호작용에 대해 과학자들과 인터뷰하는 데 많은 시간을 보내는 나조차도 여전히 놓치는 것들이 있다. 나는 아이들이 비디오 게임을 하는 모습만 보았을 뿐 둘 사이의 정서적인 연결은 보지 못했다. 우리는 부모, 배우자, 친구 등 다양한 맥락에서 너무나 자주 실수를 저지른다.

이제 우정을 전면으로 끌어내 대체 우정이 무엇인지 이해해야 한다. 우정은 실제로 죽고 사는 문제이다. 우정은 DNA를 통해, 서로 관계를 맺는 방식을 통해 전달된다. 사회적 유대에는 삶의 궤적을 형성하는 힘이 있다. 우정이 선택도 사치도 아니라는 뜻이다. 성공하고 번성하는 데 결정적으로 중요한 필수 요소다. 우정의 반대편에 있는 인간관계를 판단하는 모형으로 활용할 수도 있다.

인간의 사회적 삶에는 배경이 되는 이야기가 있다. 이제 그 이야기를 펼쳐볼 시간이다.

1장

우정의
생물학

"사람들에게서 이메일을 받기 시작했습니다. '당신들이 이런 연구를 하고 있어서 나는 정말 기쁩니다. 내가 살아온 처참한 사연을 털어놓고 어떻게 아프기 시작했는지 말할 수 있기 때문입니다.' '이모는 누구와도 가깝게 지내지 못하다가 나중에 자가면역질환에 걸렸습니다.' 외로운 사람들은 저 깊숙이 유전자 수준에서 정말 고통을 겪고 있습니다."

책상에 앉아서 이 장을 쓰고 있는데 매슈의 다급한 목소리가 들렸다. "엄마, 빨리 좀 와 봐요!" 우리는 뉴욕 주 북부에 있는 가족 농장에 갔고, 친구 댄이 벌레에 물렸던 것이다. 아래층에 달려가 보니 댄이 창백한 안색으로 현관 계단에 걸터앉아 있었다. 심각한 알레르기 반응을 일으킨 것 같았다. 심장이 마구 뛰고 너무 어지러워 기절할 것 같다고 했다. 나는 얼른 자동차 열쇠를 움켜쥐고 스테로이드를 처방받기 위해 응급실로 차를 몰았다.

우정과 건강의 관계를 이처럼 단순하게 보여주는 사례는 없을 것 같다. 친구는 응급 상황에서 우리를 병원에 데려다준다. 한술 더 떠서 우리가 병원에 가야 한다는 것을 먼저 알려줄 수도 있다. 친구의 존재가 우리를 더 건강하게 해주고 응급 상황에서는 수명도 연장해준다는 것을 깨닫기란 어렵지 않다.

친구는 좋은 습관을 북돋우는 면에서도 우리를 더욱 건강하게 해준다. 나는 일주일 중 며칠은 친구 스테퍼니와 아침 6시에 만나 함께 달린다. 자명종이 울릴 때 밖은 여전히 어두컴컴하다. 스테퍼니가 기다리고 있지 않다면 나는 침대를 벗어나지 못할 것이다. 달리는 습관은 몸뿐 아니라 마음 건강에도 좋다. 정기적으로 대화할 기회가 있으므로 심리치료를 공짜로 받는 셈이다. 친구와 함께 달리는 습관은 몸을 건강하게 유지해 주고 우정도 유지해 준다.

친구는 반대 방향으로 영향력을 발휘해 우리를 건강한 행동에서 멀어지게 꾀어낼 수도 있다. 많은 친구들과 어울리고 있을 때는 '딱한 잔만 더 하려고' 술집이나 파티에 남을 가능성이 훨씬 커진다. 밤에 외출 중인 스위스 젊은이들의 휴대전화 사용 내역을 매시간 조사한 2015년 연구 결과도 그렇게 나왔다. 함께 시간을 보내고 있다고 보고한 친구들의 수가 많을수록 개인이 소비한 시간당 알코올양도 많았다. 이러한 경향은 여성보다 남성에게 더 강했다.[1] 충분히 짐작할 수 있지만 친구가 함께 있기만 해도 또래 압력peer pressure을 받을 수 있다. 십대들은 도움을 줄 친구가 있다는 사실을 알기만 해도 더 많은 위험을 감수한다.

하지만 건강과 사회적 관계의 관련성은 친구를 병원에 데리고 가거나, 함께 운동을 하거나, 술을 같이 마시는 정도를 훨씬 넘어선다. 지난 수십 년간 진행된 각종 연구들을 통해, 우정을 포함한 인간관계가 건강에 훨씬 깊은 영향을 미치고, 심리와 동기는 물론 장기 및 세포의 기능과 구조까지 변화시킨다는 증거들이 쌓이고 있다.

신체적 건강이 우정 같은 외부적인 요인의 영향을 받을 수 있다는 주장은 여러 세기 동안 정신 나간 소리로 여겨졌다. 어쨌거나 의사와 공중보건 관리들은 더 큰 걱정거리들이 있었다. 20세기에 들어서면서 감염병이 세계 주요 사망 원인으로 부상했다. 1900년 미국에서는 주요 사망 원인으로 폐렴, 결핵, 설사, 장염 등이 상위에 올랐다. 이 질병들은 디프테리아와 합쳐 전체 사망 원인의 3분의

1을 차지했다. 특히 5세 미만 사망 아동의 수가 전체 사망자 수의 30%를 약간 웃돌았다. 그들은 늙고 병들 기회조차 없이 아주 어려서 죽었다.

이러한 현실은 20세기 전반에 걸쳐 일어난 커다란 변화들 덕분에 눈에 띄게 바뀌었다. 위생을 개선하고, 항생제를 발견하고, 영유아 백신을 접종하면서 감염병으로 인한 사망률이 급락했다. 1997년까지 폐렴, 독감, HIV 감염에 따른 사망자가 전체 사망자의 5% 미만으로 감소했다. 전체 사망자 중 영유아 비중은 2% 미만으로 떨어졌다. 이렇게 감염병 예방 분야에서 상당한 진전을 보이면서 1950~60년대 의료계는 다른 종류의 사망 원인에 관심을 쏟기 시작했다. 암, 그리고 심장병 같은 만성 질환이 다른 어떤 질병보다 더 많은 미국인의 생명을 앗아가는 사망 요인으로 대두되었다. 20세기 말에 이르자 심장병과 암이 전체 사망 원인의 54.7%를 차지하면서 뇌졸중과 만성 폐질환을 앞질렀다.[2]

의사들이 만성질환의 원인을 더욱 적극적으로 찾기 시작하면서 환경과 생활방식이 매우 중요한 잠재적 요인으로 주목받기 시작했다. 이제 사람들이 자기 몸을 어떻게 다루는가, 또 무엇을 섭취하는가가 조사할 가치가 있는 주제로 떠올랐다. 강력한 증거들이 출현하면서 1950년대 들어 처음으로 흡연과 폐암의 관련성이 대두되었고,[3] 1970년대에는 식습관과 운동의 중요성이 부각되었다.[4] 하지만 신체 밖에 있는 사회에서 형성하는 관계도 건강에 중요하다. 관계는 우리가 입으로 삼키는 것이 아니다. 때로 관계를 '유독하다'고 표현하기도 하지만 화학물질을 포함한 것도 아니다. 조깅처럼 혈압과 직접적으로 관계가 있는 것도 아니다. 그렇지만 몇몇 연구자들은 사회적 통합이 인간의 생리 작용에 영향을 끼치는지 알고자 했다. 적어도 자신을 지지해주는 친구들과 가족이 있으면 건강에 좋은 행동을 부추기거나 의사에게 가보라고 권고해주리라 판단했다. 하지만 정작 인간관계와 건강의 관련성을 분명하게 드러내준 것은 사회적 통합의 영향력이 아니라 고립의 영향력이었다. 고립은 안개에 싸인 대기에서 빙산이 나타나듯 거의 순식간에 잠재적 사망 원인으로 등장했다.

스트레스와 사회적 지지의 연관성

환경과 생활방식의 영향을 적절하게 평가하려면 많은 사람을 조사해야 한다. 역학자들은 바로 이 작업에 착수했다. 1948년 역학자들은 지역사회라는 맥락에서 건강 문제를 조사하기 시작했다. 캘리포니아대학교 버클리캠퍼스의 레너드 사임Leonard Syme은 이렇게 설명했다. "(지역사회는) 교향곡 오케스트라와 같아요. 개별 악기에 대해 전문가가 되려면 바이올린이나 트럼펫이나 드럼을 공부하면 되지만 그렇더라도 교향곡을 이해하는 데는 도움이 되지 않습니다."[5] 역학자들은 매사추세츠주 프레이밍햄(5,000명), 미시간주 테컴시(8,600명), 캘리포니아주 앨러미다 카운티(약 7,000명) 등에서 성인 참가자들을 모집했다.[6] 그들은 "특별히 독특하지도 예외적이지도" 않다고 묘사되던 테컴시처럼 보통 미국인들이 거주하는 보통 도시를 조사 대상으로 선정했다.[7] 이 연구는 환자들의 과거로 돌아가서 질병 유발 원인을 설명하려 하는 대신, 연구 대상자들이 나이 들어가는 과정을 따라가며 추적 조사해 실제 생활방식을 들여다보도록 설계된 장기적인 종단 연구였다. 일부 참가자들은 질문지를 작성하는 것으로 조사를 대체했지만 대부분 정기적으로 건강검진을 받았다. 연구 목표는 주로 심장병의 위험인자를 알아내는 것이었다. '위험인자risk factor'라는 단어를 세상에 소개한 것은 지금도 운영 중인 미국 심장·폐·혈액연구소National Heart, Lung, and Blood Institute의 '프레이밍햄 심장연구Framingham Heart Study' 프로젝트였다.

연구 과정에서 참가자들의 신체적 수치를 기록하는 동시에 사회생활을 정밀하게 조사했다. 결혼을 했는가? 교회에 등록하거나 다른 공동체에 참여하고 있는가? 한 달 평균 가족을 몇 번 만나는가? 친구는 어떤가?

관계의 잠재적인 영향력에 관한 새로운 생각이 나타나기 시작했다. 이것은 스트레스와 사회적 지지라는 두 가지 중요한 개념에서 출발했다. 1936년 한스 셀리에Hans Selye는 오늘날 이해하는 의미로 '스트레스'라는 용어를 처음 사용했다. 헝가리 출신 내분비학자 셀리에는 캐나다 몬트리올 소재 맥길대학교에서 여러 해 동안 선구적인 연구 활동을 펼쳤다.[8] 그는 눈부신 빛, 귀청이 터질 듯한 소음, 극도의 열기와 냉기에 노출시킨 후에 실험실 동물의 몸에 나타나는 변화를 관찰했다. 그때 만들어낸 불쾌는 대부분 신체적이었지만, 실험실 쥐에게 끊임없이 좌절감을 안기는 등 일부는 심리적이기도 했다. 셀리에는 변화 요구에 대응하는 신체 반응으로 스트레스를 정의했다. 그런 반응에 적응력이 있다는 사실도 알아냈다. 스트레스는 동물이 위험에 대처하거나 결핍 환경에서 벗어나도록 도움을 주는 역할을 하는 것처럼 보였다. 하지만 실험대상 동물에게서 궤양이나 부신 부종 같은 병적 변화가 나타났고, 스트레스를 지속적으로 받는 경우에는 결국 인간과 매우 흡사한 심장마비, 뇌졸중, 기타 질병이 나타났다.

이제 우리는 스트레스 상황에 직면했을 때 인간과 기타 포유동물은 물론 어류, 조류, 파충류를 포함한 모든 척추동물은 아드레날린과 글루코코티코이드glucocorticoid(부신피질에서 분비되는 스테로이드 호르몬 – 옮긴이) 같은 호르몬을 분출한다는 것을 알게 되었다. 심박수와 에너지 수위가 즉시 올라간다. 셀리에의 주장은 옳았다. 진화의 역사에서 스트레스는 인간을 포식자에게서 도망칠 수 있게 해주는 아주 오래된 반응이었다. 현대에 맞춰 예를 들자면, 빠른 속도로 달려오는 자동차와 맞닥뜨렸을 때 우리는 스트레스 반응 덕택에 자동차의 진행 경로에서 더욱 빨리 뛰쳐나올 수 있다. 위험이 지나가면 스트레스 체계는 신호를 줄이면서 모든 것을 천천히 정상으로 되돌린다. 긴급 사태에서 스트레스는 우리의 생명을 구할 수 있다. 약간의 스트레스는 일상생활에서 동기를 부여한다. 시험을 잘 보게 하거나, 중요한 발표를 멋지게 완수하거나, 결승전에서 탁월한 실력을 발휘하도록 우리를 북돋운다. 반면에 스트레스가 절대 사라지지 않거나, 결코 오지 않을 도전에 맞닥뜨릴 거라고 지속적으로 예상하게 되면 문제가 발생한다. 질병이라는 올가미에 스스로 걸려드는 것도 바로 이때다. 이 주제를 연구한 최고의 권위자 중 한 명인 영장류학자 로버트 새폴스키Robert Sapolsky는 "지속적이거나 반복적인 스트레스는 무한해 보일 정도로 갖가지 방식으로 우리 신체를 망가뜨릴 수 있다."고 썼다.

현대 지식의 혜택을 받지는 못했지만, 한스 셀리에는 신속히 연구 방향을 틀어 쥐를 연구하는 것에서 벗어나 자신의 발견이 인간에게 의미하는 것을 탐구하기 시작했다. 당시 의학적 사고는 여전히 인체에 침입해서 해를 끼치는 세균과 바이러스로 인한 감염병에 초점을 맞추고 있었다. 하지만 셀리에는 온갖 역경으로 가득한 삶 자체가 사람에게 질병을 안기거나 생명을 빼앗을 수 있다고 주장했다. 인간에게 스트레스를 유발하는 가장 일반적인 원인 중 하나는 다른 인간이라는 결론을 내리기까지는 오래 걸리지 않았다. 나중에는 "대인 관계에서 비롯한 스트레스가 아마도 오늘날 우리가 마주치는 가장 흔한 문제일 것이다."라고 기록했다.[9]

1970년대 중반에 들어서면서 사회적 지지의 잠재적 중요성이 인식되기 시작했다. 지적인 번개가 내리쳤던 두 번의 경우 중 하나를 살펴보자. 서로 독립적으로 연구하고 있던 역학자 존 카셀John Cassel과 정신과 의사 시드니 코브Sidney Cobb는 사회적 관계가 건강에 중요할지도 모른다고 생각했다.[10] 당시에 이런 생각은 단지 가설일 뿐 입증할 증거가 없었다. 하지만 두 과학자는 가까운 관계에 내재하는 어떤 요소가 스트레스를 누그러뜨리거나 감소시키는 역할을 할 것이라고 여겼다. 그들은 아직 알려지지 않은 이 요소를 '사회적 지지social support'라고 불렀다. 새로운 개념처럼 보이지만 사회학자 제임스 하우스James House는 이 용어가 "새 술병에 담은 정말 오래된 와인" 같다고 묘사했다. 암시적이든 명시적이든 문학과 종교 등에서 "이 개념은 사랑, 보살핌, 우정, 공동체 의식, 사회적 통합 등 다른 이름들로 불렸다."[11]

내가 댄을 병원에 데려다 준 행동이 사회적 지지였다. 공원을 함께 조깅하면서 내가 아들들이 화장실에 수건을 제대로 걸지 않아 속상하다거나 엄마가 치매에 걸려 슬프다고 푸념할 때 스테퍼니가 묵묵히 들어주는 것이 사회적 지지다. 내가 마감일을 맞추기 위해 막바지 원고 작업에 매달릴 때 남편이 내가 맡은 집안일을 대신 해주는 것이 사회적 지지다. 이 개념은 많은 영역에 적용된다. 정서적 지지를 받을 때 우리는 보살핌을 받는다고 느낀다. 누군가에게 비밀을 털어놓거나 남의 비밀을 들어줄 때, 자신의 희망과 꿈을 말할 때, 불안감을 토로할 때, 문제에 대해 의논할 때, 격려하고 피드백을 줄 때 우리는 바로 사회적 지지를 활용하는 것이다. 도구적 지지instrumental support는 더욱 실질적이다. 누군가의 아이를 돌봐주거나, 라자냐를 만들어 보내주거나, 이삿짐을 날라주거나, 돈을 빌려주는 것이다. 마지막으로 정보적 지지informational support가 있다. 독감 치료법, 햇볕이 잘 드는 아파트 임대 매물, 전망 좋은 직장의 구인 정보 등을 제공받을 때 정보적 지지를 활용한다.

건강과 사회적 관계의 연관성을 입증하는 최초의 확실한 증거는 이 개념이 등장한 직후에 나왔다. 증거를 제시한 사람은 대학원생 리사 버크먼Lisa Berkman으로, 미국 최초의 관련 연구 중 하나인 캘리포니아대학교 버클리캠퍼스의 사회적 역학 프로그램에서 활동했다. 버크먼은 사회적 통합에 관심이 있었다. 대학원 과정을 시작하기 전에는 샌프란시스코 소재 가족계획 클리닉에서 현장 활동가로 일했다. 차이나타운, 이탈리아인 거주 지역인 노스비치, 매우 가난한 동네로 일인용 모텔과 노숙자로 넘쳐나는 텐더로인, 이 세 곳의 지역사회에서 지원이 필요한 사람들을 식별하는 임무를 맡았다. 세 지역사회의 성격은 극명하게 달랐다. 버크먼은 이렇게 설명했다. "차이나타운과 노스비치는 꽤 단단하게 통합되어 있어서 주민끼리 잘 화합하고 서로를 보살폈습니다. 하지만 텐더로인은 사실상 사회적으로 완전히 고립된 사람들로 가득했어요."[12] 많은 사람들이 주머니에 단돈 몇 달러만 넣은 채 버스를 타고 아는 사람이 거의 없는 텐더로인에 도착했다. 이곳 주민의 건강은 비교 대상 주민들보다 훨씬 위태로웠다.

현재 하버드 인구 및 발달 연구센터를 이끌고 있는 버크먼은 학위 논문을 써야 하는 시점이 되자, 현장 활동을 하면서 생겼던 의문에 대한 답을 찾고 싶었다. 사회적 고립이 건강에 중대한 영향을 미쳤을까? 버크먼은 자료를 찾기 위해 노력하는 과정에서 여러 해 전에 시작된 장기 종단 연구인 앨러미다 카운티 연구를 발견했다. 버크먼과 그녀의 지도교수인 레너드 사임은 이 연구가 시작된 1965년에 참가자들이 보고한 사회적 연결성 수준과 1974년까지 사망한 인구수를 조사했다. 결과는 놀라웠다. 1965년에 참가자들이 보고한 사회적 유대가 낮을수록 이후 9년 안에 사망한 확률이 높았다.[13] 어떤 방식으로 데이터를 분석해도 결과는 마찬가지였다. 버크먼과 사임은 흡연, 건강과 관련된 행동, 사회경제적 조건을 모두 고려하더라도 사회적 고립이 사망률에 영향을 미친다는 사실을 밝혀냈다. 1979년 두 사람이 논문을 발표했을 당시만 해도 이러한 종단적인 연관성은 완전히 새로운 개념이었다. 인과관계를 입증하지는 못했지만 사고를 대대적으로 바꾸어야 할 필요성을 일깨우는 획기적인 증거였다. 버크먼은 "결과가 일관되고 명쾌해서 놀랐습니다. 흥미진진한 순간이었어요."라고 언급했다. 이렇게 생각한 사람은 버크먼만이 아니었다.

외로움이 우리를 죽인다

최근 어느 여름날 나는 미시간대학교 사회조사연구소에서 책과 논문 더미에 둘러싸여 있는 짐 하우스Jim House를 만났다. 하우스는 은퇴를 앞두고 평생 실시해온 연구 작업을 정리하고 있었고, 잔뜩 쌓여 있는 책과 논문 더미가 이를 알려주는 듯했다. 은퇴를 앞두고 있었지만, 그가 1960년대 말 미시간대학교 대학원생이었을 때, 그리고 1978년 교수로 모교에 돌아왔을 때 품었던 지적 호기심은 여전히 왕성했다.

인간관계를 연구하던 사람들은 1970년대 말에서 1980년대 초 사회조사연구소에서 황금기를 누렸다. 사회학자, 심리학자, 경제학자, 공공보건 전문가들이 사회조사연구소에 모여들어 사회생활을 어떻게 적절하게 측정할 수 있을지 진지하게 연구했다. 스트레스와 직장에 관한 초기 연구로 이미 사회적 지지 분야를 선도하고 있었던 하우스는 삶의 사회심리적 측면에 관심을 집중했다. 관계가 사람들에게 강력하고 영구적이며 신체적인 영향을 미친다고 주장하는 버크먼과 사임의 논문을 읽고 하우스는 "정말 흥미롭군." 이렇게 감탄했었다고 기억했다.[14]

하우스는 대학원 재학 시절부터 잘 알고 있던 오래된 테컴시 연구 자료를 찾아내서 사회적 관계 측정치를 건강 정보 및 사망률과 결합했다. 앨러미다에서 그랬듯 사회적으로 고립된 사람들의 사망률이 더 높았다.

곧 하우스는 뭔가 더 거대한 이야기가 있을 거라고 확신하게 되었다. 그는 후배 동료들을 합류시켜 기존 문헌 중에서 6년 이상에 걸쳐 상대적으로 비교 가능한 사망률 관련 추적 자료를 포함하는 대표적인 대규모 인구조사 결과들을 파고들었다. 여기에 해당하는 기록은 여섯 개뿐이었다. 세 보고서의 출처는 미국(앨러미다 카운티, 테컴시, 조지아주 에번스 카운티)이었고 나머지 세 개의 출처는 스칸디나비아였다. 모든 보고서의 결과는 소름이 돋을 정도로 비슷했다. 하우스는 "사람들 앞에 내놓으면 틀림없이 자료를 조작했다고 말할 정도로 결과가 비슷했습니다."라고 덧붙였다. 연구마다 위험의 정도는 달랐지만 종합해 보면 사회적 고립은 사망 위험을 대략 두 배 증가시켰다.

이 주제를 다룬 초기 강연에서 슬라이드 기계를 사용한(파워포인트가 개발되기 전이었다) 하우스는 앨러미다 관련 자료를 시작으로 투명 슬라이드를 차례차례 겹쳐놓으며 평행선을 만드는 방식으로 낮은 사회적 통합과 높은 사망률 사이에 존재하는 강력한 상관관계를 눈으로 확인시켜 주었다. 청중은 반복적으로 제시되는 자료를 통해 상관관계가 입증되는 것을 지켜보며 크게 공감했다. 하우스는 미국에서 가장 유명하고 널리 읽히는 과학잡지 중 하나인 〈사이언스〉의 편집자가 사회과학 논문의 게재량을 늘리고 싶어 한다는 소식을 듣고 연락해서 이렇게 말했다. "내가 대어를 낚은 것 같습니다."

하우스와 동료인 데브라 엄버슨Debra Umberson, 칼 랜디스Karl Landis는 1988년 7월 〈사이언스〉에 논문을 발표하면서 사회적 관계와 건강의 연관성에 대해 경종을 울렸다.[15] 하우스는 참조할 프레임을 만들 목적으로 흡연과 비만을 포함한 다른 위험인자도 조사했었다. 전체 사망자 중에서 흡연자와 비흡연자, 사회적으로 고립된 사람과 통합된 사람을 비교하고 나서 흡연과 사회적 고립이 사망 위험률을 각각 2배 증가시킨다는 사실을 알게 되었다. 하우스는 다른 위험인자를 놓고도 같은 작업을 실시하고 다음과 같이 확실한 결론을 내렸다. "사회적 관계, 또는 사회적 관계의 상대적 결핍은 건강을 위협하는 주요 위험인자이며 흡연, 혈압, 혈중 지질, 비만, 신체활동 같은 주요 위험인자에 필적하는 영향을 끼친다."

하지만 이 결과는 닭이 먼저냐 달걀이 먼저냐의 문제를 낳았다. 사회적 관계가 부족하므로 사람들이 아프고 죽는 것일까? 아니면 건강하지 않아서 사회적 관계를 맺고 유지하기 어려운 것일까? 제3의 원인, 기타 다른 원인이 있을지도 모른다. 염세적인 성격 때문에 친구도 적고 더 쉽게 아플 수도 있다. 하우스와 동료들은 꾸준히 '닭이 먼저'라는 입장에 서서 아마도 사회적 관계가 건강에 영향을 미치는 것이지 그 반대는 아니라고 주장했다. 아직 아무도 알지 못하기 때문에 논문에서 언급되지 않은 사항은, 사회적 관계가 어떻게 또는 어째서 그토록 강력한 영향력을 행사하는지였다. 모든 종류의 관계가 똑같이 중요했을까? 관계의 양이, 아니면 질이 가장 중요했을까? 사회적 지지는 영향을 설명하기에 충분한 개념일까? 향후 수십 년간 답을 찾아야 할 질문들이었다.

세 사람이 발표한 논문은 대중의 관심을 끌었다. 전국적으로 크게 보도되면서 이 분야에 대한 관심에 불을 붙였다. 그렇지 않을 이유가 있겠는가! 살아가면서 좋은 친구와 가족을 두는 것이 금연만큼 건강과 장수에 중요하다는 주장은 폴 리비어의 말 달리기Paul Revere's ride(미국 독립전쟁 당시 영국군의 침입을 알리기 위해 한밤중에 말을 타고 달렸던 폴 리비어 이야기는 문학과 미술 작품의 소재가 되기도 했다. - 옮긴이)의 공중보건 버전이었고, 하우스는 이를 잘 알았다. 현재 텍사스대학교 오스틴캠퍼스에서 사회학자로 활동하는 엄버슨은 "그것은 짐이 떠올린 탁월한 개념이었습니다."라고 언급했다. 여기에 대해 말할 때 하우스의 눈동자가 반짝거렸다. "그 개념이 상황을 극적으로 만들었어요."

과거를 회상하면서 하우스는 당시에 자신들이 대담한 주장을 펼쳤다고 인정했지만 일치되는 초기 증거들이 정당한 근거를 제공했다고 설명했다. 그 후 하우스의 주장은 맞는 것으로 입증되었다. 2010년 심리학자 줄리앤 홀트-룬스타드Julianne Holt-Lunstad는 6종의 보고서 연구에서 더 나아가 총 30만 8,000명을 대상으로 더욱 광범위한 데이터를 갖춘 148종의 연구를 통합해 메타 분석을 실시한 후 강력한 사회적 관계를 맺은 사람들의 생존 가능성이 50% 높다는 것을 밝혀냈다.[16]

하우스는 이렇게 말했다. "이제 와서 보면 이것은 명백할 뿐만 아니라 직관적으로 인지할 수 있는 문제로 보입니다. 그렇다면 어째서 진작에 깨닫고 생각해보지 않았을까요?"

청춘의 병, 외로움

많은 학자들이 이에 영감을 받아 사회적 관계와 건강의 연관성을 생각하기 시작했고 그중에는 사회심리학자 존 카시오포John Cacioppo도 있었다. 당시 카시오포는 의사소통과 설득에 대해 연구하면서, 사람들이 일회용 면도기부터 건강관리에 이르기까지 모든 것들에 대한 태도를 어떻게 형성하고 바꾸는지 탐구했다. 1989년 오하이오주립대학교에 부임할 당시에는 인간의 심리적 상태를 나타내는 지표로 신체적 척도를 사용하는 정신생리학에도 관심을 기울였다.

1890년 윌리엄 제임스는 감정과 생리 기능이 틀림없이 연결되어 있다고 주장했다. "설사 미미하더라도 전체적으로 판단했을 때 모든 감정의 이면에는 정신적 기분만큼 독특한 신체적 반향이 반드시 존재한다."[17] 하지만 이렇게 미묘한 상태를 신뢰할 수 있는 수준으로 측정하고 해석하는 것은 완전히 다른 문제였다. 수십 년 동안 이 분야에는 과장되고 상충되는 결론과 전망이 난무했다.[18]

제임스 이후 100년이 지났는데도 상황은 크게 바뀌지 않았다. 하지만 카시오포는 개의치 않았다. 야심만만하고 주체할 수 없을 정도로 뜨거운 열정을 지닌 카시오포는 도전을 즐겼다. 대학원 시절 그는 방 친구와 함께 셋집의 벽 한 면을 칠판 페인트로 칠해 놓고 아이디어가 떠오를 때마다 분필로 휘갈겨 적으며 밤새 토론을 벌였다. 친구는 "존과 토론을 하다 보면 마치 대포로 공격당하는 것 같았습니다."라고 기억했다.[19]

카시오포는 과학자들이 몸과 정신에 관한 연구를 통합해야 한다고 확신했다. 마침 그가 이 문제에 관심을 기울였을 때는 과학계에서 혁명이 일어난 시기와 일치했다. 1990년대 들어 강력한 새 기술이 발달하면서 신경과학은 '뇌의 10년the decade of the brain'이라는 커다란 전환기를 맞았다. MRI, 양전자방출 단층촬영술(PET 스캔), 기타 영상기술 덕택에 살아있는 사람과 동물의 두개골 속을 들여다보게 되면서 마침내 뇌의 해부학적 구조와 활동을 파악할 수 있는 길이 열린 것이다. 하지만 카시오포는 뇌를 들여다보는 것만으로는 충분하지 않다고 생각했다. 뇌의 주름부터 사회 구조에 이르기까지 복합적인 수준에서 연구를 진행해야 한다고 주장했다. "뇌는 고립되어 존재하지 않으며, 삶이라는 더욱 커다란 극장에서 공연하는 배우일 뿐인, 성장하고 노화하는 개인을 구성하는 근본 요소다." 1992년 카시오포와 동료인 신경과학자 게리 번트슨Gary Berntson 은 이렇게 썼다. "삶이라는 극장은 단연코 사회적이다. 태아의 건강관리, 엄마와 유아의 애착, 어린 시절 경험으로 시작하고, 외로움이나 사회적 지지, 노인을 돌보는 문제에 관한 가족이나 사회의 결정으로 끝난다." 내재한 문제를 해결하려면 새로운 접근법, 더 나아가 "사회신경과학"이라는 새로운 분야가 필요하다고 카시오포와 번트

슨은 생각했다.[20]

처음에 사회심리학자들과 신경과학자들은 두 분야에 서로 교류할 게 거의 없다는 이유를 들어 사회신경과학의 필요성에 반대했다. 학자들의 이런 입장은 그동안 왜 아무도 사회적 관계와 건강의 연관성을 깨닫지 못했는지 알려준다. 하지만 사회심리학자인 카시오포와 신경과학자인 번트슨은 팀을 이루어 연구를 진행했다. 이 협업은 2018년 초 카시오포가 66세의 나이로 일찍 사망할 때까지 유지되었다.

다시 언급하자면 관련 연구의 출발점은 스트레스였다. 번트슨의 면역학 전공 동료는 쥐에게서 나타나는 단순 포진을 연구했는데, 예를 들어 졸업 파티 직전에 입술에 발진이 돋는 등 사람에게 나타나는 패턴에 따라 일관성 있게 바이러스를 재활성화하는 방법을 찾고 있었다. 면역학자 동료는 다양한 스트레스 요인을 시도했지만 전혀 소용이 없었다. 그 동료와 번트슨이 통화할 때, 번트슨은 사람을 좀 더 주의 깊게 조사해보라고 제안했다. "전형적으로 인간에게 단순 포진 바이러스를 다시 활성화하는 스트레스 요인은 무엇일까요? 바로 사회적 지위이고, 우리가 받는 스트레스의 대부분은 사회적 지위에서 나옵니다." 면역학자 동료는 인간에게 졸업 파티가 그렇듯 실험용 쥐를 고립시키거나 약자를 괴롭히는 쥐를 기존 무리에 집어넣는 방식으로 사회적 스트레스를 가했다. "그랬더니 놀랍게도 단순 포진이 재활성화되었다. 생리 기능에서 이러한 차이를 만들어내는 것은 분명히 사회적 인자였다."라고 번트슨은 보고했다.[21]

그동안 카시오포는 정신신경면역학자인 재니스 키콜트-글레이저Janice Kiecolt-Glaser와 손잡고 연구하기 시작했다. 재니스는 치매에 걸린 가족을 간호하는 여성이 받는 스트레스에 관심을 두었다. 피험자 여성의 팔에 작은 상처를 내는 방식으로 실험한 결과, 스트레스를 받지 않은 통제 집단의 상처는 아물기까지 39.3일 걸렸지만 치매 환자를 간호하는 여성의 상처는 아물기까지 48.7일이 걸려 평균 9일이 더 걸렸다. 환자를 간호하는 사람에게 면역 이상이 발생해 치유 기간이 늘어나고 심혈관의 반응도가 달라졌을 것이다.[22]

카시오포와 키콜트-글레이저는 협력해서 연구하는 초기에 중요한 사실을 발견했다. 치매 환자를 간호한다고 해서 모두 똑같이 스트레스를 받는 것은 아니었다. 사회적 지지를 받는다고 느끼는 여성의 상태가 더 나았다. 자신이 간호하는 환자에게 감정적 유대를 더 강하게 느끼는 여성에게는 심혈관의 부정적인 변화가 적게 나타났다. 하지만 이때도 변수는 있었다. 과거에 환자와 간병인 커플이 함께 사교생활을 하고 공동의 활동에 참여하는 등 대부분의 시간을 함께 보낸 경우에는 간병인의 사회생활이 훨씬 더 나빠지고 심혈관에도 더욱 부정적인 영향을 받았다. 어느 쪽이든 관계가 스트레스와 일상적인 자극에 대한 신체적 반응을 바꾸는 것으로 보였다.[23]

연구를 진행할수록 카시오포는 다른 방향, 즉 사회적 통합의 반대편에서 문제를 직시해야 한다고 생각하기 시작했다. 언젠가 테레사 수녀는 "외로움, 자신이 누구에게도 필요하지 않은 존재라고 느끼는 감정이 가장 혹독한 빈곤이다."라고 강조했다. 카시오포는 외로움이 건강에 치명적인지 알고 싶었다. 사회적 통합의 반대쪽에 있는 사회적 고립은 하우스와 버크먼을 비롯한 학자들이 지목한 위험의 근원이었다. 과학적으로 여기에는 실용적인 근거가 있다. 번트 슨은 이렇게 설명했다. "측정해야 하는 대상이 있다고 치자. 사람들이 사회적으로 연결되어 있고 상당히 건강하다면 무엇을 측정하겠는가? 하지만 병에 걸린 사람의 사회적 과정social process(사회생활에서 일반적으로 나타나는 반복되는 상호작용 과정 - 옮긴이)을 추적할 수 있다면, 사회적 접촉의 긍정적인 혜택뿐 아니라 그 혜택을 얻지 못한 데 따른 결과를 짐작할 수 있다." 존 디 앤드 캐서린 티 맥아더 재단 John D. and Catherine T. MacArthur Foundation이 사회적 관계와 광범위한 건강 관련 문제에 대해 더욱 깊이 탐구하기 위해 연구팀을 결성했을 때 카시오포는 연구의 초점을 외로움에 맞춰야 한다고 설득했다.[24]

외로움에 대해 인상적인 사실은 외로움으로 고통받는 사람들이 특이하지 않고 매우 평범하다는 것이다. 외로워하는 사람의 수에 관한 통계는 매우 다양하지만 2018년 보험사 시그나Cigna가 미국인 2만 명을 대상으로 실시한 온라인 설문조사에 따르면 거의 절반은 항상 또는 이따금씩 외로움을 느낀다고 보고했다. 2018년 미국은퇴자협회AARP가 실시한 조사에서는 45세 이상 성인의 3분의 1은 외롭다고 보고했다. 이 기관에서 2010년 실시한 연구 결과와 같지만 그때는 동료 평가 연구를 거치지 않았다. 2018년 시그나 조사에서는 18~22세의 젊은 성인이 최고 수준의 외로움을 느낀다는 점이 뚜렷하게 나타났다. 이보다 전에 실시된 연구에서도 18세 이하인구의 80%는 가끔 외롭다고 말했다.[25] 2장에서 살펴보겠지만 젊은이들은 외로움에 따른 고통을 더욱 예민하게 느낄 가능성이 크다. 나는 열네 살 때 필라델피아 도심지에서 기차를 타고 교외의 새로운 고등학교로 통학했다. 아는 사람이 거의 없었으므로 이방인이라고 느낄 수밖에 없었다. "너 도시에 사니? 아버지는 뭐 하셔?" 기차 창문 밖을 내다보고 있으면 당시 유행했던 노래 〈All By Myself〉가 머릿속에 흐르면서 가사가 떠올라 눈물을 참지 못했다. 사춘기의 불안이 빚은 지나친 감상에 빠졌기 때문이지만 당시의 어린 나 자신을 생각하면 지금도 마음이 좀 아프다. AARP의 조사에 따르면 삶의 말년에는 일반의 예상과는 달리 나이가 들수록 외로움이 줄어든다. 이 점은 11장에서 자세히 다룰 것이다.

카시오포는 평생 외로움을 연구했지만 외로움은 자신의 진정한 탐구 주제는 아니라고 종종 언급했다. "고립된 사람들에 대한 연구의 핵심은 … 외로움 자체에 대한 관심이 아니다. 온전한 인간을 구성하는 유익한 사회적 연결을 향한 관심이다. … 사실, 타인들은 우리의 가장 큰 기쁨 중 일부다."[26] 카시오포와 20년 동안 함께 연구해온 동료 루이즈 호클리Louise Hawkley도 동의했다. "외로움은 인간 존재가 근본적으로 필요로 하는 것을 알게 해주는 편리하고 유용한 기준이다. 우리는 관계를 맺도록 양육되고, 관계 안에서 성장하고, 관계를 피할 수 없으며, 이러한 필요를 좌절시키는 만큼 대가를 치를 것이다."[27]

하지만 외롭다는 것은 무슨 뜻일까? 외로움을 논한 것은 주로 철학자들이었고, 위대한 예술이나 진정한 사고의 완성을 위해 필요하다고 외로움을 찬양하는 경향을 보였다. 외로움의 사전적 정의는 친구가 없이 고립된 상태다. 하지만 신체적 고립과 정서적 고립은 다르다. 독일 신학자 폴 틸리히Paul Tillich가 주장했듯 외로움에는 두 가지 측면이 있다. "우리는 혼자일 때 느끼는 고통을 표현하기 위해 '외로움loneliness'이라는 단어를 만들어 냈고, 혼자일 때 느끼는 축복을 표현하기 위해 '고독solitude'이라는 단어를 만들어 냈다."[28]

유럽에서 외로움에 대한 연구를 개척한 네덜란드 사회학자 예니 데 용 히르벨트Jenny de Jong Gierveld는 외로움이 과거의 철학자들과 신학자들이 생각했던 것보다 더 세속적이고 평등한 문제임을 알아냈다. 사회적 접촉의 부재에서 그렇듯 외로움은 양적인 문제일 수 있다. 정서적 친밀감의 부재가 문제일 때는 질적인 차원의 문제가 된다.[29] 양적인 면에서나 질적인 면에서 동시에 외로움을 겪는 사람도 있고, 좀 더 미묘한 방식으로 외로움을 느끼는 사람도 있다. 군중 속에 섞여 있을 때 외로울 수도 있고, 특정 상황에 처했을 때 외로울 수도 있다.[30] 작가인 아나이스 닌Anaïs Nin이 썼듯 "사람에 따라 내 빈틈을 메워주기도 하고 내 외로움을 강화하기도 한다." 카시오포 같은 심리학자들이 외로움에서 가장 중요하게 생각하는 특징은 자각이었다. 외로움은 자신의 사회생활에 대해 어떻게 느끼느냐에 관한 것이다. 정말 내향적이고 혼자 있는 것을 선호한다면 꼭 외롭지는 않다. 하지만 자신에게 없는 관계를 갈망한다면 외로운 것이다. 외로움은 소속감이나 뿌리내림embeddedness에 상반된 느낌이다. 친밀감의 충족과 상반된 느낌이다. 카시오포에 따르면 외로움이 주는 "깊은 상처"는 고립을 자각하는 것을 의미한다.[31]

외로움은 뇌 기능을 약화시킨다

1990년대 중반 외로움에 대해 연구하겠다고 결정한 카시오포는 1970년대 말 개발된 'UCLA 외로움 척도' 조사를 오하이오주립대학교 학생들에게 실시했다. 이 조사는 섬세한 20가지 문항으로 구성되었다. 주위 사람과 융화한다고 얼마나 자주 느끼는가? 친구가 부족하다고 얼마나 자주 느끼는가? 자신이 수줍음을 많이 탄다고 얼마나 자주 느끼는가? 의지할 수 있는 사람이 있다고 얼마나 자주 느끼는가? 카시오포와 그의 연구팀은 UCLA 외로움 척도를 활용해 외로움을 타는 정도에 따라 학생 참가자들을 상중하로 구분했다. 그리고 학생들에게 무선 호출기를 주면서 매일 지니고 다니라고 말했다. 일주일 동안 매일 9번씩 무선 호출기가 울릴 때마다 학생들은 누구와 무엇을 하고 있는지, 어떤 기분인지, 그 순간의 경험과 관련된 상세한 사항들을 보고했다. 카시오포는 그중 한 번의 혈액 샘플을 수집했고, 아직 축소기술이 발달하기 전이었으므로 학생들을 거추장스럽게 큰 기계에 연결해 심혈관 기능을 파악했다.[32]

검사 결과 최초로 외로움의 정도에 따라 생리 기능이 다르게 나타난다는 객관적 증거를 확보할 수 있었다. 가장 외로워하는 젊은이 집단에서는 주요 혈압 결정인자의 하나인 총말초저항total peripheral resistance, TPR으로 불리는 심혈관 기능에서 차이가 나타났다. 동맥이 수축하면 저항이 증가하고, 동맥이 확장하면 저항이 감소한다. 외로움 정도가 클수록 TPR이 훨씬 높게 나타났다. 젊은 데다가 신체에 다른 보상 경로가 있으므로 학생들은 여전히 건강했지만 그들의 상태로 보아 앞으로 건강 문제를 겪을 소지가 있었다. 루이즈는 "결국에는 혈압이 더 높아지리라 예상되는 생리 작용 패턴입니다."라고 설명했다.

카시오포는 1999년에 호클리는 그 직후에 시카고대학교로 자리를 옮기면서 이 문제에 장기적인 관점으로 접근할 수 있었다. 두 사람은 장년기 성인 229명을 모집해 거의 10년 동안 연구했다.[33] 참가자들은 매년 신체검사를 받고, UCLA 외로움 척도를 작성하고, 사회적 네트워크를 묻는 인터뷰에 장시간 참여했다. 인터뷰에서는 자신이 가깝다고 느끼는 사람을 8~9명까지 지목하고 각 친구나 가족에 대한 포괄적인 질문에 대답했다. 몇 살인가요? 성별은 무엇인가요? 얼마나 자주 만나나요? 이 사람의 건강은 어떤가요? 이 사람을 얼마나 좋아하나요? A는 B를 아나요? C와 D의 관계는 어떤가요? 호클리는 "참가자들의 사회적 네트워크를 매우 포괄적으로 측정했다."고 밝혔다. 두 사람이 처음 발견한 사실에 따르면, 애초에 추측했듯 학생들의 외로움과 혈압에 나타난 초기 경고 신호는 나이가 들어 장년기에 건강 문제로 부상했다. 외로움의 정도가 컸던 장년기 성인의 혈압은 그렇지 않은 성인보다 상당히 높았다.

하지만 외로움이 생리적 변화를 초래했을까, 아니면 두 가지가 동시에 발생했을까? 아마도 다른 임상적 문제가 외로움과 생리적 변화를 유발한 것 같았다. 특히 우울감이 외로움과 혼동을 일으키는 변수로 자주 거론되었다. 호클리는 이렇게 설명했다. "우울하면 당연히 외로워지리라고 말하는 사람이 많았다. 우울하면 다른 사람과 상호작용하지 않는 것에 그치지 않고 주변을 우울하게 만드는 사람이 될 것이다." 하지만 호클리와 카시오포는 반대 방향으로도 작용할 수 있다는 사실을 입증했다. "일 년 단위로 조사한 결과 외로움이 증가하면 우울 증상이 따라 증가하는 것을 확인할 수 있었다." 그들은 결국 외로움을 줄여주면 실제로 우울감을 개선할 수 있음을 보여주었다. 대가를 따져볼 때 외로움에 대처해야 하는 명백한 근거였다.

2000년대 중반까지 카시오포와 동료들은 외로움과 관련된 위협적인 건강 요인들을 뽑아 목록으로 작성했다. 사망률과 우울감의 증가 외에도 사회활동 위축, 수면의 질의 악화, 혈압 상승, 공격성 증가, 스트레스 반응 증가 등이 거론되었다.[34] 다른 연구자들은 더 폭넓은 사회적 네트워크가 인지 저하를 막고 치매 등을 예방한다는 강력한 신호를 발견했다.[35]

카시오포는 외로움의 영향력이 매우 막강한 까닭을 밝히기 위해 뇌로 관심을 돌렸다. 사회적 통합이나 고립이 건강에 미치는 영향을 사회적 지지만으로는 온전히 설명할 수 없다고 오랫동안 생각해왔던 터였다. "뇌는 건강한 삶, 병적 상태, 사망률에 관여하는 생리 반응을 조절할 뿐 아니라 유익한 연결을 만들고, 평가하고, 감시하고, 유지하고, 보수하고, 대체한다."[36]

카시오포는 외로움이 적응 반응에서 시작한다는 도발적인 이론을 발전시켰다. 배고픔이 우리에게 음식을 갈망하게 하는 것처럼, 아마도 외로움은 신체적 고통, 배고픔, 갈증의 사회적 등가물이어서 다른 사람과 함께 있고 싶도록 만드는 경고일 것이다. 카시오포는 이렇게 썼다. "인간은 타인과 관계를 맺으면 기분이 좋아지고 안전하다고 느끼도록 진화했다. 따라서 신체적인 위협을 느낄 때처럼 고립되어 있으면 기분이 나빠지고 안전하지 않다고 느낀다."[37] 카시오포의 이론을 달리 표현하면 인간은 고립을 인지할 때 안전하지 않다고 느낀다. "자신이 사회의 가장자리에 있다고 느끼면 기분이 상할 뿐만 아니라 생존을 위협당한다. 뇌는 자기보호 모드로 전환된다." 동물과 마찬가지로 무리의 가장자리에 놓인 개인은 주위 사람보다 자신을 더욱 걱정하고, 일어날 수 있는 사회적 위협을 과도하게 경계한다. 많은 사람에게 이 감정은 친구에게 연락하라는 신호다. 하지만 불행하게도 만성적으로 외로운 사람들은 이러한 위협을 인지했을 때 오히려 사회적 기술이 무력해져서 상황을 더 악화시키는 경우가 많다. 카시오포는 이렇게 말했다. "사회적 기술의 핵심은 타인의 관점을 취하고 타인에게 공감하는 것이다." 하지만 외로울 때는 이렇게 하기가 더욱 어려워진다.

카시오포와 동료들은 더 많은 대학생들을 대상으로 준비된 각본과 최면을 활용해 외로움을 유도하는 방식으로 이 문제를 탐구했다. 살아가면서 깊이 연결된 느낌을 받았던 순간과 심대한 외로움을 느꼈던 순간을 다시 경험하도록 유도함으로써 참가자의 감정 상태를 바꾸면서 심리 실험을 실시했다. 그 결과 심지어 사교적인 사람조차도 스스로 고립되어 있다고 느끼면 사회적 기술을 제대로 구사하지 못한다는 사실을 밝혀냈다. 한 실험에서는 각기 다른 색깔의 단어를 참가자들에게 보여주고 색깔을 말하라고 요청했다. 외롭다고 보고한 참가자들은 "경쟁하다" 같은 사회적 단어의 색깔을 더 늦게 말했고, "거부하다"처럼 부정적인 감정을 연상시키는 사회적 단어의 색깔은 훨씬 더 늦게 말했다.

카시오포는 이렇게 설명했다. "이렇게 지연 현상이 발생한 것은 간섭 효과가 작용하기 때문이다. 심지어 사교성과 무관한 과제를 부여받았을 때도 외로운 피험자들은 무의식중에 부정적인 사회적 정보를 눈여겨보고 산만해졌다."[38] 우리에게 사회적 연결이 가장 필요할 때 이를 달성할 가능성은 오히려 가장 작은 것 같다. 또 카시오포가 fMRI를 사용해 연구한 결과에 따르면, 외롭지 않은 개인과 비교했을 때 외로운 개인의 뇌는 부정적인 비사회적 신호보다 부정적인 사회적 신호에 더욱 크게 활성화되었다. 카시오포는 이러한 "외로움 고리loneliness loop"가 건강을 악화시키는 신경생물학적·행동적 메커니즘을 활성화한다고 믿었다.

관계의 양과 질

카시오포의 연구 덕택에, 인지된 사회적 고립의 위험성은 분명하게 부각되었지만, 사회적 관계의 장점은 정확히 무엇일까? 만약 있다면 사회적 관계의 어떤 점이 개인을 보호할까? 관계의 양일까, 아니면 질일까? 마법의 숫자가 있을까? 아주 가까운 관계만 영향을 미칠까? 가족이어야만 할까? 친구도 필요를 충족할까? 다양성은 어떤가? 이 질문들이 연구의 다음 단계를 알려준다.

개인이 속한 사회 세계의 다양성은 아이스크림 맛과 흡사하다. 초콜릿 맛이나 바닐라 맛만 고르는 사람이 있는가 하면, 민트초콜

릿칩 맛과 씨솔트캐러멜 맛 아이스크림을 덥석 시식하는 사람도 있다. 1998년 피츠버그 소재 카네기멜론대학교에 재직하던 심리학자 셸던 코언Sheldon Cohen은 관계의 다양성이 건강에 미치는 영향을 파악하기 위해 복잡하고 흥미진진한 실험을 실시했다. 우선 지원자 276명을 뽑아서 과학 발전을 위해 희생해 달라고 설득했다. 참가자들은 호텔에 투숙해 감기 바이러스가 들어 있는 점비액을 받고 거의 일주일 동안 격리되었다. 또한 그들은 격리 전에 평균 2주 동안 서로 다른 12가지 종류의 관계에 있는 사람들과 접촉했는지 여부를 기록해서 제출해야 했다. 배우자, 부모, 배우자의 부모, 자녀, 기타 가까운 친족, 가까운 이웃, 친구, 동료, 학교 친구, 동료 자원봉사자, 비종교 집단 구성원, 종교 집단 구성원이 바로 그들이 분류한 12가지 종류의 인간관계였다. 관계의 다양성이라는 양극단에는 외동이고 집에서 일하는 (형제자매가 없고, 배우자가 없고, 배우자의 부모가 없고, 동료와 거의 상호작용을 하지 않는) 미혼 작가와, 형제자매가 여럿이고 대기업에서 일하고, 아이 셋과 남편이 있는 (형제자매·동료·자녀·배우자·배우자의 부모가 모두 있는) 아일랜드인 가톨릭 신자 변호사를 가정해볼 수 있다. 작가와 변호사 모두 친구와 이웃, 다른 활동을 통해 알고 지내는 지인이 있을 수 있고 대개는 있다. 하지만 단순하게 계산해 보면 변호사의 접촉 대상자가 작가보다 많다.

관계의 다양성은 개인을 보호하는 성향을 보였다. 다양한 사회적 유대를 맺은 사람일수록 감기에 강했고, 항바이러스와 관련된 몇 가지 척도에서 더 좋은 결과를 보였다. 정기적으로 6가지 이상의 관계 유형과 접촉한 참가자와 비교할 때, 1~3가지의 관계 유형과 접촉한 참가자가 병에 걸릴 확률은 4배 높았다.[39] 코언과 동료들이 가능한 한 모든 종류의 교란 변수를 통제했을 때도 결과는 바뀌지 않았다. 이런 현상은 흡연, 알코올 소비, 운동을 포함한 건강 관련 행동만으로는 완전히 설명할 수 없었고 성격으로도 설명할 수 없었다.

자신의 주변 환경을 통제하고 있다는 의식이 가장 중요하다는 주장도 나왔다. 영향력 있는 화이트홀 연구Whitehall Studies에서 영국 역학자이자 의사인 마이클 마멋 경Sir Michael Marmot은 사회적 지위와 건강 사이에 강력한 상호 관련성이 있다고 주장했다. 대부분의 사람들이 추측하듯 부유한 사람은 건강하고 가난한 사람은 아파서 죽을 확률이 더 높다는 뜻이 아니다. 마멋은 사회적 사다리에서 더 높은 곳에 있는 사람은 바로 아래 있는 사람보다 건강하고, 바로 위에 있는 사람보다 아프다는 흥미로운 사실에 주목했다. 마멋은 "건강은 사회적 격차에 좌우된다."고 주장하면서 런던의 화이트홀 지역에서 근무하는 공무원들을 연구 대상으로 삼아 자신의 주장을 입증했다. 그 결과 치료에 대한 접근성과 치료비를 지불할 자원의 유무만으로는 연구 대상자들의 건강 차이를 설명할 수 없었다. 뭔가 다른 요인이 있었던 것이다. 마멋은 2004년 출간한 《사회적 지위 증후군The Status Syndrome》에서 "자기 삶을 얼마나 통제할 수 있는지와 관련된 자율성, 사회적 관계를 맺고 참여할 충분한 기회, 이 두 요인이 건강, 행복, 수명에 결정적으로 중요하다."라고 썼다.[40] 마멋의 연구가 불평등을 강조하기는 했지만, 격차의 이면에는 통제와 참여의 정도라는 매우 중요한 요소가 숨어 있었다.

그 다음에는 관계의 질이라는 문제가 남는다. 관계가 모두 긍정적이지는 않다. 사람들은 우리를 비난하고 실망시킨다. 우리가 필요할 때마다 곁에 머물지도 않는다. 이와는 반대로 우리를 혼자 남겨두지 않겠다고 고집하기도 한다. 관계가 미치는 영향을 좀 더 면밀하게 들여다보기 시작하자마자 당연하게도 과학자들은 유대의 질에 대해 생각하고 그것이 중요한 변수가 되는지 연구하게 되었다. 사회심리학자 버트 우치노Bert Uchino는 오하이오주립대학교에서 대학원생으로 카시오포의 연구실에서 수학하고, 재니스 키콜트-글레이저와 함께 알츠하이머 환자들을 돌보는 사람들을 연구하는 등 경력의 대부분을 이 의문을 푸는 데 쏟았다.

자신이 무조건적으로 지지를 받고 있다고 느끼게 해주는 완전히 긍정적인 유대는 개인이 보유한 사회적 네트워크의 약 절반을 차지하고 해석하기도 상당히 쉽다. 연구 결과에 따르면 이렇듯 행복한 관계는 목적의식과 의미를 제공하고, 시야를 넓히고, 건강에 더욱 좋은 방향으로 행동하도록 이끈다.

현재 유타대학교에서 활동하고 있는 우치노는 "이 모든 혜택은 생물학적으로 건강한 노화와 관련이 있다."고 강조했다.[41] 우치노는 염증 수준, 세포 노화 수준, 심장동맥 석회화, 보행 중 혈압을 비롯한 생리적 척도를 추적했다. 예를 들어 살아가면서 강력한 지지를 받고 있다고 느끼는 사람들의 심혈관 노화 정도는 그렇지 않은 사람보다 크게 낮았다. 우치노는 "그들의 혈압은 30~40년 더 젊은 사람과 거의 비슷했다."고 보고했다. 세포 노화에서도 비슷한 현상을 발견했다. 세포가 재생될 때마다 각 DNA 가닥의 끝에 있는 보호 조직인 말단소체telomere는 최종적으로 더 이상 기능할 수 없을 때까지 조금씩 짧아진다. 말단소체의 길이는 실제 나이와 다른 신체 나이를 알려주는 편리한 시계 같다. 좋은 관계를 맺고 있는 사람들의 말단소체는 더 길었다. 우치노는 "생물학과 관계의 연관성은 부정할 수 없는 사실이다."라고 말했다. 그는 관계가 이 모든 긍정적인 결과를 가져온다고는 아직 확언할 수 없지만 그럴 개연성은 충분하다고 생각했다. "인과관계를 뒤집으면 생물학적으로 노화 과정에 있는 사람들은 관계의 질이 안 좋다는 얘기가 될 것이다. 그럴듯하지만 실제로 그럴 가능성은 낮다."

전적으로 부정적인 관계는 드물지만 건강에 좋지 않은 것은 분명하다. 우치노는 상한 우유처럼 피하게 만든다는 뜻으로 부정적인 관계에 '혐오적aversive'이라는 꼬리표를 붙였다. 간단히 말해 우리를 정신적으로 신체적으로 기분 나쁘게 만든다는 뜻이다. 이러한 관계는 스트레스 반응 증가, 우울감 증가, 혈압 상승, 면역 기능 감소를 유발한다.

지금까지 내용을 정리하면 긍정적인 관계는 건강에 좋고 부정적인 관계는 나쁘다는 것이다. 우치노는 관계의 양면성이라는 새로운 영역을 개척하면서, 모순된 감정을 느끼게 하는 친족, 친구, 동료 관계를 연구했다. 긍정적, 부정적 감정이 항상 반비례하는 것은 아니다. 긍정적 감정이 감소한다고 해서 부정적 감정이 반드시 증가하지도 않고, 반대의 경우도 마찬가지다. 수십 년 동안 알고 지낸 친구인데도 만나면 피곤해질 수 있는 것처럼 긍정적, 부정적 감정은 독립해서 존재할 수 있다. 이렇듯 양면적인 유대는 사회생활에서 거의 절반인 상당히 큰 비중을 차지한다. 한 연구에서 우치노는 피험자의 80%가 배우자에게 양면적인 감정을 느낀다는 사실을 발견했다. 이에 관한 좀 더 일관성 있는 수치는 50%이지만 말이다.

배우자나 친족과 맺는 관계는 대개 우정보다 큰 비중을 차지하는 제도화된 관계다. 이러한 유대는 쉽게 끊을 수도 없고, 우리는 굳이 그럴 필요도 느끼지 않을 것이다. 이와 관련해 코미디언 조지 번스George Burns는 "행복은 서로 사랑하고 돌봐주는 끈끈한 대가족이 다른 도시에 사는 것이다."라는 농담을 던졌다. 우정은 배우자나 친척과 맺는 관계보다 포기하기가 더 쉽지만 그렇다고 언제나 포기하거나 언제나 포기해야 하는 것은 아니다. 어째서 양면적인 관계를 계속 유지하느냐는 질문을 받았을 때 대부분의 사람들은 실보다 득이 많기 때문이라고 답한다. 아니면 세월을 함께 보냈으므로 마치 앞으로 나아가지 못하게 막는 닻처럼 떨쳐낼 수가 없다고 대답한다.

설득력 있는 설명이다. 하지만 우치노의 연구 결과를 보면 놀랍다. 이 주제를 다룬 연구 결과를 처음 발표한 2001년 이후 우치노는 양면적인 관계가 건강에 어떻게 영향을 미치는지 조사했다. 처음에는 양면적인 관계가 좋은 영향을 미칠 수도, 나쁜 영향을 미칠 수도 있다고 생각했다. 좋은 측면이 나쁜 측면을 능가할지 모른다. 하지만 양면적인 관계의 예측 불가능성 때문에 부정적인 측면에 무게가 실릴 수도 있다. 우치노는 이제 분명한 증거를 얻었다고 생각한다. 양면적인 관계는 해롭다. "양면적인 유대가 생리적인 면에서 사람들에게 유익한 사례를 찾지 못했다." 염증 수준, 말단소체로 나타나는 세포 노화 수준, 심장동맥 석회화, 활동 중 혈압을 비롯한 다양한 생리적 척도를 전반적으로 고려할 때, 양면적인 관계의 긍정적인 측면이 건강에 유익하다는 신호는 없었다. 대신 부정적인 측면은 큰 피해를 끼친다. 이 점은 배우자와 친한 친구처럼 친근한 관계는 물론 동료, 이웃과 확대 가족 구성원처럼 좀 더 먼 관계에도 적용된다. 또 사회적 지지는 (그것이 예상에 미치지 못하면) 수치심이나 분노 같은 복잡한 감정을 불러일으킬 수 있으므로, 지지를 실제로 받는 것보다 받고 있다는 인식이 더 유익하다는 미묘한 단서도 포착할 수 있었다.

주의할 점은 이 주제를 같은 방식으로 연구하는 사람들이 극히 적다는 것이다. 우치노는 연구실에서 양면성을 측정할 때 모순된 감정을 유발하는 관계의 수가 과장될지도 모른다고 인정했다. 피험자들은 자신에게 지지가 필요할 때 누가 얼마나 도움이 됐는지, 이해받고 싶을 때 누가 얼마나 기분을 상하게 했는지 떠올리라는 요청을 받는다. 그들은 1점 "전혀 아니다"부터 5점 "매우 그렇다"까지 분포한 답안 중에서 선택한다. 긍정적인 척도와 부정적인 척도에서 모두 2점 이상을 받으면, 즉 "전혀 아니다"보다 높은 점수를 받으면 피험자와 양면적인 관계를 맺은 사람으로 분류한다.[42] 양면적이라고 분류된 사람이 보통 사람의 사회적 관계의 원에서 거의 절반을 차지하는 것은 전혀 놀랍지 않다! 우치노는 양면적인 관계의 사람으로 분류하는 기준 점수를 더 높이는 것에 반대한다. 대개 사람들은 부정적인 감정을 인정하는 것을 주저해서 자신의 진짜 감정을 이미 깎아서 대답한다고 생각하기 때문이다.

우정의 비밀, 유전자 스위치

관계와 건강이 연결되어 있다는 사실이 입증되었더라도 여전히 주요 의문은 남았다. 정확히 어떻게 작용할까? 보살핌을 받거나 서로 교류하거나 격의 없는 대화를 하기만 해도 몸 안에 분자 수준에서 어떤 변화가 일어난다는 걸까? 이면에 숨어 있는 과정은 무엇일까? 몸 안에서 관계가 영향을 미치는 경로는 무엇일까?

이 질문에 대한 답을 찾으려면 우리가 알고 있는 것, 심리적 요인은 모두 생물학적이라는 사실에서 출발해야 한다. 우리는 친구와 가족의 말과 행동을 포함한 이 세상 전체를 청각, 시각, 촉각을 통해 받아들인다. 신경계는 다음에 무엇을 할지 알리는 신호를 심장, 폐, 근육에 보내 반응한다. 우리의 스트레스 반응, 면역 체계, 심장을 드나드는 혈액, 뇌에서 점화하는 신경전달물질은 모두 잠재적으로 한 몫을 담당한다.

심지어 훨씬 단순한 동물에게도 사회적 유대가 중요하다는 점이 생물학적 증거들을 통해 밝혀졌다. 예를 들어 스탠퍼드대학교 과학자들은 어류 암수 한 쌍의 유대를 형성시켰다. 그런 다음 둘을 분리하고 수컷 짝이 다른 수컷과 싸워 이기거나 지는 광경을 암컷이 보게 했다. 수컷 짝이 이긴 경우에는 암컷의 유대 관련 뇌 영역이 활성화되었다. 수컷 짝이 진 경우에는 스트레스 관련 뇌 영역이 활성화되었다.[43] 인간의 문화에서 상당히 중요한 학습과 지능이 없더라도 가까운 유대를 맺은 개체와 타자를 구분하는, 근본적으로 사회적인 요인이 어류에게도 작용하는 것으로 보인다.

일찍이 앨러미다 자료에 관해 연구했던 리사 버크먼과 동료 테리사 시먼Teresa Seeman은 이러한 신비로운 현상을 인정하고 "인간관계와 관련된 어떤 요소가 신체적인 건강과 특히 수명에 영향을 미친다."고 썼다. 두 사람은 아마도 사회적 관계가 신체의 노화 정도를 결정하는 것 같다는 대담한 주장을 펼쳤다. 사람이 나이가 들면서 밖으로 보이는 주름살과 흰 머리는 내부의 기관 기능과 세포 조직에서 일어나는 변화를 반영한다. 동맥이 좁아지고 혈압이 올라간다. 신장, 폐, 면역 체계가 쇠약해지고 세포가 노화한다. 버크먼과 시먼에 따르면 고립이나 사회적 지지의 부족은 만성적으로 스트레스를 유발하고, 노화를 재촉한다.[44] 버트 우치노의 연구 결과는 버크먼과 시먼이 요점을 제대로 짚었다는 것을 시사한다.

다른 연구자들은 면역 체계를 유력한 용의자로 지목했다. 2005년경 존 카시오포는 맥아더 재단MacArthur Foundation이 개최한 싱크탱크 모임에 참석했다가 캘리포니아대학교 로스앤젤레스캠퍼스에서 온 스티브 콜Steve Cole을 만났다.[45] 콜은 유전자 발현에 미치는 사회적 영향에 관심이 있었다. 유전자는 특징과 행동을 담은 코드가 새겨져 있기는 하지만 환경에 따라 켜질 수도 꺼질 수도 있다. 그래서 단지 유전자가 존재한다고 해서 늘 결정적인 영향을 미치는 것은 아니다. 결코 입 밖으로 나오지 않는 목소리처럼 유전자는 침묵을 지키기도 한다. 콜은 "세포의 작용이나 인간의 행동 방식에 유전자가 영향을 미치려면 일단 발현되어야 한다."고 설명했다. 그는 사회 환경이 어떤 유전자가 말할지 말지 결정할 것이라고 생각했다. 콜은 예전에 로스앤젤레스에서 청중에게 이렇게 강연했다. "우리 몸은 분자 수준에서 문화가 만들어낸 인공물입니다. 또 우리가 생각하는 것보다 훨씬 유동적이어서 환경의 영향을 쉽게 받아들입니다."[46]

콜이 연구한 과정은 전사transcription로 알려져 있다. 우리 게놈에 있는 DNA는 인간의 가능성을 나타내고, 이를 현실로 구현하려면 RNA로 전사되어야 한다. 우리가 보거나 듣거나 만지면 신경전달물질이나 호르몬이 분출되면서 연쇄 반응을 일으킨다. 이러한 화학적 신호가 몸속을 돌아다니다가 세포 표면에 있는 수용기를 만난다. 각 세포에는 전사인자로 알려진 유전자를 켜거나 끄는 스위치가 달려 있다. 전사인자는 RNA의 생산을 촉진하고, 그렇게 생산된 RNA는 단백질로 번역되어 세포 기능과 행동을 유발하고 바꾼다. 콜의 설명에 따르면 "이것은 원천적으로 우리 외부에 존재하는 것들을 받아들이게 하는데, 아마도 망막에 떨어지는 광자의 차원이나 귀에 부딪혔다가 튕겨 나가는 음파의 차원에서 특정 유전자의 활동을 억제하거나 뒤집는 실질적인 신체 내 생화학 작용을 제외하고는 신체적 현상이 아닐 수도 있다."

카시오포를 만난 자리에서 콜은 에이즈에 걸린 남성 동성애자를 대상으로 연구한 결과에 따라 커밍아웃하지 않은 남성이 커밍아웃한 남성보다 일찍 병에 걸리고 사망하는 원인을 설명했다. 당시 게놈 분석 기술은 훨씬 제한적이어서 한 번에 유전자 하나만 측정할 수 있었다. 하지만 일부 남성이 더 일찍 사망하는 현상이 발생하고 있다면 원인은 바이러스가 더욱 빨리 복제되기 때문이어야 했다. 바이러스의 게놈은 인간의 게놈보다 단순하고, HIV 바이러스의 게놈은 유전자를 아홉 개만 포함하고 있으므로 특히 단순하다. 콜은 커밍아웃하지 않은 남성의 경우에 사회적 스트레스의 형태인 사회적 낙인이 바이러스의 변이를 가속했다는 사실을 발견했다.[47]

연구 결과에 흥미를 느낀 카시오포는 발표를 끝낸 콜에게 다가가 질문을 던졌다. 외로움이 HIV 게놈이 아니라 인간 유전자 발현에 미치는 영향을 조사할 수 있을까? 외로움의 유전자 지문이 있을까? 있다면 발견할 수 있을까?

콜은 아마도 가능하리라 대답했다. 2003년에 이르러 인간 게놈의 염기 서열이 모두 밝혀졌으므로 판도가 바뀌었다고 보았다. 그는 카시오포에게 이렇게 말했다. "그래서 안개와 혼란을 뚫고 우리 방식대로 훨씬 더 빨리 분석할 수 있게 되었습니다. 우린 유전자 집단의 활동 패턴을 찾을 수 있으며, 이건 정말 흥미진진할 겁니다."

두 사람은 카시오포가 연구한 시카고 노년층에게서 채취해 보관하고 있던 혈액 샘플 단 14개를 분석하는 작업부터 시작했다. 참가자 14명은 외로움 척도에서 최고 지점과 최저 지점에 있었는데 이것은 해당 집단의 상위와 하위 각 15%에 해당했다. 두 사람은 혈액 샘플을 토대로 면역 체계에 있는 백혈구에서 외로운 사람과 외롭지 않은 사람에게 달리 발현되는 유전자들의 목록을 작성했다.[48] 목록을 그래프에 표시하면 유전자 발현 여부에 따라 각 지점의 색깔이 바뀌므로 후보가 경합하는 주의 투표 결과를 파란색의 민주당과 빨간색의 공화당으로 보여주는 미국 정치 지도를 닮았다.

콜은 이렇게 설명했다. "무슨 현상이 일어나는지 파악하는 데 5분가량 걸렸습니다. 어떤 면역학자가 보더라도 이보다 분명하게 일관성을 갖춘 유전자 세트를 발견할 수 없었죠." 가장 외로운 사람의 경우에는 염증 반응을 지배하는 유전자의 발현이 증가했고, 항바이러스 반응을 지배하는 유전자의 발현은 감소했다.

결과를 보고 콜은 깜짝 놀랐다. "불가사의했어요. 어째서 이 모든 현상이 일반적으로 생각하기에 사소하고 곤혹스러운 감정 상태와 더불어 발생할까요? 백혈구가 그토록 외로움에 신경을 쓰는 까닭은 무엇일까요?"

콜이 외로움에 대한 연구에서 카시오포가 중요한 맥을 잡았다고 확신할 수 있었던 것은 단순히 명백한 결과 때문만은 아니었다. 2007년 두 사람이 논문을 발표하자 뜨거운 반응이 쏟아졌다. 콜은 여태껏 실시했던 어떤 연구에서도 언론과 일반 대중에게 이만큼 뜨거운 관심을 받지 못했었다. "고통을 겪고 있는 사람들에게서 이메일을 받기 시작했습니다. '당신들이 이러한 연구를 하고 있어서 나는 정말 기쁩니다. 내가 살아온 처참한 사연을 털어놓고 어떻게 아프기 시작했는지 말할 수 있기 때문입니다.' '내 이모는 누구와도 가까운 사이라고 느끼지 못하다가 나중에 자가면역질환에 걸렸습니다.'" 콜이 받은 메시지는 분명했다. "이것이 바로 사람들이 진정으로 염려하는 문제입니다. 내가 이 연구를 계속하는 것은 실제 세상에서 매우 중요합니다. 외로운 사람들은 저 깊숙이 유전자 수준에서 정말 고통을 겪고 있어요."

2장

중학교
점심시간

"사춘기에는 타인의 생각을 알아내는 영역의 뇌 기능이 향상되고 사회적 인정과 거부에 민감한 영역이 각성된다. 타인의 시선을 고통스럽게 의식하게 된다는 면에서, 이것은 신경생물학적 재난이라고 할 수 있다. 거절을 당하는 것은 나이와 상관없이 유쾌한 경험은 아니지만, 사춘기에 입는 상처는 실제로 훨씬 더 크다."

우리 가족이 홍콩으로 이사한 2010년 초 세 아들은 각각 열한 살, 여덟 살, 여섯 살이었다. 우리 부부는 아이들을 앉혀놓고 앞으로 몇 년 동안 홍콩에서 살게 되었다고 말하면서 도전의식을 발휘할 절호의 기회라고 아이들을 납득시키려 했다. 세 아이의 반응은 제각각이었다. 제이크는 걱정했고 막내인 알렉스는 흥분했다. 둘째인 매슈는 무척 슬퍼하면서 무엇 하나 받아들이려 하지 않았다.

"친구들은 어떡해요!" 매슈가 소리를 질렀다.

우리 부부는 매슈를 안심시키려 애썼다.

"돌아올 거잖아. … 너한테는 가족도 있고. … 새로 친구도 생길 거야."

매슈는 괴로운 표정을 지으며 우리를 보았다. "새로 사귀면 뭘 해요. 또 헤어져야 하는데."

이러한 상태는 몇 주간 계속되었다.

매슈는 늘 외향적이었다. 아주 어릴 때부터 자신이 다른 사람에게서 자양분을 받는다는 사실을 아는 것 같았다. 걸음마를 시작한 나이에는 유모차에 앉아 지나가는 사람들에게 씩 웃어 보이며 손을 흔들었다. 초등학교 2학년 때 담임교사는 자신이 여태껏 가르쳤던 아이들을 통틀어 매슈가 가장 재미있는 아이라고 말했다. 매슈의 '엄청난 사교 기술'에 감탄하는 학부모도 있었다.

매슈에게 친화성은 대체로 자신감을 북돋우는 요인이었다. 매슈는 친구들을 새로 사귀어야 한다는 데 두려움을 느끼는 게 아니었다. 기존 친구들과 헤어지는 것이 고통스러웠던 것이다. 매슈에게는 친구들이 세상 전체처럼 느껴졌다.

이것은 여덟 살 나이에 걸맞은 생각이었다. 이 연령대에서는 한 명이라도 친한 친구를 사귀고 유지할 수 있는 능력이 아이들의 웰빙에 필수적이라는 것이 50년 이상 유지되어온 정설이었다. 그동안 바뀐 것은 오늘날에는 그 이유를 생물학적 차원, 심지어 진화론적 차원에서 살펴본다는 것이다. 이제 우리는 아동기와 사춘기에 강도 높은 우정이나 외로움을 경험하도록 미리 정해져 있다는 사실을 이해하기 시작했다.

앞에서 이미 언급했듯 아동기의 주목할 만한 특징은 다른 동물들에 비해 기간이 길다는 것이다. 피터팬처럼 네버랜드로 훌쩍 날아가 영원히 어린 시절에 머무르지는 않더라도 인간은 젖을 떼고 사춘기에 도달할 때까지 유별나게 긴 과도기를 거친다. 인간의 복잡한 뇌가 발달하려면 시간이 많이 걸린다. 발달 과정 중 상당 기간은 새롭고 더 고차원적인 사회적 기술을 연마하는 데 쓰인다.

이 과정은 '5~7세 전환five-to-seven shift'으로 알려진, 아이들의 인지 능력이 정교해지는 시기에 시작된다. 스위스 심리학자 장 피아제Jean Piaget의 이론에 따르면 5~7세 전환은 아이들이 자신이 속한 구체적인 세계를 넘어서서 논리적 추론, 즉 피아제가 사용한 용어로는 '조작적 사고operational thinking'를 할 수 있게 된다는 뜻이다. 예를 들어 어머니가 이모의 언니일 수 있다는 사실을 7세 누나는 완전히 이해하지만 5세 동생은 이해하지 못할 수 있다. 지그문트 프로이트Sigmund Freud, 레프 비고츠키Lev Vygotsky 같은 이론가들도 인간이 이 무렵 인지적 전환점을 맞이한다고 주장했다. 이 시기의 전형적인 특징 중 하나인 언어 기술의 확장을 통해 아이들은 풍부한 사회생활을 누릴 수 있는 선택권을 얻는다.

심리학 이외의 영역을 살펴보더라도 역사적으로 많은 문화에서는 약 7세부터를 '이성의 나이'로 서술했다.[1] 그래서 전통적으로 5~6세에 정규 학교 교육을 시작하고, 수렵채집 사회는 아이들에게 더 많은 책임을 지웠다. 가족의 궤도와 첫 양육자의 경계를 넘어서면서 아이들의 관계망은 넓어진다. 다른 아이들을 만나기 시작한다. 또래와 보내는 시간이 세 배로 늘어나면서 또래 집단이 확대된다. 어른들이 아이들의 상호작용을 감독하는 시간은 계속 줄어든다. 아이들은 자신이 친구들에게 어떻게 보일지 더욱 신경을 쓰기 시작한다. 이것은 모두 아이들이 밟아야 하는 필수적인 발달 과정의 일부다. 초기에는 부모가 아이와 사회를 이어주는 주요 중개인이지만 이러한 역할은 한계에 부딪히기 마련이다. 아이들이 부모와 맺는 관계는 지나치게 수직적이고 일방적이기 때문에 사회에서 생활하는 법을 배우기에 불충분하다. 형제자매가 도움이 되기는 하지만 나름대로 서로 경쟁의식을 느낀다. 아이들은 학교에 가면서 수평적 관계를 접한다.[2] 협동, 협업, 상호성, 의리를 배우고, 신뢰가 무슨 뜻인지 깨우치기 시작한다. 이런 과정을 거쳐 우정이 싹튼다.

세 살짜리 여자아이가 반 친구 두 명을 각각 "최고의 친구," "최악의 친구"라고 묘사했다. 나는 질문을 통해 여자아이가 '최악의 친구'로 부른 남자아이를 전혀 좋아하지 않는다는 사실을 알 수 있었다. 그런데도 친구라고 부른 이유는 그 아이를 부를 다른 호칭을 알지 못했기 때문인 것 같았다. 하지만 유치원 아이들은 친구의 좋은 점을 알고 있다. 친구를 정의하라고 물으면 아이들은 자신이 목격한 사실들을 술술 말한다. "친구는 나랑 놀아줘요." "친구는 나랑 간식을 나눠 먹어요." "친구는 나를 때리지 않아요."[3] 아이들의 대답이다. 함께 놀고, 간식을 공유하고, 때리지 않는다는 표현은 아이들 특유의 매우 구체적인 사고방식을 보여준다. 인식할 수 있고 관찰할 수 있는 행동이다. 모두 자발적이고 다른 아이를 이롭게 하려는 의도를 품고 있는 친사회적 행동이다.

아이들이 친구에게 거는 기대를 살펴보면 시간이 흐르면서 신체적 성격이 줄어들고, 관계 자체를 중시하며 추상적인 성격이 증가하지만, 깊이 파고들면 기본 틀은 같다.[4] 사춘기에 접어들면 놀이는 함께 어울려 돌아다니는 행동으로 바뀌고, 공유하는 행동은 도와주는 행동으로 바뀐다. 의리와 친근감이 우정을 이루는 핵심적인 조건이 되고, 친한 친구에게는 특히 그렇다. 친구는 승인과 지지의 중요한 원천이 된다. 대체로 아이들이 부모를 지원하는 입장에 설 일은 별로 없지만, 친구를 사귈 때는 그들을 지원하는 법을 배우게 된다.

기질과 성격

나이가 아주 어리더라도 기질이 사회화 방식을 결정하는 데 영향을 끼친다. 발달심리학자 제롬 케이건Jerome Kagan은 아기의 10~20% 가 "억눌린" 상태로 태어난다고 주장했다. 이런 아기들은 새로운 상황에 부딪히면 즉시 발버둥 치고 울면서 불편한 심기를 드러낸다. 나이가 들면서 일부는 사회적 불안에서 벗어나기도 하지만 일관성 있게 수줍음을 타는 내성적인 성격으로 발전할 가능성이 크다. 케이건은 아기일 때 이런 반응을 보였던 "반응성이 높은 성향"의 사람들은 사교성은 다소 부족할 수 있지만 친구에게 더욱 관심을 기울이며 세심한 과학자나 사려 깊은 작가 등으로 성장하는 경우가 많다고 늘 강조했다. 반면에 아기의 약 30~40%는 "억눌리지 않은" 상태로 태어난다. 처음부터 매우 사교적이어서 대담하고 낯선 사람과 사물에 흥미를 느낀다. 이 아기들은 더욱 사교적인 십대와 성인으로 성장하는 경향을 보인다.[5] 분포를 보면 약 절반의 아기들이 중간 범주에 속한다. 아이들은 성인과 마찬가지로 5가지 성격 요인 즉 경험에 대한 개방성, 성실성, 외향성, 원만성, 신경성neuroticism으로 나눌 수 있다. 이러한 속성은 점점 안정되어 30세 무렵 마침내 성격으로 굳어진다.

친구를 선택할 때 성별도 부인할 수 없는 영향을 미친다. 유치원 시기부터 청소년기까지 아이들은 같은 성별에 기운다. 성별이 반대인 또래와 우정을 쌓는 경향은 실제로 "7세 이후에 가파르게 감소한다."[6] 제이크와 크리스티안이 서로에게 관심을 가진 것도 일부분은 같은 성별 때문이었을 것이다. 둘은 레고를 쌓고 포켓몬 카드를 수집하는 등 비슷한 놀이를 좋아했다. 매슈와 달리 제이크와 크리스티안은 어렸을 때 수줍음을 탔지만, 같이 있을 때는 편안해 했고, 든든해 했다. 둘은 네 살 때 서로 가장 친한 친구라고 선언했는데, 유치원 시절에 이렇게 친한 친구가 있다고 주장하는 아이들은 전체의 4분의 3이다.

놀이를 통해 사회적 기술을 배운다

아이들이 친구 하면 놀이를 떠올리는 것은 전혀 우연이 아니다. 아이들은 대부분의 시간을 놀이를 하며 보낸다. 발달 단계를 제대로 거치려면 마땅히 그래야 한다. 놀이의 중요성을 세상에 널리 알리는 데 헌신했던 정신과 의사 스튜어트 브라운Stuart Brown은 이렇게 썼다. "놀이는 심오한 생물학적 과정이다. 놀이는 많은 동물 종의 생존을 증진하기 위해 억겁의 세월 동안 진화해왔다. 놀이는 뇌를 형성하고 동물의 지능과 적응력을 높인다. 고등 동물에게 놀이는 공감 능력과 복잡한 사회 집단을 조직하는 능력을 키워준다. 놀이는 창조와 창의성의 핵심에 자리잡고 있다."[7]

놀이는 사람에게 국한되지 않는다. 개는 장난감을 끌어당기거나 물어온다. 고양이는 장난감을 덮치거나 쫓아다닌다. 아기 침팬지는 서로 엉겨 붙어 씨름하고 간지럼을 태운다. 새끼 사슴은 뛰어다닌다. 쥐도 놀이를 한다. 박쥐 탐지기의 용도를 바꿔 감지한 초음파

쥐 소리를 웃음으로 분류한 신경과학자 야크 판크세프Jaak Panksepp는 쥐에게 간지럼을 태워서 웃음을 더 많이 끌어내는 방법을 알아냈다. 그러면서 "세상에! 운동장에 있는 것처럼 쥐의 웃음소리가 왁자지껄하다!"라고 보고했다.[8] 생물학자 에드워드 윌슨Edward Wilson은 개미가 싸움 놀이를 한다고 확신했다. 《놀이Play》라는 저서에서 브라운은 어린 갈색곰들이 황야에서 신나게 뛰어다니는 광경을 묘사했다. "곰 두 마리가 급류를 들락날락하면서 맑고 반짝거리는 웅덩이에서 물을 첨벙 튀기며 원을 그리다가, 발끝으로 빙빙 돌더니 우뚝 서서 서로 껴안으며 춤을 추었다. 가끔씩 멈추고는 물을 들여다보고 마치 지휘자의 지시에 따르듯 재빠르게 움직이며 물에 비친 모습과 입과 입, 머리와 머리, 발과 발을 맞추었다."[9]

브라운은 심리학자 밥 페이건Bob Fagen의 연구를 관찰하기 위해 알래스카에 갔다가 곰 두 마리가 놀고 있는 광경을 보았다. 페이건은 동물의 놀이에 대한 연구의 가치를 최초로 깨달았던 과학자 중 한 명이다. 그는 가장 잘 노는 곰들이 가장 오래 생존한다는 사실을 밝혀냈다. 페이건은 브라운에게 이렇게 설명했다. "나는 어린 동물들이 놀이를 통해 좋은 판단을 내리는 법을 배운다고 생각합니다. 예를 들어 싸움 놀이를 하면서 언제 다른 곰을 믿을 수 있을지, 싸움이 지나치게 격렬해지는 경우에는 언제 자신을 보호하거나 도망칠지 배우는 거죠. 놀이는 살아가면서 맞닥뜨릴 수 있는 도전과 모호한 상황을 '가정하고' 생사가 달려 있지 않은 예행 연습을 하게 해줍니다."[10]

곰을 지켜볼 때조차도 우리는 대개 눈으로 보고 있는 놀이를 알고 있다고 느낀다. 하지만 연구를 하려면 과학자가 연구 대상을 정의하고 측정할 수 있어야 한다. 놀이에 대한 정의는 다양하지만 대부분 몇 가지 요점으로 간추릴 수 있다. 장난기 많은 행동은 성인의 진지한 행동을 닮았지만 어린 동물이 주로 한다거나 과장되거나 어색하거나 어쨌든 다른 방식으로 대체된 행동이라는 점에서 다르다. 즉각적인 생존 목적에 기여하지 않고, 자발적이고 유쾌해 보인다. 또 놀이는 동물이 스트레스를 받지 않고 할 일이 없을 때만 일어난다. 달리 표현하면 놀이는 재미있다.[11]

어째서 겉으로 불필요해 보이는 놀이 활동이 이토록 만연할까? 절대적으로 필요하기 때문이다. 이 책에서 다루는 많은 사회적 행동과 마찬가지로 그토록 많은 동물이 하고 있다는 것은 놀이가 더 큰 목적에 기여한다는 뜻이다. 놀이가 재미있다는 것도 그렇다. 뇌는 우리에게 유익한 것을 좋아하도록 설계되어 있다. 브라운은 "우리는 자신의 생존에 유용한 활동을 좋아하도록 되어 있다."고 썼다. 이런 활동을 하면 도파민이 분출된다. 도파민은 흑질substantia nigra 과 복측피개영역ventral tegmental area으로 불리는 뇌 부위에서 생성되는 신경전달물질이다. 연쇄반응이 일어나면서 도파민은 기분을 좋게 해주는 화학물질인 노르아드레날린과 아드레날린을 더 많이 분출시킨다. 이때 주요 스트레스 호르몬인 코르티솔cortisol은 침묵을 지킨다. 그러므로 놀이가 스트레스의 원인이 된다면 제대로 놀고 있는 것이 아니다.

인간 이외의 동물에게서도 놀이를 빼앗기는 실제로 어렵다. 만약 그렇게 한다면 동물들은 공격적으로 돌변할 것이다. 인간의 경우 어린 시절 놀이를 하지 못하거나 비정상적인 놀이를 하는 것은 간혹 신경질환이나 정신병을 비롯한 장애의 징후일 수 있다. 브라운은 놀이를 연구한 초기에 환자들에게서 '놀이 이력'을 수집했다. 텍사스주 사형수들에게 어린 시절에 어떻게 놀았는지 말해달라고 요청한 결과, 그들이 놀지 못했다는 사실이 두드러지게 드러났다.

쥐에게서 놀이를 발견한 야크 판크세프는 놀이를 일곱 가지 주요 감정의 하나로 정의했다. 판크세프는 〈디스커버〉와의 인터뷰에서 이렇게 언급했다. "놀이는 기분이 좋아지게 하고, 다른 동물과 온전한 관계를 맺게 해주는 뇌의 과정입니다. 놀이의 즐거움을 이해하는 것은 일반적으로 즐거움의 본질을 아는 것입니다. 놀이는 삶의 과정에서 그래야 하듯 낯선 사람과 일종의 애착을 형성하는 활동에 참여하는 것입니다."[12]

놀이 연구에서 획기적인 성과를 거둔 학자로 신경과학자 메리언 다이아몬드Marian Diamond를 들 수 있다. 1960년대 캘리포니아대학교 버클리캠퍼스 교수였던 다이아몬드는 쥐도 연구하고 있었다. 그녀는 어떤 종류의 초기 환경이 건강에 가장 좋은지 파악할 목적으로 쥐 몇 마리는 장난감들과 다른 쥐들이 가득 들어 있는 우리에 넣고, 나머지 쥐들은 필수품만 있는 우리에 넣었다. 다이아몬드가 부른 대로 '풍부한 환경'에서 성장한 쥐가 더 똑똑하고 뇌도 더 크고 효율적이었다. 놀이가 뇌 발달을 자극한 것이다. 장난감하고만 관계가 있는 것은 아니었다. 나중에 다이아몬드는 "장난감과 친구의 조합이 '풍부한' 환경을 조성하는 데 필수적인 조건으로 일찌감치 밝혀졌다."고 말했다.[13]

놀이가 많은 성과를 거두는 것은 분명하다. 어린 동물들은 놀이를 통해 스트레스를 받지 않고 학습할 수 있다. 놀이는 아이들을 탐험의 세계로 초대한다. 신체적으로도 감정적으로도 정교하게 자제력을 발휘할 수 있게 해준다. 살아가며 나중에 당면할 일들을 미리 연습시킨다. 동물들이 하는 많은 놀이가 사냥과 싸움처럼 어른들의 진지한 활동에 매우 가까운 것도 이 때문이다. 새끼 고양이가 털실 뭉치나 쥐에 달려드는 것을 떠올려 보라. 상상 놀이를 하는 아이들이 소꿉놀이, 경찰관과 강도 놀이, 마음 짠하게도 전쟁놀이처럼 어른 흉내를 자주 내는 것도 이 때문이다.

동물 가운데 가장 사회적인 포유동물도 놀이를 통해 사교적으로 행동하는 연습을 한다. 아이다호대학교University of Idaho 소속 동물학자 존 바이어스John Byers는 다양한 종을 관찰하면서 놀이의 양을 전두엽의 발달과 비교해 측정했다. 전두엽은 고차원적인 추리와 계획을 담당하는 뇌 영역이다. 바이어스는 뇌가 큰 동물들에게 놀이가 가장 널리 퍼져 있다는 사실을 발견했다. 각 동물의 최대 놀이 기간은 소뇌 성장의 속도 및 크기와 관계가 있다. 바이어스는 뇌를 형성하는 데 놀이가 유용하다고 짐작했다.[14] 더욱이 동물은 성숙할 때까지 걸리는 기간이 길수록 부모의 보살핌을 더 오래 받아야 하고 놀이도 더 많이 한다. 몸 크기에 비해 뇌가 큰 동물은 아마도 사회적 놀이를 할 것이다. 신피질이 더 많은 동물이 일반적으로 더 큰 사회 집단을 이루며 살고, 더욱 복잡한 사회관계를 형성한다. 그래서 놀이 친구도 더 많다.

앞에서 설명한 내용을 되짚어 보자. 어린 시절이 길고, 뇌가 크고,

규모가 큰 사회 집단을 형성하며 생활하는 동물은 다른 종보다 더 많이 놀고, 뇌가 가장 빨리 성장하는 시기에 가장 많은 시간을 놀이에 쓴다. 익숙한 얘기인가? 아이들은 놀이를 하면서 뇌를 성장시키고 사회적 기술을 키운다. 갓 태어난 아기들은 다른 아기들과 어울려 놀지 못하지만 손과 발가락을 잡는 것처럼 자기 몸을 사용해 논다. 부모를 응시하고 미소를 지을 수 있는 아기들은 5장에서 살펴볼 세라 로이드-폭스의 연구를 통해 뇌의 사회적 영역에 관여한다고 알려진 까꿍 놀이를 거의 예외 없이 즐긴다. 불과 몇 년이 지나지 않아 아이들은 특히 언어를 습득하면서 다른 동물보다 광범위한 놀이 목록을 개발한다. 블록, 자동차, 인형 같은 장난감을 가지고 논다. 제자리에서 뛰어오르고, 달리고, 멀리 뛰기를 하며 논다. 사회적 놀이를 통해 어린 시절의 매력적인 특징인 상상과 가장의 세계에 참여한다. 마지막 놀이 유형인 사회적 놀이는 살아가는 동안 많은 변화와 가소성을 보이며 행동하는 동물에게서 특히 눈에 띈다. 어린 동물 중에서도 인간 아이의 가소성이 단연 으뜸이다.

중학생의 사회적 네트워크

"중학교 생활은 점심시간으로 결정되죠."

나는 그렇게 말하는 메리를 돌아보았다. 우리는 해변에 앉아 수영하는 아이들을 바라보고 있었다. 때는 8월이었고 아직 휴가 중이었지만 이미 내 머릿속은 학교 생각으로 꽉 찼다. 제이크는 9월에 중학생이 될 예정이었다. 몇 년 전 큰 딸을 중학교에 진학시킨 메리가 내게 중학생 학부모의 경험담을 공유해 주었고 그것은 심오한 지혜로 느껴졌다.

중학교에 들어간 아이들은 쉬는 시간에 운동장에서 뛰어놀거나 레고를 쌓는 것 같은 순수한 놀이에서 멀어진다. 사춘기가 시작되고 첫사랑을 경험하기도 하면서 아이에서 십대로 성장한다. 해야 할 공부의 수준도 높아진다. 하지만 자신의 아이가 행복한지, 비참한지, 자신만만한지, 불안한지 알고 싶다면 점심시간 풍경이 많은 정보를 알려줄 것이다.

우선 중학생이 되면 교실 환경이 크게 바뀐다. 대부분의 미국 학생들은 초등학교 시절 많은 시간을 한 교실에서 같은 친구들과 보내다가 중학생이 되면 여러 교실을 옮겨 다니며 다양한 무리의 학생들과 섞이는 커다란 환경의 변화를 경험한다. 학생들이 맺을 수 있는 사회적 관계의 수가 갑자기 크게 증가한다. 이러한 변화를 거치는 동안 우정은 기능을 바꾼다. 또래 관계가 훨씬 미묘해진다. 아이들은 수용이나 거부, 누가 누구에게 무엇을 하는지, 자신이 타인에게 어떻게 보일지에 최대의 관심을 쏟는 시기로 진입한다.[15]

점심시간의 중요성이 크게 부각되는 것은 전혀 놀랍지 않다. 많은 학교에서 십대 초반 아이들의 문제가 가장 두드러지게 드러나는 때가 바로 점심시간이기 때문이다. 아이들이 식판을 들고 어디에 앉아야 할지 몰라 불안해하는 장면이 영화에 그렇게 많이 등장하는 것도 이 때문이다. 아이들이 점심시간에 얼마나 상처받기 쉬운지 이해하고 싶다면 데니스 에스티먼Denis Estimon이 어떤 노력을 기울렸는지 살펴보자. 아이티에서 이민 와서 플로리다주 소재 초등학교에 다니기 시작한 에스티먼에게 점심시간은 악몽이었다. 고등학교에 진학하면서 이 문제를 해결해보겠다고 마음먹고 '함께 밥 먹기We Dine Together' 클럽을 공동으로 결성했다. 에스티먼은 CBS와의 인터뷰에서 "혼자라고 느끼는 것은 좋은 감정이 아닙니다. 나는 어느 누구도 그런 경험을 겪게 하고 싶지 않았습니다."라고 설명했다.[16] 보카레이턴Boca Raton에 재학 중이던 클럽 회원들은 점심시간에 식당과 운동장을 돌아다니며 혼자 밥을 먹고 있는 학생들을 찾아냈다. 그런 다음 함께 앉아 점심식사를 하며 이야기를 나누었다.

호기심이 생긴 나는 근처에서 가장 큰 중학교 앞으로 가서 거리 구석에 선 채 학교에서 벌어지는 일들을 잠시 관찰했다. 그 중학교는 점심시간 동안 학생들에게 외출을 허용했다. 여학생 세 명이 소곤대고 킥킥 웃기도 하며 음식점에 가려고 길을 건넜다. 남학생 두 명이 인도에서 농구공을 통통 튕기며 근처에 있는 농구장으로 향했다. 학생들은 너 나 할 것 없이 길 건너 공원에 있는 놀이터에는 눈길도 주지 않았다. 정글짐을 기어오르며 놀기에는 나이가 많다고 생각했을 것이다. 그 아이들은 거리로 나서기 전에는 내 뒤에 있는 피자집 안에서 시시덕거렸던 것 같았다. 그들은 이제 사춘기로 진입하는 중이었다. 아이들이 앞으로 겪을 변화가 마치 저속으로 촬영한 사진처럼 머릿속에 펼쳐졌다.

캘리포니아대학교 로스앤젤레스캠퍼스UCLA 소속 발달심리학자인 야나 유보넨Jaana Juvonen은 우정의 질을 추측하기 위해, 나처럼 그냥 거리에 서서 중학생들이 상호작용하는 모습을 지켜보는 대신 직접 질문을 던졌다. 적절하게도 유보넨과 나는 함께 점심식사를 하면서 이야기를 나누었다. 우리가 만난 UCLA 근처 카페는 중학생이 아닌 성인이 북적대는 곳이었지만 말이다.

10년 전쯤 유보넨은 사춘기를 거치면서 또래 관계가 어떻게 바뀌는지 탐구하기 시작했다. 유보넨과 그녀가 이끄는 연구팀은 로스앤젤레스 소재 중학교 26곳에 재학 중인 6학년(우리나라 중학교 1학년생에 해당된다.─옮긴이) 학생 6,000명을 3년 동안 모집하고 각 집단을 이후로 쭉 추적했다. 연구에 참여한 첫 집단으로 가장 나이가 많은 학생들은 우리와 만났을 당시 대학 1학년을 막 마쳤다. 연구에 참여한 학생들은 또래에 관해 묻는 질문지를 매년 작성했다. '가장 친한 친구들의 이름을 적으세요. 이 친구는 당신을 지지해 주나요? 이 친구와 어떤 주제로든 이야기할 수 있나요? 이 친구는 당신 집에 놀러 오나요? 괴롭힘을 당한 적이 있나요? 다른 아이가 괴롭힘을 당하는 광경을 본 적이 있나요?'[17]

연구 결과 적어도 처음에는 불안정한 관계가 일관되게 드러났다. 6학년 학생의 3분의 2는 첫 가을 학기와 봄 학기 사이에 친구를 바꿨다. 유보넨은 학교 시스템과 관계가 있으리라 짐작했다. 중학교에는 초등학교 5학년 시절부터 알고 지내다가 함께 입학한 몇몇 친구들이 있다. 학년 초에는 익숙한 친구들과 신체적으로도 감정적으로도 가깝게 지낸다. 하지만 새 환경에 적응하면서 6학년의 사회적 지평은 넓어진다. 이 시기에 축구, 연극, 로봇 같은 고유한 취향이 자리잡으며 비슷한 관심사를 지닌 아이들에게 마음이 끌린다. 그러면서 초반에 사귀던 친구와 멀어지는 경우가 흔하다.

우정은 아이들에게 크게 영향을 미친다. 유보넨에 따르면 우정은 처음 부모와의 사이에서 형성하는 애착 관계와 비슷하게 시작할 수 있다. "이것은 정말 아주 아주 가깝고 감정적으로 친근한 관계입니다. 이 특별한 관계는 오래가지 않더라도 이후에 맺을 관계에 영향을 미칩니다."

교육자와 부모는 이처럼 강력한 유대의 잠재적 장점을 이해하지 못할 때가 많다. 교사들은 서로 시시덕거려서 수업에 방해가 되겠다 싶은 아이들을 갈라놓는다. 하지만 수업 시간에 오간 대화를 녹음해서 분석한 연구자들은 아이들이 친구와 함께 공부하거나 문제를 푸는 동안 오히려 협업을 통해 더 효과적으로 과제를 수행한다는 증거를 찾아냈다. 유보넨은 이렇게 설명했다. "학생들은 무작위로 지정된 짝과 함께 공부하라고 지시받을 때보다 친구와 함께 할 때 훨씬 깊이 있고 인지적으로 더욱 복잡한 대화를 나눕니다. 사회에서 성인들이 우정에 마땅한 가치를 두지 않고 때때로 우정이 성가시거나 주의를 산만하게 만든다고 생각하는 것은 무척 흥미로운 현상이에요. 우정은 아이들에게 엄청나게 중요합니다."

하지만 중학교를 다녀본 사람이라면 누구나 기억하겠지만 중학교 세계에도 어두운 구석이 존재한다. 친구가 없는 6학년 학생은 불안, 우울, 낮은 자존감을 느낄 위험이 있다. 유보넨이 연구한 6학년 학생 6,000명의 약 12%는 누구에게도 친구로 거론되지 않았다. 점심시간에 함께 앉아 밥을 먹을 아이가 없었고, 집단 따돌림을 당할 때 나서서 편들어 주는 아이도 없었다. 이 분류에 속한 아이들은 남학생이 여학생보다 거의 2배 많았고, 아프리카계와 라틴계 학생이 백인 학생보다 많았다. 유보녠과 그녀의 학생 레아 레서드Leah Lessard는 사회적 고립의 자각, 여기에 동반하는 위협감에 대한 존 카시오포와 루이즈 호클리의 연구에 영감을 받았다. 그들은 친구 없는 중학생을 괴롭히는 정신건강 문제가 사회적 위협의 인지에서 비롯된다고 볼 수 있을지 조사했다. 두 사람은 6학년 때 친구가 없으면 7학년 때 더욱 큰 위협감을 느끼고 결과적으로 8학년이 되었을 때 내면에 우울과 불안이 쌓인다는 가설을 세웠다. 그 가설은 조사 결과와 정확히 일치했다. 친구가 없다는 사실뿐 아니라 결과적으로 발생하는 위협감이 문제를 초래한 원인이었다.[18]

유보녠이 광범위하게 연구해온 집단 따돌림도 원인이었다.[19] 그녀는 이렇게 설명했다. "우정은 위계질서가 지배하는 커다란 맥락 속에서 발생합니다. 위계질서가 다른 곳보다 훨씬 두드러지는 학교나 환경이 있지만, 분명한 위계질서가 없는 환경이라도 일정한 양상을 보입니다. 아이들은 어떤 아이가 친구인지, 전체적인 위계질서에서 자신이 어느 위치에 있는지 매우 잘 알고 있습니다." 아울러 대부분의 집단 따돌림은 지위를 획득하고 유지하려는 매우 전략적인 노력이라고 주장했다. 유보녠이 예상하지 못했던 점은 남을 괴롭히는 아이들이 단기간일지라도 상당히 인기가 있다는 사실이었다. "그 아이들이 무엇 때문에 태도를 바꾸겠어요? 보상이 그렇게 큰데 말입니다."

유보녠과 동료들은 집단 따돌림을 당하는 아이들에게 친구가 어떤 역할을 하는지 면밀하게 조사했다. 충분히 예측할 수 있듯 사회적 네트워크가 부족한 학생일수록 표적이 될 가능성이 컸다. 연구자들은 친구가 있는데도 집단 따돌림을 당한 아이들에게 친구가 도움이 되는지 상처가 되는지 알고 싶었다. 다른 피해자와 어울리면 더 힘들어질 수도 있고, 아니면 외로움을 덜 느낄 수도 있었다. 연구자들은 후자를 뒷받침하는 증거를 확보했다.[20] 유보네은 "고통을 나누면 도움이 됩니다."라고 말했다. 친구가 한 명 이상인 아이들은 애초에 집단 따돌림으로 희생되거나 괴롭힘을 당할 가능성이 줄어든다. "친구가 완충 역할을 할 수 있거든요."

취향과 정체성, 동맹과 왕따

어떤 문화든 심지어 비인간 종에서도 청소년기는 실험, 탐험, 위험 감수, 충동성이라는 특징을 보여준다. 그리고 무엇보다도 또래 집단과의 강력한 상호작용이야말로 지울 수 없는 특성이다. 청소년기 이전에도 친구를 사귈 때 서로 비슷한 흥미와 매력을 발견하느냐가 관건인 것은 마찬가지지만, 청소년기 초기에는 이러한 동기가 훨씬 더 중요해진다. 그래서 십대들이 만드는 집단을 틀에 박힌 방식으로 분류하는 것은 타당한 연구 방식이다. 집단을 형성하는 십대의 행동 방식이 매우 일관되고 반복적이어서 사회학자들은 그들의 사회적 구조를 설명하는 분류법을 고안해 냈다. 그들은 린네식 동물 분류법에 따른 계界, 문門, 강綱과 마찬가지로 크기에 따라 군집, 집단, 짝, 개인으로 분류했다.[21]

분류의 출발점은 구성 요소인 개인이다. 각 개인은 자신의 개성과 흥미를 모든 관계에 투영하는데, 십대에 정체성과 자아 인식이 굳어지면서 관계가 바뀔 수 있다. 다음에는 과학 용어로 '다이애드 dyads'라고 부르는, 친구 한 쌍이 시간을 두고 만나고, 대화하고, 활동하며 상호작용한다. 이러한 우정은 존속 기간이 짧고, 청소년기의 변화하는 사회적 맥락에서는 특히 그렇다. 청소년기에 접어든 개인의 정체성은 더 어렸을 때 사귄 친구들의 정체성과 달라지기 시작한다. 예를 들어 자신은 농구에 매달리는 반면에 어린 시절 친구는 하루 종일 음악을 연주하고 작곡한다.

하지만 청소년기의 우정을 정의하는 요소는 더욱 큰 동맹이다. 짝을 넘어서서 3~10명으로 구성되는 집단이다. 이런 집단은 패거리로 불릴 수 있고, 위계질서가 지배하거나 대체로 평등할 수도 있다. 유대가 매우 끈끈할 수도 있고, 느슨해서 구멍이 많을 수도 있다.

군집은 규모가 큰 일반적인 범주인데, 고등학교 생활의 통념을 잘 보여주며 공부를 잘하는 아이, 운동을 잘하는 아이, 스케이트보드를 잘 타는 아이, 연극하는 아이 등이 학교 식당에서 자연스럽게 어우러지는 영화 〈하이스쿨 뮤지컬High School Musical〉의 장면을 연상시키는 개념이다. 이 영화는 현실을 디즈니식으로 해석했지만 대부분의 십대들이 겪는 경험과 그다지 동떨어지지 않았다.

이러한 집단들 사이에서 아이들이 왔다 갔다 하는 모습은 흥미롭다. 유보넨은 다른 인종과 계층 간 우정을 북돋우는 과제와 관련된 다양성과 도전을 조사하는 데 많은 시간을 쏟았다. 뚜렷하게 인종이 다양한 학교에서는 아이들이 자신을 복합적으로 정의하는 경향이 있음을 발견했다. 그녀는 여러 준거 집단들이 섞인다고 말했다. 그녀가 성장한 핀란드와 미국의 일부 지역처럼 다양성이 더 작은 장소에도 비슷한 원칙을 적용할 수 있었다. 동종성이 더 큰 장소에서 다양성은 인종이나 계층이 아니라 여러 관심사에서 비롯한다. 배구도 하지만 가수이면서 학자인 사람처럼, 십대의 정체성이 다면적일수록 하나 이상의 무리에서 친구를 사귈 가능성이 크다.

청소년의 뇌

청소년기의 우정을 적절하게 파악하려면 십대의 뇌가 계속 발달하고 있다는 사실을 이해해야 한다. 지난 15년간 청소년기의 뇌 형성 단계에 대한 인식이 급진적으로 바뀌었고, 오늘날 청소년기는 10~25세로 간주된다.

수세기 동안 사람들은 뇌가 고정된 상태로 태어난다고 믿었다. 1950~60년대 들어 데이비드 허블David Hubel과 토르스텐 비셀Torsten Wiesel의 연구로 이러한 사고가 바뀌기 시작했다. 허블과 비셀은 고양이를 대상으로 인간의 유아기, 아동기, 청소년기, 성숙기에 해당하는 다양한 발달 단계(고양이에게 이러한 전환은 연 단위가 아니라 주 단위로 일어난다)에 한 눈이나 다른 쪽 눈, 때로 두 눈을 가리개로 덮거나 떼는 방식으로 시각을 연구했다. 그 결과 고양이 눈에 아무 이상이 없더라도 한동안 눈을 가리면 정상적인 시각이 제대로 발달하지 못하는 결정적으로 중요한 시기를 찾아냈다. 문제는 뇌에 있었다. 시각적 경험을 박탈하자 뉴런 사이에 필수적인 연결이 형성되지 못한 것이다. 태어날 때 뇌는 결코 고정된 상태가 아니며 경험을 통해 바뀐다.[22] 허블과 비셀은 이처럼 획기적인 사실을 발견한 업적을 인정받아 노벨상을 받았다.

뇌 속을 들여다볼 수 있게 되면서 신경과학자들은 초기 어린 시절에 진행되는 기본적인 뇌 형성 과정을 연구했다. 신경과학자 제이 기드Jay Giedd의 표현을 빌리면 이 과정은 날카롭게 잽을 넣으며 다른 팔로는 스트레이트를 넣는 원투 펀치였다. 뇌세포의 수와 그보다 더 중요한 뇌세포 사이의 연결이 폭발적으로 늘어난다. 증가 속도는 굉장하다. 과거에 과학자들은 신경 연결이 초당 1,000개씩 새로 발생하리라 생각했지만, 2017년 발표된 연구 결과에 따르면 100만 개가 넘는다.[23] 급속한 성장 단계를 밟은 후에는 인정사정없는 제거 과정, 즉 잘 연결되지 않거나 불필요하다고 입증된 연결의 가지치기가 일어난다. 뇌 회로에는 사용하지 않으면 잃는다는 원리가 작용한다.

이렇듯 매우 어린 아이의 뇌에 대해 새롭게 이해하기 시작하면서 0~3세에 발생하는 현상에 급속도로 관심이 쏠렸다. 이 시기에 일어나는 엄청난 뇌 성장은 결정적으로 중요하고, 부모와 다른 양육자들의 사랑과 적극적인 관심에 좌우된다. 맞춤형 뇌 자극 교구나 장난감은 필요하지 않다. 허블과 비셀을 포함한 연구자들은 태어날 때 뇌가 완전히 고정된 상태는 아니지만 태어난 지 몇 년 이내에 대부분의 성장이 이루어지는 것은 확실하다고 주장했다. 6세가 되면 아이의 뇌는 성인 크기의 약 90%에 도달한다.

하지만 청소년기에도 많은 변화가 일어난다는 사실이 밝혀졌다. 원투 펀치 비유를 생각해냈던 제이 기드는 1990년대 말 미국정신건강연구소에서 새로운 종류의 연구 프로젝트를 이끌었다.[24] 그때까지 아이들의 뇌에 대한 영상 연구는 단면을 촬영해 한순간의 뇌 사진을 보는 데 그쳤다. 새 연구를 시작한 기드는 4~20세 아이들의 뇌를 스캔했다. 피험자에 따라 뇌를 10년 동안 몇 차례 스캔하거나, 2년마다 스캔하기도 했다. 연구 목표는 시간의 흐름에 따른 회백질과 백질의 변화량을 측정하는 것이었다. 뇌에서 '사고' 기능을 맡는 회백질에는 이런 일을 하는 뉴런들이 많이 모여 있다. 신경섬유를 둘러싼 미엘린이 백색으로 보여 이런 이름을 얻은 백질은 뉴런들을 서로 연결하는 조직이다.

기드와 동료들은 과거에 몰랐던 놀라운 현상을 발견했다. 청소년기 초기에 뇌는 유아기의 급성장과 매우 흡사한 2차 성장과 변화를 겪는다. 2차로 신경 연결이 과도하게 생성되었다가 제거된다. 남자아이는 12세, 여자아이는 11세에 신경 성장이 최대로 이루어진다. 차이가 발생하는 까닭은 여자아이가 더 일찍 사춘기에 이르기 때문이다. 그러고 나면 다시 가지치기 과정이 시작된다.

2차 발달은 초기 어린 시절만큼 본질적이지는 않지만 동적이고 중요한 과정이다. 유아기처럼 어린 청소년들도 경험에 좌우된다. 기드는 2002년 이렇게 설명했다. "미켈란젤로가 다비드상을 조각했듯, 인간은 사춘기의 절정에서 커다란 화강암 덩어리를 앞에 놓고 섬세하게 깎아내는 과정을 거치며 예술작품을 창조합니다. 뇌도 이런 식으로 스스로를 조각합니다."[25]

이 발견을 통해 두번째로 중요한 성과도 얻을 수 있었다. 뇌 부위들은 같은 속도로 성숙하지 않는다. 물론 우리는 십대의 뇌가 완전히 성숙한 것 같지 않다는 것은 오래 전부터 알고 있었다. 2017년 로버트 새폴스키Robert Sapolsky가 저서 《행동Behave》에서 십대를 다룬 장에 "이봐, 내 전두엽은 어디 있지?Dude, Where's My Frontal Cortex?"라는 부제를 붙인 것도 이 때문이었다. 전두엽은 판단, 계획, 수행 기능을 하고 십대 내내 계속 발달하는 과정에 있다. 청소년이 위험을 무릅쓰고 취약하고 서투른 선택을 하기 쉬운 것도 이 때문이다. 자동차 사고, 부상, 살인, 자살이 십대 사망 원인의 70% 이상을 차지한다.[26] 따라서 성숙이란 합리성과 이성적 행동을 향해 꾸준히 나아가는 과정으로 생각하는 것이 논리적으로 보인다. 그렇다면 대뇌피질이 덜 발달한 아동들이 사춘기 아이들보다 더 어리석은 행동을 하지 않을까? 청소년기 전후에 비해 유독 그 시기에 위험을 무릅쓰는 까닭은 무엇일까?

이러한 현상이 발생하는 원인은 발달의 불균형 때문으로 밝혀졌다. 사춘기에 나머지 뇌 부위들도 전두엽처럼 서서히 발달하는 것은 아니다. 감정에 결정적으로 중요한 대뇌변연계가 먼저 발달하고, 판단과 이성을 담당한 전두엽 영역이 뒤늦게 발달한다. 이처럼 사고와 감정의 발달 사이에 발생하는 격차가 진짜 문제다.

2008년 웨일코넬메디컬센터Weill Cornell Medical Center 소속 신경과학자 B. J. 케이시Casey와 동료들이 사춘기 아이들의 행동을 더 잘 설명하기 위해 최초로 제시한 이래로, 불균형 모델은 학계에서 폭넓게 인정받고 있다.[27] 케이시가 수행한 연구의 목적은 십대의 행동을 병적 증상으로 보려는 것도, 이 연령대 아이들이 부모에게 얼마나 좌절감과 두려움을 안기는지 불평하려는 것도 아니다. 아이들이 이렇게 행동하는 이유를 이해하려는 것이다. 케이시는 "나는 이것이 적응 행동에 가깝다고 생각합니다."라고 언급했다.[28] 십대의 이런 실험과 시도는 이후에 부모에게서 독립해 살아갈 수 있도록 그들을 준비시켜 주는 자연스러운 발달 과정이라는 것이다.

감정 반응성이 증가하는 것은 감정을 담당하는 대뇌변연계가 더욱 빨리 성숙하기 때문이다. 아이들은 사춘기에 맞이하는 성호르몬의 급격한 분출에 더 예민해진다. 케이시가 연구 결과를 기록한 그래프를 보면 그 의미를 분명히 파악할 수 있다. 우선 나이를 X축, 기능의 발달을 Y축에 놓는다. 그래프에는 두 선이 있는데 하나는 전전두엽피질의 성숙이고, 다른 하나는 대뇌변연계의 성장을 가리킨다. 두 선은 같지 않다.

전전두엽피질은 상대적으로 꾸준히 직선으로 발달한다. 그래프를 그리면 출생 당시 출발점은 맨 아래 왼쪽 끝이다. 여기서 시작해 맨 위 오른쪽 끝까지 대각선을 긋는다고 상상해보자. 실제로는 뇌 성장이 성인기에 들어서면서 수평을 유지하므로 대각선은 결코 오른쪽 상단 모서리에 닿지 않는다. 대신에 발달 과정의 중간에서 옆으로 꺾어지겠지만 선이 처음에 완만한 경사를 이루며 꾸준히 상승한다는 사실이 중요하다.

반면에 대뇌변연계는 더 일찍 급격히 발달한다. 그래프는 기울기가 완만한 종형 곡선에 가깝고, 전전두엽피질을 가리키는 선 위로 솟았다가 내려가 다시 만나면서 평평해진다. 두 선이 교차하면서 생긴 공간은 넓다. 케이시는 논문과 발표 자료에서 이 영역에 빗금을 치고 '청소년기'라고 적었다.

또래 효과

열네 살인 벤 스타인버그Ben Steinberg는 상당히 분별력이 있는 아이였지만 어느 늦은 밤 어리석은 행동을 했다. 저녁에 친구들과 한 아이의 집에 모여 영화 〈해피 길모어Happy Gilmore〉를 본 이후였다. 새벽 두 시경 남자아이들은 그 집을 몰래 빠져나와 무리 중 한 명이 좋아하는 여자아이의 집 창문에 돌멩이를 던졌다. 하지만 불행하게도 그 여자아이만 잠이 깬 것이 아니었다. 그 집의 도난 경보기가 요란하게 울렸다. 경찰차가 나타나자 아이들은 뿔뿔이 흩어져 도망쳤는데 이런 행동이 잠재적으로 더욱 위험한 범법 행위로 인식될 소지가 있었다. 나중에 아버지가 대체 무슨 생각을 했었는지 설명해보라고 추궁하자 벤은 "그게 문제였어요. 생각을 하지 않았어요."라고 대답했다.

사실 벤의 아버지인 로런스 스타인버그Laurence Steinberg는 템플대학교 심리학과 교수로 청소년기 발달 연구를 선도하는 전문가다.[29] 아들이 이런 모험을 벌일 당시 청소년기와 소년 사법에 대해 연구하는 집단을 이끌고 있었다. 아들이 겪은 경험에서 영감을 얻은 스타인버그는 청소년기 특유의 행동 방식으로 악명 높은 '위험 감수'에서 친구가 맡은 역할을 더욱 면밀히 연구했다. 그러면서 만약 아들이 혼자였다면 애당초 새벽에 친구 집에서 몰래 빠져나오지 않았을 것이고 경찰을 보고 도망치지도 않았으리라 추측했다.

청소년은 친구와 함께 있을 때 무모하게 행동하는 경향이 강하다. 친구들을 태우고 운전하는 십대가 충돌사고를 일으킬 확률은 혼자 운전하는 십대보다 4배 크다. 성인은 그렇지 않다. 성인은 오히려 친구와 함께일 때 더 안전하게 차를 운전한다. 십대는 함께 있을 때 범죄를 저지를 가능성이 커지지만, 성인은 혼자 있을 때 법을 어길 가능성이 더 크다. 십대가 처음으로 술을 마시거나, 마리화나를 피우거나, 다른 마약을 시도하는 것은 혼자 있을 때보다 친구 무리에 섞여 있을 때 더 흔하다. 구체적으로 살펴보면 친구와 함께 있을 때 술을 마실 확률은 가족과 있을 때보다 7배 크고, 혼자 있을 때 처음 술을 마실 가능성은 거의 없다. 성인들은 대개 이것이 또래 압력 때문이라고 생각한다. 친구들이 한번 해보라고, 단숨에 들이키라고, 한번 흡입해 보라고, 대놓고 말하거나 교묘하게 부추기기 때문이라는 것이다. 하지만 스타인버그는 이것이 그렇게 단순한 문제가 아니라는 것을 밝혀냈다. 그는 동료와 함께 '또래 효과peer effect'로 명명한 현상을 발견했다.

스타인버그는 2014년 출간한 《기회의 십대Age of Opportunity》에서 "청소년기에 또래의 존재는 쥐라도 비행을 저지르게 할 수 있을 정도로 매우 강력하다."라고 강조했다.[30] 실제로 압력을 넣지 않고 또래가 있기만 해도 압력은 발생했다. 스타인버그는 전화 인터뷰로 나에게 또래 효과를 밝혀낸 과정을 설명했다.

적절하게도 연구자들은 비디오 게임을 이용했다. 청소년들과 성인들이 템플대학교에 있는 실험실에 친구 두 명씩을 데려왔다. 참가자들은 모의운전 게임의 운전자석에 앉았다. 게임의 목표는 경로를 따라 목적지까지 최대한 빨리 성공적으로 운전하는 것이었다. '운전자'는 계속 노란불을 만났다. 정지할까 아니면 그냥 지나갈까? 동기가 상충했다. 속도를 내며 신호등을 지나쳐 버리면 위험을 감수해야 했다. 한편, 노란불일 때 일부 교차로에서는 다른 차가 다가올 것이라는 경고를 받았다. 충돌하면 시간이 지체될 터였다. 운을 과신하는 동기와 안전하게 운전하려는 동기가 상충되었다. 상황을 좀 더 흥미롭게 조작하기 위해 연구자들은 목적지에 더 빨리 도착하면 추가로 보상하겠다고 약속했다.

운전자들은 전적으로 혼자 결정을 내리지는 않았다. 친구들이 방에 함께 있을 때도 있었고, 옆방에서 모니터로 볼 수는 있지만 대화는 할 수 없을 때도 있었다. 연구 결과는 인상적이었다. 친구가 같은 방에서 지켜보고 있는 경우 십대는 위험을 감수하는 경향이 더 강했지만, 성인은 그렇지 않았다. 친구가 방에 같이 있지 않고 근처에 있고, 모니터로 보이지만 대화할 수 없는 경우에도 십대는 여전히 더 위험을 감수하는 경향을 보였다. 이때는 친구가 말로 또래 압력을 줄 수 없었지만 이 점은 중요하지 않았다. 스타인버그는 이렇게 설명했다. "십대는 친구가 자신의 행동을 볼 수 있다는 사실을 알고 있는 경우 혼자 있을 때보다 위험을 감수할 가능성이 커집니다." 하지만 성인은 달랐다.

그 후 스타인버그는 템플대학교 신경과학자 제이슨 체인Jason Chein과 협력해서 "운전자"를 뇌 스캐너에 넣고 같은 실험을 실시했다. 두 사람은 동일한 또래 효과를 발견했고 뇌에서 일어나는 현상도 확인할 수 있었다. 스타인버그는 이렇게 설명했다. "또래와 함께 있을 때 아이들의 뇌에 있는 보상 센터가 활성화되었습니다. 이러한 현상이 많이 발생할수록 아이들은 더 많은 위험을 감수했습니다." 과학자들은 압력에 관해 더욱 섬세한 이론을 발전시켰다. "우리는 또래와 함께 있을 때 기본적으로 아이들의 보상 체계가 더 쉽게 자극을 받아 활성화된다는 개념에 이르렀습니다. 결과적으로 아이들은 위험한 선택을 할 때 얻는 잠재적 보상에 과도하게 관심을 기울이고, 잠재적 대가에는 상대적으로 관심을 덜 기울입니다."[31]

그렇다면 친구들이 지켜보고 있다는 것을 알기만 해도 또래 압력일까? 실험에 참가한 십대들은 틀림없이 노란색 신호등을 무시하고 교차로를 통과해 최대한 빨리 목적지에 도착해야 친구들에게 멋지게 보일 거라고 생각했다. 스타인버그와 체인을 포함한 연구자들은 이러한 가능성을 배제할 수 있는 방법을 생각해냈다. 친구가 어떻게 생각하든 신경 쓰지 않거나 신경 쓸 수 없는 십대들이 필요하다고 판단하고 쥐를 사용해 실험하기로 한 것이다.

스타인버그는 이렇게 설명했다. "젖을 뗀 쥐들을 각기 다른 배에서 태어난 새끼 두 마리와 함께 길렀습니다. 기본적으로 쥐의 또래 집단을 만든 것이죠." 쥐는 모의운전 게임을 할 수 없으므로 스타인버그와 체인은 쥐의 보상 체계에도 인간과 똑같이 작용하는 술을 주었다. 그런 다음 또래와 있을 때와 혼자일 때 무작위로 쥐를 실험했다. 또 절반은 사춘기 쥐를, 절반은 성인 쥐를 실험했다. 만약 쥐가 술을 무한정 마신다면 얼마나 마실까? 사춘기 쥐들은 혼자 있을 때보다 다른 쥐와 함께 있을 때 술을 더 많이 마셨다. 어른 쥐가 마시는 양은 바뀌지 않았다.[32] 스타인버그는 이렇게 설명했다. "우리가 쥐에 대해 알지 못하는 새로운 사실이 드러나서 쥐들이 또래의 의중을 생각하리라고 결론을 내리는 경우가 아니라면, 사춘기 동안 또래의 영향에 특히 민감하고 또래 앞에서 더 많은 보상을 추구하게 만드는 기제가 포유동물의 뇌에 내장되어 있다는 것이 합리적인 결론 같습니다." 스타인버그와 체인은 이러한 현상을 가리키기 위해 또래 압력 대신에 "또래 존재peer presence"라는 용어를 사용하기 시작했다.

또래 존재는 나쁜 영향도 좋은 영향도 미칠 수 있다는 점이 중요하다. 스타인버그는 "기분을 좋게 만드는 요인이 무엇이든 십대가 함께 있을 때 훨씬 배가됩니다."라고 덧붙였다. 이때 기분을 좋게 만드는 요인이 위험 요소를 안고 있으면 아이들은 곤란해질 수 있다. 위험하다는 사실을 모르고 행동하거나, 위험을 무시하겠다고 선택할 수 있기 때문이다. 하지만 스타인버그와 동료들은 십대가 혼자 있을 때보다 또래와 함께 있을 때 학습 속도가 빨라진다는 사실도 밝혀냈다. 또래와 함께 있을 때 탐색 활동의 양이 증가한다고도 주장했다. 스타인버그는 "십대가 무엇을 탐색하고 무엇을 학습하느냐에 따라 결과는 좋을 수도 나쁠 수도 있습니다."라고 설명했다.

이때 또래가 누구인지가 매우 중요해진다. 스타인버그는 이렇게 언급했다. "부모는 또래 압력이나 또래 영향을 걱정하는 대신 자녀가 어떤 또래와 어울리는지 유의해야 합니다." 성적이 더 좋은 또래와 어울리면 아이들의 성적은 시간을 두고 점차 오른다. 마약을 사용하지 말라고 또래끼리 압력을 가할 수 있다. 물론 반대의 경우도 발생할 수 있다. 스타인버그는 이렇게 강조했다. "사춘기의 특징으로 거의 모든 아이들이 또래 영향과 또래 압력에 취약합니다. 아이들이 누구에게 영향을 받고, 어떤 행동을 하라고 압력을 받느냐가 문제입니다."

청소년기 동안 뇌의 보상 체계만 열심히 가동하는 것은 아니다. 사춘기는 "사회적" 뇌에도 영향을 미친다. 친구에 대해 생각하라고 요청하거나, 화난 사람의 사진을 보여주는 방식으로 십대의 사회적 뇌를 활성화시킬 수 있다. 타인에게 인정을 받거나 거부를 당했다고 느끼게 만들어도(과학자들은 실험실에서 이렇게 조작하는 방법을 구사한다) 십대의 사회적 뇌를 활성화시킬 수 있다. 스타인버그는 이렇게 썼다. "적어도 누군가에게 타인의 시선을 고통스럽게 의식하도록 만드는 면에서, 이것은 신경생물학적 재난이라고 할 수 있다. 타인의 생각을 알아내는 데 중요한 영역의 뇌 기능이 향상되고, 사회적 인정과 사회적 거부에 민감한 영역이 크게 각성되며, 얼굴 표정 같은 타인의 감정적 단서에 더욱 크게 반응하게 되는 것이다."[33] 다시 말해 거절을 당하는 것은 나이와 상관없이 유쾌하지 않지만 사춘기 때 입는 상처는 실제로 훨씬 더 크다. 결과적으로 십대가 또래 존재에 대해 보이는 반응은 어른과 다르다.

친구의 사회적 완충 효과

사회적 완충social buffering 현상을 탐구하는 연구자들이 십대를 대상으로 도출한 결과가 종잡을 수 없는 것은 당연하다. 사회적 완충은 개인이 타인을 보호하고 긍정적인 영향을 주는 것을 뜻한다. 또 개인이 타인의 스트레스를 완화해주는 영향을 가리킨다.

사회적 완충 현상은 사람에게 국한되지 않는다. 제브라피시는 "친구"의 냄새를 맡는 경우에는 두려워서 얼어붙는 정도가 완화되었고, 친구를 실제로 볼 수 있는 경우에는 그 정도가 더욱 낮아졌다. 사회적 완충은 생존에 매우 중요하게 작용해서 많은 동물들이 오래전부터 공유하는, 진화에 기원을 둔 현상이다. 더욱이 제브라피시의 뇌는 우정이 인간의 스트레스를 완화시키는 방식을 알려주는 단서를 쥐고 있다. 동료 물고기 떼가 있을 때 제브라피시는 친구가 있는 포유동물과 매우 비슷한 뇌 활성화 패턴을 보이기 때문이다.[34]

우간다에 서식하는 야생 침팬지에 관한 최근 연구에서 두 가지 가능성을 조사했다. 이웃 침팬지 떼와 마주치는 것처럼 스트레스를 받는 경험을 극복하는 데 친구가 도움이 될까? 아니면 서로 털고르기를 해주는 것처럼 좀 더 일상적인 상호작용을 할 때 더 행복해질까? 막스플랑크 진화인류학연구소 소속 연구자들은 침팬지의 소변으로 배출된 스트레스 관련 호르몬, 글루코코티코이드의 양을 측정했다. 친구가 함께 있을 때마다 호르몬 수치는 낮아졌고, 스트레스가 가장 심한 상황에서 가장 차이가 극명했다. 연구자들은 친구와 정기적으로 시간을 함께 보내면 대부분 건강이 더욱 좋아진다는 것을 입증하는 증거를 찾았다.[35] 사회적 완충의 혜택은 분명히 격심한 스트레스를 받는 순간에 국한되지 않는다.

침팬지와 인간은 스트레스 반응의 시작 지점인, 시상하부-뇌하수체-부신hypothalamic pituitary adrenal(HPA) 축으로 불리는 신경생물학적 배열을 공유한다. 많은 청중 앞에서 강연할 준비를 하는 사람은 대부분 스트레스를 받고, 이러한 스트레스는 HPA 축을 따라 호르몬을 폭포처럼 분출시킨다. 그러면 최종적으로 혈액에 있는 코르티솔 수준이 증가한다. 코르티솔 수준이 높아지면 수행 능력이 향상되지만, 시간이 흐르면서 몸에 해로울 수 있다.

아이를 달랠 때 어머니가 하는 행동 중 일정 부분은 코르티솔 수준을 떨어뜨리는 것임이 밝혀졌다. 위스콘신대학교 소속 심리학자 집단은 7~12세 여자아이 61명에게 스트레스 유도 실험을 실시했다. 아이들에게 하는 실험은 나이에 알맞게 수정하지만, 트리어 사회적 스트레스 테스트Trier Social Stress Test는 대부분의 사람들에게 스트레스를 주는, 시간을 제한한 대중 연설과 수학 문제를 예외없이 포함한다. 시험을 치르고 나서 아이들 중 3분의 1은 15분 동안 어머니와 만났고, 이때 어머니는 대화하거나, 딸을 껴안거나, 딸에게 사랑을 표현하고 지지해주는 자신의 방식대로 딸을 달래주었다. 다른 3분의 1은 시험을 치른 직후에 어머니와 전화로 이야기해야 했고, 모든 위로는 말로만 전달되었다. 나머지 3분의 1은 시험을 치르고 나서 어머니와 전혀 접촉하지 못했다. 그런 다음 연구자들은 모든 시험 참가자에게 영화를 보여주고 나서 스트레스 호르몬 및 사랑하는 사람과 긍정적으로 상호작용할 때 분출되는 옥시토신을 측정했다. 세 집단 모두에서 스트레스 호르몬인 코르티솔의 양이 증가했으나 시험이 끝나고 어머니와 상호작용한 아이들의 스트레스 호르몬은 감소했다. 신체적 접촉이 있는 경우에는 감소 과정이 빨라졌지만 목소리만으로도 효과를 내기에는 충분했다. 어머니와 전혀 접촉하지 못한 아이들의 경우에는 스트레스 검사를 받고 한 시간 후에도 높은 코르티솔 수준을 기록했다. 어머니와 접촉한 경우는 옥시토신도 효과적으로 분출되었다. 어머니와 접촉한 15분 안에 옥시토신 분출량이 늘었지만, 어머니와 상호작용하지 않은 아이들은 어떤 변화도 보이지 않았다.[36]

2014년 UCLA 소속 연구팀은 이러한 현상을 더 깊이 연구하기 위해 4~10세 아동 23명, 청소년 30명을 모았다. 모든 참가자들은 어머니가 있거나 없는 환경에서 두 가지 시험을 치르고 나서 뇌 스캐너 안에 들어가 어머니의 얼굴과 낯선 사람의 얼굴을 보았다. 스트레스를 받는 환경에 놓인 어린 참가자들은 어머니와 함께 있을 때와 어머니를 사진으로 보았을 때 뇌 활동을 더욱 성숙하게 조절했다.

아이들이 나이가 들어감에 따라 이런 반응은 어떻게 바뀔까? 예일대학교에 재직하는 신경과학자 딜런 지Dylan Gee는 이 질문의 답을 찾고 싶었다. 뇌 회로가 어떻게 성숙하는지 연구하면서 사춘기가 스트레스를 다루는 방식이 변화하는 전환점이 된다는 사실을 발견했다. 아이가 10세에 도달할 때까지 어머니의 돌봄은 뇌에서 스트레스를 통제하는 전전두엽 회로에 영향을 끼쳐 아이들의 편도체를 진정시켰다. 이 연구에서 11~17세 청소년에게는 어머니의 존재가 더 이상 이런 마법을 발휘하지 못했다.[37] 청소년의 뇌는 스트레스에 대해 높은 반응성을 유지했다. 십대에게 유리한 점은 스트레스 처리에 필요한 편도체와 전전두엽 피질의 연결이 충분히 발달해서 자기 방식대로 성숙한 반응을 할 수 있게 된다는 점이다. 지와 동료들의 주장에 따르면 스트레스에 대한 반응은 시각, 청각, 언어와 마찬가지로 결정적인 시기를 거치고, 아이들의 어린 시절 경험에 따라 형성될 수 있다. 부모가 올바로 양육하면 사회적 완충의 긍정적 영향이 아이의 뇌에 새겨질 수 있다. 하지만 그렇지 못한 경우 뇌는 스스로 차분해지는 법을 익히지 못한다.

십대에게 친구가 얼마나 중요한지 감안하면, 부모가 더이상 사회적 완충 역할을 하지 못하는 경우 친구가 그 역할을 맡는 것이 사리에 맞다. 2011년 한 연구에서는 11세와 12세 아이들에게서 정확하게 이런 현상을 발견했다. 연구에 참가한 아이들은 일상생활에서 자신과 자신의 경험에 대해 무엇을 느꼈는지, 누구와 함께 있었는지 정기적으로 기록했다. 참가자들의 코르티솔 수준도 측정했다. 친한 친구와 함께 있었던 아이들은 부정적인 감정이 상당히 누그러지고 코르티솔 수준은 낮아지며 자부심은 커졌다.[38]

하지만 청소년기 후반에 가면 상황은 더욱 복잡해진다. 미네소타대학교 연구자들은 앞에서 살펴보았듯 대중 연설과 수학 문제 같은 스트레스 요인을 결합한 동일한 실험으로 15세와 16세 아이들에게 스트레스를 유도했다. 친구가 있더라도 스트레스가 줄어들지 않았을 뿐만 아니라 오히려 악화되었다. 코르티솔 수준이 올라간 것이다.[39] 처음에 과학자들은 예상을 벗어난 결과를 보고 당황했다. 사회적 완충 분야를 선도하는 전문가이자 이 연구를 이끈 메건 거너 Megan Gunnar는 "결과를 보고 깜짝 놀랐습니다. … 결과에 대해 생각해보기 전까지는 그랬어요."라고 말했다. 거너는 실험의 구조 때문에 사회적 평가 수준이 높아졌다는 사실을 깨달았다. 왜 사람들이 자신을 친구로 삼고 싶어 하는지에 관해 연설을 해야 했기 때문이다. 거너는 나중에 상황을 파악하고 교훈을 얻었다. "그렇다면 친구가 실제로 앞에 앉아서 참가자가 스스로를 평가하는 걸 돕는다는 뜻이잖아요? 맙소사! 아마 완전히 다른 주제에 대해 연설할 때는 친구가 완충 역할을 할 수도 있었겠죠. 글쎄요. 부모가 완충 역할을 하는 것과 같은 상황에서 친구가 반드시 완충 역할을 하는 것은 아닙니다."

거너는 사춘기의 전환점에서 어떤 현상이 발생하는지 더 조사해보면 매우 유용한 결과를 얻을 수 있으리라 생각한다. "사춘기에 도달할 때까지는 부모가 자녀들을 생리적으로 지탱해줍니다. 그러다가 상황이 바뀌죠. 부모는 사춘기에도 여전히 자녀를 지지하지만 자녀의 시상하부에 부모는 더 이상 존재하지 않습니다. 이미 자녀의 몸에서 빠져나가고 없어요."

나는 저녁식사를 하면서 매슈와 알렉스에게 이 연구 결과를 들려주었다. 두 아들은 당시 16세와 14세였는데 내 말을 듣고 조금도 놀라지 않았다.

"당연하죠." 알렉스가 말했다. "친구 앞에서 우습게 보이고 싶겠어요?" 매슈가 거들었다. "그런 상황에서는 그 친구가 얼마나 좋은 친구인가도 상관없죠."

오래된 친구, 새로운 친구

홍콩으로 이사 가는 것을 끔찍하게 꺼리던 당시, 매슈는 막 아홉 살이 되었다. 그래도 아직은 내가 달랠 수 있어서 다행이었다. 새로운 학교에 다니기 시작한 후 처음 며칠 동안은 수업이 끝나고 학교 버스가 우리 집 앞 도로에 도착할 때면 매슈의 작고 슬픈 얼굴이 차창 너머로 나를 빠끔히 내다보았다. 나는 매일 마중 나가 매슈를 안아 주면서 시간이 지나면 괜찮아질 것이라고 안심시켰다. 아이가 좋아하는 간식을 집에 준비해 두었다고 확인해 주었다. 그런데 어느 순간 상황이 바뀌었다. 어느 날 매슈는 위층에 사는 아이와 함께 버스에서 내리면서 "제이슨 집에 놀러 가도 돼요?"라고 물었다. 그때부터 매슈는 친구를 많이 사귀었고 오후에 숙제를 마치고 나면 아파트 건물에 있는 운동장에서 친구들을 만나 저녁식사 전까지 뛰어놀았다.

2년 후 브루클린으로 돌아가야 할 때 우리 가족 중에서 이별을 가장 힘들어한 것도 매슈였다. 애당초 브루클린을 떠날 때 스스로 예측한 대로 옛 친구들을 떠나기 싫었던 것만큼이나 새로 사귄 친구들을 떠나야 한다는 것을 몹시 슬퍼했다. 하지만 이번에는 이미 교훈을 배운 후였다. 매슈는 이제 친구와 매우 탄탄한 유대를 발달시키면서 애착을 키우고 있었다. 헤어지는 것은 언제라도 어려운 법이다. 하지만 매슈는 좀 더 나이를 먹었고 충격을 견디는 힘도 강해졌다. 게다가 돌아가고 싶은 집이 있었다.

나도 교훈을 얻었다. 매슈에게 친구가 얼마나 중요한지 알았으므로 홍콩 친구들과 계속 연락할 방법을 찾았다. 그래서 다음 해 여름 제이슨을 포함해 홍콩에서 사귄 친구 네 명과 매슈가 함께 캠프를 갈 수 있도록 계획을 세웠다.

내가 배운 것은 그뿐만이 아니었다. 매슈는 홍콩으로 이사하고 며칠이 지나자 아무 일도 없었다는 듯 잘 지냈다. 앞에서 말했듯, 비참한 사람은 바로 나였다. 몇 달 동안이나. 나는 떠나온 친구들이 그리웠다.

3장

아기의 애착,
우정의 근원

존 볼비의 애착이론은 오늘날 커다란 업적으로 인정받고 있지만 당시에는 영국 정신의학계에서 환영받지 못했으므로 그는 한동안 학술회의에도 발길을 끊어야 했다. 그는 궁극적으로 애착을 평생에 걸쳐 나타나는 현상으로 보았다. "청소년과 성인의 애착 행동은 가족의 경계를 넘어, 심지어 집단과 기관을 향한다."

우정에 대해 새로운 방식으로 사고하게 된 것은 언제부터일까? 1954년 2월 정신의학자 존 볼비John Bowlby와 동물행동학자 로버트 힌데Robert Hinde가 만났을 때를 꼽을 수 있을 것이다. 우정을 연구하는 현대 과학의 씨가 실제 우정에서 싹트기 시작했다니 정말 적절하지 않은가!

두 사람 모두 왕립정신의학회Royal College of Psychiatrist의 전신인 왕립의학심리학회Royal Medico-Psychological Association가 런던에서 개최한 학술회의에 강연자로 참석해 달라는 초청을 받았다. 그들은 나중에 당시 과학계에서 대단한 명성을 떨치고 있던 콘라트 로렌츠Konrad Lorenz와 니콜라스 틴베르헌Nikolaas Tinbergen이 강연할 수 없을 경우에 투입되는 대체 강연자 명단에 올랐다.[1] 학술회의의 주제는 아동의 정신생물학적 발달이었다. 겉보기에는 우정과 그다지 관련이 없는 주제로 보이지만 우정을 이해하려면 먼저 관계를 이해해야 한다. 나중에 두 사람은 각자의 활동 분야에서 두각을 나타내면서 볼비는 애착이론으로 명성을 얻었고, 힌데는 최초로 동물의 사회적 유대를 탐구한 논문을 여러 편 썼으며, 세계적인 침팬지 연구자 제인 구달Jane Goodall의 스승이기도 하다. 이렇게 두 사람은 관계의 중요성을 다루는 연구 분야를 개척했다.

하지만 존 볼비와 로버트 힌데가 걸어온 길을 감안하면, 그들이 개인적으로 친분을 쌓을 것으로 예상하기는 어려웠다. 우정은 주로 유사성을 기반으로 싹트기 마련이다. 영국인이고 과학적인 정신의 소유자라는 공통점이 있기는 했지만 두 사람이 만났을 당시 30세에 불과했던 힌데의 말을 빌리자면 볼비는 "격식을 따지는 구세대 영국인"이고 힌데보다 열여섯 살이 많아 거의 50세에 가까웠다.[2] 볼비는 전형적인 영국 상류층으로 자라났다. 어린 시절의 대부분을 유모와 함께 보내고 일찌감치 기숙 학교에 입학해 교육을 받았다. 나중에 그는 자신이 기르는 개라도 절대 기숙 학교에 보내지 않겠다고 아내에게 말하기도 했다. 반면에 힌데는 휴일마다 산책과 소풍으로 시간을 보내는 중산층 가정에서 야외활동을 즐기며 성장했다. 새를 따라다니며 관찰하던 어린 시절의 열정은 훗날 그를 학자의 길로 이끌었다.

전시에 힌데는 영국 공군에서 복무한 반면 볼비는 청소년 상담센터에서 일했다. 볼비는 연구 초기에 부정적인 아동기의 영향에 초점을 맞추었는데, 주로 어머니인 양육자와 정서적 관계를 형성하지 못하거나 일찍 분리된 경험이 청소년기의 비행 및 애정 결핍과 관련이 있음을 발견했다. 볼비의 초기 논문 중 하나로 기억하기 쉬운 제목의 〈44명의 청소년 도둑: 그들의 성격과 가정생활Forty-Four Juvenile Thieves: Their Characters and Home-Life〉이 있다.[3] 볼비가 거친 십대를 연구한 것과는 대조적으로 힌데는 야생 동물을 관찰했다. 논문을 쓰기 위해 옥스퍼드 외곽에 있는 숲에서 1500시간 동안 박새를 관찰했다. 케임브리지대학교에서는 동물학 연구기지를 운영하며 공격 행동 및 과시 행동의 진화적 중요성에 초점을 맞춰 여러 종의 조류를 비교 연구했다. 힌데의 초기 논문 중 하나는 올빼미에 대한 되새의 집단 공격 반응을 다루었는데, 이 논문은 새롭게 성장하던 학문인 동물행동학의 아버지, 오스트리아 과학자 로렌츠의 감탄을 자아냈다.

1954년 왕립의학심리학회 회의가 열렸을 당시 볼비는 양육자와 형성하는 관계와 정서적 삶이 아동에게 결정적으로 중요하다는 자신의 초기 이론을 뒷받침하는 증거를 수집하기 위해 정신의학 분야 이외의 세계를 기웃거렸다. 동물행동학에 열광한 그는 막 싹트기 시작한 애착이론에 동물행동학을 적용하는 일을 도와줄 인물을 찾는 중이었다. 1년 전 콘라트 로렌츠는 볼비에게 힌데의 능력을 입에 침이 마르도록 칭찬했었다. 볼비는 왕립의학심리학회 회의에서 힌데와 대화를 나눈 후 그를 점심식사에 초대했다.

볼비와 힌데는 비슷한 점은 별로 없었지만 비전을 공유했다. 두 사람은 호기심이 많았고, 재기가 번뜩였으며, 배우려는 의욕에 넘쳤다. 식사를 마칠 무렵 볼비는 힌데에게 "상당히 깊은 인상"을 받았고, 진화론적인 사고를 할 수 있도록 자신을 도와줄 적임자를 찾았다고 생각했다. 이렇게 해서 두 사람은 개인 간 관계의 중요성과 그 진화적 적응 기제에 관한 새로운 사고방식을 선도하기 시작했다. 그들은 애착이 단순히 아기에게만 중요한 것은 아니라는 것을 깨달았다. 애착은 연령을 초월해 우정의 필수불가결한 본질을 설명하는 데 유용한 개념이었다.

우정이란 무엇인가

우정의 생물학적 기반을 이해하려면 우정의 속성과 요건을 알아야 한다. 생물학적 기반은 임신, 출산, 모유 수유 등 신체적인 과정을 거치는 엄마와 아기의 관계 같은 다른 종류의 사회적 상호작용에서 훨씬 더 분명하게 드러난다. 성행위도 마찬가지다. 호르몬과 신경화학 신호가 해당 경험의 일부라는 사실은 누구도 부정하지 않을 것이다.

하지만 우정은 좀 더 미묘하다. 우정은 감정, 대화, 정신의 내적 작용처럼 무형의 실체를 아우른다. 우정의 기원을 파악하기 어렵게 만드는 명백하게 문화적인 맥락이 작용한다. 예를 들어 저녁 파티만 하더라도 고대에 벌어졌던 화려하고 떠들썩한 축제, 교인들이 각자 음식을 가져오는 교회 식사 모임, 여자 친구들끼리 밤에 즐기는 외출까지 다양하다. 모두 사교를 누리는 방식이지만 이렇듯 사람들을 한데 모으려는 행동의 이면에는 무엇이 작용할까? 여기에는 관계를 맺으려는 좀 더 기본적인 욕구가 작용한다.

우정은 경계가 뚜렷하지 않으므로 광범위하게 다른 접근법을 허용한다. 어떤 사람들은 자신이 선택한 극소수에게만 "친구"라는 명칭을 사용하면서 우정이라는 단어를 극도로 아끼기도 하고, 반대로 어떤 사람들은 좀 더 후하게 그런 명칭을 쓰거나 연설에서 상대방을 뜻하는 표현으로 사용하기도 한다. 셰익스피어의 《줄리어스 시저Julius Caesar》에서 앤터니Antony는 "친구여, 로마인이여, 시민이여, 내 말에 귀를 기울이시오."라고 외친다. 친구와 타인을 가르는 경계는 이처럼 뚜렷하지 않을 때가 많다. 친구의 범위를 친척이 아니거나 함께 성행위를 하지 않은 사람으로 제한하면 배우자나 여동생을 '친한 친구'라고 부를 수 없다. 하지만 그렇게 부르는 사람은 실제로 많다. 소셜 미디어가 등장하면서 '친구'라는 단어가 갑자기 평가 절하되어 거의 의미 없이 폭넓게 사용되고 있다. 나는 고등학교와 대학교 시절에는 서로 알았지만 지금은 길거리를 지나쳐도 알아보지 못할 가능성이 있는 사람들과 페이스북에서 '친구'다. 또 거의 매일 보는 사람도, 30년 동안 보지 못한 사람도 친구다. 분명히 다른 종류의 친구더라도 말이다.

명쾌하게 정의하기 힘들다고 해서 이해할 수 없다는 뜻은 아니다. 하지만 과학자들은 쉽게 정의하고 측정할 수 없는 대상은 연구하지 않으려는 경향이 있다. 역사에 존재한 많은 위대한 사상가들도 우정을 옆으로 밀쳐놓았다. 워싱턴 D.C.의 가톨릭대학교Catholic University 윤리학 교수인 마이클 파칼룩Michael Pakaluk은 1991년, 소크라테스를 시작으로 몽테뉴Montaigne와 랠프 월도 에머슨Ralph Waldo Emerson을 거쳐 1970년 엘리자베스 텔퍼Elizabeth Telfer가 쓴 에세이에 이르기까지 "우정을 다룬 주류 사상가들의 철학적 글"을 모아 "얇은 선집"을 출간했다.[4] 일부 철학자들은 우정을 그다지 중요하지 않거나 흥미롭지 못한 주제로 간주했다. 우정에 내재한 편파성은 도덕철학에 위배될 여지도 있고 반대로 도덕철학을 지지할 수도 있다.[5] 제한된 정의를 따르더라도 나는 친구가 아닌 사람보다 친구를 더 좋아하므로 그냥 지인보다는 친구에게 호의를 베풀 가능성이 훨씬 크다. 이렇듯 차별화된 관계가 우정의 본질이다. 우정의 이러한 기본 원칙을 노골적으로 표현한 속담이 있다. "친구는 이사를 돕고, 좋은 친구는 몸을 움직이도록 돕는다."[6]

친구들과 어울리는 데 상당히 많은 시간을 보냈던 아테네 철학자들은 당연하게도 그들의 관계를 주제로 설득력 있는 글을 썼다. 플라톤의 대화편에 실린 우정에 관한 글《리시스Lysis》의 첫 장면에서 소크라테스는 플라톤의 아카데미와 리시움Lyceum(아리스토텔레스가 철학을 가르치던 학교 – 옮긴이) 사이로 뻗은 길을 천천히 거닐다가 레슬링 학교 바깥에 서 있는 젊은이 무리에게 초청을 받는다. 젊은이들은 소크라테스에게 "우리 중 상당수가 여기서 토론하며 시간을 보냅니다. … 당신도 참여하면 좋겠네요."라고 말한다. 흥미를 느낀 소크라테스는 초대를 수락한다. 마이클 파칼룩은 "철학은 소크라테스가 실천한 대로 일종의 우정의 표현일 때도 있다."라고 말했다.[7] 한편 친구들에게는 "열정적"이었던 소크라테스는 독자에게는 친구란 무엇인지 뚜렷한 단서를 제시하지 않았다.

아리스토텔레스는 우정에 대해 더 분명한 관점을 지녔는데, 그것은 우리가 오늘날 진실로 받아들이는 것과 가장 흡사하다. 대략적으로 번역하면 고대 그리스어로 우정은 필리아philia이고, 아리스토텔레스는 우정을 삶에서 누리는 순수한 기쁨 중 하나로 생각했다. 아리스토텔레스는 이익을 향한 필리아(사업적 관계), 쾌락을 향한 필리아(낭만적 사랑), 미덕을 향한 필리아(마음의 진정한 만남) 등 다양한 형태가 존재한다고 믿었다. 또 가난하든 부유하든, 젊든 늙든, 남자든 여자든 누구에게나 심지어 동물에게도 우정이 필요하다고 생각했다. 동물에게도 우정이 필요하다는 관점은 이후 수천 년간은 세상에 등장하지 않았다. 그는 우정이 긍정적인 감정, 상호성, 시간, 친밀함을 필요로 한다는 것을 알고 있었다. 그는 이렇게 썼다. "속담이 가리키듯, 사람들은 전통적으로 소금 한 숟가락을 나누어 먹어야(함께 고생해 봐야) 비로소 서로를 알 수 있다. 상대방에게 사랑스러워 보이고 신뢰를 얻어야 비로소 서로 받아들이거나 친구로 삼을 수 있다. … 우정을 바라는 마음은 금세 생기더라도 우정은 그렇게 빨리 생기지 않기 때문이다."[8] 아리스토텔레스의 가장 도발적인 관념은 "친구는 또 다른 자신"이라는 것이다. 수천 년이 흐른 후 신경과학과 유전학은 아리스토텔레스 자신이 인식할 수 있었던 것보다 더 많은 의미가 이 말에 담겨 있음을 밝혀냈다.

18세기 《국부론The Wealth of Nations》의 저자이자 현대 경제학의 창시자인 스코틀랜드 철학자 애덤 스미스Adam Smith는 후대에 와서 대단히 예리한 통찰력을 지녔다고 인정받았다. 공감을 최초로 인식한 선구자 중 한 명이었던 스미스는 1759년 《도덕감정론The Theory of Moral Sentiments》에서 그것을 "동료 의식fellow feeling"이라고 불렀다. 또 개인이 타인의 감정을 실제로 몸으로 느끼는 것을 도덕성의 기반으로 보았고, 사적인 우정을 통해 개인들이 함께 도덕적으로 경제적으로 정의로운 사회를 구현하는 정치를 낙관적으로 상상했다.[9] 조심스럽게 얘기하자면 그런 일은 일어나지 않았다.

19세기 말 심리학이 태동할 당시 위대한 선구자였던 윌리엄 제임스William James는 심리적 과정의 이면에 틀림없이 생물학적인 근거가 있을 거라고 추측했다. 그리고 사회적 관계가 항상 그 중요성에 걸맞게 주목받지는 않는다는 점을 날카롭게 인식했다. "인간은 태어나 짧은 삶을 사는 동안에 우정과 친밀함이라는 최상의 열매를 맺지만 이내 그 존재를 잊는다. 전혀 가꾸지 않아도 저절로 자라려니 하고 길가에 방치한다."[10]

같은 시대에 활동한 학자 중에서 프랑스 사회학자 에밀 뒤르켐 Émile Durkheim은 사회적 맥락의 중요성을 현대적 관점에서 규명하는 선구적 업적을 남겼다. 뒤르켐은 사람들이 사회 집단에 속하며, 이 집단들이 개개인의 웰빙에 실질적으로 영향을 미칠 수 있다는 점을 인식했다. 또한 그가 "아노미anomie"라고 부른 사회적 단절의 위험을 강조했다. 1897년 자살을 주제로 한 획기적인 책에서 더 많이 사회적으로 연결된 사람일수록 자살을 시도할 확률이 낮음을 보여주었고, 여기에 개인만 영향을 미치는 것은 아니라고 지적했다.[11] 이로써 뒤르켐은 우정과 정신건강의 관계를 명백하게 제시한 선구자들 중 한 명이 되었다.

하지만 심리학적 사고의 주류 학파인 정신분석학자들과 행동주의 학자들은 지속적으로 우정을 등한시했다. 지그문트 프로이트 Sigmund Freud는 모든 관계를 주로 성의 관점에서 고찰했고, 행동주의자들은 극단으로 치달아 관찰과 실험이 가능한 연구 주제에만 집중했다. 이 두 부류의 전통은 소박하고 오랜 애정에 대한 이해를 제한하는 결과를 낳았다.

슬픔 때문에 죽어가는 아이들

볼비로 다시 돌아가 보자. 그는 생애 초기 관계가 근본적으로 중요하다고 확신했다. 하지만 기존 연구들을 검토했을 때 자신의 사고방식대로 주제에 접근한 가치 있는 연구를 거의 찾을 수 없었다. 20세기 초를 지배한 이론을 정리한 인물은 존 왓슨John B. Watson이었다. 왓슨은 미국심리학회 회장을 지냈고 1928년 베스트셀러《영유아와 아동을 위한 심리치료Psychological Care of Infant and Child》에서 '어머니의 지나친 사랑이 초래하는 위험The Dangers of Too Much Mother Love'이라는 주제에 장 전체를 할애했다. 과학 저자인 데버라 블럼Deborah Blum이 썼듯 왓슨의 이론은 이렇게 정리할 수 있다. "지나치게 많이 안아주거나 응석을 받아주면 아기는 불행해지고 청소년은 악몽을 꿀 수 있다. 심지어 아이가 빗나가서 결혼생활에 부적합한 사람으로 성장할 수 있다." 여기에 그치지 않고 왓슨은 잘못된 양육 방식은 불과 며칠 만에도 아이에게 회복할 수 없는 손상을 입힐 수 있다고 주장했다.[12]

생애 초기의 방임에 관한 연구는 제한적이었지만 막강한 영향을 미쳤다. 최초 연구 중 하나는 1940년대에 등장했다. 공동 연구를 실시한 정신분석학자 레네 스피츠René Spitz와 심리학자 캐서린 울프Katherine M. Wolf는 어머니의 결정적인 중요성을 측정하는 최고의 방법은 어머니 없이 자라는 아기에게 무슨 일이 일어나는지 관찰하는 것이라는 결론을 내렸다. 그는 고아원에서 생활하는 아이들의 운명이 비참하다는 사실을 이미 알고 있었다. 일부 고아원의 사망률은

70%가 넘었다. 스피츠는 이렇게 썼다. "(시설에서 생활하는 아이들은) 사실상 예외 없이 정신적 문제를 겪었고, 이후 반사회적 성향을 띠거나 비행을 저지르거나 의지가 박약하거나 정신병자, 문제아가 되었다." 자극이 부족하고 어머니 없이 자라는 환경이 아이들을 그렇게 만든 주범인 것 같았다. 고아원은 위생에 신경을 쓴다는 명목으로 아이들의 환경을 지나치게 살균한 나머지 결국 "아이들의 정신"까지 살균했다고도 썼다.[13]

스피츠는 한 살 이상 아이들 164명을 추적 연구했다. 그중 61명은 전통적인 고아원에서 간호사들의 보살핌을 받았다. 나머지 아이들은 다양한 환경에서 부모와 함께 살았는데, 수감 중인 어머니를 둔 아이들은 교도소에서 생활하기도 했다. 당시 수준에서 실시할 수 있었던 실험 결과에 따르면, 집이든 교도소든 부모와 함께 생활한 아이들은 대략 같은 발달 단계를 밟았다. 교도소에서 생활한 아이들도 실제로 잘 자랐는데, 스피츠는 무조건적으로 자식을 사랑하는 것 말고는 할 일이 별로 없었던 젊은 어머니들의 헌신 덕택이라고 보았다. 하지만 고아원에서 생활한 아이들의 상태는 극적으로 악화되었다. 스피츠는 이 아이들이 감염과 질병에 극도로 취약했고 "슬픔 때문에 죽어가고 있다"고 썼다. 그러면서 "시설증후군 hospitalism"으로 진단하고, 이를 "신체의 손상된 상태"로 정의했다. 침대 난간에 매달아 놓는 시각적인 자극을 제거한 상태로 아이들은 장난감도 없이 타인과 접촉하지 않고 하루 종일 혼자 보냈다. "아기들은 침대에서 스스로 일어설 수 있을 때까지 혼자만의 공간에 갇혀 누워 지냈다." 일부 아기들은 혼자 일어서는 단계에도 도달하지 못했다. 스피츠는 아이들의 성장이 지체된 이유가 지각에 대한 자극이 부재해서가 아니라는 결론을 내렸다. "아이들이 고통을 겪은 것은 지각할 수 있는 영역에 사람 동반자가 없었기 때문이다." 스피츠는 시설에서 생활하는 아이들을 2년 동안 지속적으로 관찰했다. 아이들의 정신 발달이 심각하게 지체되었고 최초 인원의 37%가 사망했다.[14]

학술 논문을 발표했는데도 사람들이 대책을 세우지 않자 스피츠를 비롯한 학자들은 영상의 힘에 호소하기로 했다. 1947년 스피츠는 〈비통: 유아기의 위험Grief: A Peril in Infancy〉이라는 제목으로 흑백 영화를 제작했다. 영화는 밝고 통통한 상태로 고아원에 왔지만 몇 주가 지나자 건강 상태가 눈에 띄게 나빠진 아이들을 하나씩 소개했다. 웃지 않고 울음을 터뜨리며 스피츠에게 매달리는 아이들은 마치 엄마를 찾는 것처럼 보였다. 불쌍한 유아의 모습을 담은 장면에는 '치료법: 아기에게 엄마를 돌려 달라The cure: Give Mother Back to Baby'라는 자막을 넣었다.[15] 다음 영상은 1950년대에 제작되었다. 스코틀랜드 의학자 제임스 로버트슨James Robertson은 저예산으로 〈두 살 아이 병원에 가다A Two-Year-Old Goes to Hospital〉라는 제목의 영상을 만들었다. 당시에 아이가 입원하면 부모는 일주일에 단 한 번 그것도 짧게 면회를 할 수 있었다. 의사와 병원 관리자들은 위생상 아이들을 격리해야 한다고 생각했고, 이 때문에 아이들이 고통을 겪으리라고는 예상하지 못했다. 하지만 로버트슨이 제작한 영상은 그들의 생각이 틀렸음을 보여주었다. 영상의 주인공은 아장아장 걸어 다니는 귀여운 로라였다. 로라는 병원에 처음 왔을 때만 해도 차분했지만 입원한 지 일주일이 지나자 집에 데려다 달라고 부모에게 떼를 쓰다가 그 다음 주에는 부모에게 거의 말을 걸지 않았다. 블럼은 "영상이 끝날 때쯤 로라는 말을 잃고 아무 반응도 보이지 않는 등 마치 얼어붙은 것 같았다."라고 썼다.[16]

정신과 의사들은 이런 작업들이 과도하게 감상적이고 비과학적이라고 폄하했다. 하지만 볼비는 달랐다. 로버트슨이 제작한 영상을 보고 강렬한 인상을 받았다. 영유아에게 사랑이 필요하다는 자신의 생각이 옳다는 것을 확인했기 때문이었다. 1951년 그는 세계보건기구에 신랄한 내용의 보고서를 제출했다. "어머니가 아이를 보살피는 일은 당번을 정해 아무나 해결할 수 있는 문제가 아니다. 그 일은 양쪽 동반자의 인성을 변화시키는 살아 있는 관계를 뜻한다." 어머니의 보살핌과 정신 건강의 연관성을 다룬 볼비의 강력한 주장이 파장을 일으키기 시작했다. 그러나 그는 더 확실한 증거가 필요했고, 동물행동학에서 그 증거를 찾을 수 있으리라 생각했다.[17]

당시에 동물행동학은 새롭게 떠오르던 분야였다. 콘라트 로렌츠는 네덜란드 출신으로 옥스퍼드대학교 교수였던 니콜라스 틴베르헌, 오스트리아 학자 카를 폰 프리슈Karl von Frisch와 함께 연구 방법과 목표 면에서 급진적인 연구를 선도했고, 나중에 이를 인정받아 1973년 노벨 생리의학상을 공동 수상했다.[18] 첫째, 세 학자는 동물을 가둔 상태가 아니라 자연 서식지에서 연구하려고 노력했다. 둘째, 뿔과 부리 같은 형태적 구조뿐만이 아니라 복잡한 행동 양식 역시 진화의 산물이라고 강력하게 주장했다. 예를 들어 폰 프리슈는 꿀벌의 8자 춤 같은 특정한 비행 방식을 해독해냈다.[19] 좋은 식량원을 발견하고 벌집으로 돌아온 꿀벌은 식량이 있는 방향을 가리키며 8자를 그리고 그 식량이 얼마나 좋은지 춤 동작의 격렬한 정도로 강약을 표현함으로써 동료들에게 정보를 전달했다. 1951년 틴베르헌은 《본능에 관한 연구The Study of Instinct》를 발표했는데, 이 책의 영향력으로 동물행동학 개념이 폭넓은 독자에게 퍼져나갔다. 볼비 역시 그 책을 읽고 나서 동물행동학에 빠져들었다. 12년 후 틴베르헌은 그 책만큼 의미심장한 에세이를 발표하면서 향후 동물행동학 연구에 방향을 제시하는 네 가지 질문을 던졌다. 동물이 지금처럼 행동하는 방법에 관한 질문 두 가지와 이유에 관한 질문 두 가지는 오늘날 우정을 주제로 새롭게 진행되고 있는 연구의 기반이다. 무엇이 행동을 유발하는가? 즉, 행동의 저변에 깔린 생리학적 원리는 무엇일까? 동물의 일생에 걸쳐 행동은 어떻게 발달할까? 행동의 적응적 가치는 무엇일까? 이러한 행동은 어떻게 진화해 왔는가?[20]

동물을 통해 밝혀낸 애착의 비밀

동물행동학에서 가장 중요한 초기 개념으로 로렌츠가 발견한 각인현상을 들 수 있다. 각인은 아기 새가 부모를 인지하는 방식이다. 로렌츠는 일련의 실험을 실시하고 나서, 어린 새는 태어나 처음 보는 "눈에 잘 띄는 대상", 즉 성냥갑보다 크고 움직이는 대상에게 사회적인 애착을 형성하게 된다는 결론을 내렸다. 심지어 회전하는 빨간 상자나 녹색 공을 보여주더라도 어미로 여길 것이라고 주장했다. 유명한 일화로 로렌츠는 오리와 거위에게 그가 어미로 각인되도록 했다. 그리고 회색 거위 새끼들이 일렬로 그의 뒤를 졸졸 따르며 풀밭을 가로지르는 상징적인 사진을 찍어 공개했다.[21]

볼비는 행동을 고찰하는 새로운 사고방식이 타당함을 바로 알 수 있었다. 그래서 인류 역사에 깊이 뿌리내린 동기에 따라 아기들도 행동한다고 믿었다. 힌데는 수많은 "장시간에 걸친 토론"에서 볼비에게 다음과 같이 말한 것 같다고 회상했다. "아마 오리 새끼들이 매에게 잡아먹히지 않으려면 어미 근처에 있어야 한다고 내가 말했던 것 같다. 그러자 볼비는 그 의견을 받아들여 아동 행동에 관한 연구에 반영했다." 볼비에게 힌데는 지적인 협력자인 동시에 편집자였다. 동물행동학자인 힌데는 정신의학자인 볼비가 애착이론의 발달에 관해 쓴 초기 논문을 모두 읽고, 자신이 가르치는 많은 학생에게 그렇게 하듯 빨간펜으로 의견을 가득 적어 정기적으로 발송했다. 볼비는 이러한 헌신에 대한 보답으로 자신이 쓴 책 중 하나를 힌데에게 헌정했다.

볼비는 로버트슨이 제작한 영상에서 제시한 대로 병원에 격리된 아이들이 지속적으로 손상을 입고 있다는 사실을 밝히려 노력했는데, 이 작업에 협력한 사람들 중 한 명으로 힌데를 언급하기도 했다. 힌데는 조류만 연구하던 매딩리 연구기지Madingley Field Station에 히말라야원숭이 무리를 확보하고 새끼를 어미에게서 분리했을 때 발생하는 피해를 연구했다. 그러면서 분리가 원숭이들에게 어려움을 안기기는 하지만 늘 같은 결과를 낳는 것은 아니라는 사실을 밝혀냈다. 분리의 영향은 어미와 새끼의 관계에 따라 다양하게 나타났고, 더 깊이 들어가면 사회적 맥락에 따라서도 달라졌다. 힌데는 관계란 실제로 무엇을 의미하는지, 환경에 따라 어떻게 형성되는지 정의하는 것이 결정적으로 중요하다는 것을 깨닫기 시작했다.[22] 많은 실험과 고민을 거치고 나서 그는 친구를 포함한 사회적 관계는 개체 사이에 반복해서 발생하는 상호작용의 결과이며, 각각의 상호 작용은 기존의 상호작용을 토대로 일어난다고 정의했다. 이 정의에 따르면 상대방과 만족스럽게 대화하고 난 후에 다시 대화하고 싶어 지거나, 다음 상호작용이 앞선 상호작용보다 더욱 풍부해지는 이유를 알 수 있다.

힌데는 원숭이를 연구하면서 초기 영장류학 세계에 발을 들여 놓았고, 제인 구달과 다이앤 포시Dian Fossey 같은 일반적이지 않은 학생들을 기꺼이 받아들여 나중에 그들의 멘토가 되었다. 제인 구 달은 대학에 다닌 적이 없었으나 영국 인류학자 루이스 리키Louis Leakey의 주선으로 케임브리지대학교에서 박사학위를 받은 사람이 고, 다이앤 포시는 르완다에서 인습에 얽매이지 않은 방식으로 고 릴라를 연구했다.[23] 힌데는 동물들 각자의 개별적인 차이 및 관계의 중요성에 대해 확신을 심어준 두 여성의 공을 치하했다.

힌데는 또한 위스콘신대학교의 젊은 미국인 심리학자 해리 할로 Harry Harlow의 연구 내용을 볼비에게 소개했다.[24] 볼비나 힌데와 마 찬가지로 할로는 인간 어머니와 아기뿐 아니라 원숭이들을 관찰하 는 방법으로도 사랑과 애착의 근본적인 원리를 끌어낼 수 있다고 생각했다. 재능이 뛰어나고 인습을 타파하는 성향을 지녔던 할로는 히말라야원숭이를 대상으로, 지금은 유명하지만 1950년대만 해도 논란이 많았던 실험을 실시하며 강력한 논쟁을 펼쳤다. 할로의 전기《군 공원의 사랑Love at Goon Park》에서 데버라 블럼은 이렇게 썼다. 사랑과 충만한 삶을 연결하는 할로의 놀라운 연구 업적을 대하면 "삶에서 관계가 얼마나 중요한지 직시할 수밖에 없다." 할로는 자신이 대단한 성과를 얻었다고 확신했다. "원숭이에게 배운 점이 있다면, 그것은 살아가는 방법을 배우기 전에 사랑하는 방법을 배워야 한다는 것이다."[25]

할로는 인간을 대상으로는 할 수 없는 실험을 원숭이를 대상으로 실시했다. 지금은 원숭이를 대상으로도 이런 실험을 할 수 없다. 원숭이들을 고립시키고, 성장 단계마다 다른 종류의 양육자와 놀이 친구를 제공하는 방식으로 양육을 조작했다. 가장 대표적인 것은 원숭이 새끼들을 어미에게서 분리시키고 가짜 '어미' 둘이 있는 우리에서 키운 실험이었다. 가짜 어미들은 철사 뭉치로 만들고 얼굴처럼 보이는 가면을 씌웠다. 유일한 차이라면 한 어미에는 가운데 우유병을 매달고, 다른 어미는 부드러운 헝겊으로 감싸되 우유병을 매달지 않았다. 단 한 번의 예외도 없이 원숭이 새끼들은 먹을 때만 철사 어미에게 갔고, 헝겊 어미를 진짜 어미로 대했다. 실험 결과는 당시 널리 유행했던 프로이트 학파의 이론과 달리 음식만으로는 어미와 아이의 유대를 형성하기에 부족하다는 것을 의미했다.

1950년대 후반 볼비는 〈아이와 어머니가 형성하는 유대의 본질 The Nature of The Child's Tie to His Mother〉이라는 제목의 논문을 발표했다.[26] 이 논문은 진화론의 접근법으로 애착이론의 서막을 열었다. 애착이론의 핵심은 "사랑을 받는 것이 중요하다."였다. 아기에게는 음식, 주거지, 깨끗하고 안전한 환경 같은 것들도 필요하지만 무엇보다 사랑이 중요했다. 신생아가 할 수 있는 행동은 별로 많지 않지만 "빨고, 매달리고, 따르고, 울고, 웃는" 온갖 행동의 목적은 부모를 곁에 두고 사랑을 얻는 것이라고 볼비는 썼다.[27] 그는 이러한 행동에 담긴 적응적 가치를 분명하게 드러냈다. 돌봐줄 부모가 없으면 아기는 죽고 말 것이다. 그처럼 단순했다.

이것은 아무리 강조해도 지나치지 않을 정도로 혁신적인 개념이었다. 당시 볼비는 영국 정신의학계에서 한동안 환영받지 못했으므로 학술회의에도 발길을 끊어야 했다. 하지만 오늘날에는 인생 초반에 대한 세상의 이해를 근본적으로 바꾼 공을 정당하게 인정받고 있다. 여전히 가치를 충분히 인정받고 있지는 않지만, 우정의 역사를 살펴볼 때 중요한 공적이 있다. 볼비는 어머니와 아이를 집중적으로 연구하기는 했지만 궁극적으로 애착을 평생에 걸쳐 나타나는 현상으로 보았다는 점이다. 볼비가 쓴 3부작 중 첫 책인 《애착 Attachment》에 따르면 청소년과 성인의 애착 행동은 어린 시절의 같은 행동이 단순히 "그대로 계속되는 것"이고, 흔히 가족의 경계를 넘어, 심지어 집단과 기관을 향한다. "아프거나 불운을 겪을 때 성인은 타인에게 지나치게 기대는 경향이 있다. 갑작스럽게 위험이나 재앙을 맞은 사람은 대부분 자신이 알거나 믿는 사람 가까이 있으려 할 것이다." 볼비는 이러한 행동이 자연스럽지 않다는 프로이트 학파의 입장에 불만을 토로했다. "성인의 애착 행동을 퇴행 현상으로 부르는 것은 요람에서 무덤까지 이어지는 인간의 삶에서 애착이 얼마나 중요한지를 간과하는 태도다."[28]

4장

원숭이 섬,
카요산티아고

이곳을 찾은 과학자들은 대부분, 연예계의 일상과 스캔들을
파헤쳐 글을 쓰려고 누가 누구에게 어떤 순서로 무슨 행동을
했는지 끊임없이 추적하는 가십 칼럼니스트처럼 시간을 보
낸다. 이러한 활동은 각 원숭이의 출신과 이력을 미리 파악해
야만 효과가 있다. 개별 원숭이들을 파악하고 나면 미묘한 상
호작용을 더욱 생생하게 포착할 수 있다.

카요산티아고Cayo Santiago섬은 수영깨나 하는 사람이면 건널 수 있을 정도로 푸에르토리코 동쪽 해안에서 가깝다. 섬의 남단은 매혹적인 숲을 뽐내며 해수면에서 불쑥 솟아 있고, 종려나무가 하늘을 향해 뻗은 중간 지역은 잘록한 지협으로, 근처 어촌인 푼타산티아고Punta Santiago에서 찾아오는 당일치기 여행객이 상륙하기에 좋다. 하지만 지역 주민은 대부분 카요섬에 발을 들여놓은 적이 없고 앞으로도 그럴 것이다.[1]

나는 2016년의 어느 여름, 푼타의 선착장에 아침 일찍 도착했다. 허리케인 마리아가 휩쓸고 지나가 섬 일대를 초토화시키기 약 1년 전이었다. 오전 7시에 카요섬으로 출발하는 배를 타기로 했다. 이 섬을 약간 불가사의한 곳이라 생각하는 지역 어부들은 섬에 들어가려고 모여든 무리를 흥미롭다는 듯 쳐다보았다. 나를 비롯한 십여 명이 섬까지 실어다줄 보스턴훼일러호를 기다렸다. 무리의 절반은 카리브해 영장류연구센터Caribbean Primate Research Center 소속임을 드러내는 짙은 남색 셔츠와 바지를 입었다. 나머지 사람들의 복장은 좀 더 자유로워서 긴 바지에 티셔츠를 입고 등산화를 신었다. 물병 달린 배낭을 짊어지고, 햇빛 차단용 챙 넓은 모자를 썼다. 이렇듯 일할 준비를 단단히 마치고 선착장에 모여든 사람들은 과학자들과 대학원생들이었다. 나처럼 이따금씩 찾아와 까다로운 승인 절차를 밟는 방문객을 제외하면 카요섬에 들어가도록 허락받은 유일한 사람들이었다.

7분가량 배를 타는 동안 모터가 요란하게 돌아가고 얼굴에 바닷물이 가볍게 튀었다. 섬에 다가서자 푼타의 바닷가에서 볼 수 없던 광경이 펼쳐졌다. 이곳은 원숭이들의 섬이었다. 갑자기 원숭이들이 나타났다. 나뭇가지에 걸터앉거나, 그늘에 앉아 있거나, 바위 절벽에 누워 있는 갈색과 회색의 점들이 보였다. 몇몇 원숭이는 깊은 물웅덩이에서 물놀이를 하는 십대 아이들처럼, 나뭇가지를 잡고 그네 타듯 움직이다 파도로 풍덩 빠지기도 했다.

나는 배에서 내려 여기로 초청한 영국 엑서터대학교University of Exeter 소속 생물학자 로런 브렌트Lauren Brent의 뒤를 따랐다. 브렌트는 소독약을 풀어놓은 통에 등산화 밑창을 담갔다가 뺀 후 배낭을 짊어졌고, 나도 그대로 따라 했다. 기다란 갈색 머리카락을 하나로 질끈 묶어 모자 속에 집어넣은 브렌트는 실제 나이인 36세보다 젊어 보였지만, 카요섬 연구 책임자 중 한 명으로서 바로 우리 뒤에서 부두 위로 올라서는 많은 연구원을 감독하는 임무를 맡고 있었다.

선착장 끝에는 영어와 스페인어로 '출입 금지, 위험, 원숭이에게 물릴 수 있음!'이라고 적힌 팻말이 꽂혀 있었다. 산들바람이 잦아들 때마다 퀴퀴한 흙과 젖은 털에서 퍼져 나오는 냄새가 더욱 강하게 코를 찔렀고, 새들이 지저귀는 소리가 끊임없이 커졌다 작아지기를 반복했다. 내 귀에 들리는 것이 새소리만이 아님을 깨달았다. 원숭이들이 처음에는 마치 소곤대는 갈매기처럼 서로를 부르다가 점점 소리가 커지면서 "꽥!" 하는 고성이 몇 분 동안 대기를 가득 메우다가 잠잠해졌다. 브렌트의 예전 조교 중 한 명이 카요섬을 가리켜 "쥬라기공원 같은 곳"이라고 말한 이유를 알 수 있었다.[2]

카요섬에는 일종의 감시 체계가 작동한다. 여기서 인간은 지나치게 수적으로 열세다. 히말라야원숭이Rhesus macaque는 집고양이에 비해 몸집이 그다지 더 크지 않은데, 둥근 배에 긴 다리로 꼬리를 세워 흔들며 걷는 모습이 고양이를 떠올리게 한다. 하지만 고양이처럼 사람 무릎 위에서 가르랑거리지 않고, 나폴레옹처럼 지위에 집착하며 공격적인 성향을 띤다.

일행이 몇 발자국 걸어가지 않았을 때였다. 수컷 원숭이 한 마리가 앞을 가로막고 서서 신참인 나를 시험했다. 미리 들었던 주의사항대로, 나는 녀석이 떠날 때까지 고개를 아래로 떨어뜨린 채 눈을 마주치지 않았다.

근처 나무 꼭대기에 앉은 어린 원숭이 무리가 우리를 경계하듯 내려다보고 있었다.

"안녕, 너희들 거기 있구나." 관리자인 기세예 카라바요Giselle Caraballo가 웃으며 그들에게 인사했다. 그러고는 등을 돌려서 내게 말했다. "어린 녀석들의 호기심이 장난 아니에요." 그는 적절히 사무적인 태도를 유지했지만, 동물들에 대한 애정을 숨기지는 못했다.

카라바요가 인사를 하자 어린 원숭이들은 어른들에게 배운 대로 나무를 약간 흔들어서 자신들이 겁먹지 않았다는 의사를 표현했다.

브렌트가 "머리를 조심해요."라고 경고했다. 나뭇가지 사이로 오줌 소나기가 주기적으로 쏟아졌고 몇 주 이상 섬에 머무는 사람은 누구나 꼼짝없이 오줌 세례를 맞는다고 했다. 모자와 선글라스는 햇빛을 막으려는 용도로만 쓰는 것이 아니었다.

인간은 원숭이에게, 원숭이는 인간에게 위험할 수 있다. 인간이 질병을 앓는 상태로 섬에 들어오면 원숭이에게 치명적인 영향을 미칠 수 있다. 원숭이는 특히 결핵에 약하므로 섬에 들어오는 사람은 누구나 결핵 검사에서 음성 판정을 받아야 한다. 반면에 원숭이는 선천적으로 헤르페스 B 바이러스를 보유하고 있다. 해당 바이러스는 원숭이에게는 문제를 일으키지 않지만 인간의 신경계에 치명적인 영향을 끼칠 수 있다. 따라서 바이러스를 보유한 원숭이가 인간을 깨물거나 할퀴거나 눈에 배설물을 튀기면 즉시 응급실로 후송해서 항바이러스 처치를 해야 한다.

카요섬을 정기적으로 찾는 연구진은 이렇듯 위험한 상황을 감내한다. 카라바요는 푸에르토리코대학교를 졸업한 후 십여 년간 다양한 자격으로 이 섬에서 연구 활동을 하고 있으며, 푸에르토리코대학교는 영장류연구센터를 통해 섬을 관리한다. 나와 함께 섬에 상륙할 때부터 브렌트의 눈은 오랜 경험을 통해 얻은 확고한 자신감으로 번뜩였다. 그녀는 논문을 쓰기 위해 2006년 처음 카요섬을 찾아와 1년 동안 체류하면서 원숭이를 연구했고, 그 후에도 섬에서 폭풍우를 맞고 병에 걸리기도 하며 수많은 시간을 보냈다. 실험실로 발송하는 배설물 샘플의 표기 가격을 놓고 세관 직원과 논쟁을 벌이기도 했다("하지만 이 샘플은 말 그대로 똥이라니까요!").[3] 요즈음에는 공동 연구자이자 과거 상관인 펜실베이니아대학교 소속 신경생물학자 마이클 플랫Michael Platt과 함께 카요섬에 관한 야심 찬 현장연구 프로젝트를 추진하고 있다.

두 학자는 원숭이가 인간을 경계하기는 하지만 대개 서로에게 관심이 많다는 사실을 파악했다. 브렌트가 카요섬에 들어와 대단히 사교적인 성향을 지닌 히말라야원숭이를 연구하는 이유도 이 때문이었다. 그녀는 특정 개체가 다른 개체와 유대를 발달시키는 방식과 까닭에 대해 근본적인 질문을 던지고 유대의 결과를 측정하는 방식으로 우정을 연구한다. 아울러 친구가 필요한 진짜 이유를 규명하고 싶어 한다.

나는 지금까지 몇 년간 우정에 관한 과학의 역사를 되짚어보는 동시에 최전선에서 활동하는 전문가들을 만나왔는데, 카요섬은 두 가지 조건을 모두 갖추고 있었다.

카요섬의 원숭이 사회

카요섬에서 원숭이들이 상호작용하는 모습을 보면 공정하게 말해서 선의를 품은 행동이 먼저 눈에 띄는 것은 아니다.[4] 오히려 엄격한 위계질서가 상호작용을 지배한다. 원숭이들 사이의 긍정적인 상호작용을 인식할 때까지 시간이 오래 걸리는 것도 이 때문이다. 원숭이 사회에는 민주주의가 작동하지 않는다. 섬에 서식하는 원숭이는 1,500여 마리로, 모계 혈통에 따라 별개의 집단으로 나뉜다. 암컷은 태어나면서 어미의 사회적 지위를 물려받고, 드물게 발생하는 극적인 서열 전복을 막으면서 평생 거의 같은 서열을 유지하며 같은 집단에 머무른다. 어미의 서열이 딸보다 높고, 자매 중에서는 막내딸의 서열이 가장 높다. 수컷도 어미를 기준으로 지위를 얻는데 일반적으로 암컷보다 서열이 높다. 하지만 젊은 어른 수컷은 근친상간을 피하려는 생물학적 본능에 이끌려 태어난 집단을 떠나 새로운 집단을 찾아가서 밑바닥부터 시작해 권력을 얻기 위해 노력해야한다.[5]

우리는 섬에 있는 사육장 3곳 중 하나인 '낮은 울타리Lower Corral'에 도착하자마자, 원숭이들을 지배하는 계급제도를 목격할 수 있었다. 굵은 파이프들을 땅에 박아 철책을 두르고 여기에 주름진 금속판을 덧대 보강한 널따란 사육장 울타리 안쪽에 먹이통이 놓여 있었다. 원숭이 수백 마리가 울타리 안팎과 위쪽에 옹기종기 모여 있었다. 원숭이들이 쓰레기통 뚜껑을 내던지거나 금속판을 흔들자 쩽그랑, 쾅 하는 소리가 새 소리와 뒤엉켜 섬에 울려 퍼졌다.

관리 직원들이 아침이면 가장 먼저 하는 일과대로 이미 먹이를 채운 먹이통 앞에 암컷과 수컷 원숭이가 서 있었다. 둘은 먹이를 고르면서 마음에 들지 않는 먹이를 바닥에 던졌다. 까다롭게 선택한 먹이를 둘이 뜯어먹는 동안 다른 원숭이 사오십 마리는 주변을 초조하게 배회했고, 그보다 훨씬 더 많은 원숭이들은 울타리 밖에 숨어 기다리고 있었다.

"원숭이들은 음식을 까다롭게 가려 먹습니다." 카라바요가 설명했다. "먹이를 훑어보며 마음에 쏙 드는 먹이를 골라 먹죠. 이것은 서열이 높은 녀석들이 누릴 수 있는 사치입니다. 서열이 낮을수록 남은 먹이를 먹어야 해요. 진흙탕에 앉아 다른 원숭이가 반쯤 씹다가 버린 먹이, 땅에 떨어진 먹이를 먹기도 합니다."

나와 대화하는 동안에도 카라바요는 손에 들고 있는 클립보드에 원숭이에 대해 관찰한 내용을 연신 적었다. 카라바요와 팀원들은 아침마다 섬 전역으로 흩어져 원숭이들이 모두 제대로 있는지 확인하고 관찰했다. 따라서 카라바요는 대부분의 원숭이들을 잘 파악하고 있었다.

"저 녀석은 우두머리 수컷 07D입니다. 좀 밉상이죠." 카라바요는 울타리 한가운데 있는 거만해 보이는 수컷을 가리켰다. "저 녀석은 늘 누군가를 쫓아다닙니다. 지금은 우두머리 암컷을 보호하고 있는 거예요. 기본적으로 저 두 녀석이 먹이통을 차지하죠. 거기 앉아 먹이를 원하는 대로 먹습니다. 다른 원숭이들은 두 녀석이 그만 먹을 때까지 주변에 앉아서 기다려요."

지저분한 어린 원숭이 한 마리가 불쑥 나타나더니 흙바닥에서 찾아낸 먹이를 갖고 종종걸음을 치며 지나갔다. 녀석은 모두 일곱 조각의 먹이를 손과 발로 움켜쥐고 나머지는 볼주머니cheek pouch에 쑤셔 넣었다. 먹이를 지키기 위해 무리의 가장자리에 있는 몇몇 원숭이와 실랑이를 벌여야 했지만 어쨌거나 전리품을 먹기 위해 바위 뒤로 갔다.

'높은 울타리Upper Corral' 사육장이 있는 언덕 꼭대기에도 먹이통이 놓여 있다. 한 무리 이상이 이 먹이통을 사용했고, 원숭이들은 마치 눈에 보이지 않는 전기 철조망처럼 효과적으로 작용하는 위계질서에 따라 분리되어 있다. 대통령이 신년 국정연설을 할 때 좌석 배열로 참석자의 지위를 알 수 있듯 원숭이가 앉아 있는 자리만 봐도 서열을 짐작할 수 있다. 무리는 동심원을 그리듯 자리를 잡는다. 서열이 가장 높은 무리는 먹이통에 가장 가깝게 앉고, 다음 서열은 울타리 바로 바깥에 앉고, 서열이 가장 낮은 무리는 공터의 가장자리를 맴돌며 먹이를 먹을 수 있을 때까지 한 시간 이상 기다렸다. 내가 보기에 서열이 낮은 원숭이들은 마치 식사를 마치고 모닥불 주위에 모여 있는 사람들처럼 무릎에 손을 모으고 앉아 먹이 먹는 것을 체념한 듯했다.

총 면적이 0.16km²(0.11km²인 서울 한강의 선유도보다 좀 더 넓은 면적 — 옮긴이) 미만인 카요섬은 범죄조직들이 장악한 마을처럼 경계가 나뉘어 있어서 잘못된 지역으로 들어가면 곤경에 빠질 가능성이 다분하다. 모든 원숭이 무리에는 알파벳 이름이 붙어 있고, F집단이 이 지역을 거의 장악하고 있다. F집단은 '낮은 울타리'를 지배하고 '큰 섬Big Cay'의 그늘진 비탈처럼 원숭이들이 탐내는 지역을 통제한다. 때로 섬 중간의 지협 저지대에 무성하게 자라난 맹그로브림 (아열대나 열대의 해변, 하구의 습지에서 흔히 볼 수 있는 숲 — 옮긴이)을 어슬렁거리기도 한다. 돌투성이 해안은 V집단의 본거지인 '작은 섬Small Cay'으로 이어지는 다리 역할을 한다. '작은 섬'은 기온과 습도가 더 높지만 나름의 매력이 있다. 이곳은 더 평온하고 경쟁이 적어 다른 구역에서 적응하지 못하는 원숭이들을 끌어들인다. 카라바요는 내게 "여기서는 V집단을 자파콘zafacone이라고 불러요. 쓰레기통이라는 뜻이죠."라고 말했다.

브렌트는 관찰력이 번뜩이는 눈초리로 주위를 살피며 가뿐한 발걸음으로 섬을 가로질렀다. 브렌트는 격식을 차리지 않고 편안하게 행동했다. 전날 밤 시간을 보낸 술집과 누구나 좋아하는 값싼 지역 맥주를 소재로 그녀와 함께 수다를 떨던 20대 조수들처럼 허물없는 태도였다. 두 살짜리 암컷 원숭이가 장비를 훔치자 발을 구르며 "에구, 얄미워!"라고 말하기도 했다. 한편 브렌트는 원숭이의 행동에 대해 해박한 지식을 갖고 있어서 함께 동물을 관찰하다보면 마치 루브르 박물관을 돌아다니다가 우연히 겸손한 여행객 옆에 서게 되었는데 알고 보니 미술사가였다는 놀라운 경험을 하는 느낌이었다.

섬에서 수행하는 모든 연구 활동에는 원숭이에 대한 지식이 필수적이다. 이곳을 찾은 과학자들은 대부분, 연예계의 일상과 스캔들을 파헤쳐 글을 쓰려고, 누가 누구에게 어떤 순서로 무슨 행동을 했는지 끊임없이 추적하는 가십 칼럼니스트처럼 시간을 보낸다. 이러한 활동은 애당초 개별 원숭이들에 대한 사항을 미리 파악해야만 효과가 있다. 또 사람들 틈에 끼어 있는 친구를 뒤통수만 보고도 알아차리듯, 멀리서 보든 뒷모습을 보든 움직이는 모습만 보더라도 어떤 원숭이인지 식별할 수 있어야만 효과가 있다. 일단 개별 원숭이들을 파악하고 나면, 그들의 미묘한 상호작용을 더욱 생생하게 포착하고 각 원숭이의 성격을 더 잘 이해할 수 있다.

얼마간 시간이 경과한 후에는 브렌트와 함께 몇 시간 동안 추적한 수컷 원숭이를 알아볼 수 있었다. 녀석은 또래들과 마찬가지로 몸이 갈색 털로 덮여 있고 궁둥이 주위는 주황색이었다. 쭈글쭈글한 분홍색 얼굴은 자전거 좌석을 거꾸로 돌려놓은 것 같은 형태였고, 귀는 물병 손잡이처럼 생겼다. 하지만 다른 원숭이들과 달리 꼬리가 굽고 얼굴에는 보조개가 쏙 들어갔다. 나는 녀석에게 일종의 애정을 느끼기 시작했다. 또 그의 행동 중 어떤 것이 가장 브렌트의 관심을 끄는지도 알아채기 시작했다. 시끄러운 소리와 함께 격렬하게 움직이는 공격성이 가장 먼저 눈에 띄었다. 등 뒤에서 날카로운 소리를 지르는 것 같은 행동 말이다. 녀석은 꼬리를 치켜세우고, 입을 좍 벌리고, 원숭이 무리 세 마리를 위협했다. 무리가 몸을 일으켜 자리를 옮겼으므로 대립은 시작하자마자 끝났다.

다른 곳에는 얼굴에 주근깨가 박힌 수컷이 바위에 앉아 있었다. 몸집은 작지만 눈매가 날카로운 다른 수컷이 다가오자 주근깨 박힌 수컷은 재빨리 일어나 사라졌다. 자리를 뜨기 전에 자기 쪽으로 다가오는 원숭이를 보며 이빨을 드러냈다. 브렌트는 "저것은 두려워하는 표정이에요. 항복하겠다는 표시죠."라고 설명했다. 4H2로 불리는 날카로운 눈매의 원숭이는 누구나 탐내는 바위 위의 공간을 차지했다.

좀 더 조용하게 벌어지는 일들도 있다. 나무 아래에서 암컷이, 졸려 눈이 반쯤 감겨 있는 새끼에게 젖을 물렸다. 옆에 앉아 있던 수컷이 몸을 돌려 얇고 기다란 손가락으로 암컷의 털에 붙어 있는 흙과 벌레를 떼어내며 털고르기를 시작했다. 무리의 가장자리에는 원숭이 한 마리가 나무뿌리 사이에서 혼자 잠을 자고 있었다. 당시는 번식기여서 새끼를 가슴에 품고 다니는 암컷이 많았다. 새끼가 어느 정도 성장하면 어미 품을 떠나 이리저리 돌아다니며 주변을 탐색했다. 그러나 멀리 가지는 않았고, 공격적인 원숭이가 나타나기라도 하면 어미들은 재빨리 새끼들을 와락 끌어당겨 보호 태세를 취했다. 한 어른 수컷이 새끼 몇 마리를 등에 태우고 야단스럽게 놀아주었다. 암컷 세 마리가 기차놀이를 하듯 줄지어 앉아 서로 앞에 있는 암컷의 등에 털고르기를 해주고 있었다. 그 모습이 아홉 살 때의 내 모습을 연상시켜 깜짝 놀랐다. 나도 친구들과 줄지어 앉아 서로 머리를 땋아주지 않았던가!

원숭이를 관찰하다보면 친숙함을 느끼고 전율하는 경험을 하게 되리라고 미리 주의를 들었다. 연구 책임자로 카요섬에서 10년을 지낸 리처드 롤린스Richard Rawlins는 "원숭이를 1년 동안 관찰하고 나면 다시는 인간을 같은 방식으로 보지 않게 됩니다."라고 말했다. 그만큼 원숭이와 인간의 습성이 매우 비슷해서 혼란스러울 수 있다는 뜻이다. 사육장에서 스스로 돋보이려는 수컷은, 술집에서 만난 타지 사람에게 요란하게 텃세를 부리는 지역 토박이처럼 우쭐대며 다른 원숭이들에게 시비를 건다. 새롭거나 불편한 사회적 환경에 놓여 불안감을 느끼는 원숭이는 사람과 마찬가지로 몸을 긁기 시작한다. 원숭이 두 집단이 대립할 때는 뮤지컬 〈웨스트사이드 스토리〉에 출현하는 댄서들처럼 나란히 서서 상대방을 마주보며 일제히 뒤로 물러섰다가 앞으로 나아가기를 반복한다. 카라바요는 "그런 건 생각지도 못한 일이었어요."라고 언급했다.

50년 전 동물 행동 연구가 초기 단계에 머물러 있을 때 "사람들은 인간 사회가 다른 동물 사회와 매우 다르다고 생각했습니다."라고 브렌트는 설명했다. "인간 사회는 여러 색실로 그림을 짜 넣은 태피스트리처럼 개인들로 이루어진 멋지고 풍요로운 집합이었죠.

개인은 자유 의지를 품고 다양한 사회관계를 맺었어요." 과학자들은 동물을 연구할 때는 이와 대조적으로 대부분 종과 종, 암컷과 수컷, 어른과 새끼의 광범위한 차이를 규명하는 데 관심을 쏟았다. 그러다가 수십 년에 걸친 연구가 진행되고 나서야 비로소 동물 각자가 얼마나 풍부하게 다양할 수 있는지, 이러한 차이가 삶의 과정에 얼마나 많은 영향을 미칠 수 있는지 정교하게 파악할 수 있었다.

카요섬에서 하루를 보내고 나서 나는 원숭이들의 성격을 파악하기 시작했다. 원숭이들은 대담하거나 소심할 수도, 부드럽거나 신경질적일 수도, 산만하거나 느긋할 수도 있다. '낮은 울타리'에서 목격한 우두머리 수컷처럼 상당히 밉상일 수도 있고, 이와 반대로 만나는 원숭이마다 자기편으로 만들 수도 있다. 너 나 할 것 없이 이곳 연구자들은 몇 년 전 죽은 수컷 체스터Chester를 가장 매력적인 원숭이로 기억했다. 카라바요가 이렇게 설명했다. "녀석은 암컷에게 잘했어요. 암컷들을 아주 점잖게 대했죠. 다른 수컷들은 암컷들을 쫓아다니고 털을 잡아당기고 이빨로 물었지만 체스터는 암컷들에게 털고르기만 해주었죠." 브렌트는 체스터 같은 성격도 일종의 전략이라고 설명했다. 암컷에게 잘하면 그 암컷에게 좋은 대우를 받을 것이기 때문이다. 강력한 암컷 협력자는 집단 안에서 수컷의 서열을 올리는 데 기여할 수 있다. 다른 수컷들은 사육장에서 우두머리 행세를 한 원숭이처럼 좀 더 공격적인 방법을 선택해 싸워 가며 서열을 높인다.

"이 섬은 사회적 관계를 증폭해서 보여줍니다." 브렌트는 카요산티아고에서 펼쳐지는 삶을 이렇게 표현했다. 여기서는 야생에서 받는 압박 일부가 제거된다. 먹이를 구하러 나서더라도 충분히 찾지 못할 테고, 어차피 공급받으므로 스스로 먹이를 찾아 나설 필요가 없다. 포식자에 맞서 자신을 보호하기 위해 애쓸 필요도 없다. 그러다보니 원숭이들은 다른 원숭이들과 거의 하루 종일 여러 방식으로 상호작용하며 지내므로 카요섬은 브렌트와 동료들에게 완벽한 실험실이었다.

내게는 우정을 연구하는 과학이 인간에 대해 무엇을 말해주는지 탐색하는 출발점으로 적절했다.

원숭이와 대학생

오후가 되자 브렌트와 나는 그늘에 자리를 잡고 S집단을 관찰했다. 카요섬에서는 이 시간이 하루 중 조용한 시간대였고, 원숭이들은 여러 무리로 나뉘어 서로 털고르기를 하고 간식을 먹는 등 가까이 모여 시간을 보냈다. 두 마리나 세 마리씩 모여 있거나 드문드문 혼자 있는 원숭이들을 보고 있자니 햇볕이 따뜻한 봄날을 맞아 도시 공원 여기저기서 시간을 보내는 사람들 같았다. 많은 원숭이가 낮잠을 자거나, 나무 아래 누워 있거나, 나무에 기대 앉아 있었다. 부드럽고 하얀 배를 하늘로 향하고 양팔을 옆으로 벌려 스스럼없이 몸을 대자로 뻗고 누워서 고개를 뒤로 젖히고 있었다. 나는 몇 년이 지나 우정을 다룬 회고록을 읽다가 다음 글을 대하고 바로 그 순간을 떠올리게 된다. "누군가가 자신의 부드러운 배를 그렇게 많이 노출시키고 그토록 대단한 경의를 받는 장면은 처음 보았다."[6]

꼬리를 잘 꼬는 원숭이가 베이럼나무 아래 조용히 앉아 있었다. 녀석이 움직이기를 기다리는 동안 우리의 대화 주제는 원숭이에서 벗어나 다른 종류의 사회적 장면, 즉 애초에 브렌트가 우정에 관심을 갖게 된 계기로 옮겨갔다.

"대학 시절에는 불안이 끓어오르기 마련이죠." 브렌트가 말했다. 캐나다에서 성장하고 몬트리올 소재 맥길대학교McGill University를 졸업한 지 15년가량 지났지만 대학 시절 경험한 사회화의 강도를 결코 잊을 수 없다고 했다. "사람을 만나고, 친구를 사귀고, 새로운 관계들을 형성해야 하죠. 그러면서 자신이 누구인지, 어떤 유형의 사람과 어울리고 싶은지 판단해야 한다는 압박감을 느끼죠."

우정에 관한 연구 중 상당수가 대학생을 주요 연구 대상으로 삼는 것은 전혀 놀랄 일이 아니다. 대학생들은 대학을 기반으로 활동하는 연구자들이 쉽게 접근할 수 있다는 장점 외에도 사회생활을 구축하는 활동에 깊이 참여한다는 특성이 있기 때문이다. 사람들이 서로 끌리는 이유는 무엇인지 최초로 탐구한 사회과학자였던 시어도어 뉴컴Theodore Newcomb은 1961년 미시간대학교 편입생 17명에게 일 년 동안 숙소를 무료로 제공하는 조건으로 구성원들의 상호작용을 기록하고 서로 얼마나 좋아하거나 싫어하는지 질문할 수 있는 허락을 받았다. 참가자들의 학교생활을 매일매일 추적하고, 누가 누구의 친구가 되고 그렇지 않은지 기록한 결과, 뉴컴은 우정이 생겨나려면 근접성proximity, 유사성similarity, 상호성reciprocity이 중요하다는 것을 입증했다. 뉴컴이 실시한 연구는 앞으로 50년 후에 생겨날 리얼리티 텔레비전 프로그램의 학문적 형태였다.[7] 또 내가 겪은 대학 생활의 학문적 형태이기도 했다. 대학교 1학년생이었을 때 나는 방이 여럿 있는 커다란 공간에 무작위로 배정되어 여학생 7명과 함께 생활했다. 그 후 나머지 사람들은 연락이 완전히 끊겼지만 한 명은 친구로 남아 내 결혼식에 들러리를 서주었다. 뉴컴이 예상한 결과가 이런 것이었을까?

브렌트는 여러 파티와 대학 모임에 참석하면서 진화에 관심을 갖기 시작했다. "당시 생물학을 전공하고 있었으므로 다른 동물을 관찰하는 방식으로 주위 사람을 관찰하기 시작했어요. 사회생활을 하려면 정신적·신체적 에너지를 정말 많이 써야 하잖아요. 관계를 맺거나 정리하느라 대단히 많은 시간을 소모해야 하고요. 때때로 생사가 달린 문제처럼 인간관계에 죽기 살기로 매달리는 이유는 무엇일까요?" 그즈음 아프리카에서 개코원숭이를 따라다니던 영장류학자들은 웰빙에 친구가 필수임을 입증하기 시작했다. 브렌트는 파티에서 누구와 함께 시간을 보내느냐에 따라 하룻밤을 재미있게 지낼 수 있을지 결정될 뿐만 아니라 앞으로 남은 삶이 어떻게 전개될지도 결정될 수 있다는 발상에 매료되었다.

생존과 번식, 사회성의 진화

카요섬에서 진행되는 연구 상당수는 나와 목적이 같다. 삶의 과정에 영향을 미치는 우정에 관해 더욱 깊이 이해하는 것이다. 단순히

누가 누구와 어울리느냐가 아니라 우정에서 무엇을 얻느냐를 알아
내려는 것이다. 생물학자들은 이 질문을 두 가지 형태로 묻는다. 첫
째, 우정은 어떻게 작용하는가? 이 질문은 현재진행형의 사회화 과
정을 다룬다. 즉 상호작용을 시작하고 여기에 반응하는 생리적 속
성을 연구한다는 뜻이다. 예를 들어 친구가 들떠 있는지 지쳐 있는
지 어떻게 대번에 알아차릴까? 태어날 때부터 우리 뇌의 특정 부위
는 다른 신체 부위나 대상보다 얼굴에 주의를 기울이고, 눈짓이나
입 모양을 해석하도록 훈련된다. 히말라야원숭이가 다른 원숭이의
하품이나 찌푸린 얼굴을 볼 때도 마찬가지다. 물론 그들의 몸짓이
나 표정이 인간이 그럴 때와 같은 의미를 지닌 것은 아니지만. 우리
는 누군가가 포옹해주거나 애정을 담아 어깨를 두드려주면 뇌의 보
상 센터에 호르몬이 방출되면서 따뜻한 감정을 느낀다. 그 따뜻한
감정은 우리가 계속 그런 행동을 하도록 이끌고 유대를 강화한다.
털고르기는 원숭이에게 똑같은 마법으로 작용한다.

둘째, 우정은 왜 작용하는가? 이 질문은 더욱 오래되고 근본적
인 이유를 심사숙고하는 것이다. 인간과 다른 동물이 애당초 사회
적 기술과 경향을 발달시킨 까닭을 탐색한다. 어째서 우리는 얼굴
에 그토록 많은 주의를 기울일까? 그런 행동이 명백하게 이롭기 때
문이다. 얼굴에 주목하는 것은 더욱 노련하게 사회생활을 영위하도
록 이끄는 많은 기술 중 하나다. 노련하게 사회생활을 영위하는 기
술, 즉 타인과의 유대를 잘 형성하고 유지하는 기술을 갖춘 사람은
생존과 번식에 성공할 가능성이 커진다. 따라서 이러한 기술은 자
연선택의 원칙에 따라 한 세대에서 다음 세대로 전해질 가능성이

크다.

생물학자들은 우정이 작용하는 방식과 이유를 행동의 근접 원인과 궁극 원인으로 설명한다. 두 원인은 서로 상충하지 않고 보완한다. 근접 원인은 가깝고 가시적이다. 반면에 궁극 원인은 멀고 비가시적이며 추정에 의존한다. 진화론은 간접적인 방식으로 연구할 수밖에 없다. 진화는 수천 년에 걸쳐 진행하고, 물리학 이론과 달리 직접 실험을 통해 입증할 수 없기 때문이다.

과학자의 우정

3장에서 다룬 애착이론을 발전시킨 볼비와 힌데가 만난 지 불과 몇년 후에 우정의 과학 분야와 관련해 다른 중요한 우정이 매사추세츠주에서 싹텄다. 1956년 26세의 스튜어트 올트먼Stuart Altmann이 하버드대학교에 재직하던 생물학자 에드워드 윌슨Edward O. Wilson의 사무실 문을 두드렸다.

올트먼에게는 고민이 있었다. 박사과정에 갓 입학한, 키가 크고 수염을 기른 진지한 성격의 올트먼은 특이한 관심 분야 때문에 하버드 안에서 별종 취급을 받았다. 그는 캘리포니아대학교 로스앤젤레스캠퍼스에서 생물학으로 학사학위와 석사학위를 받았고 2년간 군대의료서비스Army Medical Service에서 기생충을 연구했다.

그곳에서 동료로부터 푸에르토리코 해안 근처의 특이한 섬과 거기서 자유롭게 서식하는 원숭이들에 관한 이야기를 들었다. 사회적 행동에 호기심이 많았던 올트먼에게 카요섬은 사회적 의사소통을 연구해 논문의 토대를 쌓을 수 있는 훌륭한 장소였다. 하지만 지금껏 시도해본 적이 거의 없는 새로운 종류의 현장 연구를 해야 했다.[8] 가둬놓지 않은 영장류의 행동을 연구한 사례는 실질적으로 전혀 없었다. 유럽에서는 여전히 새와 곤충이 주된 연구 대상이었다. 제인 구달이 침팬지에 대한 과학계와 대중의 생각을 바꾸었던 곰베 보호구역Gombe Reserve 연구에 뛰어들기 4년도 더 전의 일이었다. 올트먼은 지도교수를 구하려 했지만 하버드대학교 생물학과에는 올트먼의 생각에 특별히 관심을 보이는 교수도, 길잡이가 되어줄 방법을 아는 교수도 없었다. 결국 학과장은 당시 연구원이었던 에드 윌슨을 소개해주면서 올트먼에게 "윌슨은 내년에 틀림없이 교수로 임용될 걸세. 95% 확신하네. 가서 이야기해 보게나."라고 귀띔했다.[9]

윌슨과 올트먼의 나이 차이는 채 일 년도 되지 않았다. 열정이 넘치는 자연주의자인 윌슨은 남부에서 태어났고, 야생 세계를 탐험하며 성장하다가 일곱 살 되던 여름 멕시코만 연안에서 해파리를 처음 보고 깊은 인상을 받았다. 그해 여름은 다른 방식으로도 그의 인생 행로를 좌우했다. 그는 어느 날 부두에서 물고기를 잡는 와중에 낚싯대를 힘껏 잡아당겼다가 그대로 튀어 오른 물고기의 등뼈에 오른쪽 눈을 맞아 몇 달 만에 시력을 거의 잃었다. 십대에는 상위 주파수대의 청력을 거의 잃었는데, 그는 나중에 이를 유전적 영향 때문으로 여겼다. 쌍안경을 갖고 새를 관찰하러 야외로 나간 윌슨은 더 이상 새 소리를 들을 수도 새를 볼 수도 없다는 사실을 깨달았다. 그래서 그는 곤충, 특히 개미로 연구 대상을 바꿨다. 그는 회고록 《자연주의자Naturalist》에 이렇게 썼다. "다른 종류의 동물을 연구할 수 없다면 한 종류의 동물이라도 움켜잡아야 했다. 불은 이미 지펴졌고 나는 내게 가능한 것을 잡았다. 이제부터는 작디작은 생명체, 엄지와 검지로 집어 들어 가까이서 관찰할 수 있는 동물들을 세상에 알릴 것이다."[10]

윌슨은 개미의 종을 구별하는 자세한 특징을 파악하고 전 세계에 퍼져 있는 개밋과를 분류하는 것에 초점을 맞춰 연구했지만 곤충학자만은 아니었다. 이야기꾼이라 자처한 윌슨은 지구에서 살아가는 생명체의 역사를 종합하며 자연에서 발견한 패턴들을 통해 장엄한 이야기를 펼쳐냈다. "실험생물학자는 실험의 결과를 예측하고, 진화생물학자는 자연이 이미 수행한 실험의 결과를 추리한다. 역사에서 과학을 추출하는 것이다."[11] 윌슨의 견해에 따르면 자연사 지식을 보유한 사람은 눈앞에서 확인할 수 있는 사실과 자료를 토대로 이미 풍부한 해답을 지니고 있다. "그들에게 무엇보다 필요한 것은 올바른 질문이다."

진화과학의 핵심을 이루는 근본적인 질문은 "어째서 사람, 원숭이, 새, 개미를 포함한 모든 생명체는 우리가 발견하는 방식으로 존재하는가?"이다. 찰스 다윈은 자신의 자연선택론으로 이 질문에 대답하기 위해 오랫동안 노력했다. 그는 벌새의 깃털 색깔, 대왕고래의 크기, 인간의 머리카락 색깔처럼 생물에게 다양한 특징이나 속성이 있다는 사실을 알아냈다. 매우 유용하다고 입증되고, 보유한 생명체에게 우위를 제공하는 특징들은 다음 세대에서 더욱 많이 발현되는 경향이 있다. 하지만 이 개념에는 허점이 있었다. 다윈 이론의 핵심 개념인 자연선택이 실제로 정확하게 어떤 방식으로 작용하는지 아무도 몰랐다. 칼 짐머Carl Zimmer는《진화: 모든 것을 설명하는 생명의 언어Evolution: The Triumph of an Idea》에서 "유전은 다윈을 크게 좌절시킨 것 중 하나였다."라고 썼다.[12] 다윈이 책을 집필하는 시기에 수사인 그레고어 멘델은 현재의 체코 지역에 있는 정원에서 완두콩을 재배했다. 멘델이 수천 개의 완두콩을 교배해 여러 세대를 만들어내며 기본적인 유전 법칙을 몇 가지 밝혀냈는데도 수십 년이 지날 때까지 아무도 이것을 다윈의 이론에 연결하지 못했다. 필수적인 연결이 이루어지지 못한 채 자연선택론의 인기가 시들해졌고 1920년에 이르자 더 이상 사실이 아니라고 생각하는 사람들이 생겨났다.

그러다가 돌파구가 생겼다. 미국 생물학자 수얼 라이트Sewall Wright와 영국 유전학자이자 통계학자 로널드 피셔Ronald Fisher가 이끄는 과학자 집단이 마침내 자연선택을 유전학에 접목한 것이다. 이들이 "선택은 주로 다른 형질을 띤 유전자들의 운명을 바꾸는 문제"라는 사실을 입증했다고 짐머는 썼다.[13] 이 연구 덕택에 다윈의 이론은 그때까지 놓치고 있던 탄탄한 기반을 확보할 수 있었다. 과학자들은 이 기반 위에서 연구를 축적해 나갔다. 동물학자들은 종을 분류하고, 고생물학자들은 유의미한 패턴을 찾기 위해 충분한 양의 화석 기록을 수집했다. 1950년대에 이르자 오늘날 현대적 종합modern synthesis(진화론과 유전학이 결합한 새로운 과학을 뜻한다.-옮긴이)으로 알려진 진화와 유전학에 대한 깊은 이해가 학계에 자리잡게 되었다.[14]

하지만 다윈의 이론에는 한 가지 문제가 남았다. 이타주의는 어떻게 설명할 수 있을까? 다윈은 일부 개미가 같은 무리에 있는 다른 개미들을 위해 자신을 희생하면서 번식을 포기한다는 사실을 알고 있었다. 그뿐만 아니라 포식자가 나타났을 때 경고 신호를 보내는 새들을 보면서 의문을 느꼈다. 어째서 자신을 발각되기 쉬운 표적으로 삼을까? 이러한 자기희생은 생존 본능을 가장 중시하는 이론에는 맞지 않는 것 같았다.

원숭이 섬의 유래

올트먼이 카요산티아고에 서식하는 원숭이들의 사회적 행동을 2년간 관찰하고 기록하고 싶다고 윌슨에게 말했을 때도 이 질문은 현재진행형이었다. 윌슨은 열정이 넘쳤다. "우리는 보자마자 마음이 맞았다." 올트먼은 몇 년 후 이렇게 회고했다. "우리 둘이 동물의 세계에서 가장 복잡한 사회 체계를 지닌 두 집단인 개미와 영장류를 각각 연구하고 있음을 금세 알아냈다. 중요한 것은 우리에게 공통된 관심사가 있는가였다."[15]

1956년 6월 마침내 올트먼은 카요산티아고에 발을 디뎠다. 내가 브렌트와 함께 도착했던 바로 그 지점에 상륙했다. 이 섬 자체는 1938년 시작된 사회적 행동에 관한 실험에 어울리지 않는 것 같았다. 제2차 세계대전의 전운이 감돌면서 세계의 특정 지역으로 여행하는 것이 위험하거나 완전히 불가능해졌다. 클래런스 카펜터

Clarence Carpenter는 전쟁이 발생하면 인도와 극동 지역의 구세계 원숭이들을 접촉할 경로가 끊길까 봐 걱정하는 소수의 미국인 과학자들 중 한 명이었다.[16] 야생 상태의 영장류 연구를 선도하던 카펜터는 행동과 관련된 주제들에 관심이 있었는데 관찰할 동물이 없으면 연구를 계속할 수 없었다. 카펜터의 학문적 근거지인 컬럼비아대학교는 열대의학 학과School of Tropical Medicine의 발상지이기도 했으므로 이곳 연구자들의 생물의학 연구를 위해서라도 동물을 계속 공급받아야 했다. 카펜터는 북아메리카에 새로운 번식지를 조성하는 것이 해결책이라고 동료 학자들을 설득했다. 번식력이 강해 실험하기에 좋은 히말라야원숭이를 거기에 확보할 수 있다는 것이었다. 푸에르토리코의 우마카오Humaçao시 인근 동쪽 해안에 가까우면서 면적이 작고 황무지처럼 방치된 섬 카요산티아고가 후보지로 떠올랐다. 염소 방목지로 섬을 사용하고 있던 주인은 과학 실험용으로 임대해달라는 제안을 받았다.

카펜터는 자금을 모금한 후에 적정 수의 건강한 히말라야원숭이를 포획하는 "아주 골치 아픈 임무"를 수행하기 위해 1938년 9월 인도로 건너갔다. 그곳에서 충분한 수의 동물을 7개 지방에서 포획해 콜카타로 운반하려면 협잡을 일삼는 밀매업자들을 매수해야 했다. 이 과정에서 시간이 걸린 데다가 카펜터와 원숭이들을 카요섬까지 실어다 줄 선장을 물색하는 데 뇌물을 추가로 써야 했다. "원숭이 500마리는 실제로 커다란 화물선의 갑판을 가득 채울 만큼 많은 수였기 때문이다."라고 그는 기록했다. 온갖 난관을 뚫고 마침내 USS코모호USS Coamo에 오를 수 있었지만 이미 수에즈 운하를 통과하는 항로가 위험해졌으므로 남아프리카공화국의 희망봉을 돌아 항해해야 했다. 배는 보스턴과 뉴욕에 정박했다가 12월 초 푸에르토리코에 도착했다. 콜카타를 출발한 지 47일 만이었다. 2만 2,500km를 항해하는 동안 하루 14~15시간 일했던 카펜터는 나중에 이렇게 회고했다. "파도가 넘실거리든 잔잔하든 하루 종일 원숭이 우리를 청소하고 먹이를 주느라 녹초가 되도록 일했다. 그러니 원숭이들을 넘겨주었을 때 내가 얼마나 기뻤겠는가?"[17]

원래 계획한 대로 카요를 원숭이 서식지로 조성했지만 카펜터에게는 2차 목표가 있었다. 원숭이의 상호작용을 상대적으로 쉽게 관찰할 수 있도록 거의 야생 상태의 생활환경을 조성하는 것이었다. "나는 집단의 조직 방식, 사회적 행동의 종류를 연구하는 데 관심이 있었다." 카펜터가 던진 핵심 질문은 상대적으로 단순했다. 동물은 어째서 무리를 이루는가? 하지만 1938년 당시 사회적 행동은 과학 연구의 우선순위에서 상위에 있지 않았다. 카요산티아고를 사회적 상호작용을 연구하기 위한 장소로 만들겠다는 취지는 고속도로 사용료에 건강관리 기금을 끼워 넣는 것처럼 번식지의 설립 취지에 어정쩡하게 끼워 넣은 상태였다.

일단 원숭이들을 섬에 풀어놓기만 하면 출신 지역을 단위로 집단을 만들 것이라는 카펜터의 예측은 빗나갔다. 원숭이들은 서로 섞였고, 영역에 대한 권리를 주장하는 원숭이들이 새로운 위계질서를 세우려 하면서 학살이 뒤따랐다. 갓난 새끼를 포함해 원숭이 수십 마리가 죽었다. 많은 수컷이 바다로 쫓겨나 익사했다. 개체 수가 대폭 줄었고, 남은 원숭이들은 뚜렷하게 구별되는 다섯 집단으로 나뉘었다. 오늘날 카요섬에 서식하는 원숭이들은 모두 그때 살아남은 동물들의 자손이다.

엄청난 노력을 기울였지만 1~2년이 지나자 카펜터는 카요섬과 거의 관계가 끊어졌다. 하지만 카펜터가 실시한 초기 관찰 연구는 시대를 앞선 것이었다. 카펜터는 할로의 연구 내용이 널리 알려지기 10년 전에 거의 독보적으로 인간과 비인간 영장류의 행동에서 유사성을 포착했다. 그는 이렇게 기록했다. 인간의 동기와 행동의 초기 형태를 파악하기 위해 "원숭이를 관찰하는 연구법은 문화적 겉치레에서 자유롭고, 인간이 스스로를 연구하면서 범하게 되는 널리 알려진 오류들을 피할 수 있을 만큼 대상과 충분한 거리를 둘 수 있다."[18]

이처럼 큰 기대를 안고 출발했지만 카요섬의 상황이 달라졌다. 미국이 제2차 세계대전을 치르느라 막대한 비용을 쓰면서 원숭이 연구 기금과 관심이 고갈되었다. 1950년대 중반까지 원숭이 개체수는 150마리 이하로 줄었고 그마저도 모두 상태가 좋지 않았다. 원숭이들이 전부 죽을 때까지 상황은 바뀌지 않을 것 같았다.

이 시기에 스튜어트 올트먼이 섬에 도착했다. 미국보건원에서 새로 지원금을 받았고, 푸에르토리코대학교에서 더 강력한 후원자들을 확보했다. 올트먼은 섬에 남은 원숭이들을 덫으로 잡고, 무게를 달고, 표식을 새기고, 측정한 후에 목록을 만들었다. 섬의 시설들도 다시 지었다. 그러느라 몇 달이 걸렸지만 결국 올트먼은 과학 연구를 재개할 수 있을 정도로 충분한 질서를 회복했다. 그는 연구를 거의 처음부터 다시 시작했다. 원숭이의 행동에 대해 알려진 게 거의 없었고 과거의 주요 기록은 올트먼이 보기에는 "이 놀라운 동물의 능력에 비해 매우 부당한 것이었다."[19]

올트먼은 새로운 영역의 지도를 작성하는 탐험가처럼 우선 성공적인 현장 관찰의 방식을 정해야 했다. 무엇보다 올트먼이 섬에 있다는 사실을 원숭이들이 알고 있는 것이 문제였다. 그래서 원숭이들이 잘 보이는 지점에 조용히 앉아 기다리는 방법을 생각해냈다. "원숭이들이 내 쪽으로 오거나 주위에서 움직일 때 그들을 피하려는 시도를 전혀 하지 않았다. 가까이 있을 때는 직접 응시하는 것을 피했다." 간혹 필요하면 원숭이가 이해할 수 있는 방식으로 의사소통했다. "공격을 받을 것 같으면" 발을 굴러 되레 원숭이를 위협했다. 경계 상태의 원숭이들에게 접근해야 할 때는 이따금 음식을 던져주었다. 가끔은 친근함을 표현하기 위해 원숭이처럼 혀를 살짝 차면서 손으로 입술을 때리기도 했다. 원숭이의 행동이 다른 존재에 영향을 주는 경우에만 사회적 행동으로 간주하기로 했다. 그는 의사소통의 정도를 기준으로 집단의 경계를 정하고 '사회'를 정의했다. 정기적으로 접촉을 하는 무리는 거의 의사소통을 하지 않는 원숭이들과 구별되는 하나의 사회였다. 올트먼은 그 밖의 것들에 관해서는 "그들의 사회적 행동을 구성하는 기본적인 단위가 무엇인지 알려주는 일은 원숭이들에게 맡겼다."고 했다.

올트먼이 몇 달간 원숭이들을 관찰하고 있던 시기에 윌슨이 찾아왔다. 윌슨은 나중에 카요산티아고에 머문 이틀의 시간이 "충격적인 깨달음의 계기였고 지적인 전환점이 되었다."고 썼다.[20] 윌슨은 원숭이 사회에 대한 지식이 거의 없었지만 자신이 목격한 광경에 사로잡혔다. "나는 지배 질서, 동맹, 친족 사이의 유대, 영토 분쟁, 위협과 과시, 불안을 몰고 오는 음모들로 이루어진 정교하면서 때때로 잔인한 세계를 목격하고 완전히 빠져들었다. 나는 걷는 방식으로 수컷의 지위를 읽고, 얼굴 표정과 몸의 자세로 두려움, 복종, 적개심의 정도를 측정하는 방법을 배웠다."

월슨과 올트먼은 낮에 섬을 이리저리 돌아다녔다. 저녁에는 개미, 흰개미, 원숭이의 사회적 행동을 비교하고 대조했다. 그러다가 '작은 섬'에 함께 앉아 곤충과 영장류를 관찰하면서 자신들이 서로 다른 생물의 행동을 연구해서 얻은 결과를 아래와 같은 질문으로 집약할 수 있다는 사실을 깨달았다. 모든 동물의 행동과 상호작용 방식을 설명하는 통합된 이론이 가능할까? 그 이론을 인간에게도 확장해서 적용할 수 있을까?[21]

급진적인 생각 같았다. 1950년대 당시 사람들은 일반적으로 인간의 행동이 훈육과 환경, 즉 양육의 산물이라고 믿었기 때문이었다. 본성도 작용한다고 주장하는 것은 금기였고 월슨도 그렇게 배웠다. 그는 나중에 이렇게 설명했다. "대부분의 사회학자들이 기존에 합의한 내용에 따르면 인간 뇌는 빈 서판blank slate이고, 사회적 행동을 포함한 인간 행동은 문화적 진화에 속한 사건들을 겪고 홀로 배우는 과정에서 결정되며, 인간의 본성이라 할 만한 것은 거의 없고 본능은 가장 기본적이고 원시적인 방식으로만 존재한다. 이것이 당시의 신조였다."[22]

개미, 원숭이, 인간

카요산티아고섬에 앉아 있다 보니 과학적 대기에서 소용돌이치는 증거의 조각들이 갑자기 가시적인 패턴으로 합쳐지기 시작했다. 윌슨이 유럽 동물행동학자들과 같은 관점을 갖기 시작하면서 충격적으로 깨달은 패턴이었다. 이렇게 새로운 개념을 받아들이려면 개미와 인간의 행동 사이에 공통점이 있다고 인정해야 했다. 좀 더 자세히 설명하면 개미에게 '친구'가 있다고 말할 수는 없지만, 개미의 사회생활에 과거에 인식했던 것 이상의 것들이 존재한다는 뜻이다. 또한 이 부분이 급진적인 측면인데, 인간의 삶은 스스로 상상했던 것보다는 개인적인 요소가 적다는 뜻이다. 함께 음식을 먹거나 웃거나, 화를 내며 말다툼을 벌이거나, 기뻐하며 축하하거나, 같은 대상에게 유아 때는 유대를 형성했다가 사춘기 때는 말다툼을 하는 등의 인간의 사회적 행동은 동물의 사회적 행동과 관련이 있다.

인간의 본성과 동물의 본성에는 공통점이 많다. 윌슨이 나중에 주장했듯 도덕성까지도 최소한 부분적으로 몸과 뇌의 지배를 받고, 특히 유전자의 지배를 받는다. 철학자들이 선과 악에 대해 깊이 성찰하고 제시한 증오, 사랑, 죄책감, 두려움은 뇌의 시상하부와 대뇌변연계에서 생겨났다고 윌슨은 썼다. 그는 "무엇이 시상하부와 대뇌변연계를 만들었느냐고 묻지 않을 수 없다. 자연선택으로 진화한 것이다."라고 강조했다.[23]

이렇듯 새로 등장한 주장에 따르면 유전자나 본성은 인간의 사회적 행동에서, 가족이나 친구와 상호작용하는 방식에서 한몫을 담당한다. 로렌츠와 틴베르헌이 오리 새끼가 어미와 유대를 형성하는 방식에 유전자가 영향을 미친다고 주장했던 것과 같다. 윌슨은 이렇게 설명했다. "인간은 행동과 사회적 구조를 형성하는 성향을 물려받는데 이것은 인간의 본성이라 불릴 수 있을 정도로 많은 사람이 공유하는 것이다." 예를 들어 여러 문화권을 아우르는 성향으로 부모와 자녀의 유대, 낯선 사람에 대한 의심, 가까운 친족을 향한 매우 이타적인 태도 등을 들 수 있다.

이타주의 문제

동물행동학에 새로 등장한 이 분야는 사회생물학으로 알려졌지만 제대로 뿌리를 내리려면 윌슨이 지적한 대로 "무엇보다 중요한 개념"이 필요했다.[24] 이 개념을 정립한 학자는 나긋나긋한 목소리의 영국 생물학자 윌리엄 해밀턴William Hamilton이었다. 해밀턴은 대학원생 시절에 획기적인 논문을 발표했다.[25] 책벌레였으며 굳이 자기 말을 직접 들어야 한다면 스스로도 내용을 이해하지 못할 것이라고 말할 만큼 사람들 앞에서 말을 하는 데는 지독히 서툴렀지만 다른 모든 과학자들이 부러워할 만한 단순하고 훌륭한 개념, 즉 혈연선택kin selection을 생각해냈다.[26]

해밀턴은 세 가지에서 영감을 받았다.[27] 그는 다윈의 자연선택 이론에 내재한 모순인 이타주의 문제로 고민했다. 해답을 찾아야만 했다. 그는 또한 사회적 곤충에 대한 실용적 지식을 갖추고 있었다. 마지막으로 그는 친족에 관련된 숫자에 강하게 끌렸다. 우리는 부모, 자식과 50%, 손자, 조카와 25%, 증손자, 사촌과 12.5%의 유전자를 공유한다. 전통적으로 자연선택은 세대와 세대 사이에 직접 발생한다고 여겨졌다. 예를 들어 나는 아버지와 어머니에게서 각각 물려받은 유전자를 세 아들에게 물려주고, 그들과 혈연관계에 있으므로 그들을 도와주고 생존할 수 있도록 지켜주려 한다.

곤충이 유전자를 복제해서 자매와 절반이 넘는 유전자를 공유하는 것에 관련해 사고실험thought experiments을 전개한 결과, 해밀턴은 종 차원이 아니라 유전자 차원에서 선택하면 유전자가 먼 친족에 이르기까지 더 널리 공유된다는 것을 깨달았다. 이에 따르면, 사촌에게 협력하는 것은 내가 직접 일부 대가를 치러야 하더라도 내 유전자의 부분집합을 강화하는 행동이다.

수학적으로 개념을 정리하면 이렇다. 나는 두 명의 자녀나 형제자매, 네 명의 조카, 여덟 명의 사촌을 구하기 위해 스스로 위험을 무릅쓰고 이타적으로 행동할 것이다. 이론 체계를 갖추기 위해 번식 성공과 생존의 가능성을 높이는 특징들의 조합인 '적합도fitness' 개념을 채택하고 이를 두 가지 범주로 나누었다. 직접 적합도는 특정 개체 자체의 생존과 번식 성공에 관여한다. 간접 적합도는 유전자를 공유한 다른 개체들의 성공에 관여한다. 두 가지를 합쳐 '포괄 적합도'라 부른다.

이러한 방식으로 바라보자 마침내 이타주의 개념이 더욱 합리성을 띠게 되었다. 다른 학자들이 협력의 동기를 더욱 확장된 관계 형성 동기와 연결하기 시작했다. 1966년 진화생물학자 조지 윌리엄스

George Williams는 새로운 개념을 이렇게 설명했다. "간단하게 말하자면 우호 관계를 최대화하고 적대 관계를 최소화하는 개체는 진화상의 이점을 누릴 것이고, 선택은 관계의 최적화를 촉진하는 속성들을 선호한다."[28]

퍼즐을 맞추려면 중요한 조각 하나가 더 필요했다. 하버드대학교 대학원생이었던 로버트 트리버스Robert Trivers는 해밀턴이 전개한 논리에 매료되었지만, 낯선 사람을 구하려 물에 뛰어드는 것처럼 친족 범위를 넘어서는 이타주의를 설명할 수 있어야 한다고 생각했다. 그러면서 좀 더 미묘한 방식으로 협동과 이타주의를 설명할 수 있는 '상호 이타주의reciprocal altruism' 모형을 발전시켰다.[29] 상호 이타주의는 누군가 내 등을 긁어주면 나도 조만간 상대방의 등을 긁어 주겠다는 개념이다. 트리버스는 청소 물고기와 다른 물고기의 공생 관계, 새가 다른 새에게 보내는 경고, 인간 이타주의의 많은 사례를 인용했다.

상호 이타주의의 핵심은 기부자가 치르는 대가가 수혜자가 받는 혜택보다 작아야 한다는 것이었다. 트리버스가 생각했듯 이때 문제는 속임수를 막는 것이었다. 어떻게 수혜자가 상대방을 이용하지 못하도록 막을 수 있을까? 트리버스는 이러한 문제에 구체적으로 대처하기 위해 다양한 감정이 진화했다고 주장했다. 그러면서 자신이 고안한 모형으로 우정과 호불호의 감정을 예측했다. 부당함이나 불평등에 대한 강력한 반응인 도덕적 반감도 예측했다. 그가 상호 이타주의에 대한 보상으로 진화했다고 이론화한 감사와 공감도 예측했다. 그뿐만 아니라 죄책감, 신뢰, 평판도 예측했다. 평판은 보답하리라 믿을 수 있는 사람과 그렇지 않은 사람에 대한 지식이 쌓이며 형성된다. 트리버스는 이러한 자질들을 학습할 수 있다고 주장했다. 이 자질들은 생애 초기의 환경에 따라 바뀌며 우정을 돈독하게 하는 데 활용된다. 트리버스는 자신이 제안한 시스템이 복잡하다고 인정했다. 갖가지 감정과 동기가 뒤섞인 체계다. 그는 아마도 이러한 복잡성 때문에 홍적세Pleistocene Era 이래 인류의 뇌가 커졌을 거라고 시사했다. 이러한 감정을 모두 추적하는 데 엄청난 지적 능력이 요구되기 때문이다.

사회생물학의 성립과 사회적 파장

사회생물학의 주요 논점은 1976년 리처드 도킨스Richard Dawkins의 《이기적 유전자The Selfish Gene》가 발표되면서 대중화되었다. 이 책은 개체가 아닌 유전자가 자연선택의 수단이 될 수 있다는 개념을 광범위한 대중에게 소개했다. 1975년 윌슨은 《사회생물학: 새로운 종합Sociobiology: The New Synthesis》을 출간했다. 거의 800쪽에 달하는 책에서 윌슨은 개체군 차원에서 사회적 행동을 연구하는 것이 중요하다는 논지를 펼치며 사회적 행동의 유전적 기초를 설명하는 강력한 사례를 제시했다.

그는 1장부터 26장까지 사회적 미생물과 동물에 관해 백과사전식으로 서술했다. 윌슨은 마치 카요산티아고에서 보냈던 날을 되새기듯 "잠시 흰개미와 원숭이를 생각해보자. 둘 다 영역을 차지하기 위해 협동하는 집단을 구성한다."라고 썼다.[30] 책의 마지막 장은 좀 더 도발적인 표현으로 시작했다. "이제 자유로운 영혼으로 자연사를 바라보며 인간을 생각해보자, 마치 지구에 사는 사회적 동물들의 목록을 완성하기 위해 다른 행성에서 찾아온 동물학자인 것처럼." 윌슨은 더욱 더 가설을 설파하는 문투로, 인간 행동의 생물학적 토대가 어떻게 우리의 본성을 더 잘 이해하게 해주는지 살펴보는 데 사회과학을 끌어들였다. "인간과 다른 영장류를 비교해보면, 겉모습 아래 숨어 있는 영장류의 기본 특성을 식별하고 인간의 더욱 고차원적인 사회적 행동에 적절한 위상을 부여하는 데 도움이 될 것이다."[31] 그는 이러한 행동들이 유전자로 전달될 때의 이점과 해로운 점을 살펴보아야 한다고 제안했다. "집단 구성원을 향한 협동심은 낯선 사람에 대한 공격성을, 창의성은 소유하고 지배하려는 욕구를, 운동 경기의 승부욕은 폭력적인 반응을 동반할 수 있다."

비평가들은 "유전자가 우리를 그렇게 행동하게 만들고", 우리의 사회적 행동은 어느 정도 정해져 있어서 문화적으로 전달되지 않는다는 이론을 받아들일 수 없다고 비판했다. 격렬한 분노가 쏟아졌다. 하버드대학교 동료들이 가장 강력하게 비판했다. 생물학자 리처드 르원틴Richard Lewontin과 스티븐 제이 굴드Stephen Jay Gould가 이끄는 사회생물학 연구모임은 〈뉴욕 리뷰 오브 북스New York Review of Books〉에 신랄한 내용의 공개 서한을 실었다.[32] 두 사람은 윌슨의 주장이 과학으로 뒷받침되지 않았을 뿐만 아니라 위험하다고 강조했다. 그들은 우생학과 나치 독일을 예로 들면서 이렇게 썼다. "윌슨은 사회 문제에 대한 책임을 면제해줌으로써 기관과 제도를 강화하는 일을 수행해온 생물학적 결정론자들의 기다란 행렬에 합류했다.” 정치적으로 진보 성향이었던 윌슨은 동료들이 선동적인 편지를 보냈다는 사실을 잡지에서 직접 읽고 나서야 알았다. 한동안 평판이 형편없이 떨어져서 과학 회의에 참석했다가 젊은 여성에게 물세례를 맞는 봉변을 당하기도 했다.

이러한 논란과 이면에 숨은 과학이 1975년 〈뉴욕타임스〉 1면에 실렸고,[33] 2년 후에는 〈타임〉의 표지를 장식했다. 한 쌍의 남녀가 꼭 두각시처럼 줄로 조종당하는 사진을 배경으로 “당신이 그렇게 행동하는 까닭은 무엇인가?”라는 기사 제목이 눈길을 끌었다.[34] 해밀턴, 트리버스, 도킨스, 윌슨을 특집으로 다룬 기사는 “이 개념들은 매우 놀랍고 충격적이다.”라는 문장으로 시작했다. “인간의 모든 행동은, 물에 빠진 낯선 사람을 구해주거나 가난한 사람들에게 거액을 기부하는 행동조차도 궁극적으로 이기적일 수 있다. 도덕성과 정의는 진보가 이루어낸 결실과는 거리가 멀고 인간의 동물 과거에서 진화해왔으며 유전자에 굳게 뿌리를 내리고 있다.”

이 개념은 논란을 딛고 끈질기게 살아남았다.

5장

사회적 뇌의
형성 과정

생후 3개월 무렵이면 양육자와 사회적 유대를 강화하는 데
필수적인 기술을 터득한다. 아기는 자신의 눈을 들여다보는
상대방의 눈을 응시하게 되며 사회적 미소를 짓기 시작한다.
양육자의 미소에 반응해서 아기가 입을 오물거리는 모습은
황홀하다. 심장이 녹아내린다. 양육자는 점점 더 아이에게 푹
빠진다. 그렇게 양육자와 아기 사이에 유대가 형성된다.

인간은 태어남과 동시에 사회생활을 시작한다. 인류학자 세라 블래퍼 허디Sarah Blaffer Hrdy는 "인간은 어떻게 타인과 연결될 것인지 주의를 기울이는 성향을 타고났다."라고 썼다.[1] 그렇지만 사회적 성향을 타고났어도 아직 미숙하고 취약하므로 그런 능력을 키울 수 있도록 양육이 이루어져야 한다. 다른 사람을 사귀어 친구로 삼는 것은 복잡한 과업이다. 어린이들은 그러한 과업을 수행할 수 있도록 성장해야 한다. 또래와 긍정적이고 일관된 관계를 형성하는 과업은 성장 중인 인지 능력과 감정 능력에 크게 의존하는 일이기 때문에 양육이 중요하다. 어찌 됐든 아이들은 성공해야만 한다. 태어나서 처음 몇 년 동안 다른 아이들과 관계를 맺는 것은 그 시기의 주요 발달 지표가 된다. 그러므로 부모가 반드시 도와주어야 한다.

크리스티안을 사귀기 전에 아들 제이크 곁에는 내가 있었다. 아빠도 있었고, 그를 예뻐하던 몇몇 아이돌보미도 거쳤지만, 제이크의 경우에는 주로 엄마인 내가 보살폈다. 우리 모자는 함께 시간을 보냈다. 나는 출산 후 처음 몇 주 동안 런던의 아파트 거실에 틀어박혀서 가슴 위에 제이크를 올려놓고 왜 시청하고 있는지도 의식하지 않은 채 게슴츠레한 눈을 화면에 고정시키고 〈수채화에 도전하자Watercolour Challenge〉 같은 텔레비전 프로그램을 보았다. 나중에 브루클린으로 돌아오고 나서는 함께 놀이터에서 모래를 파고, 함께 퍼즐을 맞추고, 저녁 식사용으로 감자 껍질을 벗기며 수다를 떨었다. 우리는 밤에도 늘 함께였다. 최소한 제이크가 태어난 후 수개월 동안 몇 시간마다 잠에서 깨어나 젖을 물리고 달래주기를 반복할 때는 그렇게 느꼈다. 이렇게 상호작용할 때면 심지어 녹초인 상태라도 내가 씩 웃으면 제이크도 결국 방긋 미소를 지었고, 말을 걸면 결국 옹알거리며 응답했고, 깔깔 웃으면 결국에는 나를 따라 웃었다. 내가 울면 나를 빤히 쳐다보면서 엄마에게 대체 무슨 일이 생긴 건지 알아내려고 애썼다. 그렇게 제이크는 나중에 커서 우정을 쌓을 때 발휘할 사회적 기술을 갈고 닦았다. 나와 제이크는 그의 사회적 뇌를 형성하는 단계를 함께했다. 우리의 상호작용을 통해 그는 사회적 신호를 탐색하고 알아내어 애착을 형성하는 능력을 배울 수 있었다.

어미와 새끼가 맺는 특별한 유대는 포유동물의 특징으로 2억 2,500만 년 전부터 진화해왔다. 파충류와 어류는 알을 낳은 후 대개는 새끼들이 알아서 생존하도록 놔둔다. 조류의 부모 본능은 좀 더 강해서 둥지에서 알을 보호하고 새끼를 돌본다. 포유동물은 신체적으로 강하게 밀착해서 젖을 물린다. 포유동물을 뜻하는 'mammal'은 어머니mamma나 젖샘mammary gland에서 유래했으며 갓 태어난 새끼에게 어미젖을 먹인다는 뜻이다.[2] 이러한 유대는 포유동물의 사회생활에서 필수 요소로서 일찌감치 타인을 갈망하고 필요로 하는 경험을 하게 해준다.

포유동물 심지어 영장류 중에서도 인간의 어린 시절은 다른 어떤 종보다 훨씬 길다. 이것은 하나를 달성하기 위해 다른 하나를 희생하는 트레이드오프trade off의 결과다. 케임브리지대학교와 런던대학교 버크벡Birkbeck칼리지에서 발달 인지를 강의하는 심리학자 마크 존슨Mark Johnson은 이렇게 말했다. "인간 뇌가 발달하는 속도는 엄청나게 늦습니다. 이것은 출생 후 경험을 통해 뇌를 훨씬 더 발달시킬 수 있다는 긍정적인 결과를 낳습니다. 물론 인간이 다른 영장류에 비해 더욱 무력하게 태어난다는 뜻이기도 하고요."[3]

인간 아기가 약간 미숙한 상태로 세상에 태어나므로 일부 소아과 의사들은 생후 첫 3개월을 '제4삼분기fourth trimester'(임신 기간을 3달 기준으로 분기를 나누어 총 3분기로 보는데, 출산 후 3개월도 임신 기간의 연장이라는 뜻. - 옮긴이)라고 부른다. 자연은 타협을 해왔다. 여성은 두 다리로 걸어야 하므로 골반이 좁다. 임신 40여 주가 되면 태아의 크기는 엄마의 산도를 통과할 수 있는 한계치에 이른다. 갓 태어난 아기는 먹고, 잠자고, 우는 것 말고는 할 수 있는 일이 거의 없는 완전히 의존적인 작은 생명체다. 아무리 사랑에 눈이 먼 부모라도 갓난아기가 그다지 사회적 동물이 아니라고 생각하는 것은 무리가 아니다. 초기에는 사회관계의 교환, 행동과 반응의 균형이 한쪽으로 기울기 마련이어서 부모는 전적으로 주는 쪽에 선다.

하지만 사회성의 엄청난 토대는 처음부터 구축된다. 시각·청각·촉각·후각·미각의 다섯 가지 감각은 아기가 새로운 환경의 세부사항들을 뇌에 전달하는 통로이다. 뇌는 소프트웨어를 장착하고 적절한 명령을 기다리는 컴퓨터처럼 사회적 상호작용을 선호하는 방향으로 사전에 프로그램 되어 있다. 얼굴, 목소리, 사랑의 손길이 그 프로그램을 가동시킬 것이다. 존 볼비는 이렇게 썼다. "이 작은 시작으로부터 유아기와 아동기를 포함해 문자 그대로 일생 동안 특정 인물들에 대한 애착을 매개하는 고도로 정교하고 변별력 있는 시스템이 생겨난다."[4] 신경과학자들은 이처럼 사회적 뇌가 창조되는 과정을 최근 들어서야 분명하게 파악하기 시작했다.

아기의 머릿속

나는 바람이 세차게 부는 11월의 어느 날 런던대학교 버크벡칼리지 산하 뇌·인지발달연구소에 있는 아기연구소를 방문했다. 상대적으로 새로운 분야에 적합하게 설계한 때문인지 센터는 블룸즈버리시를 둘러싼 조지 왕조 시대의 우아한 주택이나 광장과 매우 다른 현대식 벽돌 건물로 되어 있었다. 바깥에는 눈보라가 몰아쳤지만 응접실은 따뜻하고 안락했다. 노란색 벽지에는 웃고 있는 기린과 코끼리가 그려져 있고, 밝은 빨간 소파와 파란색, 노란색의 빈백 beanbag 의자들이 응접실 군데군데 놓여 있었다. 여러 색깔이 섞인 고무 놀이매트가 상당한 면적의 바닥을 덮고 있었고, 쉽게 손닿는 곳에 장난감 바구니들이 눈에 띄었다. 이곳은 연구자들이 센터를 정기적으로 찾아오는 방문객을 맞이하는 장소였고 방문객은 대부분 2세 이하였다.

　타이니 오로라는 생후 한 달밖에 되지 않은 최연소 방문객이었

다. 대학원생 로라 피라졸리가 엄마인 조지나로부터 오로라를 넘겨
받아 매트 위에 살포시 내려놓았다. 오로라는 조금씩 끊임없이 움
직이면서 리듬감 있게 발을 허공으로 차고 주먹을 내둘렀다. 가까
이 몸을 기울이는 젊은 과학자 피라졸리의 얼굴을 골똘히 쳐다보는
것 같기도 했다.

"너는 획기적인 연구에 참여하고 있는 거야." 피라졸리가 아기를
어르며 말했다.

피라졸리는 심전도 검사를 하기 위해 오로라의 옷을 벗겼다. 그
런 다음 사랑스럽다는 듯 오로라의 배를 검지로 톡 치고는 체온을
유지시키려고 담요로 감싼 후 아래층에 있는 실험실로 데려갔다.

"너는 여기서 스타야."

오로라는 촉각 연구에 참여하기 위해 센터를 찾았다. 하지만 촉
각은 아기연구소에서 활동하는 연구자들이 관심을 기울이는 사회
적 감각의 하나일 뿐이다. 연구자들은 최근에 등장해 신경 분야에
서 큰 비중을 차지하고 있는 '사회적 뇌'의 형성 과정을 이해하고
싶어 했다. 매사추세츠공과대학교MIT의 신경과학자 낸시 캔위셔
Nancy Kanwisher는 강연에서 이렇게 얘기한 바 있다. "사회적인 인지
작용, 즉 타인을 보고 이해하고 상호작용하고 타인에 대해 생각하
는 것은 인간의 정신·뇌·근본적인 본성이 하는 일이다."[5]

지도 개념을 끌어들이면 사회적 뇌를 이해하는 데 유용하다. 미
국 지도를 그리는 방법이 그렇듯 뇌를 묘사하는 방법도 다양하다.
지리적으로 뇌의 후두엽, 측두엽, 두정엽, 전두엽은 미국 북동부, 남
부, 중서부, 서부의 3차원 형태와 같다. 진화의 역사라는 관점에서

바라보면 뇌의 반사, 감정, 인지 '층'은 각각 식민지 시기 미국, 프랑스에서 사들인 루이지애나 지역, 서부 개척지처럼 노년, 중년, 청년에 견줄 수 있다. 실제로는 이처럼 말끔하게 정리하긴 어렵지만, 1970년대 신경과학자 폴 맥린Paul MacLean이 처음 소개한 '삼부 뇌 triune brain' 이론은 개념적으로 유용하다.[6] 또 여행과 연결의 관점으로도 뇌를 생각할 수 있다. 뇌의 각 부위를 그물처럼 다양하게 연결하는 네트워크는 나라 전체를 가로지르는 고속도로 및 샛길과 같다. 어떤 도로들은 교통량이 많다. 뉴욕에서 워싱턴 D.C.까지는 아주 많은 사람이 매일 같은 도로를 오가고 그들을 실어 나르기 위해 여러 도로, 철도, 항공편이 마련되므로 오가기 쉽다. 뉴욕에서 와이오밍주까지는 교통량이 적어서 여행하기가 불편하다. 뇌도 마찬가지다. 많이 쓰이는 경로는 슈퍼 하이웨이super highway(동축 케이블 대신 광케이블로 연결해 방대한 정보를 신속하게 전달하는 통신망 – 옮긴이)처럼 더욱 빨리 연결된다. 흔치 않은 작업을 하려면 뇌는 좀 더 열심히 가동해야 한다. 반대로 같은 경로로 메시지를 보내라고 뇌에 충분히 자주 명령하면 심지어 먼 거리라도 더욱 더 빨리 도달한다.

사회적 뇌 개념을 이해할 때는 일종의 도로 지도 같은 개념이 필요하다. 모든 뇌 활동은 함께 작동하는 뉴런 회로에 달려 있다. 사람들은 뇌에 있는 여러 '센터'를 언급하지만 센터라는 용어는 정확하지 않다. 오히려 뇌의 영역들은 뉴런을 통해 서로 연결되어 있고, 과학자들은 연결을 뜻하는 동사들을 사용해 그 관계를 묘사한다. 예를 들어 특정 부위들이 구체적인 활동에 "관련되거나", "매개하거나", "영향을 미친다"는 식이다. 사회적 뇌는 별개이면서 겹치고 상호작용하는 구조와 회로의 느슨한 연합이다.[7] 따라서 보상, 의사소통, 타인의 생각을 상상하는 능력을 뜻하는 마음 읽기mentalizing는 서로 다른 고속도로로 가지만 중간에 모두 시카고를 경유하는 것처럼 작동한다. 예를 들어 보상 메시지는 전전두엽피질Prefrontal Cortex로 가는 길에 복측피개영역ventral tegmental area과 측좌핵nucleus accumbens을 통과하지만, 처리하고 있는 사건이 긍정적인지 부정적인지 결정하는 데 유용한 편도체amygdala도 끌어들인다. 한편, 마음 읽기에는 상측두구superior temporal sulcus, STS와 측두두정 접합부temporoparietal junction, TPJ처럼 사회적 상호작용에 결정적으로 중요하다고 입증된 부위는 물론 편도체와 전전두엽피질도 관여한다. 앞에서 언급한 비유로 치면 편도체는 시카고에 해당한다.

오로라의 생후 며칠처럼 삶의 초기에 사회적 뇌의 첫 부위는 감각 처리에 관여한다. 그럼으로써 자신이 처한 환경에서 누가 또는 무엇이 중요한지 탐지하고 파악하는 능력을 발전시킨다.

뇌 영상 분야가 상당히 발전했지만 아기의 머릿속에서 일어나는 신경 작용은 신경과학의 마지막 미개척지 중 하나다. 기능적 자기공명영상functional magnetic resonance imaging, fMRI을 비롯해 대부분의 뇌 영상 기술은 그다지 유아 친화적이 아니다. 아예 불가능하지는 않지만 사용하기 쉽지 않다는 뜻이다. 잠을 자고 있지 않을 때 아기는 지나치게 많이 움직여서 쓸 만한 신호를 보내지 못하고, 지시나 언어에 반응할 수 없다. 체구가 작아서 무거운 장비를 사용하기에 체중이 미달하거나 장비를 두려워할 수도 있다. MRI 기계는 아기에게는 거의 록 콘서트만큼 요란하다.

이제 유망한 기술이 새로 출현한 덕택에 아기 뇌를 비침습적으로 들여다볼 수 있게 되었다. 버크벡칼리지 산하 아기연구소가 이 분야를 선도하고 있다. 나는 피라졸리의 작업을 지켜보기 전에 위층으로 올라가 상근 전문가인 세라 로이드-폭스Sarah Lloyd-Fox를 만났다. 그녀는 마른 체구에 금발의 30대 여성으로 어린 자녀 둘을 키우고 있다고 했다. 로이드-폭스는 아기연구소가 매우 어린 아이들에게 기능적 근적외분광분석법functional near-infraraed spectroscopy, fNIRS을 적용할 수 있는 가능성을 막 탐색할 무렵에 우연히 여기서 일하기 시작했다고 했다. 그녀는 이렇게 설명했다. "이 분야에서는 유아를 대상으로 실시하는 연구가 없었습니다. 우리는 NIRS를 사회적 뇌와 생후 일 년을 들여다보는 창으로 여겼어요."[8] 로이드-폭스가 작성한 논문은 이 기술을 아기에게 적용하는 데 초점을 맞추었다. NIRS를 사용하면 유아가 깨어 있는 동안 보거나 듣거나 만지는 대상에 반응할 때 뇌에서 어떤 현상이 일어나는지 지켜볼 수 있다. 아기가 영상을 보거나, 양육자와 상호작용하거나, 혼자 장난감을 가지고 놀 때도 이 기술을 사용할 수 있다.

명칭을 봐도 알 수 있듯 fNIRS는 빛을 사용한다. 손전등을 우리 턱 밑에 갖다 대면 피부 밑 혈액을 반사하면서 으스스한 붉은 빛을 만들어 낸다. 혈액이 전달하는 산소가 많을수록 빛은 더욱 붉어진다. 혈액 속 산소량은 신진대사에 따라 달라진다. 뇌 세포가 활동적일 때는 뉴런들이 기능하는 데 필요한 자원을 불러들이므로 혈류량이 증가한다. 산소가 공급된 혈액은 밝은 붉은색을 띤다. 하지만 산소가 빠져 나가면 혈액의 색은 어두워져서 파란색이나 보라색에 가깝다. 머리에 손전등을 비추는 것만으로는 뇌 속에 있는 혈액의 산소 정도를 볼 수 없지만 근적외선은 가능하다. 근적외선은 인간의 맨 눈에는 보이지 않지만 피부, 두개골, 뇌 조직을 통과해 이동할 수 있다.

NIRS에는 한계가 있다. 가장 심각한 한계는 신호가 닿는 범위가 얕다는 것이다. 그래서 뇌의 표면층을 형성하는 백색질과 회색질의 주름진 덩어리인 바깥 피질에서 일어나는 현상만 밝혀낸다. 다행히 로이드-폭스의 관심 분야인 사회적 행동에 관해서는 NIRS로 닿을 수 있는 영역에서도 꽤 많은 연구가 가능하다.

우선 로이드-폭스는 아기의 작은 머리에 씌울 수 있도록 헤드기어를 개조해야 했다. 정수리 부분이 트인 튼튼한 수영모처럼 생긴 헤드기어 대신에 가벼운 고무로 만든 검은 머리띠를 이마와 관자놀이에 감고 벨크로로 고정시켰다. 더 어린 아기에게는 장치를 고정할 수 있도록 턱 끈을 달았다. 머리 위에 산재한 밝은 색의 둥근 버튼들은 관심 있는 뇌 부위 위에 놓인 '경로'를 나타낸다. 버튼은 반사되는 광파를 수용하면서 불빛을 내는 역할을 한다. 각 센서에 연결된 6mm 정도의 두꺼운 케이블들이 중력을 거스르는 매듭 다발처럼 공중에 들린 채로 아기의 머리 뒤로 모인다. 불편해 보이지만 아기들이 거부하지 않고 잘 쓰고 있는 것을 보면 딱히 불편한 것 같지는 않다.

장비를 갖춘 로이드-폭스와 동료들은 영유아 발달에 관한 고전적인 행동 이론을 기반으로 연구를 시작했다. 이 연구의 일부는 근처에 연구실이 있는 마크 존슨Mark Johnson이 수행했다고 했다. 로이드-폭스는 "존슨이 이 연구를 시작했습니다."라고 말했다.

하지만 존슨은 처음에 아기가 아닌 닭을 대상으로 연구했다. 1980년대 초 케임브리지대학교 대학원생이었던 존슨은 콘라트 로렌츠가 연구해 유명해진 각인 현상을 연구했다. 존슨은 병아리의 각인 과정을 뒷받침하는 시각적·청각적·촉각적 단서를 더 많이 확보하고 싶었다.[9] "일반적인 교과서적 견해는 병아리가 알을 깨고 나와 맨 처음 보는 대상을 각인한다는 것이다. 병아리는 처음 본 대상을 향해 강력한 사회적 유대와 애착을 형성한다." 존슨은 말했다. "우리는 이런 설명이 각인 현상의 일부에 불과하다는 사실을 밝혀냈다." 로렌츠의 발자취를 따라 존슨과 동료들은 회전 받침대에 빨간 상자를 고정시켜 병아리들에게 성공적으로 각인시켰다. 같은 방식으로 봉제 암탉 인형도 각인시켰다. "갓 부화한 병아리는 실제로 어미 닭과 다른 대상 중에서 선택할 때 언제나 어미 닭을 골랐다." 존슨에 따르면, 무슨 일이 일어나고 있는지 파악하느라 시간이 걸리기는 했지만 결국 "어미 닭을 선호하는 현상이 발생했다."

하지만 어떤 근거로 어미 닭을 선호할까? 아마도 존슨이 암탉의 생물학적 의미를 일컬어 사용한 용어대로 "암탉다움henfullness"과 관계가 있을 것이다.[10] 또는 시각적 복잡성과 관계가 있어서 다른 대상과 비교할 때 암탉 몸의 곡선과 깃털이 병아리의 흥미를 더욱 끌었을 것이다. 존슨과 동료들은 근거를 찾기 위해 봉제 암탉 인형을 여러 형태로 변형시켰다. 여러 덩어리로 분리했다가 붙이면서 엉뚱한 곳에 팔다리를 붙이는 등 피카소의 그림처럼 뒤죽박죽으로 결합했다. 결국 머리와 목처럼 보이도록 그럴듯한 패턴으로 조립한 깃털이 결정적으로 중요한 요소임이 밝혀졌다. 심지어 몸통 없이 머리만 있어도 병아리들이 선호했다. 꼭 닭일 필요도 없었다. 병아리들은 알락오리나 긴털족제비 같은 다른 동물의 머리에도 관심을 보였다. 존슨은 이렇게 설명했다. "병아리들은 특히 머리와 목 부위에 흥미를 느꼈다. … 이것은 어미 닭을 선호하게 만드는 결정적인 성향이나 편향이었다. 어미 닭에게 각인하고 사회적 유대를 발달시킨다는 의미는 그런 것이다."

존슨과 동료들은 엄마를 맨 처음 보았을 때 인간 아기에게도 비슷한 현상이 일어나리라 추측했다. 갓 태어난 아기들에게는 세상이 마치 안개에 싸여 있는 것처럼 보인다. 아기들이 사물을 명확하게 구별하지 못한다는 사실이 밝혀지면서 흑백 아기용품들이 쏟아져 나왔다. 또 아기에게는 깊이 지각depth perception(대상을 3차원으로 지각하는 것 - 옮긴이)이 없다. 젖을 먹는 동안 똑바로 쳐다볼 수 있는 자세에서 18~50cm 정도 떨어진 얼굴에 초점을 맞출 수 있을 뿐이다.

얼굴이 중요하다

얼굴에는 무엇이 있을까? 상당히 많다. 이것은 인간의 환경에서 다른 어떤 시각적 자극보다 중요하다. 양육자를 찾아내어 애착을 형성하는 것은 아기에게 생존의 문제다. 아이와 어른에게 정확하게 얼굴을 읽는 것은 건강한 사회생활을 영위하는 데 결정적으로 중요하다. 이것은 자폐증을 앓는 사람들이 어려워하는 일 중 하나다. 생후 6개월에 눈을 마주치지 않는 아기는 몇 년 후에 자폐증 진단을 받을 가능성이 크다.[11] 얼굴은 신원, 나이, 성별, 다양한 감정을 나타내는 사회적 정보의 원천이다. 얼굴은 모두 기하학적 구조가 비슷하고 얼굴색이 비슷하거나 들창코나 둥근 뺨처럼 비슷한 특징을 공유한 사람들도 많지만 우리는 사람들의 얼굴을 쉽게 구별한다. 우리는 평생 최대 1만 개, 평균적으로는 5000개의 얼굴을 인식한다.[12] 이목구비 중에서도 눈이 대부분의 정보를 전달한다. 눈이 큰가, 작은가? 눈동자가 커지는가, 작아지는가? 시선을 똑바로 응시하는가, 피하는가? 이처럼 눈을 자세히 관찰하면 상대방이 기뻐하는지, 슬퍼하는지, 흡족해하는지, 조심스러워하는지 알 수 있다. 우리는 눈의 흰자 덕택에 다른 사람의 시선을 따라가 공동 관심사에 참여할 수 있다.

　감정을 드러내지 않는 것이 얼마나 힘든지 생각해 보라. 감정을 드러내는 능력은 진화 면에서 유용하기 때문이다. 감정은 의사소통 방법 중 하나다. 더 나아가 "정신을 조직해" 지각을 보상, 위협, 그리고 그 사이에 존재하는 것들로 분류한다. 인간 문화에 관한 일련의 연구를 통해 출생할 때 두려움, 기쁨, 혐오, 놀람, 슬픔, 흥미의 여섯 가지 감정이 존재한다는 사실이 드러났다. 이러한 발견은 최근 들어 《감정은 어떻게 만들어지는가?How Emotions Are Made》[13]의 저자인 신경과학자 리사 펠드먼 배럿Lisa Feldman Barrett의 도전을 받았지만 여전히 널리 인정받고 있다. 아기는 태어난 후 1년 6개월 정도까지 사회적 상호작용에 의존하는 2차 감정을 발달시키기 시작한다. 사회적 동반자가 아기의 행동에 반응하고 그 반응이 아기에게도 중요한 의미를 가질 정도로 아기가 성숙해야만 이런 발달 단계에 도달할 수 있다. 자부심, 수치, 죄책감, 질투, 당황의 2차 감정은 모두 얼굴에 나타난다. 얼굴 표정은 사회생활을 형성하기 위한 팔레트와 같다. 감정은 환경에 대한 반응이고, 타인에게 신호를 보내는 방식이다. 표정을 정확하게 읽을 수 있으면 아이는 자신을 괴롭히는 아이와 친구를 구분할 수 있고, 어른은 술집에서 싸움 상대를 찾는 사람과 데이트 상대를 찾는 사람을 구분할 수 있다. 여러 면에서 사회적 행동을 연구하는 것은 감정을 연구하는 것이다.

아기는 기쁨과 혐오를 비롯한 근본적인 감정을 표현할 수 있을 것이다. 하지만 타인에게서 이러한 감정을 감지할 수도 있을까? 아기는 얼굴에 대해 무엇을 알고 있을까? 아기는 얼굴 표정에 대한 선호를 타고날까, 아니면 시간이 흐르면서 얼굴의 중요성을 학습할까? 마크 존슨은 이러한 질문에 답하기 시작했다. 존슨은 소규모로 실시되었다가 논란거리가 되면서 다수에게 무시되고 있는 연구 내용을 접하게 되었다. 1975년부터 서던캘리포니아대학교University of Southern California의 세 연구자들, 폴 우Paul Wu, 캐럴린 고런Carolyn Goren, 메릴 사티Merrill Sarty가 진행한 연구였다.[14] 논문에 따르면 신생아는 얼굴을 따라 머리와 시선을 움직이는데, 원형 주걱에 눈·코·입을 그려 넣어 얼굴과 상당히 비슷해 보이는 대상을 보여줄 때도 마찬가지 반응을 보인다. 존슨은 고런이 수행한 연구를 좀 더 엄격한 방식으로 되풀이할 수 있을지 알아보기로 했다.

대학원을 갓 졸업하고 젊음의 패기에 넘쳤던 존슨은 손쉽고 빠르게 이 작업을 할 수 있을 거라 예상했다. 그러나 실제로는 거의 4년

이 걸렸다. 연구를 실시하기에 충분한 수의 신생아들에게 접근하는 것조차 어려웠다. 결국 존슨의 연구팀은 아기가 태어나자마자 현장에 방문할 수 있도록 산과의사처럼 긴급 대기 체제를 마련했다. 태어난 지 한 시간 이내의 신생아를 실험자의 무릎에 눕히고 실험했다. 실험자는 원형 주걱 세 개를 손에 쥐었다. 첫번째 주걱에는 아무것도 없었고, 두번째 주걱은 눈, 눈썹, 코, 입이 있는 얼굴 모습이었고, 세번째 주걱에는 이목구비를 뒤섞어서 눈 하나는 맨 위에 다른 눈은 바닥에 있었고, 코와 입은 위아래가 바뀌었고, 눈썹은 마치 괄호를 치듯 코를 감쌌다. 실험자는 주걱을 한 번에 하나씩 18~25cm 정도 거리를 두고 아기의 얼굴 위로 들었다. 아기가 주걱에 시선을 고정하면 실험자는 양옆으로 원을 그리듯 서서히 주걱을 움직이면서 아기가 눈이나 머리를 얼마만큼 돌리는지 측정했다.

존슨과 동료들은 아기가 이목구비가 뒤섞여 있거나 아무것도 없는 주걱보다 얼굴을 그린 주걱을 뚜렷하게 선호한다는 사실을 거듭 확인했다. 그들은 출생 후 한 시간 이내의 아기는 "얼굴을 구성하는 특정 이목구비의 배열에 대해 명확한 정보를 보유하고 있다."고 결론을 내렸다. 또 나이가 더 든 아기를 실험해서 이러한 현상이 얼마나 지속하는지 관찰하고, 얼굴에 대한 선호가 생후 한 달 시점에서 사라졌다가 나중에 다시 등장한다는 사실도 밝혀냈다.[15]

존슨은 여기에 두 가지 과정이 작용한다고 추측했다. 첫째, 얼굴 비슷한 모양을 신생아가 주목하게 만드는 체계가 작용했다. 신생아의 시력이 제한적이라는 사실을 생각하면 아마도 이 체계는 신생아에게 자기 세계에서 가장 중요한 대상인 주 양육자를 인식하도록 기능하는 뇌의 좀 더 원시적인 피질 하부의 통제를 받을 것이다. 나중에 존슨은 일단 뇌가 성숙하기 시작하면 좀 더 정교한 다른 영역이 세상을 감지하는 역할을 담당한다고 믿었다. 석 달만 눈으로 보는 경험을 해도 뇌가 바뀐다.

존슨은 지금도 이 개념이 거의 옳다고 생각한다. 1991년 발표한 첫 논문은 아기가 학습하고 인지 기술을 발달시키는 방식을 연구하는 분야에서 획기적 성과로 인정받고 있다. 이 실험은 20회 이상 반복해서 실시되었는데, 비슷한 결과를 도출하지 못한 실험실은 단한 곳뿐이었다.

그렇더라도 얼굴 인식을 타고 나거나 학습하는 정도를 둘러싸고 벌어진 열띤 논쟁이 완전히 해소되었다는 뜻은 아니다. 구체적으로 더욱 깊이 파고드는 과학자들이 있다. MIT의 낸시 캔위셔는 '방추상 얼굴 영역fusiform face area'으로 불리는 뇌 부위를 발견하면서 유명세를 탔다. 얼굴을 알아보지 못하는 안면실인증에 흥미를 느끼고 얼굴 인식을 담당하는 특별한 뇌 부위를 찾는 연구에 착수했다. 캔위셔는 제일 먼저 자기 뇌를 먼저 들여다봄으로써 이를 찾아냈다.[16] 연구팀은 fMRI 기계 안에 누운 캔위셔에게 얼굴 사진과 물건 사진을 보여주었다. 특정 뇌 부위가 물건보다 얼굴에 특별히 반응했다. 대략 올리브 열매 크기만 한 그 부위는 귀 뒤와 아래 방향으로 각각 2.5cm 지점에 있는 뇌의 바닥 표면에 있었다. 위치를 알려준 것은 다른 연구자였지만 캔위셔는 1997년 해당 뇌 부위를 뇌 지도에 표시하고 방추상 얼굴 영역이라는 이름을 붙였다.[17] 그녀는 자신이 제시한 증거가 결정적이며 이 영역은 기능적으로 성인에게 얼굴을 인식시키는 구체적인 역할을 한다고 믿었다.

논쟁의 다른 한쪽 끝에는 캔위셔의 학문적 동료인 하버드대학교의 마거릿 리빙스턴Margaret Livingstone이 있다. 리빙스턴과 그녀가 이끄는 대학원생들은 최근 4년 동안 연구실에서 히말라야원숭이를 키웠다. 원숭이들은 태어난 이후로 인간이든 비인간이든 얼굴을 보지 못했다. 사육자들은 용접 마스크를 쓰고 원숭이 새끼와 상호작용했다. 분명히 동물들은 많은 관심 속에서 다양한 활동을 하고 장난감들을 제공받았다. 영양 상태도 좋았는데, 갓 태어난 새끼들은 사랑을 받으며 우유병으로 영양분을 섭취했다. 새끼들에게 유일하게 결핍된 것은 얼굴이었다. 2017년 리빙스턴은 얼굴을 보는 경험을 전혀 하지 못한 원숭이에게는 얼굴 인식을 담당하는 뇌 부위가 발달하지 못한다는 사실을 fMRI를 통해 밝혀냈다.[18]

하지만 인간 아기는 용접 마스크를 쓴 사람의 손에서 자라지도 않고 태어나면서부터 얼굴을 본다. 1990년대 이래 오늘날까지 마크 존슨의 이론은 중도적 입장을 대표하는데, 실제로 우리에게 필요한 관점이다. 인간은 얼굴을 나타내는 이목구비의 특정한 조합을 간파하도록 타고나지만 태어나는 순간부터 경험은 중요하다.

세상을 느끼는 감각과 사회적 뇌

NIRS를 사용해 실험하면 경험이 월 단위가 아니라 분 단위로 중요하다는 사실을 알 수 있다. 세라 로이드-폭스는 첫 실험 과정을 단순하게 만들었다.[19] 어른 뇌에서 동작과 사회적 신호를 감지하는 부위로 알려진 상측두구에 연구의 초점을 맞췄다. 생후 5개월 아기 36명을 연구실에 모아서 부모의 무릎에 앉혀놓고, 여배우가 까꿍 놀이나 거미 놀이를 하는 16초짜리 영상을 보여주었다. 영상과 영상 중간에는 자동차, 헬리콥터, 기타 차량의 정지 사진을 제시했다. 연구 과제는 아기가 차량(비사회적)보다 배우(사회적)를 볼 때 활동이 증가하는지 상측두구의 혈중 산소 수치로 측정하는 것이었다. 실제로 수치는 증가했다. 반응을 일으키는 요인이 동작만은 아니라고 확신한 로이드-폭스는 빙빙 도는 장난감이나 움직이는 톱니와 피스톤을 담은 영상을 추가하고 두번째 실험을 실시했다. 이번에도 아기들은 기계 장난감보다 배우에게 크게 반응했다. 생후 5개월이 되면 상측두구는 이미 사회성에 특화되었던 것이다.

첫 발견을 토대로 로이드-폭스, 존슨과 동료들은 생후 몇 시간에서 만 2년까지 연구 대상을 확장했다. 그들이 실시한 시각적 연구는 대부분 첫 발견에 대한 변형이었다. 까꿍 놀이와 거미 놀이를 담은 영상과 빙빙 도는 장난감 영상을 실험실에서 일정 간격으로 번갈아 보여주었다. 이때 생후 1~4일인 신생아가 나타내는 상측두구 반응은 거의 시간 단위로 강화되었다. 따라서 어제 아침에 태어난 아기가 보이는 반응은 어제 저녁에 태어난 아기와 다르다. 전반적으로 생후 1,000일 동안 사회성 측면에서 활발한 신경 분화가 꾸준히 진행된다.[20]

이 현상은 뇌의 청각 부위도 포함한다. 목소리는 얼굴만큼이나 중요하다. 언어를 이해하면 의사소통이 가능해지고 아기의 사회적 반경을 주요 양육자 너머로 확대할 수 있다. 아기는 임신 3기(29주에서 출산까지의 임신 후기)의 초반 무렵 자궁에서부터 듣기 시작한다. 자궁에 있는 아기에게 말을 걸거나 노래를 불러주라고 조언하는 사람들이 그토록 많은 것도 이 때문이다. 아기의 관점에서 보면 양수에 둥둥 떠 있으므로 말소리나 노랫소리는 들리지 않고 청각의 전체 범주는 아직 활성화되지 않았다.

태어나기 몇 주 전쯤 되면 아기는 커다란 소리를 들을 수 있지만 조용한 소리는 듣지 못하고 미세한 소리의 차이도 알아채지 못한다. 아기가 듣는 것은 주로 운율, 즉 언어의 리듬과 억양이다. 특히 어머니의 목소리를 듣는다. 어머니가 말할 때 태아의 심장 박동은 빨라진다. 세상 밖으로 나온 신생아는 대부분 어머니가 즐겨 듣던 가수의 노래, 어머니의 심장 박동 소리까지, 자신이 자궁 속에서 들었던 소리를 들으면 마음이 편안해진다. 그리고 명백하게 낯선 사람보다 어머니의 목소리를 선호한다.[21]

아기는 무엇을 들어야 하는지 어떻게 알까? 어른 뇌는 벨 소리나 엔진 소리 같은 비非음성보다는 사람의 음성을 잘 알아듣도록 발달한다. 아기는 얼굴에 대한 선호처럼 음성에 대한 선호도 타고날까? 로이드-폭스는 NIRS를 사용해 아기들이 사람의 목소리에 주파수를 맞추기 시작하는, 즉 라디오 다이얼을 돌리며 잡음을 피하면서 방송국 신호를 잡아내는 것과 비슷한 작업을 하는 중인 유아의 뇌를 추적 관찰했다. 로이드-폭스는 딸랑이 소리나 물이 흐르는 소리처럼 아기가 앞으로 익숙해질 비음성과 비교했을 때, 사람이 하품하고, 울고, 웃을 때 나는 음성에 아기들이 다른 반응을 보인다는 사실을 밝혀냈다. 연구 결과, 언어를 처리하는 부위인 측두피질 temporal cortex의 한 영역이 생후 4~7개월 사이에 사람의 음성에 주파수를 맞추어 간다.[22]

아기는 성장하는 동안에도 세상에 존재하는 모든 음성 중에서 어머니의 음성을 계속 선호하는데 이 선호는 의미심장하다. 2016년 스탠퍼드대학교 의과대학 소속 청각 신경과학자인 대니얼 에이브럼스Daniel Abrams는 10세 무렵 아이들에게 어머니와 낯선 여성이 말하는 의미 없는 단어들을 들려주고 뇌에 일어나는 현상을 관찰했다.[23] 의미 없는 단어들을 사용해 실험한 까닭은 말의 내용이 아니라 목소리에만 초점을 맞추기 위해서였다. 어머니의 음성을 들을 때 아이의 뇌에 나타나는 특징적인 패턴, 즉 '신경지문neural fingerprint'은 아이의 사회적 의사소통 기술을 예측하게 해준다. 에이브럼스는 이 연구가 자폐증이나 음성, 심지어 어머니의 음성을 지각하는 능력이 손상될 수 있는 다른 조건들을 연구하는 데 좋은 본보기를 제공할 수 있다고 생각했다.

나는 로이드-폭스와 대화하고 나서 오로라와 피라졸리가 있는 실험실로 향했다. 문에는 커다란 안경을 쓴 아기가 손에 책을 들고 있는 그림과 함께 '들어오지 마십시오. 아기가 참여하는 실험이 진행 중입니다.'라는 문구가 붙어 있었다. 방음 시설을 갖춘 작은 실험실에 들어가면 화면 앞에 오로라와 어머니가 앉을 자리가 마련되어 있고, 벽을 등지고 설치되어 있는 컴퓨터가 영상, 심장박동수, 눈동자의 움직임을 추적한다.

피라졸리가 탐색하고 있는 정서적 또는 감정적 촉각은 상대적으로 최근에 발견되었는데 사회적 뇌에 대해 추가로 알려진 중요한 개념이다.[24] 신생아에게는 모든 감각 중에서도 촉각이 현저하게 발달한다. 피부는 마치 정찰병처럼 세상과 접촉해 발견한 사항들에 대해 뇌에 신호를 보낸다. 피부에 있는 뉴런은 다양한 신경섬유와 감각수용기를 통해 우리가 접촉하는 모든 대상에 관한 정보를 받아들인다. 각 신경섬유는 각기 다른 종류의 촉각에 최적화되어 있다. 어떤 신경섬유는 밀쳐지는 것을 좋아하기도 하고 어떤 신경섬유는 뻗어 나가는 것을 좋아한다. A-베타 신경섬유는 몸 전체, 그중에서도 손바닥과 손가락 끝에 많이 있으며 주로 구별하는 일을 맡는다. 미엘린myelin이라는 지방질 절연체에 싸여 있어서 신경계의 전기 메시지를 신속하게 처리할 수 있다. 예를 들어 발로 압정을 밟았다면 속도가 절대적으로 중요하다. C 섬유는 다른 종류의 촉각섬유로서 가려움과 통증을 전달한다. 미엘린에 싸여 있지 않은 무수초성unmyelinated으로, 다른 신경섬유보다 50배까지 훨씬 느긋한 속도로 정보를 전달한다.

일부 C 섬유는 인간의 사회생활에 절대적으로 필요해 보인다. C 촉각신경C-tactile afferent으로 불리는 이 섬유는 1939년 고양이에게서 처음 발견되었으나 별로 주목을 받지 못했다. 그러다가 1990년 스웨덴 과학자들이 사람에게서도 발견했다. 과학자들은 신기술인 미세신경기록법microneurography을 활용했는데, 성인의 피부에 바늘을 삽입해 단일 신경세포를 건드린 다음에 일어나는 전기 활동을 기록했다. 처음에 수천 개에 이르는 기록이 손 피부에서 나왔다. 손 피부에 있는 모든 신경세포는 수초성이고 자극을 받자마자 거의 동시에 뇌로 신호를 보낸다. 당시 젊은 박사과정 학생이었던 호칸 올라우손Håkan Olausson과 지도교수는 털이 난 팔뚝 피부에 같은 기법을 시도했다. 피부를 건드리자 0.3초 만에 신호가 전극에 도달했다. 올라우손은 "확실히 시간이 더 걸렸어요. 이건 완전히 새로운 발견이었습니다."라고 기억했다.[25] 그렇다면 이 신경섬유의 용도는 무엇일까? 올라우손은 이것이 감정과 관계가 있는지, 무엇을 느끼는지가 아니라 어떻게 느끼는지와 관련되는지 궁금했다.

스웨덴 과학자들은 희귀한 신경 질환 때문에 수초성 A-베타 신경섬유를 잃었지만 무수초성 섬유는 여전히 남아 있는 프랑스계 캐나다 여성 제네트를 찾아냈다. 제네트는 자신이 아무것도 느낄 수 없다고 생각했다. 올라우손은 제네트의 시야를 차단해 팔을 볼 수 없게 한 상태에서 붓으로 천천히 부드럽게 팔을 쓸어내리며 피부가 쓸리는 것을 느끼는지 물어보았다. 그녀는 붓으로 쓸어내릴 때마다 "피부에 뭔가 느낌이 있었고, 기분이 좋았다고 표현했습니다. 그녀의 대답은 거의 100% 정확했어요."라고 올라우손은 말했다. 그런 다음 과학자들은 제네트를 스캐너에 넣었다. 촉각은 대개 촉각 정보를 처리하는 몸감각피질somatosensory cortex이라 불리는 뇌 윗부분에서 활성화되는데 제네트의 뇌는 다르게 반응했다. 감정과 관련된 영역인 섬피질insular cortex에서 활동이 감지되었다.

거의 20년간의 연구를 통해 C 촉각신경에 대해 많은 것들이 밝혀졌다. 이 신경섬유는 어머니가 갓난아기를 쓰다듬는 것과 같은 속도인 초속 2.5~5cm의 느리고 부드럽게 토닥이는 촉각을 선호한다. 또 자연스러운 체온에서 최적으로 반응한다. 분별촉각

discriminative touch이 발달한 손바닥이나 발바닥에서는 나타나지 않고, 팔과 어깨를 포함해 애정 어린 토닥거림이나 포옹을 받을 가능성이 높은 신체 부위의 털이 난 피부에만 존재한다. C 촉각신경이 자극을 받을 때 사람들은 으레 유쾌하다고 느낀다.[26]

정서적 촉각을 연구하는 과학자들은 이것이 우연한 현상이 아니라고 확신한다. 영국 리버풀존무어스대학교Liverpool John Moores University의 신경과학자이자 올라우손의 주요 협력자인 프랜시스 맥글론Francis McGlone은 자신이 정서적 촉각의 전도사 같다고 인정했다. 맥글론이 말하는 방식을 대하면 마치 메시아의 존재를 전파하는 것 같다. 맥글론은 정서적 촉각이 인간 행동에 있어 지금까지 인정받고 있는 것보다 훨씬 더 의미심장한 역할, 즉 연결을 만들어내고 인간의 생존 가능성을 높이는 역할을 한다고 확신했다. "정서적 촉각은 우리가 정상적인 사회적 뇌의 발달을 이해하도록 해줄 것입니다. 정서적 촉각은 자신과 상대에 대해 뇌 지식을 제공하고, 부드럽게 어루만지는 촉각의 정서적 질은 많은 사회적 상호작용의 토대가 되는 매우 중요한 느낌입니다." 심지어 맥글론은 농담 반 진담 반으로 오래 전에 이론적으로 정립되었지만 최근에야 발견된, 물리학의 퍼즐을 푸는 열쇠 중 하나였던 힉스 입자를 언급하며 "정서적 촉각은 사회적 두뇌의 힉스 입자Higgs boson(물리법칙을 설명하기 위한 표준모형의 기본 입자로 모든 소립자에게 질량을 부여한다. - 옮긴이)입니다." 라고 표현하기도 했다.

이 말이 맞다면 다음 단계로 아기가 태어날 때 무엇을 느끼는지 밝히는 것이 결정적으로 중요하다. 여러 연구에 따르면 아기와 어린이들은 정서적 촉각을 기분 좋게 여긴다. C 촉각신경을 자극하는 지나치게 느리지도 빠르지도 않은 딱 좋은 정도의 촉각은 생후 9개월 아기의 심장박동수를 감소시키고 피부를 쓸어내리는 접촉에 대한 민감성을 증가시킨다. 다양한 연령대의 아이들이 다른 종류의 촉각보다 정서적 촉각을 선호한다.

하지만 정서적 촉각은 미묘하다. 피라졸리는 버크벡칼리지에서 아주 어린 아기들이 정서적 촉각에 보이는 반응을 실험하고 있다. 예를 들어 오로라를 아기 의자에 편안하게 눕히고, 과거 올라우손이 제네트에게 한 것처럼 붓으로 오로라의 다리를 일정 시간 간격으로 속도를 달리해서 쓸어내렸다. 연구 조교가 각 붓질이 시작할 때와 끝날 때의 심전도 검사 결과를 컴퓨터에 기록했다. 피라졸리는 결과가 그다지 만족스럽지 않다고 시인했다. 아직 데이터 전체를 분석하지는 않았지만, 그때까지 실험 대상 아기들에게서 심장박동수 감소 현상이 나타나지 않았기 때문이다. 과학은 때때로 두 걸음 앞으로 나아갔다가 한 걸음 뒤로 물러서는 방식으로 진행한다.

아기의 사회적 기술

사회적 뇌에서 어떤 일이 벌어지든 전 세계적으로 인간 문화에 속한 아기들은 앞서 '임신 4분기'라 일컬었던, 생후 3개월 무렵이면 양육자와 사회적 유대를 강화하는 데 필수적인 기술 두 가지를 터득한다. 아기들은 자신의 눈을 들여다보는 상대방의 눈을 보는 '상호 응시mutual gaze' 기술을 익힌다. 그리고 사회적 미소를 보이기 시작한다.[27] 양육자의 미소에 반응해서 아기가 입을 오물거리는 모습은 황홀하다. 심장이 녹아내린다. 부모는 점점 더 아이에게 푹 빠진다. 아기와 유대가 형성된다. 마크 존슨은 "부모는 자주 이 지점에서 아기를 '온전한 인간'으로 묘사합니다."라고 언급했다. 아기가 부모에게 반응할 수 있으면 진정한 의미로 사회생활에 발을 들여놓은 셈이므로 부모가 그렇게 느끼는 것이다.

이것은 일어나기로 예정되어 있는 일이다. 어린이의 삶에서 사회성이 얼마나 중요한지 알려주는 강력한 증거들은 심한 자폐증처럼 사회성이 결여된 경우들에서 드러난다. 자폐증은 다양한 형태로 발현되지만, 사회적 의사소통에 어려움을 겪는 것이 전형적인 특징이다. 이러한 아이들 중에는 언어를 거의 구사하지 못하고 들리는 말에 반응하지 못하는 아이들도 있다. 섬세한 의사소통에서는 다소 어려움을 겪지만 일반 학교에 다니면서 언어능력 시험을 잘 치르는 아이들도 있다. 나는 후자에 속한 십대들을 인터뷰했다. 이 아이들은 대화할 때 거의 눈을 마주치지 않거나, 상대방을 쳐다보더라도 즉시 시선을 피하거나, 말을 할 때 눈을 감는다. "제가 사회적 단서들을 놓치는 것이 확실해요."라고 한 남자애가 나에게 말했다.

로이드-폭스는 자폐증 아이들의 젖먹이 형제자매를 연구실에 불러 모아서 생후 첫 6개월에 보이는 사회적 뇌의 반응을 검사했다. 이후 3세까지 자폐 증세를 보인 5명의 초기 검사 결과를 검토한 다음 그들에게 시각적, 청각적인 사회적 자극에 대한 반응이 적었다는 사실을 발견했다.[28] 이 연구는 아주 초기 단계에 있었고 5명은 상당히 적은 표본이었으므로 로이드-폭스는 연구 범위를 확대하고 싶었다. "자폐증 아이들이 자극에 주의를 기울이는 방식은 일반적인 아이들과 다를 수 있고, 그것이 광범위하게 사회적 인지에 영향을 끼친다고 봅니다. 자극에 대응할 때 다른 전략을 쓴다면, 그것은 자신과 상호작용하고 우정을 키우거나 의사소통하는 상대를 얼마나 잘 파악할 수 있는지에 영향을 미칠 것입니다."

우정의 시작, 공감

내 아들 제이컵과 친구 크리스티안은 한 살 때 처음 만났지만 한 동안 '친구'는 아니었다. 그 나이 유아들은 여전히 자기중심적인 세계관을 갖고 있어서 사회적 관용의 범위가 제한적이다. 한 아이가 양탄자 위에서 부릉부릉하며 장난감 소방차를 움직이고 다른 아이는 주변에서 장난감 자동차로 원을 그리며 노는 식의 유아들의 병행놀이는 관계를 발전시키는 가장 기본적인 시작점이다. 두 아이는 서로 흘끗 쳐다보며 상대방이 무엇을 하는지 관찰하고 이따금씩 모방하기도 하고 다른 아이나 그 아이가 놀고 있는 장난감을 손으로 잡기도 한다. 아직은 다른 아이와 자신을 인지적으로 완전히 구별할 수 없고, 다른 아이의 관점을 알지 못한다. 하지만 그러한 방향으로 가는 중이다. 이때 나타나기 시작하는 능력이 마음 이론theory of mind이다. 유아기에 나타나는 획기적인 사회적 발달로서, 이 능력 덕택에 아이들은 친구를 사귈 수 있다.

마음 이론은 공감이라는 더 큰 개념 아래 놓인다. 공감은 사회적 발달에 필요한 요건을 알아보기에 좋은 출발점이다. 공감은 오래 전에 부상한 개념이지만 새롭게 관심을 모으고 있다. 앞에서 설명했듯 18세기 경제학자 애덤 스미스는 공감을 최초로 인식한 학자 중 한 명이었고, 이를 "동료 의식"이라고 표현했다. 이 감정은 타인에게 일어나는 일이 자신에게도 일어나는 것처럼 느끼는 것이다. 독일인은 감정이입을 뜻하는 '아인퓔룽Einfühlung'이라는 단어로 공감을 표현한다. 공감의 핵심은 줄타기 곡예사가 나이아가라 폭포를 건너는 광경을 지켜보면서 잔뜩 마음을 졸이는 것처럼, 다른 개인이 느끼는 것을 공유하고 이해하는 능력이다. 최근 들어 과학자들은 공감의 복잡성과 그 저변에 깔린 생물학 원리를 파악하기 위해 더 많은 노력을 기울이고 있다. 대부분의 과학자들은 공감이 다면적이라고 여기고, 단순한 측면들에서는 다른 종과 상당 부분을 공유한다고 믿는다. 이 분야를 개척한 에머리대학교Emory University의 영장류학자 프란스 드 발은 이렇게 묘사했다. "공감은 러시아 전통 인형 마트료시카처럼 가장 안쪽은 단순한 구조로, 바깥으로 갈수록 더욱 복잡한 구조와 관점 수용 능력으로 되어 있다."[29]

이런 관점에서 보면 공감은 크게 세 가지 요소로 구성된다.[30] 타인의 감정을 공유하고 상대방이 행동하는 상태에 맞추는 정서적 공감emotional empathy은 아마도 부모가 자식을 돌보고 집단으로 생활하는 환경에서 진화했을 것으로 추정되며 수많은 다른 종에서도 볼 수 있는 생물학적 반응이다. 부모가 자식을 돌보거나 집단으로 생활하는 상황에서는 타인의 감정적 신호에 노출되는 동시에 거기에 반응해야 하기 때문이다. 다른 관점을 취하거나 마음 이론을 습득하게 해주는 인지적 공감Cognitive empathy은 타인의 감정을 생각하고 이해하는 능력이다. 공감적 관심empathic concern인 연민compassion에는 타인의 고통에 대해 무언가 하겠다는 동기가 추가된다. 이것들은 한데 어우러져 우리의 사회생활을 구성하는 근본 요소가 된다. 스탠퍼드대학교에서 공감 연구에 전념하고 있는 심리학자 자밀 자키Jamil Zaki는 "가까운 관계를 맺거나, 적어도 관계라고 할 만한 것을 형성하는 데 단연코 중요하기 때문에, 우리는 공감을 하는 것입니다."라고 말했다.[31]

어떤 종류든 공감은 매우 근본적인 개념, 즉 어디까지가 자신이고 어디서부터가 타인인지 아는 것에서 출발한다. 공감하려면 자아 인식이 필요하다. 다른 형태의 기본적인 공감으로 감정 전염emotion contagion이 있다. 다른 사람이 하품하는 모습을 보면 자신도 따라 할 때가 많다. 침팬지나 보노보도 마찬가지다. 다른 사람이 발을 찧는 모습을 보고 아이들이 자기 발을 움켜쥐는 것은 자기 집착의 신호가 아니라 타인의 경험을 자신의 경험과 연결한 공감의 시작이다. 이처럼 외부 현상을 자신과 관련짓는 자기 참조 행동은 나중에 출현할 친사회적 행동과 공감적 관심을 예고한다. 프란스 드 발은 이것을 가리켜 공감의 "신체 경로body channel"라고 불렀다.[32]

유아에게 친사회적 행동이 나타나는 방식과 시기를 최초로 확인하기 위한 실험 중 하나는 1980년대 미국정신건강연구소National Institute of Mental Health의 캐럴린 잰-웍슬러Carolyn Zahn-Waxler가 실시했다. 웍슬러는 돌을 맞이한 아이 27명을 1년간 추적해서 두번째 해에 일어나는 변화를 연구했다.[33] 어머니들은 타인이 곤경을 겪는 장면을 목격하는 자녀의 모습을 자세히 관찰하도록 훈련받았다. 연구의 특정 시점에서는 어머니들 스스로 속상한 척하라고 요청했다. 생후 1년이 막 지난 아이들의 절반 이상은 울거나 마음이 상한 사람을 안아주고 토닥여주는 등 친사회적 반응을 한 가지 이상 보였다. 생후 2년이 되자 아이들은 사회적 행동을 상당히 발전시켰다. 한 아이를 빼고는 말로 위로나 조언을 하거나("괜찮아?" 또는 "조심해"), 공유하거나, 돕거나(우는 아기에게 젖병을 물려주었다), 보호하거나, 방어하는 등의 친사회적 행동을 보여주었다.

3~4세가 되면 아이들은 상대방의 관점을 이해하고, 세상에 대한 상대방의 경험을 자신과 분리해 생각하는 인지적 공감을 발달시키기 시작한다. 인지적 공감은 뇌가 성숙함에 따라 아이들이 정교하게 타인에게 주파수를 맞춰가는 기술이다. 실제로 유치원 아이들의 마음 읽기 연결망은 정확히 마음 이론의 발달에 따라 성숙한다. 이 발달 과정을 지켜보는 일은 흥미롭다. MIT 소속 신경과학자 레베카 색스Rebecca Saxe는 아이들에게 줄로 조종하는 해적 인형 이반을 보여주었다. 이반이 치즈 샌드위치를 좋아한다고 아이들에게 알려준 후 상자 위에 치즈 샌드위치를 올려놓는다. 그런 다음 이반이 걸어나간다. 바람이 획 불면서 이반의 샌드위치가 풀밭에 떨어진다. 이때 다른 해적 인형인 조슈아가 손에 치즈 샌드위치를 들고 등장해 이반의 샌드위치가 놓여 있던 상자에 올려놓는다. 색스는 아이들에게 이반이 어떤 샌드위치를 집겠느냐고 물었다. 원래 있어야 하는 자리, 즉 상자 위에 놓인 샌드위치를 집을까, 아니면 땅에 떨어진 샌

드위치를 집을까? 3세 아이는 틀린 믿음false belief의 개념을 이해하지 못하기 때문에, 이반의 샌드위치가 땅에 있고 이반도 그 사실을 알고 있다고 추측한다. 하지만 5세 아이는 어떨까? 이반이 자신이 놓아둔 대로 상자 위에 놓인 샌드위치를 자기 것으로 생각하리라는 것을 완전히 이해한다. 그렇더라도 5세 아이는 3세 아이와 마찬가지로 이반이 조슈아의 샌드위치를 가로채는 것은 나쁜 행동이라고 생각한다. 알 수 없었던 일에 대해 이반이 책임질 수 없다고 이해하는 것은 7세가 되어서다. 7세 아이들은 "책임은 바람한테 있어요." 라고 말한다.[34]

이처럼 어린 시절에 활성화되는 기술이 있다. 독일 막스플랑크 진화인류학연구소Max Planck Institute of Evolutionary Anthropology 공동 소장으로 오랫동안 활동하다가 최근에 듀크대학교Duke University로 자리를 옮긴 심리학자 마이클 토마셀로Michael Tomasello는 아이들이 협동하고 더 나아가 친구를 사귈 때 필요한 사회적 기술과 의사소통 기술을 발달시키는 방식과 이유를 연구한다. 한발 더 나아가 침팬지로 연구 대상을 확대해 양자의 공통점은 물론 인간을 인간답게 만드는, 인간의 출발점이 되는 지점을 찾는다. 토마셀로의 견해에 따르면 아이들은 "공유된 지향성shared intentionality"이라는 결정적으로 중요한 기술을 학습하는데, 이는 타인과 함께 무언가를 창조하는 능력이고 정교한 협동에 필요한 토대가 되는 기술이다. 그에 따르면 한 살 무렵의 아이들은 자연스럽게 타인을 돕고 협동한다. 성장하면서 문화적 경험은 협동 기술을 발전시킨다. 토마셀로는 침팬지가 아주 어린 아기들처럼 누군가를 도울 수는 있지만, 공유

하는 면에서는 뒤떨어지고 누구에게도 어떤 정보도 전달할 수 없다고 썼다.[35]

타인의 마음을 들여다보다

나는 제이크와 크리스티안이 병행 놀이에서 벗어나 좀 더 풍부한 놀이를 하기 시작한 정확한 시점은 기억하지 못하지만 둘째 아들인 매슈와 친한 친구인 니컬러스의 경우는 기억한다. 우리 가족과 니컬러스 가족은 같은 자그마한 바닷가 마을에서 휴가를 보냈었다. 두 가족이 만난 여름 매슈와 니컬러스는 둘 다 한 살이었다. 모두 둘째였던 두 아이는 어머니들과 형들과 함께 있었지만 잘 섞이지 않았다. 하지만 다음 해 매슈가 거의 세 살이 되고 니컬러스가 두 살 반이 되면서 극적인 변화가 일어났다. 어느 날 밤 치킨 텐더를 먹고 있을 때, 두 아이는 서로 말을 걸기 시작했다. 음식을 먹고 난 후 우리는 그들이 우리가 앉은 자리에서 몇 발자국 떨어진 바닷가의 뒤집힌 소형 보트 위에 올라가 노는 걸 허락했다. 아이들은 앉아서 열띤 대화를 계속했다.

결국 시간이 너무 흘러 나는 매슈를 화장실에 데려가야만 했다. 매슈는 새로 사귄 친구에게 돌아가고 싶어 조바심을 냈다. 내가 바지를 올려주자마자 매슈는 소리를 지르며 밖으로 뛰쳐나갔다. "니키, 이제 갈게, 가고 있어!" 매슈는 친구에게 돌아가고 싶어 안달이 났을 뿐만 아니라, 자신이 어디에 갔는지 어째서 여태껏 오지 않는지 친구가 궁금해 하리라고 굳게 믿는 것 같았다. 매슈는 새로 사귄 친구가 자신만큼이나 다시 대화를 하고 싶어 한다고 확신했다. 이것이 둘 사이에 자라난 오랜 우정의 시작이었다.

6장

돌봄의 본능과
우정의 진화

"캐스린은 새끼를 낳지 않았는데 수명이 길어 결국 친족이
모두 먼저 죽어 버렸지만, 다른 독신 암컷 개코원숭이들과 함
께 시간을 보내며 서로 털고르기를 해주었습니다. 아이비와
애시드는 혈연관계는 아니지만, 평생 알고 지내며 서로 편안
하게 해주는 예측 가능한 관계를 맺고 있죠. … 그게 우정이
아니고 대체 무엇이겠어요?"

탄자니아와 맞닿은 국경 근처 케냐 남부에 암보셀리 국립공원 Amboseli National Park이 있다. 공원의 가장자리에 펼쳐진 평원에 해가 떠올랐다. 아카시아가 빼곡히 들어선 숲에는 노란개코원숭이 무리가 편안하게 아침을 맞이하고 있었다. 몇 마리가 나무 윗가지에 누워 늦잠을 자고 있기는 했지만 원숭이들은 하나씩 땅으로 내려왔다. 70마리에 가까운 원숭이 중에서 절반 이상이 듬성듬성 나 있는 풀 위를 어슬렁거리거나 앉아 있었다.

"원숭이들이 오늘은 정말 차분해 보이네요." 수전 앨버츠Susan Alberts가 쌍안경을 내리며 말했다. 듀크대학교 소속 진화생물학자이자 암보셀리 개코원숭이 연구프로젝트Amboseli Baboon Research Project의 공동 책임자인 앨버츠는 35년 동안 이곳에서 개코원숭이를 관찰해 왔다. 지금은 나를 위해 현장에서 펼쳐지는 생물학을 즉석에서 설명해 주고 있다.[1]

"저건 친절한 털고르기 동작이에요. 살짝 입맛을 다시기도 하고, 껴안기도 하고, 벌레가 있나 살펴보기도 하죠."

우리는 암컷 두 마리가 우리 위로 드리운 나뭇가지에 앉아 서로 인사하는 장면을 지켜보았다.

"저 암컷은 누군가 가까이 다가와도 천하태평이에요. 긴장하지도 않고 불안해하지도 않죠. 움츠러들지도 않아요. … 이제 반대 방향에서 원숭이가 인사를 하네요. 어이쿠!"

눈 깜짝할 사이에 암컷 한 마리가 상대를 향해 몸을 날렸다.

"서열이 더 높은 암컷이 자기가 더 높다고 알리는 겁니다. 서열이 더 낮은 암컷은 알았으니 복종하겠다고 답했고요. 우리는 원숭이들이 무슨 말을 주고받는지 알 수 있어요."

우리는 바닥에 앉아 새끼를 안고 있는 개코원숭이 아이비에게 눈길을 돌렸다. 새끼를 밴 애시드가 아이비에게 다가가 뭔가 짧게 말했다.

"저것은 짧게 꺽꺽대며 인사하는 소리예요." 앨버츠가 통역했다. 아이비의 새끼를 만지겠다고 말하는 것이라고 했다. "애시드는 아이비보다 서열이 높아요. 매우 정중하게 행동하기는 하지만 전혀 움츠러들지 않는 모양새로 보아 누구라도 짐작할 수 있습니다. 그리고 아이비가 몸을 옆으로 살짝 기울였어요. 보셨는지 모르겠네요. 이렇게 몸을 움직였어요."

앨버츠가 어깨를 살짝 수그렸다가 펴면서 말했다. 나는 그 광경을 보지 못했었다.

애시드가 어깨를 내밀며 아이비 앞으로 다가갔다.

"털고르기를 해달라고 아주 분명하게 요청하는 겁니다."

앨버츠는 현장 기록철을 들여다보고 나서 아이비와 애시드가 친척은 아니지만, 각각 2011년 11월과 2012년 2월에 태어나서 함께 성장한 또래라고 알려주었다.

이번에는 애시드가 호의를 갚기 위해 아이비에게 털고르기를 해주고 아이비의 아기와 놀아주기 시작했다.

"이것은 예상하지 못한 모습이에요. 하지만 아이비와 애시드는 평생 알고 지냈기 때문에 둘 사이에는 일정 수준의 신뢰가 있습니다."

심지어 둘은 친구 사이라고 말할 수도 있을 터였다.

약 15년 전 앨버츠와 동료들은 같은 개코원숭이들의 어머니들, 할머니들, 증조할머니들 사이에 비인간 영장류 버전의 우정이라고 할 만한, 강력한 사회적 유대가 존재한다는 사실을 알게 되었다. 더 중요한 발견은 동물의 삶에서 갖는 사회적 유대의 가치, 즉 결과로 확인할 수 있는 우정의 힘이었다.[2] 이러한 발견은 우정의 과학 연구에서 하나의 분수령이 되었다. 만약 지구에서 사회적 관계가 수명에 영향을 끼치는 유일한 동물이 인간이라면, 우정의 뿌리를 인간 사회의 구조에서 찾아야 할 것이다. 하지만 개코원숭이는 물론 다른 동물들도 사회성이 필수적이라면 뭔가 다른 이야기가 된다. 우정을 향한 소망은 뿌리가 깊다.

인간의 뇌 크기와 사회성의 관계

인류학자와 진화생물학자는 어떻게 인류가 지구에서 지배적인 종이 되었는지, 어떻게 적응력과 과학적 독창성을 발휘해 어떤 서식지에서도 심지어 남극에서도 살 수 있게 되었는지 알아내려고 노력해왔다. 그렇게 되기까지의 과정은 천천히 진행되었다. 인간은 700만 년을 거슬러 올라가 가장 가까운 친척인 침팬지, 보노보와 같은 조상에서 갈라져 나왔다. 그 후 몇 가지 결정적으로 중요한 발달이 이루어졌다. 직립보행을 하면서 더욱 멀리 볼 수 있게 되었고, 자유로워진 두 손은 걷거나 나뭇가지를 잡는 것 이상의 일들을 할 수 있었다. 도구를 만드는 능력 덕택에 집을 지을 수 있었고 사냥 성공률을 높일 수 있었다. 언어를 사용한 덕택에 다른 종들과 다른 방식으로 의사소통할 수 있었다. 인간은 아주 인상적으로 협동함으로써 궁극적으로 초고층 건물을 건설하고 우주에 로켓을 보낼 수 있었다.

하지만 잠재적으로 세상의 판도를 바꿀 속성이었던 초기 인간의 사회생활은 오랫동안 거의 관심을 받지 못했다. 뼈에 남은 흔적이나 돌로 깎은 형상에 깃든 경향성은 눈으로 보거나 손으로 만질 수 있다. 하지만 우리가 만질 수 없다고 해서 사회적 세계가 조상들에게 구체적인 형태로 영향을 미치지 않았다는 뜻은 아니다.

1976년 케임브리지대학교 심리학자 니컬러스 험프리Nicholas Humphrey는 순전히 추측에 근거하지만 새로운 가능성을 제시하는 통찰력으로 번뜩이는 글을 썼다.[3] 험프리는 생물의 지능은 환경이 요구하는 만큼만 발전한다고 주장했다. 현대 부시먼족의 생활을 근거로 판단할 때 초기 인간은 앉아서 많은 시간을 보낸 것 같다. 그렇다면 무엇이 인간의 정신 능력을 키우는 도전적인 과제였을까? 다른 인간이었다. 험프리의 주장에 따르면 사회적 동물의 삶은 체스 게임과 같아서 선수는 "자신의 행동이 초래하는 결과를 계산하고, 타인이 할 법한 행동의 결과도 계산함으로써 결국 득과 실의 균형을 계산할 수 있어야 한다. 판단 근거가 오래가지 않고, 모호하고, 쉽게 바뀌는 맥락에서라도 최소한 자신의 행동에 따른 결과는 계산해야 한다."

험프리는 사회적 기술이 지적 능력과 밀접한 관계가 있다고 결론을 내렸다. 그리고 지적 능력을 갖출 필요성은 "한쪽 방향으로만 도는 진화의 톱니바퀴처럼 자체로 생성되며, 마치 저절로 태엽이 감기는 시계처럼 작동해서 종의 일반적인 지적 수준을 높인다."고 주장했다. 그의 결론은 다음과 같았다. "나는 창의적인 지성이 담당하는 주요 역할이 사회를 하나로 묶는 것이라고 생각한다."

험프리는 사람들에게 생각할 거리를 주었다. 초점을 지성에서, 지성을 담는 데 필요한 뇌의 크기로 전환하면, 원숭이와 유인원, 즉 영장류의 뇌는 몸집과 비교할 때 대부분의 다른 동물들보다 훨씬 크다는 사실을 알 수 있다. 1982년 영장류학자 프란스 드 발은 베스트셀러 《침팬지 폴리틱스Chimpanzee Politics》를 발표하고 대규모 사회 집단에서 성공하는 데 필요한 마키아벨리식 책략을 소개했다. 드 발은 네덜란드 아른험Arnhem 소재 뷔르허르스동물원Burgers' Zoo에 서식하는 침팬지 무리를 관찰하고 그 결과를 책에 담았다. 이 연구를 하면서 드 발이 목격한 결정적인 순간이 나중에 그가 쓴 다른 책들에 묘사되어 있다. 어느 날 아침 드 발은 침팬지 두 마리가 싸우는 것을 보았다. 그날 오후 같은 원숭이들이 서로 껴안았다. 둘은 입을 맞추며 화해하는 것 같았다. 이 관찰을 계기로 드 발은 침팬지의 상호작용에 담긴 긍정적인 측면에 관심을 갖기 시작했고, 결국 연구의 초점을 공격성에서 화해, 공감, 도덕성으로 옮겼다.

1990년 스코틀랜드 영장류학자 앤드루 화이튼Andrew Whiten과 리처드 번Richard Byrne은 이 개념을 더욱 확장해 영장류의 전술적인 책략과 동맹을 만드는 성향을 영장류 사회의 복잡성과 뇌 크기에 연결했다. 그러면서 자신들이 세운 이론에 마이카벨리적 지능 가설Machiavellian intelligence hypothesis이라는 이름을 붙였다.[4] 개체들이 서로 다른 고정된 역할을 맡고 구조적으로 복잡한 벌통에 서식하는 벌들과 달리, 영장류는 각자 주변에서 일어나는 미묘한 상황에 맞춰 행동을 조절하는 개체들 사이의 탄탄한 사회적 유대로 형성된 사회 시스템에서 살아간다. 속임수는 전체의 일부일 뿐이므로 이 가설은 '사회적 뇌 가설'로 명칭이 바뀌면서, 옥스퍼드대학교 진화심리학자 로빈 던바Robin Dunbar에 의해 널리 알려졌다.[5]

사회적 뇌 가설은 비인간 영장류 사회에 초기 인간사회의 단서들이 있다고 본다. 바로 이런 발상에서 루이스 리키는 제인 구달을 곰베 보호구역으로 보내 침팬지를 관찰하도록 했다. 아프리카에 서식하는 원숭이와 유인원, 즉 초기 인간과 가까운 친족이거나 비슷한 서식지에 사는 비인간 영장류의 사회는 초기 인간 조상이 어떻게 살았을지 말해주는 지표로 보인다. 비인간 영장류를 일정 기간 관찰한 사람이라면 누구나 영장류가 유달리 풍부하고 복잡한 사회 생활을 영위한다는 것을 금방 파악할 수 있다. 그들은 내가 2장에서 학창 시절을 다룰 때 등장했던 것 같은 파벌들에서 벌어지는 온갖 극적인 사건들을 겪으며 무리지어 살아간다.

집단을 이루며 사는 방식은 동물이 두 가지 필수적인 생태 문제를 해결하는 데 유용하다. 첫째, 포식자의 공격을 받을 위험에서 자신을 보호할 수 있다. 집단을 이루어 살면 늘 수적인 강점을 누린다. 인간이든 개코원숭이든 무리지어 있을 때보다 혼자일 때 사자에게 공격당할 가능성이 훨씬 크다. 둘째, 먹이를 좀 더 쉽게 구할 수 있다. 동물은 생존하기에 충분한 영양 자원을 모아서 '생계를 유지해야' 한다. 포식자의 위협과 수렵 채집의 필요성 중에서 무엇이 더 주요한 동기가 되는지, 동물의 최우선 과제가 무엇인지를 둘러싸고 영장류학자들과 진화생물학자들이 오랫동안 논쟁을 벌이고 있다. 사회적 뇌 가설에 따르면, 구성원들이 행동을 잘 조율할 수 있는 응집력 강한 집단을 만들면 두 가지 문제를 다 해결할 수 있다. 집단의 평균 사이즈는 그 동물이 얼마나 사회생활을 열심히 꾸려나가는지 보여준다고 추정된다. 또한 더 큰 집단을 이루어 생활하는 동물들은 평균적으로 뇌가 더 크다는 것이 밝혀졌다.

사회적 뇌 가설은 10년 이상 널리 받아들여졌지만, 이를 둘러싼 논쟁은 결코 사라지지 않았다. 급기야 2017년 뉴욕대학교 소속 영장류학자 집단이 훨씬 많은 표본을 대상으로 최신 통계 기술을 활용한 연구 논문을 발표하면서 이 가설에 의문을 제기했다. 그들은 뇌 크기를 예측할 수 있는 인자는 사회성이 아니라 식습관이라고 주장하면서, 수렵 채집이 동물의 최우선 과제라고 오랫동안 주장해 온 학자들의 손을 들어주었다. 그러면서 아마도 뇌가 성장하면서 사회적 기술이 발달했을 것임을 시사했다.[6] 이어지는 논의에서 영국 생물학자 크리스 벤디티Chris Venditti는 이것이 해당 문제에 대한 최종 결론이 될 것인가에 관해서는 의문을 품었다. 그는 대신 자신들의 주장이 인지적 복잡성에 대한 연구를 "부활시키고 학계가 다시 이 연구에 초점을 맞추게" 할 가능성이 있다고 믿었다.[7]

사회성이 진화의 우선순위에서 어느 위치를 차지하는지 정확하게 알기 위해서는 영장류학자들이 진화생물학 학술지에서 끝까지 싸워서 결론을 낼 때까지 기다려야 할 것이다. 하지만 이미 사회적 뇌 가설은 사회적 행동에 관한 이야기를 돌이킬 수 없는 방식으로 다시 쓰고 있다. 사회성은 더 이상 비가시적이지 않다. 근본적 동기든 2차적 발달이든 사회성은 진화 이론에서 주연을 맡고 있다. 영장류학자 로버트 세이파스Robert Seyfarth는 이렇게 설명했다. "영장류의 뇌를 성장시킨 원인들이 여럿 있음이 분명해 보이는 데도 단 한 가지 원인만 찾는 것은 솔직히 오류라고 생각합니다."[8]

소속하려는 욕구

다음으로 등장한 중요한 개념은 1993년 어느 여름밤 사회심리학 분야에서 부화했다. 로이 바우마이스터Roy Baumeister와 마크 리리Mark Leary는 노스캐롤라이나주 넥스헤드에 있는 바닷가 별장의 거실에 앉아 이야기를 나누었다. 다른 사람들은 모두 잠자리에 들었지만 두 사람의 머릿속은 복잡했다.

그들은 바닷가에서 휴가를 보내는 것이 아니라 가까운 심리학자들의 모임에 참석 중이었다. 참가자는 25명을 넘지 않았다. 아침에는 참가자들의 발표를 듣고 오후에는 실내나 바닷가에서 토론을 벌였다. 그들은 특히 자아와 정체성의 문제에 관심이 있었다. 일부는 인간이 죽음에 근본적인 공포를 느끼기 때문에 삶에 의미를 부여하는 문화적 가치를 수용한다는 새로운 이론을 주장했다. 이 이론은 공포관리이론terror management theory으로 알려져 있다.

하지만 바우마이스터와 리리는 수긍하지 않았다. 현재 듀크대학교 교수인 리리는 이렇게 말했다. "맞습니다. 죽음에 대한 관심이 인간의 행동에 영향을 미치는 것은 사실이에요. 의심할 여지가 없죠. 하지만 우리가 보기에는 그들이 설명하고자 했던 많은 것들이 굳이 죽음을 끌어들일 필요가 없는 현상들입니다. 인간 행동에 영향을 미치는 동기는 죽음의 공포보다는 훨씬 일상적인 차원에서 생겨납니다."[9]

과학 분야에서 특정 이론에 찬성하지 않을 경우 대안이 될 수 있는 이론을 제시하는 것이 바람직하다. 리리는 이렇게 말했다. "우리는 그냥 이야기를 나누기 시작했습니다. 만약 사회심리학 분야에서 인간 행동을 지배하는 최대 동기를 찾아냈다는 생각이 들 정도로 대단한 것이라면 대체 어떤 이론이어야 할까요?"

두 학자는 새벽 내내 생각을 거듭한 끝에 삶에 훨씬 큰 가치를 부여하는 새로운 개념을 떠올렸다. 대부분은 아니더라도 매우 많은 인간 행동은 '소속하려는 욕구'로 요약할 수 있다는 개념이었다. 나중에 두 사람은 "인간은 누구나 최소한이라도 지속적이고 긍정적이고 의미심장한 관계를 맺고 유지하려는 보편적인 욕구를 지닌다."고 적었다.

처음에 바우마이스터와 리리는 이 개념이 아주 분명해 보였으므로 다른 학자들도 틀림없이 생각해냈으리라고 추측했다. 하지만 이 개념을 정확하게 짚어낸 학자는 없었다. 소속감은 오랫동안 다양한 방식으로 심리학 문헌에 등장했지만 리리처럼 "가장 중요한 동기"로 주장한 학자는 없었다.

리리는 "소속하려는 욕구가 세상에서 일어나는 모든 인간 행동을 설명한다고 주장하는 것이 아닙니다."라고 말했다. 인간에게는 다른 욕구도 있다. 인간은 힘, 성취, 친밀감, 물리적 재화를 추구한다. '소속하려는 욕구' 이론은 인간 행동의 동기가 죽음에 대한 염려에서 비롯되었다고 본 다른 사회심리학자들의 관점을 전환해서 일상적인 걱정거리가 더욱 직접적인 관련이 있음을 환기했다.

이론의 윤곽을 대략적으로 잡았지만 세부적으로 생각해야 할 사항이 여전히 많았다. 당시 리리는 노스캐롤라이나주 소재 웨이크포리스트대학교Wake Forest University에, 바우마이스터는 오하이오주 소재 케이스웨스턴리저브대학교Case Western Reserve University에 재직하고 있었다. 그러다가 바우마이스터가 1993~94년 버지니아대학교에 교환교수로 가게 되었는데, 마침 여동생이 윈스턴세일럼에 있는 리리 집 근처에 살고 있었다. 바우마이스터가 머무르던 샬러츠빌에서 자동차를 몰고 가면 오래 걸리지 않았으므로 그해 가을 여러 번 리리를 만날 수 있었다. 바우마이스터는 여동생을 보러 갈 때마다 리리를 찾아가 거실에 함께 앉아 넉스헤드에서 시작했던 대화를 계속했다.

두 사람은 커다란 종이들을 사방의 벽에 붙였다. 인간 행동의 상당 부분을 설명할 수 있으려면 소속감이 어떤 형태여야 할지 고민했고, 영감이 떠오를 때마다 마커로 종이에 썼다. 벽의 한 면에는 두 사람이 생각하는 기준을 썼다. 소속하려는 욕구가 주요 동기라면 보편적이고 그것이 없으면 결핍을 느껴야 했다. 거의 모든 상황에서 나타나야 했고, 사람들을 기분 좋게도 기분 나쁘게도 만들어야 했다. 사람들의 세계관에 영향을 미쳐야 했다. 사람들이 추구하는 대상이어야 했고, 광범위하고 다양한 행동에 영향을 미쳐야 했다.

다른 벽에는 두 사람의 이론을 뒷받침하는 증거들을 기록했다. 포식자에 맞서 스스로를 방어하고 자원을 확보할 기회를 높이기 위해 집단으로 살아야 한다는 진화론적 사고를 인용했다. 또 사람들이 집단 안에서 얼마나 빠르고 쉽게 유대를 맺는지 보여주는 많은 실험을 포함시켰는데, 그중에는 연구자들이 소속 집단을 아주 사소한 기준(빨간 셔츠 대 녹색 셔츠 등)으로 정했을 때조차 그런 경향이 나타났다는 실험 결과도 있었다. 함께 겪는 전투의 강도에 따라 군인들의 유대가 강화되는 경우처럼, 부정적인 상황에서도 사회적 애착이 형성된다는 것을 밝혔다. 바우마이스터와 리리는 사람들이 유대를 깨고 싶어 하지 않는다는 증거를 인용했다. 인지적 자원이 사회적 관계를 형성하는 데 기여하는 정도를 보여주는 초기 증거도 발견했다. 당시는 신경과학적 지식이 폭발적으로 증가하기 전이었다.

마지막으로 세번째 벽에는 연구 결과의 의미를 기록했다. 소속하려는 욕구의 차원에서 인간의 행동을 어떻게 설명할 수 있을까? 예전에 리리는 "우리는 백과사전을 쓸 수도 있었어요."라고 말한 적이 있다. 바우마이스터와 리리는 이 이론이 친근한 관계와 집단행동의 패턴을 설명한다고 판단했고 집단 순응, 변명, 자기표현의 패턴은 집단에 자신을 소속시킬 확률을 높이려는 맥락에서 합리화된다고 보았다. 개인을 무리에 끼워 주느냐 여부가 보상이나 처벌의 형태로 사용된다고도 언급했다. 종교가 소속감을 부여한다고 보았고, 권력을 추구하는 것도 소속하려는 욕구에서 기인한다고 설명했다. 그들은 "소속하려는 욕구가 생물학적 유전의 일부라는 점은 아직 입증되지 않았지만 그럴 가능성이 높다."라고 주장했다. 이것이 사실이라면 소속감이 건강에 상당한 영향력을 끼칠 것이었다.

바우마이스터와 리리는 1995년 논문을 발표했다.[10] 두 사람은 자신들의 연구 결과를 접한 사람들이 자리에서 일어나 "미처 생각하지 못했네요."라고 토로했으면 좋겠다고 생각했다. 그런데 정확하게 그렇게 되었다. 이 이론의 인용 건수는 거의 1만 8,000건에 달해서, 100건만 인용돼도 충분히 많다고 인정받는 학계에서 엄청난 기록을 세웠다. 사람들이 소속하려는 욕구를 인정하지 않은 것이 아니라 그 욕구의 중요성을 미처 인지하지 못했음이 자명했다.

타인을 보살피는 본능

UCLA 심리학자인 셸리 테일러Shelley Tayor는 1998년 한 회의에서 어느 유명한 연구자가 편도체에 대해 강연하는 것을 들었다. 당시 테일러는 이미 사회적 뇌 가설과 소속 욕구 이론을 알고 있었다. 두려움을 경험할 때 중심 역할을 한다고 알려진 편도체는 우리가 위협이나 스트레스를 느낄 때 활동한다. 테일러는 스트레스를 연구하고 있었으므로 강연 내용을 알고 싶었다. 수십 년간 스트레스 연구는 신체의 '투쟁 또는 도피fight or flight' 반응에 초점을 맞추었다. 강연자는 쥐를 연구했다. 동물들이 서로 공격하는 사태를 막기 위해 실험실에서 모든 쥐를 분리해 수용해야 했다고 지나가는 말로 언급하기도 했다. 그 말을 들은 테일러는 잠시 생각에 잠겼다. 나중에 연구팀이 모여 강연 내용에 대해 이야기를 나눌 때, 팀원 한 명이 그 강연자를 포함한 다른 동물 연구자들 모두 수컷 쥐만 연구했다는 점을 지적했다. 소중한 깨달음을 얻은 순간이었다.

테일러는 나중에 이렇게 썼다. "전통적인 스트레스 이론이 거의 전적으로 수컷을 대상으로 연구를 진행했다는 사실을 불현듯 깨달았다. 충격적인 진실이었다. 과학에 커다란 오류가 있다는 사실을 몰랐다는 것을 깨달았다. 기회가 눈앞에 분명하게 드러나자 우리는 서로 뚫어져라 쳐다보았다. 연구를 다시 시작해 암컷은 스트레스에 어떻게 반응하는지 발견할 기회였다."[11]

테일러와 연구팀은 그 후 몇 달 동안 진화와 관련된 스트레스 반응에 대해 찾을 수 있는 모든 자료를 찾아 읽었다. 그 결과 2000년 인간의 사회적 상호작용의 핵심을 파악하고 과거 사고방식에 도전하는 새로운 이론을 발표했다.[12] 테일러는 투쟁 또는 도피가 인간이 발달시킨 유일한 스트레스 반응이 아니라고 주장했다. "보살핌과 어울림tend and befriend" 반응도 있었다. 새끼를 양육할 필요에서 생겨난 이 반응은 다른 사람을 키우고 돌보려는 본능이다. 테일러는 이 반응이 투쟁 또는 도피 반응처럼 타고난 본능이고, 특히 여성에게 두드러진다고 주장했다. 수세기에 걸쳐 진화에 대해 글을 써온 대부분의 남성 과학자들에 대해 테일러는 이렇게 썼다. "그들은 남성의 공격적인 경험에 초점을 맞춘 근시안적인 관점으로 연구해서, 남녀의 삶을 구성하는 매우 풍부한 측면, 즉 인간 본성 중에서 타인을 돌보고 양육하는 측면을 무시한다. … 보살피는 본능은 인간의 공격적이고 이기적인 측면만큼이나 끈질기다. … 타인을 보살피는 일은 음식이나 잠자리를 찾는 것만큼 자연스럽고 생물학적 기반에 근거하며 인간의 사회적 본성에 깊이 뿌리를 내리고 있다."[13]

이러한 기원을 추적할 수 있는 단서가 그 후 아프리카에서 나왔다.

왜 수컷만 연구 대상이 되는가

현재 암보셀리에 사는 개코원숭이의 조상을 관찰하기 위해 진 올트먼Jeanne Altmann은 1963년 처음으로 쌍안경을 집어 들었다. 당시 23세로 생물학자 스튜어트 올트먼의 아내였고, 우연히 영장류학자의 길에 들어서게 되었다. 스튜어트가 개코원숭이를 관찰해야 했으므로 부부는 케냐로 갔다. 진은 두 살짜리 아들을 돌보는 주부였지만, 남편의 조수가 그만두는 바람에 역할이 늘어났다. 뒷좌석에 설치한 간이 울타리 안에서 아들이 노는 동안, 올트먼 부부는 랜드로버 지붕 위에 손수 만든 전망대에 걸터앉아 원숭이들을 관찰했다. 자동차 사고를 겪고, 질병을 앓고, 케냐 혁명을 거치는 힘겨운 한 해였다. 하지만 부부는 코끼리, 얼룩말, 기린, 하마는 물론, 아카시아

삼림지대와 탁 트인 풀밭을 배회하는 수천 마리의 개코원숭이에게 마음을 빼앗겼다. 그 후 십 년 동안 올트먼 가족은 자주 암보셀리를 찾았다.

진 올트먼은 과학자는 아니었고, 수학을 전공하면서 어려운 환경을 극복하고 학위를 땄다. 올트먼은 여성에게 오직 결혼과 자녀 양육만이 기대되던 시대에 성년을 맞았다. 올트먼은 계산자를 갖고 싶었는데, 할머니는 숙녀에게 어울리는 지갑에 들어갈 수 있을 만큼 작아야 한다는 조건에 맞는 계산자를 찾아 고등학교 졸업 선물로 사주었다. UCLA에서 수학을 전공하는 단 세 명의 여학생 중 하나였던 올트먼은 여학생에게 지도교수를 배정하는 것은 "시간 낭비"라는 말을 들어야 했다. 19세에 스튜어트와 결혼하고 "학사학위를 받기 전에 출산한" 후 남편을 따라 처음에는 MIT로, 다음에는 캐나다의 앨버타대학교로 옮겨 다니며 가까스로 수학 학사학위를 받았다.[14]

올트먼은 수학을 전공한 덕택에 개코원숭이를 관찰한 경험과 수학적 사고방식을 결합해 현장 관찰 자료의 수집 방법을 혁신할 수 있었다. "당시는 대부분의 경우 사람들이 어떤 방식으로 관찰했는지 확인할 수조차 없는 상황이었어요." 프린스턴대학교 생태진화생물학과 건물의 책이 빼곡히 들어찬 연구실에서 올트먼이 내게 말했다. 나는 유명인을 만난다는 기분에 다소 들떠 있었다. 이제 올트먼은 그녀 세대에서 가장 걸출한 영장류학자 중 한 명으로 인정받는 인물이었다.

그녀는 당시 과학자들이 주장한 내용들이 대부분 그들의 즉흥적인 연구 방법으로 규명할 수 있는 범위를 훨씬 넘어선 수준이었다고 말했다. 현장 자료의 유효성이 문제였다. 그래서 올트먼은 초점 표본추출로 알려진 체계적이고 일관된 양식을 개발했다. 이 양식은 모든 관찰 연구에 적용되는 일관된 방식과 동일한 질문들로 구성되었다. 한 번에 한 동물을 대개 10분 동안 추적하고, 먹고 마시고 자고 털고르기를 할 때 누구와 어떻게 하는지, 개체의 모든 행동을 남김없이 기록해야 했다.[15] 올트먼이 1974년 발표한 논문은 처음에는 논란거리가 되었다. 대학원도 졸업하지 않은 이 젊은 여성은 대체 누구란 말인가?! 그러나 그녀가 사용한 접근법의 가치는 금세 분명하게 드러났다. 바우마이스터와 리리의 논문처럼 올트먼의 논문은 역사상 가장 많이 인용된 과학 논문 100편 기록에 근접하고 있다. 초점 표본추출 연구는 궁극적으로 과거에는 결코 가능하지 않았던 방식으로 사회적 유대를 타당하게 측정할 수 있을 것이다.

올트먼은 시카고대학교 인간발달학과에서 박사과정을 밟으려 했지만 인간 연구와 비인간 연구 사이에 가로놓인 장벽이 인위적이라고 생각했다. "나는 양쪽 모두에서 단서를 얻는 것이 자연스럽다고 봤어요." 남편인 스튜어트가 다른 프로젝트에 착수했으므로 결국 암보셀리 현장의 책임자가 된 올트먼은 연구의 초점을 암컷에 맞추면서 다른 방향으로 선구적인 발걸음을 떼었다. "당시에는 모든 진화가 수컷에게 이루어진다는 때로 노골적이고 때로 암묵적인 태도가 존재했습니다. 나는 특히 포유동물에서, 인간을 포함한 영장류에서 더더욱, 암컷이 수컷 못지않게 자기 삶뿐 아니라 다음 세대의 삶까지 통제한다고 생각했어요. 어째서 암컷의 역할이 진화와 무관하다는 건가요?" 올트먼은 이 연구가 오랜 여정이 될 것으로 보았다. 그녀는 "결과는 분명히 모습을 드러낼 것입니다. 진정한 행동은 평생에 걸쳐 이루어집니다."라고 강조했다. 이처럼 생애 전반에 일어나는 진실을 포착하는 유일한 방법은 몇 세대에 걸쳐 같은 방식으로 같은 동물들에 대한 자료를 수집하는 장기 연구 프로젝트를 설립해서 수행하는 것이다. 1971년 출범한 암보셀리 개코원숭이 연구 프로젝트는 아프리카의 현장 연구사업 중 제인 구달의 곰베 프로젝트에 이은 두번째 장기 연구 프로젝트다.[16]

개코원숭이의 복잡한 사회

다른 부부 연구팀인 로버트 세이파스Robert Seyfarth와 도로시 체니 Dorothy Cheney는 1970년대 아프리카에 발을 디뎠다. 당시 그들 역시 아프리카라는 미지의 영역에 발을 들여놓을 거라고 예상하기 어려운 부류의 영장류학자들이었다. 시카고 사업가의 아들인 세이파스는 엑서터대학교와 하버드대학교에서 수학했고, 경영대학원에 진학하리라는 기대를 받았다. 하지만 유전학, 인류의 진화, 영장류 행동학을 종합하는 데 흥미를 느껴 생물인류학을 전공했다. 무엇보다 혈기 넘치는 모험정신을 갖춘 세이파스는 존 볼비에게 지대한 영향을 미쳤던 로버트 힌데의 지도 아래 영장류 행동을 연구하기 위해 케임브리지대학교에 입학했다.

체니는 웰즐리대학Wellesley College에서 전 과목 A의 우수한 성적으로 정치학을 전공한 비상한 기억력의 소유자였다. 체니의 가족들은 집안에 책갈피가 필요 없었다고 농담을 하기도 했다. 자신이 몇 쪽까지 읽었다고 도로시에게 말만 하면 알아서 기억해주기 때문이었다. 체니는 법학대학원을 휴학하고 남편을 따라 영국으로 건너갔다. 그녀는 그 해에 영장류학 강의를 듣다가 녹음한 소리를 깜빡 잊고 슬라이드만 가져온 학자의 강연에 특히 깊은 인상을 받았다고 한다. 고풍스러운 영국의 강당에 서서 강연자는 자신이 연구한 원숭이의 소리를 직접 흉내 냈던 것이다. "정말 대단했어요!" 체니는 씩 웃으며 내게 말하더니 필라델피아 교외에 있는 자택의 테라스에 어울리지 않는 자세로 고쳐 앉아서 폭소를 터뜨리고 고함을 치는 원숭이 소리를 흉내 냈다. 암과 오래 싸운 끝에 2018년 세상을 떠나기 1년 전에 있었던 일이다. 결국 체니도 힌데를 찾아가 자신을 제자로 받아달라고 부탁했다.[17]

남아프리카에서 개코원숭이를 관찰하려는 그들의 첫 시도는 순탄하지 않았다. 체니는 "우리는 도망가는 개코원숭이들을 쫓아다니느라 이산 저산을 뛰어 오르내리며 한 달을 보내고 나서 다소 절망감을 느꼈어요."라고 회상했다. 그때 진 올트먼이 아직 발표 전이었던 초점 표본추출에 관한 논문의 초기 원고를 보내주었다. 세이파스는 "그 논문이 우리를 구해주었습니다. 무엇을 해야 할지 알 수 있었거든요."라고 덧붙였다. 새벽 4시에 잠자리에서 일어나 몇 시간 동안 현장을 누비고 다니느라 저녁마다 녹초가 되었지만 부부는 후일 세이파스가 표현한 대로 "개코원숭이가 동기와 전략을 갖춘 생명체"라는 것을 깨닫기 시작했다.

이 분야에서 수컷을 중심으로 연구가 진행되고 있었지만 세이파스 부부는 암컷을 연구하는 방향으로 기울었다. 체니는 이렇게 설명했다. "'송곳니를 번득이는 수컷이 밀집한 집단'이 늘 연구의 중심이었습니다. 하지만 우리는 개코원숭이의 사회적 구조를 파악하는 데 집중했습니다. 그러다보니 모든 행동이 암컷을 중심으로 이루어진다는 사실이 분명하게 드러나더군요." 실질적으로 관찰할 수 있는 숫자만 보더라도 암컷이 더 많았다. 개코원숭이 사회는 카요 산티아고에 서식하는 히말라야원숭이처럼 모계 중심이다. 수컷은 오고 가지만 암컷은 무리를 떠나지 않는다. 개체수가 더 많으면 동물의 행동에서 변이를 포착할 기회가 더 많다.

변이는 진화생물학에서 결정적으로 중요하다. 다윈의 자연선택 이론도 변이에 좌우된다. 필요는 발명의 어머니라는 관점도 유효하다. 체니와 세이파스는 《개코원숭이 형이상학Baboon Metaphysics》에 이렇게 썼다. "특정 형질들이 생겨나거나 유지되는 것은, 그런 형질들을 보유한 개체가 문제를 해결할 수 있고, 그럼으로써 생존과 번식에서 다른 개체보다 우위에 서기 때문이다. 핀치는 뭉툭하고 단단한 부리로 딱딱한 씨앗을 으깰 수 있으므로 생명이 시들어가는 건조한 계절에도 살아남을 수 있다. 수사슴은 튼튼한 뿔로 경쟁자를 물리치고 더 많은 암컷과 짝짓기를 할 수 있다. 핀치의 부리와 수사슴의 뿔은 이유 없이 생겨나지 않았다. 적응적 가치가 있기 때문에 진화하고 확산했다. 따라서 형질의 진화를 이해하려면 그것이 어떻게 작용하고, 그렇지 않았다면 불가능했을 일을 개체가 어떻게 할 수 있었는지 이해해야 한다."[18]

체니와 세이파스가 관심을 쏟았던 형질은 인지능력과 관련된 것이었다. 두 사람은 사회적 정신의 진화를 연구하고 싶었다. 그들의 연구를 가능케 한 두뇌와 사고력은 다른 속성과 마찬가지로 생물학적 형질이다. 사람들은 인간관계에 대해 심사숙고하며 엄청난 지력을 투입하는데, 진화론에 따르면 이런 경향에는 그에 상응하는 혜택이 있어야 한다. 세이파스와 체니는 사회적 지식을 활용해 개체의 생존 가능성을 높이는 것처럼 보이는 원숭이를 관찰함으로써, 관계에 쏟는 노력의 혜택을 확인하는 작업에 착수했다. 변이는 일부 동물의 생존 가능성이 다른 동물보다 높을 때 작용할 것이다.

진화론은 입증하기가 힘들다. 흔히 진화론은 러디어드 키플링Rudyard Kipling의 '그저 그런just so' 이야기보다 별반 낫지 않고(키플링의 《아빠가 읽어주는 신기한 이야기just so stories》에는 기발한 상상력을 발휘해서 각 동물이 지닌 특징들의 유래를 설명해 주는 믿거나 말거나 식의 이야기들이 나온다.-옮긴이), 실제로 진실일 필요 없이 당면한 사실들을 아귀가 맞게 끼워 맞추기 위해 구축되었다는 비판을 받았다. 세이파스와 체니는 자신들의 새로운 이론을 증거로 강력하게 뒷받침하기 위해 연구 초기에 다음과 같은 질문을 던졌다. 원숭이는 동료 원숭이에 대해 무엇을 알고 있는가? 더 정확히 말하면, 자신이 속한 사회적 세계를 성공적으로 항해하기 위해 무엇을 알아야 하는가? 체니는 "원숭이들이 자기편을 만들어야 할 때 어떤 원숭이와 동맹을 맺어야 할지 어떻게 알 수 있을까요?"라고 질문했다.

세이파스와 체니는 이 주제에 접근하기 위해 영리하지만 인내가 필요한 연구 방법인 녹음재생 실험을 진행했다. 조류 연구에서 응용한 녹음 재생 실험은 동물이 어떻게 반응하나 살펴보기 위해, 통제된 방식으로 원래의 상황을 재생하거나 부자연스러운 상황을 일부러 연출하기도 했다. 우선 세이파스와 체니는 버빗원숭이를 대상으로 실험했다. 1970~80년대 두 사람은 육중한 대형 확성기를 수풀이나 나무 뒤에 숨겨놓고 적절한 순간에 근처에 있는 원숭이에게 녹음테이프를 들려주면서 반응을 기록했다.[19] 많은 시행착오와 좌절이 따랐지만 결국 실험을 성공적으로 마칠 수 있었다.

시작 단계에서 의도한 목표는 단순했다. 원숭이는 녹음테이프 소리를 경쟁 집단이 아닌 자기 집단의 구성원이 내는 것으로 인식했을까? 세이파스와 체니는 '암컷 세 마리 실험'을 통해서 원숭이들이 관계에 대해 무엇을 알고 있는지 탐색할 수 있었다. 어미는 새끼의 울음소리를 알아들을 수 있을까? 해답을 찾기 위해 두 사람은 새끼가 어미의 시야에서 사라질 때까지 기다렸다가, 어미가 녹음한 소리를 들을 수 있는 위치에서 녹음테이프를 재생했다. 한편, 주변에 있는 다른 암컷 두 마리를 통제집단control group(실험 대상 집단과 비교할 목적으로 설정하는 집단 - 옮긴이)으로 정했다. 아니나 다를까 새끼가 싸움에 말려든 것 같은 소리를 듣자 어미들은 강렬한 반응을 보였다. 이보다 훨씬 흥미진진한 것은 통제집단인 암컷들이 즉시 어미를 쳐다본다는 점이었다. 세이파스는 이렇게 설명했다. "마치 다른 암컷 원숭이들이 어미에게 '쟤는 네 새끼잖아. 대체 어떻게 할 거야?'라고 묻는 것 같았습니다. 이것은 사회적 관계가 단순히 인간의 상상력이 꾸며낸 허구가 아니라는 뜻입니다. 사회적 관계는 원숭이들에게도 존재했습니다."

이러한 사실을 발견한 세이파스와 체니는 원숭이가 속한 사회적 세계의 큰 그림을 볼 수 있었다. 두 사람은 이렇게 썼다. "이러한 사회적 모의의 결과는 일종의 제인 오스틴식 멜로드라마다. 각 개체는 다른 개체들의 행동을 예측해야 하고, 최대 이익을 안겨줄 관계를 맺어야 한다."[20]

1986년 세이파스와 체니는 대담한 개념을 발표했다. 1980년대 초 케냐에서 개코원숭이를 연구하고 있던 바버라 스머츠Barbara Smuts와 함께 〈사이언스〉에 논문을 발표하면서 사회적 관계와 사회적 인지가 진화 성공에 기여하는 것으로 보인다고 주장했다.[21] 스머츠는 1985년 발표한《개코원숭이의 성과 우정Sex and Friendship in Baboons》에서 이미 '우정'이라는 용어를 사용했다.[22] 케냐의 리프트 밸리Rift Valley에 있는 에부루클리프Eburru Cliffs에서 수컷 개코원숭이들과 암컷들의 관계를 1년 동안 연구하고 그 결과를 책에 담으면서 다른 학자들이 사용하기 꺼리는 표현을 선택한 것이다. 스머츠는 암컷 개코원숭이들이 성관계를 할 수 있는 기간이 짧은데도 상당한 기간을 함께 보낸 암수 쌍들에 대해 서술했다. 예를 들어 버질과 판도라는 몇 년 동안 함께 자고 서로 털고르기를 해주었다. 스머츠는 이러한 관계가 짝짓기보다는 주로 상호성과 관련이 있다고 추측했다. 짝짓기와 관련된 흥미로운 행동들이 충분히 관찰되지 않았기 때문이다. 세 영장류학자는 최초로 우정과 자연선택을 연결했지만 아직 많은 증거를 찾아내지는 못했다.

1992년 당시 펜실베이니아대학교 교수로 재직하던 세이파스와 체니는 은퇴하는 영장류학자에게서 보츠와나Botswana 소재 개코원숭이 연구단지를 인수했다. 암보셀리와 성격이 완전히 다른 새 연구단지는 해마다 홍수로 물에 잠기며 주변 일대가 습지로 연결된 오카방고 델타Okavango Delta의 모레미 야생보호구역Moremi Game Reserve에 있었다. 두 사람은 오카방고강 한가운데 있는 섬에 자리를 잡은 연구단지를 개코원숭이 캠프Baboon Camp라고 불렀다.

전문적인 견지에서 동물을 인간에 비유하는 것은 눈살을 찌푸리게 하지만 거의 모든 사람이 그렇게 한다는 것은 영장류학에서 통용되는 공공연한 비밀이다. 체니는 이렇게 설명했다. "내가 알고 있는 사람들만 보더라도 초점 표본추출, 자료와 통계 분석에 매우 능숙한 사람들은 대부분 자신들이 연구하는 동물을 관찰하는 것을 정말 즐깁니다. 의인화를 하지 않고는 못 배기죠. 밤에 빙 둘러앉아서 '실비아는 정말 못된 암캐야. 오늘 무슨 짓을 했는지 알아?'라고 말합니다."

실비아는 연구자들 사이에 '고약한 여왕'으로 알려져 있다. 실비아의 두드러진 특징은 고약한 태도만이 아니다. 개코원숭이의 사회적 위계질서는 영국 귀족에 버금가는데 실비아의 서열은 거의 꼭대기다. 사악한 공작부인을 생각해보라. 실비아는 부하들 무리를 헤치며 지나가고, 지위를 과시하면서 자기가 가는 길에 방해가 되는 동물들을 물어뜯거나 때렸다. 하지만 딸 시에라가 사자에게 죽임을 당하자 고령인 21세의 실비아는 낙담했다. 시에라는 그냥 딸이기만 한 게 아니라 가장 가까운 동맹자였고 주로 털고르기를 해주는 짝이었기 때문이다.[23]

슬픔에 젖은 실비아는 유별난 행동을 보였다. 다른 암컷들에게

다가가 끙끙거리기 시작한 것이다. 이것은 화해의 신호를 보내는 서곡이었다. 그런 다음에 그 암컷들에게 털고르기를 해주려고 시도했다. 몇몇 암컷은 실비아가 접근해오자 공포에 질려 도망쳤다. 평생 실비아의 고약한 행동에 당해왔던 경험을 극복하기가 어려웠던 것이다. 하지만 실비아는 계속해서 친구가 되고 싶다는 뜻을 동료 암컷들에게 관철시키려 했다. 마치 남자친구와 헤어지고 보니 그동안 자신이 무시해온 친구들이 자기 없이 잘 지내고 있다는 사실을 깨달은 소녀 같았다.

아마도 세이파스와 체니는 이러한 관계가 개코원숭이들, 위의 예라면 실비아에게 어떤 이익을 안기는지 확인할 방법이 있으리라 생각했을 것이다.

우정의 진화

조앤 실크Joan Silk는 실비아를 직접 만나 보았다.《신기한 스쿨 버스The Magic School Bus》에 등장하는 프리즐 선생님처럼 조앤 실크가 어떤 직업에 종사하는 사람인지 알아내는 건 어렵지 않았다. 처음 만났을 때 실크는 얼룩말 무늬 드레스를 입었고, 다음에 만났을 때는 온통 원숭이 그림으로 뒤덮인 티셔츠를 입었다. 애리조나주립대학교에 있는 연구실은 개코원숭이의 사진과 커다란 아프리카 지도로 뒤덮여 있었고, 액션 피규어 크기의 영장류 인형들이 창턱에 나란히 진열되어 있었다. 그러나 그 방에서 내 마음에 쏙 들었던 장식

품은 찰스 다윈의 포스터였다. 오바마의 모습을 빨간색, 하얀색, 파란색으로 배색해 표현하고 '희망HOPE'이라는 구호를 넣었던 선거 포스터를 본떠 만든 것이었다. 다른 점이라고 하면 희망 대신 '변화 CHANGE'를 넣고 밑에 작은 글씨로 '시간에 따른OVER TIME'이라고 적은 것이다.

개코원숭이를 연구하면서 실크는 자신의 타고난 성향을 맘껏 발휘할 수 있었다. "나는 그냥 기본적으로 참견하는 걸 아주 좋아해요. 옆 테이블에 앉은 사람들이 하는 이야기에 늘 귀를 기울이죠. 사람들이 살아가는 방식에 정말 관심이 많답니다. 사실 어떻게 보면 무례하죠. 하지만 개코원숭이와 있을 때는 아무 문제가 없어요. 원숭이들에게 무슨 일이 일어나는지 추적하는 작업은 정말 중독성이 강하답니다."[24]

1980년대 초 실크는 1년 동안 암보셀리에서 스튜어트 올트먼의 지도 아래 박사후과정 연구원을 지냈다. 1990년대 초에는 가족을 데리고 모레미 야생보호구역에 들어가 세이파스, 체니와 함께 1년을 보냈다. 그 시기를 제외하면 실크와 체니는 서로 멀리 떨어져 지냈지만 공동 연구자였을 뿐만 아니라 좋은 친구 사이여서 하루에도 몇 차례씩 이메일을 주고받기도 했다.

2002년 실크는 〈영장류학에서 '에프'로 시작하는 단어 사용하기 Using the 'F' Word in Primatology〉라는 도발적인 제목의 논문을 썼다.[25] 이 논문에서 실크는 영장류학자들이 비록 개인적으로는 '우정'이라는 단어를 동물을 대상으로 자유롭게 사용하면서도 여전히 공식적으로는 거의 사용하지 않는다는 점을 인정했다. 그러면서 '우리가 인간관계에 부여하는 꼬리표를 동물의 사회적 유대에 붙일 수 있을까?'라는 질문을 던졌다. 이 질문에 대답하려면 인간에게 우정이 어떤 의미가 있는지 치열하게 고민해야 했다.

논문에서 실크는 인간의 우정이 "친밀하고, 서로 지지하고, 평등한 관계"라는 점에서는 합의가 이루어졌다고 썼다. 우정을 쌓으려면 화합할 수 있어야 하고 시간을 투자해야 했다. 영장류학자들은 시간, 지지, 관용, 의리, 안전, 평등이 요구되는, 동물의 친밀하고 협력적인 사회적 관계를 묘사하기 위해 '우정'이라는 단어를 사용했다. 여기서 누락되었거나 어쨌든 확인할 수 없는 개념은 우정이 인간에게 일으키는 좋은 감정인 감정적 유대였다. 실크는 인간관계와 비인간관계가 완전히 똑같지는 않지만, 그 유사성을 살펴보면 우정의 속성에서 필수적인 것들을 발견할 수 있고, 진화의 역사에 관한 단서도 얻을 수 있으리라고 보았다.

인간 간 우정의 진화적 원인에 대해서는 이미 여러 차례 논쟁이 벌어졌었다. 우정은 친족선택의 부산물이었을까? 무리에 속해 누리는 이익의 잔여물이었을까? 아니면 친구는 거래와 동맹 형성의 기반을 제공하므로, 자연선택에 유리한 상호 이타주의의 산물일까? 전자는 초기 인간이 작은 공동체를 이루어 살면서 대개 친족과 상호작용하고 낯선 사람을 거의 만나지 않았으므로 친족과 비친족을 구별할 필요가 거의 없었다는 입장이다. 후자의 주장은 논리적이지만 가장 가까운 관계에서는 상호주의를 뛰어넘는 인간의 능력을 설명하지 못한다. 소설가 로빈 슬론Robin Sloan은 좋은 우정에서 매우 흔하게 목격할 수 있는, 자신과 타인의 경계가 구분이 안 되는 불분

명한 상태를 가리켜 '충심의 밝은 안개 … 성운'이라는 인상 깊은 표현을 사용했다.[26]

실크는 슬론의 말이 무슨 뜻인지 이해했다. 유치원에 다닐 때 딸 루비가 리사와 함께 놀기 시작했다. 리사의 아버지 브라이언은 가끔씩 두 아이를 데리고 극장에 가거나 아이스크림 가게에 갔다. "처음에는 루비를 차로 데려다주거나 루비가 외출할 때 드는 비용을 브라이언에게 미리 전달했어요. 그날도 돈을 주려는데 브라이언이 '애들 사이가 이제 그 단계는 지났잖아요.'라고 말하더군요." 실크는 그때를 회상하며 미소를 지었다. "어째서 그런지, 지금껏 당연했던 일을 어느 지점에서 멈춰야 하는지 아시겠죠?"

실크는 원숭이의 관계가 인간처럼 미묘한 차이를 드러내는 수준까지는 도달하지 못하더라도 일반적인 우정의 수준에는 다다를 수 있을 것이라는 결론을 내렸다. 하지만 영장류학자들이 이렇게 주장하려면 뒷받침할 증거를 더 많이 확보해야 했다. 사회적 유대의 영향력과 동물이 사회적 유대 덕택에 얻는 이익을 측정해야 했다.

현장조사는 실크의 특기가 아니었다. "나는 까딱하면 길을 잃고, 어디에 걸려 넘어지고, 집중력을 잃어요." 실크가 잘하는 일은 거대한 자료 더미를 분석하는 것이었다. 각 동물 개체에 대한 방대한 정보를 취합하고 편집하고 표로 작성하고 조직하고 분석하는 능력이 뛰어났다. 그녀는 이렇게 말했다. "나는 이 과정을 가리켜 개코원숭이를 컴퓨터로 관찰하는 일이라고 표현합니다. 이런 작업을 통해 개코원숭이들이 자신들에게 중요하다고 생각하는 것들에 대해 나에게 무엇을 말하려 하는지 파악하려고 애쓰죠."

실크는 암보셀리에 있는 수전 앨버츠와 진 올트먼에게 전화를 걸었다.

"당신들이 수집한 자료를 쓸 수 있을까요?"

그때까지 암보셀리 프로젝트를 진행하면서 100마리 이상의 암컷에 대한 생활사가 완성됐다. 앨버츠는 1984년 이 프로젝트에 합류했고, 나중에 올트먼과 공동 책임자로 일했다. 두 사람은 실크에게 자료를 주겠다고 허락했다.

분석의 지표로 삼을 결과를 선택하기는 쉬웠다. 번식 성공은 결정적으로 중요한 진화적 척도이므로 연구자들은 각 암컷의 살아남은 새끼의 수를 세고, 사회성 지수를 측정했다. 앨버츠가 설계한 평가법은 모든 사회적 행동을 종합하고 가중치를 부여했다. 실크는 이렇게 설명했다. "그렇게 해서 사회적 유대의 강도를 반영하는 수치를 얻었습니다. 기본적으로 이 수치는 암컷이 우호적으로 상호작용한 빈도를 나타냅니다."[27]

몇 개월 동안 자료를 정리한 실크는 최종적인 결과를 산출해 진실에 직면해야 하는 순간을 맞이했다. 조마조마해서 "숨을 참아야만 했어요." 그녀는 아무 결과도 얻지 못하는 상황에 익숙했다. 진화 과정과 관련된 연구에서 측정 가능한 신호를 확보하는 경우는 극도로 드물기 때문이었다. 하지만 신호는 분명했다. 더 좋은 '친구'를 더 많이 사귀는 것이 번식 성공과 의미심장한 관계가 있었다. 더욱이 강력한 사회적 유대는 위계질서가 작용하는 원숭이 세계에서 가장 영향력 있는 변수라고 누구나 추측했던 서열보다 더 중요했다. 카요섬 사육장에 서식하는 히말라야원숭이들을 기억하는가?

결과를 믿을 수 없었던 실크는 여러 차례 반복해서 계산했다. "아마 50번 정도 다시 계산했을 겁니다. 자료도 다시 분석했어요. 모든 걸 정확히 하고 싶었습니다. … 자료가 진짜 그것을 가리키는지 확인하고 싶었어요. 그건 정말 굉장한 결과였어요."

실크는 앨버츠에게 연락했다. 소식을 전해 들은 앨버츠는 연구 결과의 중요성을 알아차리고 "이만하면 〈사이언스〉에 실릴 만하지 않을까요?!"라고 말했다.

실제로 그렇게 되었다. 우정을 쌓는 능력이 자연선택에서 유리하게 작용한다면 논리적으로 다음 세 가지가 참이 되어야 한다. 첫째, 우정이 번식 성공 가능성을 높여야 한다. 둘째, 개체는 친구를 찾거나 찾으려고 노력해야 한다. 셋째, 개체는 최선의 친구를 선택하는 데 필요한 사회적 지능을 갖춰야 한다. 실크, 앨버츠, 올트먼은 자신들이 도출한 결과를 2003년 〈사이언스〉에 발표했다. 역시 같은 호에 실린 논문에서 세이파스와 체니는 개코원숭이가 모계 가족 내부의 관계는 물론 구성원들이 다른 가족과 맺는 관계도 인식한다는 것을 보여주었다. 실비아를 언급한 다음 보고서와 더불어, 이 논문들은 우정의 진화를 뒷받침하는 위의 세 가지 기본 전제에 대해 설득력 있는 증거를 제시했다.[28]

세 영장류학자는 여기서 멈추지 않고, 정확히 무엇이 좋은 관계인지 고심했다. 다음 단계로는 사회적 유대의 정도를 수량화하기 위해 노력했다. 실크, 앨버츠, 올트먼은 그때그때 발생하는 상황에 좌우되는 관계와 시간이 지나도 꾸준히 유지되는 관계를 구별하고 유대의 안정성을 측정하기 시작했다. 사회적 유대의 전반적인 경향도 고려했다. 사회적 유대가 대부분 긍정적일까(털고르기와 근접성), 부정적일까(공격성), 아니면 두 가지 경향을 약간씩 포함할까? 가장 우호적으로 상호작용하는 암컷들이 가장 공평하게 털고르기를 해주고("네가 내 등을 긁어주면 나도 네 등을 긁어줄게.") 안정적인 관계를 유지한다는 사실이 밝혀졌다. 유대의 강도와 안정성은 서로 강력하게 연결되어 있어서 한 가지 경향을 발견하면 다른 경향도 발견할 가능성이 컸다. 강력하고 안정적인 관계는 좋은 결과로 이어져 새끼의 생존율을 높였다. 세 영장류학자는 한 마디로 관계의 질이 가장 중요하다는 것을 발견했다.[29]

세이파스와 체니는 2003년 발표된 사회적 유대의 강도에 관한 암보셀리 연구 논문을 읽고 실크에게 연락해 모레미 야생보호구역에서 수집한 자료로 연구 결과를 도출해보지 않겠냐고 제안했다. 실크는 더 많은 자료를 수집해 분석할 수 있는 기회를 결코 마다하지 않았고 연구 결과를 재확인하고 싶었다. 그녀는 "한밤중에 잠이 깨 암보셀리 연구 결과에 대해 걱정하곤 했습니다."라고 인정했다. 암보셀리를 대상으로 한 연구 결과는 정확하다고 확신했지만 "전 세계를 대상으로 해도 일반적인 진실인지는 장담할 수 없었어요."

하지만 결과는 바뀌지 않았다. 더 많은 자료를 분석해도 암컷이 형성한 사회적 유대의 강도가 번식 성공에 가장 중요한 요인이었다.[30] 모레미에서는 살아남은 새끼의 수가 아니라 새끼들의 수명을 측정했다. "우리가 이 동물에 대해 정말 중요한 것을 발견했다는 굳은 확신이 생겼습니다." 실크의 말에 앨버츠도 동의했다. "다른 자료로 되풀이해 분석해 보니 이것이 진실이라는 것을 확실히 알 수 있었습니다."

실크, 세이파스, 체니는 한 단계 더 나아갔다. 2010년에는 강력하고 안정적인 사회적 유대를 형성한 암컷들이 더 많은 새끼를 키웠을 뿐만 아니라 더 긴 수명을 누렸다고 보고했다.[31] 앨버츠의 학생이었고 현재 암보셀리에서 프로젝트 부책임자로 활동하는 엘리자베스 아치Elizabeth Archie도 몇 년 후 같은 결과를 발표했다.[32]

그 후 개코원숭이, 침팬지, 기타 영장류뿐 아니라 코끼리, 하이에나, 고래, 돌고래 등 포유류의 진화 사슬에서도 우정이 발견되었다.[33] 일부 종에서는 수컷이 정착하고 암컷이 무리를 이동한다. 이때는 수컷이 형성한 사회적 유대가 더욱 강력했다. 침팬지와 돌고래 같은 종들은 분열·융합 사회에 서식하는데, 개체가 홀로 또는 소집단을 이루며(분열) 살다가 짝을 짓기 위해 다른 개체와 함께 돌아왔다(융합). 과학자들은 심지어 이러한 사회에서도 특정 개체들 사이에 강력한 유대가 존재한다는 증거를 찾았다.

세이파스는 "자연선택은 강력한 사회적 유대의 형성을 선호하고, 이러한 사실을 뒷받침하는 증거가 쌓이고 있다."라고 설명했다. 세이파스와 동료들은 어떤 종류의 유대가 필요하냐는 질문에 단순한 결론을 내렸다. 사회적 유대는 강력하고 안정적이고 상대적으로 공평해야 한다. "우정은 협동을 수반하는 장기적이고 긍정적인 관계를 뜻한다." 이것은 우애Philia의 완전한 상태를 표현한 아리스토텔레스의 담론만큼 시적이지는 않을 수 있다. 하지만 이처럼 직접적인 접근법은 여전히 미지의 영역인 관계를 과학자들이 더욱 깊이 탐구할 수 있는 발판이 되고 있다.

이 연구는 오랫동안 친구와 가족을 구분해온 경계를 흩뜨렸다는 점에서 흥미롭다. 게다가 개코원숭이들이 대부분의 시간을 친족과 보내기 때문에 모순적이기도 하다. 하지만 개코원숭이가 비친족과 유용한 관계를 형성할 수 있고 또 실제로 형성한다는 사실은, 유대의 강도와 안정성이 유대의 기원보다 더 중요할 수 있다는 것을 입증한다. 외로움을 연구하는 존 카시오포는 "배우자와의 관계는 긍정적이고 힘이 되어주는 것일 수도 있지만, 반대로 인생에서 가장 해로운 관계일 수도 있다."고 주장했다.[34] 이 논리대로라면, 친족과 성적인 상대를 친구로 여길 수 있지만 유대감이 보상을 받을 때만 그렇다. 친족은 관계를 형성하는 데 필요한 시간을 추가로 많이 투자하지 않아도 되고 친밀감을 느끼기 쉽다는 점에서 친구로 삼기에 유리하지만, 가족의 연대감이 즐거움을 보장하지는 않는다.

동물의 우정

수전 앨버츠와 나는 개코원숭이들과 현장에서 아침 시간을 보내고 나서 마지막으로 나지막한 언덕에 걸터앉았다. 눈앞에는 얼룩말들이 너른 평원을 유유히 거닐며 풀을 뜯었고, 왼쪽에는 영양들이 보였다. 멀리서 먼지 기둥이 피어올랐다. 케냐인들이 오지용 택시로 사용하는 오토바이, 피키피키piki-piki가 다가오고 있었다. 우리가 새벽에 도착한 이후로 처음 보는 사람의 흔적이었다.

앨버츠는 사회적 유대를 다룬 첫 논문이 모든 것을 바꾸었다고 말했다. 개코원숭이를 연구하는 것이 인간을 연구하는 것과 상당히 유사하다고 했다. 동물들 사이의 가장 기본적인 형태의 관계들이 인간의 상호작용에 대해 많은 것들을 알려준다고 확신했다. "동물이 맺는 관계를 연구하면 우정을 이루는 대부분의 요소를 파악할 수 있어요. 그것은 우정을 이해하는 시작점이기도 하고요. 모든 인간의 우정은 기본적으로 그렇듯 단순하게 묘사할 수 있어요."

앨버츠는 캐스린이라는 이름의 개코원숭이에 얽힌 이야기를 들려주었다. 26세까지 장수하는 기록을 남겼다고 했다. 새끼를 낳지 않았으므로 16세 무렵이 되자 친족이 하나도 남지 않았다. 앨버츠는 말했다. "캐스린은 다른 독신 암컷들과 우정을 쌓았어요. 그 암컷들은 확실히 친구들이었죠. 함께 시간을 보내고, 서로 털고르기를 해주었습니다. 친구들의 주변을 맴돌았고요. 서로 사회적 욕구를 채워주면 모두 더 잘살 수 있게 되기 때문이죠. 이게 바로 우정의 핵심이에요."

앨버츠는 우리가 예전에 관찰했던 암컷 개코원숭이 두 마리의 이야기를 꺼냈다. "전에 보았던 아이비와 애시드를 기억하나요? 두 마리는 친족이 아니지만 서로 근처에 있을 때 편안해 합니다. 둘은 평생 알고 지냈어요. 서로 편안하게 해주는 예측 가능한 관계를 맺고 있죠. 물론 긴장이 맴돌 때도 있긴 하지만. …"

앨버츠는 잠시 말을 멈추고 자신의 말을 강조하려는 듯 내 눈을 들여다보며 말을 이었다. "그게 우정이 아니고 대체 무엇이겠어요?"

7장

사회적 관계의
3단계 동심원

가족이 가장 가까운 관계인 경우가 많지만, 꼭 그렇지는 않다. 한 연구에 따르면 영국인의 8%가 가족 중 한 명과 연락을 끊었고, 19%는 자신이나 다른 친족이 더 이상 가족과 연락하지 않는다고 응답했다. 또 다른 연구에서 미국 성인 자녀의 7%는 어머니와 연락하지 않고, 27%는 아버지와 연락하지 않는다고 응답했다.

나는 대학교 1학년 때 방 친구 세라와 급속도로 친해졌다. 우리가 함께 맞이한 첫 크리스마스에 나는 세라에게 테디베어 인형을 선물하고 싶었다. 이유는 기억나지 않지만 내가 세라를 부르던 애칭이 테드였다. 아버지와 함께 선물을 사러 돌아다니다가 내 계획을 털어놓았다. 아버지는 즉시 장난감 가게로 나를 데려갔고 우리 부녀는 둘 다 좋다고 동의하는 딱 맞게 부드럽고 멋진 인형을 찾을 때까지 가게에 진열된 모든 테디베어 인형을 끌어안아 보았다. 아버지의 성격에는 맞지 않는 일이었다. 아버지는 다정했지만 감상적이지 않았으므로 내 테디베어 인형들도 안아본 적이 없을 것이라고 생각했다. 어쨌거나 내게 의미 있는 선물을 아버지와 함께 고르는 것이 너무 좋았다. 세라는 선물로 받은 곰 인형을 좋아했고, 내 아버지가 함께 골라주었다는 점도 흡족해했다. 그 곰 인형은 우리 둘이 대학에서 기숙사 방을 옮겨 다니는 내내 함께 살았다.

15년이 지나 내가 32세였을 때 부모님은 캐나다 노바스코샤Nova Scotia로 자전거 여행을 떠났다. 아버지는 한적한 길을 달리던 도중에 심장마비를 일으켜 돌아가셨다. 전혀 예상하지 못했기에 아버지를 잃은 충격은 더욱 혼란스러운 느낌으로 다가왔다. 아버지는 67세였고, 전조 증상도 없었다. 한 달 전 아들 제이크의 돌잔치가 결국 마지막 만남이 되었는데, 당시 아버지는 건강하고 원기 왕성했다.

나는 엄청난 슬픔에 짓눌렸고 갑자기 뒤바뀐 세계를 가로지르는 것처럼 혼란스러웠다. 내 눈앞에 커다란 구멍이 입을 벌리고 있는 데도 세상 사람들은 보지 못했다. 그들은 구멍을 보지 못하고 그저 뚜벅뚜벅 걸어 지나쳐 버렸다.

장례식은 필라델피아의 고향 마을에서 치렀다. 그곳에서 아버지는 존경받는 변호사이자 지역사회를 이끄는 지도자로 활동했다. 정말 많은 사람들이 참석했다. 가족, 친구, 동료, 선출직 공무원들과 시장도 자리를 지켰다. 하지만 내게 가장 의미 있는 사람들은 여기까지 찾아와준 내 친구들이었다. 아기 때부터 알고 지낸 가장 오랜 친구인 아리안은 멀리 런던에서 날아왔다. 장례식에 참석할 수 없었던 사람들은 전화를 하거나 편지를 보냈다. 그들은 구멍을 볼 수 있었던 것이다. 그 구멍의 깊이와 결코 반대편으로 건너갈 수 없을 것 같은 거리를 함께 느끼면서 곤경에 처한 내 옆을 지켰다.

세라도 장례식에 참석했다. 테디베어를 안고 왔다. "이제 이 인형은 네가 간직해야 한다고 생각했어."

우정의 속성과 생애 주기

최상의 우정은 자신이 가치 있는 존재이며 지지를 받고 있다고 느끼게 해준다. 어려움에 처했을 때 우리를 붙잡아주기 위해 안전망을 넓게 펼쳐준다. 15년 동안 세라와 나의 관계는 인류학자들이 세계의 여러 문화권에서 가장 보편적으로 나타난다고 여긴 가까운 관계의 근본적인 특징을 모두 갖췄다. 우정은 우리를 기분 좋게 만든다. 우정은 특히 힘든 시기에 발 벗고 나서서 친구를 돕는 것이다. 관계의 가치를 표현하기 위해 선물을 주기도 한다. 곧 시들어버릴 꽃을 선물하는 경우에서 알 수 있듯, 선물이 가치를 계속 유지할 필요는 없다.[1]

우정이 이렇게 공통된 속성들을 지니고 있더라도 우정을 쌓는 방법이 한 가지만 있는 것은 아니다. 이는 다양한 전략을 구사해야 성공에 유리하다는, 자연선택에 따른 행동 원리와도 부합한다. 사교성은 취향과 기회에 좌우된다. 우정은 나이, 삶의 단계, 어느 정도는 성별에 따라 다양하다. 하지만 다양성에도 일정한 제한이 있어서 우정의 핵심 요소는 반복해서 나타난다. 나는 성인의 우정을 다양한 나뭇잎들이 어우러진 풍경으로 생각하게 되었다. 식물의 잎은 솔잎부터 야자나무 잎사귀까지 모양도 크기도 다양하지만 광합성 작용 때문에 언제나 녹색을 포함하기 때문이다.

'친구'라는 단어는 '사촌'이나 '동료'와 같은 범주에 속하지 않는다. 로버트 힌데가 깨달았듯, 반복되는 상호작용 속에서 관계가 깊어지고 일정한 성격을 띠게 되면서 '친구'는 감정적 무게를 지닌 존재가 된다. 반복이 중요하다. 우리는 슈퍼마켓에서 유쾌하게 대화했다고 해서 낯선 사람을 친구로 여기지는 않는다. 대부분의 사람들에게 우정이란 자발적이고 개인적이고 긍정적이고 지속적인 것이다. 우정이 배신과 질투를 포함해 부정적인 감정을 포함하기는 하지만, 배우자나 친척을 친구라고 부를 때, 우리는 그 관계에 특별한 의미를 부여하는 것이다.

사람에 따라서는 오랫동안 알고 지낸 사람들과 가장 깊은 유대감을 느끼기도 한다. 1장에서 심각한 알레르기 반응을 보였던 사연을 소개할 때 등장한 내 친구 댄은 어려서부터 끈끈한 친구들 무리와 함께 성장했다. 수십 년이 지나 가정을 꾸린 사람도 있고 독신으로 지내는 사람도 있고, 일부는 계속 뉴욕에 살고, 나머지는 다른 곳에 살지만, 모두 댄에게는 여전히 가장 가까운 친구들이다. 함께 어린 시절을 보내며 위안을 주던 관계는 20대에 비극을 겪으며 더욱 깊어졌다. 무리 중 형제인 두 명이 2001년 9월 11일 발생한 테러로 아버지를 잃었던 것이다. 그 후 며칠, 몇 주, 몇 년에 걸쳐 슬픔에 잠긴 친구의 곁을 지켜주었던 일이 화학 접착제처럼 친구들의 관계를 영원히 단단하게 결속시켰다.

내가 이 책에서 캐서린으로 부를 친구는 이와는 상당히 다른 종류의 유대를 형성하고 있다. 캐서린은 독신이고 홍콩, 런던, 뉴욕에 거주하며 일한다. 그녀는 자신의 '영원한' 친구들을 '전 세계에 퍼져 있는 작은 전구 세트'로 묘사한다. 그녀의 친구들은 서로 모르는 사람도 있지만, 지구 반대편 도시에 살더라도 캐서린의 삶에 남아, 그녀가 친구들의 인생에서 가치 있는 존재라는 점을 일깨우는 일관되고 단호한 태도를 공통적으로 보여준다.

댄과 캐서린의 사례는 관계의 맥락은 다르지만 내용은 같다.

연애와 마찬가지로 우정에도 화학 반응이 작용한다. 우리는 다른 사람이 자신을 좋아하고 자신의 의견에 찬성하면 그에 대한 보답으로 그 사람에게 호감을 느끼는 경향이 있다. 무의식적인 차원이더라도 우리는 계산을 한다. 우정이 주는 보상은 대가보다 커야 한다. 우정에서 얻는 만족과 믿음은 우리가 투입하는 자원과 포기하는 대안보다 커야 한다. 이런 계산을 하는 배경에는 공정성에 대한 우려가 깔려 있다. 최고의 관계는 우리를 기분 좋게 만들고, 도움과 원조의 신뢰할 만한 원천을 제공한다. 이러한 역할을 하지 않는 우정은 결국 사라지게 된다.

우정은 다른 원인으로도 사라진다. 우정은 나이나 생리적 변화와 더불어 바뀐다. 사회학자들은 이러한 현상을 삶의 '전환'이라 부른다. 작가인 이선 워터스Ethan Watters가 '부족 시기tribe years'라고 지칭한 20대는 도시에 거주하는 대졸 전문직 종사자를 뜻한다.[2] 이 시기에는 새로운 사람을 사귀기 쉽고, 대학시절 기숙사를 함께 쓰던 친구들 같은 오래된 친구들이 대개 가까이 산다. 친구들과 어울려 술을 마시거나 저녁식사를 하고 소프트볼 경기를 하거나 사우나에 갈 시간이 있다.

한편 30대는 결혼, 자녀, 직장, 이사 등의 사정으로 우정이 사라지는 시기로 종종 묘사된다. 자녀가 있는 친구와 없는 친구의 관계처럼 조화를 이루기 어려운 우정은 유지하기가 특히 힘들 수 있다. 우리 부부는 생후 18개월짜리 제이크를 대학 동창의 결혼식에 데려갔었다. 아기를 돌보느라 집에서만 지내야 했던 나는 오랜 친구들과 함께 주말을 보낼 생각에 마음이 설렜다. 하지만 정작 우리 부부는 아이가 없는 친구들이 잠자리에서 일어나 여유롭게 브런치를 먹고 나서 우리 가족과 함께 할 수 있을 것 같은 활동을 시작할 때까지 몇 시간이고 기다리면서 제이크를 돌봐야 했다.

40대가 되면 거의 모든 사람이 직장에서 일정한 책임을 맡게 되고, 집은 음식을 만들어주고 차로 데려다주고 생활 전반을 챙겨주어야 하는 학령기 아이들로 북적인다. 따라서 친구는 여전히 우선순위가 되지 못한다. 가족을 부양하는 의무에서 어느 정도 해방되는 50대 이후가 되어야 친구를 돌아볼 여유가 생기기 시작한다.

7개월간의 휴대전화 사용 내역으로 생애 주기에 따른 관계 변화를 추적한 흥미로운 연구 자료가 있다.[3] 이 제한된 자료에서 중년기의 우정은 순탄했다. 연구자들은 전체 통화 30억 통 가운데 남성이 건 250만 통과 여성이 건 180만 통을 구별해 내고, 그들이 누구에게 가장 자주 전화를 걸었는지 조사했다. 연구자들은 성별이 같고 나이가 비슷하며 가장 자주 통화한 상대를 '가장 친한 친구'로 분류했다. 물론 동성 애인이나 쌍둥이일 가능성도 있지만, 대부분은 그렇지 않을 것이다. 통화 시간과 빈도가 감정적으로 얼마나 가까운지 알려준다고 가정하고, 누가 먼저 전화를 걸었는지 추적했다. 전화를 거는 대상은 초기 성인기에 들어서면서 부모에서 친구로 서서히 바뀌었다. 연애가 급격히 늘어나면서, 성별이 다른 또래에게 전화를 걸어 통화한 시간이 28세까지 증가했다. 이 시기에는 젊은이들이 사랑을 좇으며 친구를 한쪽으로 밀어놓는 현상을 볼 수 있다. 하지만 30세에는 친구들과 통화한 시간이 전체 통화 시간에서 가장 큰 비중을 차지했다. 물론 친구들과 직접 만나는 기회가 줄었기 때문에 나타나는 현상일 수 있다. 29~45세에는 아마도 같은 집에 살고 있기 때문이겠지만 '배우자'와 통화하는 시간이 줄어드는 반면에 특히 여성들 사이에서 친한 친구와 통화하는 시간이 늘어났다. 삶의 후반으로 갈수록 통화 시간과 빈도는 나이가 비슷한 친구들, 자녀들, 손주들의 세 세대 사이에서 점점 더 균형을 이루었다.

성격에 따른 우정의 차이

이러한 빅데이터를 성격 유형과 결합하면 우정에 대해 더 많은 정보를 얻을 수 있다. 심리학자들은 성격을 개방성, 외향성, 원만성, 신경성, 성실성의 다섯 가지 차원으로 분류한다. 여행을 즐기고 새로운 사람들을 만나는 것을 좋아하는 대학생은 개방성과 외향성이 높을 것이다. 원고 마감일을 잘 지키는 작가는 성실성이 높고 아마 신경성도 높을 것이다. 하지만 성격만으로는 각 개인이 우정에 대해 무엇을 기대하는지 알 수 없다. 성격이 비슷하다고 해서 비슷한 세계관에 끌린다고 뒷받침하는 증거는 거의 찾아볼 수 없다.[4]

영국인 1만 2,000명 이상에게 친한 친구 최대 3명에 대한 정보를 수집해보니, 대부분 8킬로미터 이내에 살고, 매일 또는 매주 만나고, 나이 차이는 두 살을 넘지 않았다. 친구의 4분의 1 이상은 생물학적 친족이었다. 새로운 경험에 대한 개방성이 강한 사람들은 이런 규칙에서 벗어났다. 그들에게는 멀리 살거나, 나이 차이가 많이 나거나, 자주 만나지 않더라도 사이가 가깝다고 느끼는 친구들이 있었다. 원만성 유형과 이보다 정도는 낮지만 외향성 유형은 안정성과 근접성을 바탕으로 전통적인 형태의 우정을 형성하는 경향이

있었다.[5]

개성은 다른 방식으로도 우정에 영향을 미친다. 1980년대 클리블랜드주립대학교 소속 사회학자 세라 매슈스Sarah Matthews는 노인 63명을 대상으로 구두 인터뷰를 실시하고 나서 우정에는 세 가지 유형이 있다고 밝혔다. 독립적independent 우정, 신중한discerning 우정, 획득적acquisitive 우정이다. 독립적 우정을 맺는 사람은 자족적인 편이고 자유롭게 사람을 사귀는 데 만족한다. 그들의 우정은 학교 친구, 직장 동료, 이웃처럼 환경에 따라 형성되는 경우가 흔하지만 오래 유지되기 어렵다. 이러한 부류에 속한 한 사람은 "나는 스스로를 믿습니다. 지금 나한테 친구가 있느냐고요? 알고 지내는 사람들이 있죠."라고 말했다.

신중한 우정을 맺는 사람은 아주 친한 친구 몇 명과 깊은 우정을 형성한다. 이러한 관계는 오래 유지되며 삶의 후반으로 갈수록 관계를 맺기가 어려워진다. 한 남성은 20대에 만난 단 두 명을 진정한 친구로 꼽으면서 그들이 자신의 삶에 영향을 끼쳤기 때문이라고 설명했다. 신중한 우정을 맺는 사람들이 정한 친구의 기준은 매우 높다.

이와 대조적으로 획득적 우정을 맺는 사람은 삶의 단계를 밟아가는 동안 다양한 친구를 사귄다. 사람을 새로 만나는 것에 개방적이고 오래된 관계도 계속 유지한다. 이러한 부류에 속한 한 여성은 "친구를 사귀지 않으면 고립되죠. 그래서 친구를 사귀려고 의식적으로 노력해야 합니다."라고 말했다.[6]

최근 독일의 심리학자들이 40세 이상의 성인 약 2,000명에게 매슈스의 우정 유형을 적용한 연구 결과를 발표했다.[7] 모두 앞선 세 가지 유형으로 분류할 수 있었지만, 획득적 우정을 맺는 사람들은 대상을 가려서 사귀는 집단과 조건 없이 폭넓은 사교생활에 관심을 쏟는 집단으로 다시 나누는 것이 더 적절했다. 이처럼 연구 규모를 확대한 결과 신중한 우정이 가장 흔하고 독립적 유형이 가장 드물었다. 우정의 유형을 예측할 수 있는 요인으로는 교육, 신체적 건강, 같은 장소에서 거주한 기간, 친구와 매일 접촉한 횟수 등을 들 수 있었다. 예를 들어 교육 수준이 높으면 사회적 기술이 향상될 가능성이 크고, 수입이 많으면 식사 초대나 연주회 등의 기회를 통해 더 폭넓게 사람을 사귈 수 있다. 반대로 건강이 나쁘면 정서적으로 움츠러들거나 외출에 제약을 받는다.

우정의 문화적 차이

하지만 지금까지 서술한 내용의 대부분은 사회과학자들의 약칭인 WEIRD 사회를 근간으로 삼는다. 서구의Western, 교육받고educated, 산업화하고industrialized, 부유하고rich, 민주주의democratic를 채택한 사회라는 뜻이다. WEIRD 사회 시민은 세계 인구의 12%이고 연구 참가자의 80%에 해당한다.[8] 애리조나주립대학교 인류학자 대니얼 흐루슈카Daniel Hruschka는 수백 곳에 달하는 사회에서 우정 관련 자료를 광범위하게 수집하고, 자신의 목적에 맞춰서 연구 과정을 설계했다. 우정은 다른 모든 학문 분야와 마찬가지로 인류학에서도 경시되어 왔고, 민족지학에서는 기록을 찾아볼 수 있지만 주로 곁가지 취급을 받았다. 하지만 흐루슈카는 조사한 모든 출처에서 우정이라고 할 만한 것들을 발견했다.

남태평양 트로브리앙Trobriand 군도 주민들은 우정의 암호화 시스템을 사용해 섬들을 두루 돌아다니며 장사를 했다. 여행자들은 특정 우정을 상징하는 반지와 팔찌를 차고 다녔다. 보석과 관계는 여러 세대에 걸쳐 아버지에게서 아들로 전해졌다. 네팔 동부의 렙차족Lepcha 농부들은 신들 중 하나가 술에 취했을 때 자신에게 없는 것을 소유한 사람과 맺는 관계로 우정을 생각해냈다고 말한다. 예를 들어 구리 그릇을 가진 인도인, 양탄자를 가진 티베트인, 고운 천을 가진 부탄인과 맺는 관계가 우정이라고 정의했다. 하지만 렙차족은 위급할 때 서로 보살펴주고, 농사를 거들어주고, 서로의 아이들을 돌보겠다고 약속하고, 여행객에게 머물 장소를 제공하는 사람으로도 친구를 묘사한다. 렙차족이 맺는 우정은 경제적인 동시에 애정이 넘친다.

크레타섬에 사는 여성들은 친구들이 자신의 문제를 함께 고민하고, 걱정을 덜어주고, 매일의 일과에 재미를 더해주고, 남성 지배적인 문화 속에서 잘 생활할 수 있도록 서로 돕는다고 말한다. 미국 서부 아파치족은 백인을 처음 만났을 때 외국인의 우정이 상대적으로 금방 맺어지고 금방 끊어지므로 종잡을 수 없는 '공기와 같다'고 여겼다. 대니얼 흐루슈카에 따르면 친구가 없는 유일한 사회인 아테비atevi에는 신뢰나 우정을 뜻하는 단어가 없고, 배신을 뜻하는 단어는 열 개나 된다. 하지만 아테비는 C. J. 체리Cherryh가 쓴 공상과

학소설《이방인Foreigner》시리즈에만 등장한다.[9]

조수석의 딜레마Passenger's Dilemma 개념은 우정에서 문화적 변수를 살펴볼 수 있는 단서를 제공한다.

당신이 조수석에 앉아 있고 친한 친구가 차를 운전하다가 보행자를 치었다. 당신은 친구가 시속 30킬로미터 제한 구역에서 시속 60킬로미터 이상으로 달렸다는 사실을 알고 있다. 목격자는 없다. 친구의 변호사는 당신이 선서를 하고 친구가 시속 30킬로미터로 달렸다고 증언해주면 심각한 사태를 피할 수 있다고 말한다. 당신은 어떻게 하겠는가?

네덜란드 사회과학자들은 30개국 이상에서 사무직 종사자 3만 명 이상에게 이 질문을 던졌다. 대답은 나라에 따라 극적으로 달라졌다. 범법 행위가 발생한 경우에 친구를 보호하기 위해 거짓말을 하겠다고 대답한 미국인은 10명 중 1명 미만이었다. 대부분의 북유럽인도 같은 반응을 보였다. 프랑스인과 일본인은 10명 중 3명으로 더 많았다. 베네수엘라인은 사회 규칙보다 친구에 대한 의리를 선택할 가능성이 가장 높아 10명 중 7명이 거짓말을 하겠다고 대답했다.[10] 조수석의 딜레마에서 기꺼이 거짓말을 하는 사람들은 다른 상황에서도 거짓말을 할 가능성이 컸다. 의사라면 보험료를 줄여주려고 친구의 건강에 대해 거짓말을 할지도 모른다. 음식 비평가라면 친구가 운영하는 레스토랑의 평가를 좀 더 좋게 조작할지 모른다.

이러한 문화적 차이를 설명하기 위해 제시된 몇 가지 이론 중에서 유일하게 경제적·정치적 불확실성에 관한 이론만 철저한 검토를 거쳤다. 흐루슈카는 "친구끼리 주고받는 물질적 도움은 일상생활이 불확실한 사회에서 더욱 중요해진다."라고 설명했다. 연구 대상 국가들에 대해 흐루슈카는 법치주의에 대한 신뢰도, 부패의 유무, 정부의 안정성에 대한 인식 등에 관한 자료를 수집했다. 그 결과 사람들이 친구를 위해 거짓을 말할 개연성과 불확실성 사이에 강력한 상호관계가 있다는 사실을 발견했다. 미국과 스위스 같은 국가는 불확실성이 적고 친구를 위해 거짓을 말할 개연성이 낮다. 냉전 시대의 러시아 같은 국가는 불확실성이 더 크고 거짓을 말할 개연성이 높다. 당시 러시아인의 절반 이상이 법 제도를 누르고 친구를 선택했다. 연구 결과는 자극적이며 다음과 같은 의문을 남긴다. 우리가 친구를 더욱 소중히 여기게 만드는 것은 불확실성일까? 아니면 친구를 돕기 위해서라면 기꺼이 법을 어기는 태도가 더욱 광범위한 사회적 불확실성을 유발하는 원인일까?[11]

사회적 관계의 3단계 동심원

우리가 '가장 가까운closest' 친구에 대해 말하는 데는 이유가 있다. 10장에서 살펴보겠지만 가장 가깝다는 표현은 사랑하는 사람을 생각할 때의 뇌의 작동 방식, 자신과 타인 사이의 흐릿한 경계를 반영한다. 공간적 근접성 비유는 흐루슈카의 연구에서 또 하나의 주제로 자연스럽게 등장했다. 방글라데시에서는 '두터운thick' 친구라는 표현을 쓰고, 몽골에서는 '내부inside' 친구라는 표현을 쓴다.[12] 사회적 네트워크를 연구하는 과학자들은 좀 더 따분한 용어를 사용하는데, 중요한 문제를 논의할 때 의지하는 사람들에 대해 '핵심 논의 네트워크'나 강력한 유대라는 표현을 쓴다.

사회적 관계를 일련의 동심원으로 보는 경향이 흔하다. 동심원 모델은 영국 인류학자 로빈 던바가 대중화시켰지만, 원래 미시간대학교에서 짐 하우스의 연구실 가까이서 일했던 심리학자 토니 안토누치Toni Antonucci가 고안했다. 1980년 최초의 대규모 역학 연구를 통해 사회적 관계의 대략적인 수와 건강이 연결되어 있음이 밝혀지자, 안토누치와 동료 로버트 칸Robert Kahn은 사회적 관계의 양은 물론 질과 복잡성을 측정하고자 했다. 두 사람은 삶의 여정을 함께 걷는 친구와 가족으로 형성된 보호막을 뜻하는 '사회적 호위대 social convoy' 개념을 생각해냈다. 그들은 "개인은 사회적 지지를 제공하는 타인들에게 둘러싸인 상태로 살아간다."라고 썼다.[13] 그러면서 존 볼비가 그랬듯 자신들도 애착 개념을 '성인의 세계'까지 확장하고 있다고 주장했다.

자신이 생각해낸 개념을 실험하기 위해 안토누치와 그녀의 연구팀은 '나'라는 단어를 중심으로 동심원 세 개를 그린 종이를 참가자 수백 명에게 배포했다. 그리고 가족과 친구의 이름을 적절한 원(가까운, 더 가까운, 가장 가까운) 안에 적어 넣으라고 요청했다. 가장 가까운 원에 들어가는 집단은 참가자의 삶에 반드시 있어야 하는 사람들이다. 다음 원에 들어가는 집단은 중심에서 약간 떨어져 있지만 참가자에게 중요한 사람들이다. 가장 바깥 원에 들어가는 사람들도

참가자들과 애정, 도움, 지지를 주고받는 사이다.[14]

가장 안쪽 원에 들어갈 수 있는 사람은 극소수다. 사회적 네트워크 연구, 반복적인 국가별 조사 등 다양한 연구를 통해 복합적인 방식으로 정확한 수가 집계되고 있다. 평균적인 미국인은 가까운 사회적 관계가 약 4명이라고 밝힌다. 우리 대다수는 가까운 사람을 2~6명 꼽는다. 한 조사에서는 미국인의 5%만 가까운 사람으로 8명을 거론했다. 반면 5%는 가까운 친족이나 친구가 단 한 명도 없다고 답했다.[15] 다시 언급하지만 교육은 사회적 네트워크를 확대하는 경향이 있다. 대학 졸업자의 안쪽 원에 들어가는 친척이나 친구의 수는 고등학교 중퇴자의 거의 두 배이다. 모든 대상에서, 가까운 사람의 수는 나이가 들어가며 대체로 줄어든다. 이것은 사실 그다지 우려할 만한 현상이 아니다. 이 부분은 나중에 더 자세히 다룰 것이다.[16]

잠시 멈추고 사회 통념의 오류를 살펴보자. 2006년 〈미국사회학 리뷰〉에 발표된 보고서가 '외로움 전염병'에 대한 공포를 촉발했고, '미국에서 친구가 사라지다'나 '외로운 미국인, 정말 더 외로워지다' 같은 자극적인 기사들이 등장했다.[17] 세 명의 사회학자가 일반사회 조사General Social Survey의 1985년 결과와 2004년 결과를 비교했다. 일반사회조사는 1972년 이후 격년으로 실시되고 있으며 미국인 약 1,500명을 개별 면접하는 방식으로 진행한다. 2006년 보고서는 다음 질문에 집중했다. "지난 6개월을 돌아볼 때, 중요한 문제를 누구와 의논했습니까?" 연구 결과를 보면 1985년과 2004년에 중요한 문제를 누구하고도 의논하지 않았다는 응답자의 비율은 약 8%에서

25%로 세 배 증가했다. 누군가와 의논했다고 대답한 응답자가 믿을 만한 절친한 사람으로 거론한 숫자는 평균 3명에서 2명으로 감소했다.

그런데 2006년 발표된 연구 내용은 정확하지 않았다. 1985년과 2004년 실시한 연구는 방법론에 차이가 있어서 결과의 중대한 차이가 사실 별로 중대하지 않은 부분에서 비롯되었다. 일부 사례에서는 의논할 사람이 없는 것이 아니라 의논할 '중요한 문제'가 없다는 점을 반영한 대답이 나왔다.[18] 퓨리서치센터Pew Research Center가 당시 자료를 재분석한 결과에 따르면, 중요한 문제를 누구하고도 의논하지 않는 사람들이 증가했다는 경향은 맞았지만, 그 수치는 8%에서 25%가 아닌 12%로 늘어났다.[19] 다른 연구에서도 믿을 만한 지인이 없다고 대답한 사람은 12%로 증가했다.[20] 좀 더 직접적인 질문을 던지고 다른 방식으로 집계하자, 가까운 친구가 거의 없다고 대답한 미국인의 비율은 수십 년간 거의 변함없이 한 자리 수를 유지했다.[21] 외로움을 겪고 있는 사람에게 외로움이 문제되지 않는다는 뜻이 아니다. 이제 외로움이 건강을 얼마나 위협하는지 분명히 밝혀야 한다. 하지만 2006년 보고서의 내용은 부정확하다. 그런데도 주의 깊게 살펴보면 지금도 어디서나 그 보고서가 인용되고 있다는 걸 발견하게 된다.

우리 중 90~95%에게 믿을 만한 지인이 있다면 그들은 대체 누구일까? 절친한 사람 4명 중 2~3명은 친족일 가능성이 크고, 이는 안쪽 원에 들어가는 사람의 50~75%에 해당한다.[22] 우리는 암보셀리와 모레미에 서식하는 개코원숭이처럼 우선 가족과 강력한 유대를 형성한다. 그만큼 많은 시간을 함께 보내기 때문이다. 하지만 건강에 끼치는 영향을 가장 잘 예측할 수 있는 잣대는 관계의 기원보다는 질이다. 가장 많이 의존하는 사람은 우리 스스로가 가치 있고 지지받고 있다고 느끼게 해주는 사람이어야 한다. 캘리포니아주 베니스에 거주하는 러시아계 유대인 이민자 집단을 대상으로 실시한 초기 연구에서 참가자들은 가족을 고국에 남겨두고 왔거나 잃어버렸지만 비친족과 '필수적인 유사 가족'을 형성하며 긴밀한 유대를 발달시켰다.[23]

결혼생활이 비참하지 않은 경우라면 배우자나 그에 해당하는 사람이 대부분 안쪽 원에 들어간다. 1장에서 소개한 양면적 관계의 전문가인 버트 우치노는 이렇게 설명했다. "성인기 관계에서는 배우자가 가장 중요합니다. 우리는 배우자와 많은 시간을 보내죠. 우리의 자아 인식은 함께 있는 사람과 결부됩니다." 이 말은 남성에게 특히 잘 들어맞는다. 감정적인 생활 면에서 아내에게 집중하고, 다른 우정은 사그라지도록 내버려두는 경향이 있기 때문이다. 반면에 여성은 배우자 외에도 다른 긴밀한 우정을 유지하거나 발달시키는 경향이 있다.[24]

요즈음은 성별에 상관없이 배우자를 가장 친한 친구로 여기는 경우가 많다. '가장 친한 친구'라는 표현이 일반적인 아내나 남편 사이에는 없는 종류의 강력한 관계를 뜻하므로 그렇게 말하는 것이다. 이것은 상대적으로 새롭고 전혀 보편적이지 않은 현상이다. 1980년대 플로리다주 잭슨빌에서 연구자들은 참가자들에게 배우자를 가장 친한 친구로 여기는지 물어보았다. 응답자의 60%가 그렇다고 대답했다. 연구자들이 멕시코시티 주민들에게 같은 질문을 했는데, 그렇다고 답한 사람은 거의 없었다.[25] 멕시코시티 주민들이 배우자를 덜 사랑한다는 뜻이 아니다. 그냥 배우자와의 관계와 우정은 다르다고 여겼던 것이다. 하지만 서구 사회에서는 배우자를 영혼의 단짝soul mate으로 여기는 경향이 강해지고 있다. 심리학자 엘리 핀켈Eli Finkel은 현대를 '모 아니면 도인 결혼all or nothing marriage'의 시대로 불렀다.[26] 영혼이 통하는 배우자를 찾기 어렵다보니 독신으로 사는 사람들이 점점 증가하고 있다. 1965년 실시한 조사에서 여대생 4명 중 3명은 자신들이 원하는 다른 조건들을 모두 충족하는 남자가 나타나면 사랑하지 않더라도 결혼하겠다고 대답했다.[27] 퓨리서치센터가 발표한 조사 결과에 따르면 결혼한 적이 없는 사람들이 원하는 결혼 조건 1위는 오늘날에도 여전히 직업 안정성과 자녀 양육에 대한 가치관이지만, 사랑 없는 결혼을 하겠다고 대답한 사람은 극소수였다.[28]

가족 구성원들은 안쪽 원에 머무를 가능성이 크다. 우리 중 90%에게는 어떤 종류로든 형제자매가 한 명 이상 있고, 이들이 우리가 평생 관계를 유지하는 유일한 사람들일 공산이 크다.[29] 내가 셋째를 임신했다는 사실을 처음 알았을 때 남편은 세 형제가 평생 유대관계를 유지할 수 있게 되었다며 좋아했다.

하지만 '친구는 선택할 수 있지만 가족은 선택할 수 없다.'는 격언이 사람들의 공감을 얻는 데는 그럴만한 이유가 있다. 친족이라고 해서 서로 좋아하리라 장담할 수 없기 때문이다. 일부 친족들은 신경을 거슬리게 하거나, 싸움을 걸거나, 관심사를 공유하지 않는다. 물론 서로 차이를 수용하면서 살아갈 수 있지만 항상 그렇지는 않다. 지난 5년 동안 가족 사이에 불화가 증가하고 있다. 이 문제는 사람들의 통념보다 더 흔하고 더 복잡하다. 한 연구에 따르면 영국인 약 2,000명의 8%가 가족 중 한 명과 연락을 끊었고, 19%는 자신이나 다른 친족이 더 이상 가족과 연락하지 않는다고 응답했다.[30] 미국 성인 자녀의 7%는 어머니와 연락하지 않고, 27%는 아버지와 연락하지 않는다고 응답했다.[31] 이혼, 학대, 중독, 기타 여러 나쁜 행동은 가족 불화를 부추기는 요인이 될 수 있다. 가족관계가 좋아도 사랑하는 사람을 사망이나 질병으로 잃을 수 있다. 부모님은 내 안쪽 원에 들어 있었지만 아버지는 돌아가셨고 이 글을 쓰고 있는 지금 어머니는 알츠하이머병을 심하게 앓고 있다. 어머니와 여전히 많은 시간을 함께 보내지만 절친한 친구를 잃었다는 사실을 실감할 때는 어머니의 상태를 받아들이기 힘들다. 하지만 잃는 것이 있으면 얻는 것도 있는 법이어서, 어머니의 병세 악화를 함께 겪으며 이모들과 훨씬 가까워졌다.

시간이 흐르면서 사회적 호위대의 구성원은 인식할 수 있는 정도보다 더 많이 바뀐다. 하지만 시간이 흘러도 각 개인 특유의 친밀감 유형을 드러내는 일관된 사회적 '특징'이 있다. 핀란드 계산과학자 야리 사레마키Jari Sarämaki는 휴대전화 사용 내역을 통해 인간의 친밀감 유형을 알기 쉽게 보여주었다. 먼저 고등학교를 졸업하고 대학교 입학을 앞둔 17~19세 영국인 학생 24명을 모았다. 그럼 다음 18개월 동안 세 차례에 걸쳐 친족 및 학교나 일터에서 알고 지내는 친구, 지인의 이름과 전화번호를 적고, 감정적으로 가까운 순서대로 순위를 매기라고 요청했다. 그런 다음 학생들의 통화를 추적했다. 학생들은 평균적으로 전체 통화 중 4분의 1을 가장 가까운 사람(부모인 경우가 많았다)에게 전화를 걸었고, 40~50%를 1~3위에 해당하는 사람에게 걸었다. 이렇게 가까운 사람과 통화할 때는 통화 시간도 더 길었다. 나머지 사람들과는 통화 시간이 짧았다. 감정적 거리가 통화 시간을 좌우하긴 했지만, 각 개인은 또한 자신의 기본적인 성향에 따라 통화 시간이나 문자가 짧거나 길었다. 학생들은 주로 어머니나 제일 친한 고등학교 친구 세 사람에게 전화를 걸었다. 그리고 오랜 친구보다 대학에 입학해 새로 사귄 친구에게 더 많이 전화를 걸었다. 대학 신입생들은 과도기에 있다고 가정할 수 있지만, 연구자들이 그 집단을 넘어 처음에는 93명, 다음에는 50만 명까지 데이터베이스를 확대해도 결과는 같았다.[32]

사회적 네트워크 연구

우리 중 대부분은 알고 지내는 친구가 네 명에 그치지 않는다. 우정의 바깥쪽 원과 그 너머에 있는 사람들도 삶의 중요한 일부다. 과학자들이 이들을 연구할 때 사용하는 접근 방법은 거미줄의 물리학을 연구할 때와 약간 비슷하다. 이 네트워크는 어떻게 형성될까? 어느 정도의 힘을 견뎌낼 수 있을까? 하지만 목적을 생각하면 거미줄 비유는 무너진다. 거미는 먹이를 잡기 위해 거미줄을 친다. 사람들은 번성하고 관계를 맺기 위해 네트워크를 구축한다.

사회적 네트워크는 연결과 전염이라는 두 개념을 전제로 한다. 누가 누구와 연결되어 있는가? 개인은 더 큰 네트워크를 구성하는 하나의 교점이다. 배우 케빈 베이컨과 자신을 여섯 단계 내에서 연결하는 '케빈 베이컨의 6단계 법칙'이라는 파티 게임을 기억하는가? 내 아들은 카이라 세드윅Kyra Sedgwick이 부계 친족인 아이와 유치원을 함께 다녔다. 카이라 세드윅은 케빈 베이컨의 아내다. 이렇게 나와 베이컨은 다섯 단계 만에 연결되었다. 내게 별 쓸모가 없더라도 이런 것도 일종의 네트워크다. 현직에 있는 예전 기자 동료들의 네트워크나 브루클린에서 농구 하는 아이가 있는 가족으로 구성된 네트워크를 나와 연결해 그려볼 수도 있다. 전염은 취업 정보, 세균, 달러 지폐, 탁월한 농구팀 코치의 명성처럼 네트워크를 타고 흐르는 것을 가리킨다. 연결과 전염은 사회적 네트워크의 구조와 기능이라고 할 수 있다.

1938년 최초로 사회적 네트워크 지도라 할 만한 것이 등장했다. 인구 1천 명인 버몬트주 한 마을의 우정을 기록한 자료다. 베닝턴 칼리지Bennington College 소속 사회과학자들이 지도를 작성한 주요 목적은 한 지역사회의 '혈액 순환 시스템the circulatory system'을 일목요연하게 정리하는 것이 가능하다는 것을 보여주기 위해서였다. '혈액 순환 시스템'이란 표현은 인간관계가 얼마나 필수적인지 직관적으로 알려준다.[33] 그들이 출간한 논문에는 마을의 관계도가 있었는데, 개인은 원으로, 우정은 화살표로 그렸다. 마을 전체의 94%에 해당하는 거의 모든 가족이 조사에 참여했다. 사회경제적 지위, 직업, 가족 크기, 교회와 각종 동호회 가입 여부, 좋아하는 읽을거리

등을 빠짐없이 기록했다. 그중 연구자들이 가장 알고 싶었던 사항은 각 주민이 누구를 좋아한다고 말하는지였다. 한계가 있기는 했지만 연구자들은 그 질문에 대한 답이야말로 "마을에 형성된 우정의 핵심을 매우 신빙성 높게 설명"할 것이라고 생각했다.

마을 사람들은 누군가를 친구로 부를 때 적용하는 기준을 높게 정하는 경향이 있었지만, 마을에 존재하는 여러 무리들은 각각 부와 지위가 비슷한 구성원들로 이루어져 있었다. 마을 전체는 구성원들이 부분적으로 겹치는, "고립된 개인과 반쯤 고립된 개인을 포함한 7개의 별자리"로 정의할 수 있었다. 각 별자리는 가장 인기 있는 구성원을 중심으로 이루어졌다. "마을의 중심"이라는 이름이 붙은 사회적 네트워크 지도는 부유한 사업가와 전문가 가족들로 구성되었다. 이 지도의 중심에 있는 여성, 즉 마을을 주름잡고 있는 여성은 "가장 친한 친구"로 17번 언급되는 인상적인 영예를 안았다. 반면에 그 여성은 가장 친한 친구로 두 명만 지목했다.

다른 집단에서는 상인들과 그 아내들이 함께 어울렸다. 가톨릭 신자가 많은 공장 노동자들은 한 숙련된 노동자의 아내를 중심으로 결속력이 강한 집단을 형성했다. 하숙집을 운영하는 한 여성은 농부의 아내 2명, 운전기사 1명, 판매원 2명, 은행원 1명에게 친구로 언급되었다. 친구를 말하지도 않고, 다른 사람들에게 친구로 거론되지도 않은 사람들을 모아놓은 소규모 집단은 대부분 최근에 이 마을로 이사 온 사람들로 예전에 살던 지역에서는 활발하게 사회활동을 했었다고 얘기했다. 하지만 이 가운데 세 명은 잠재적인 "사회문제"라는 평을 들었다.

이처럼 소박한 출발은 후일 니컬러스 크리스태키스Nicholas Christakis와 제임스 파울러James Fowler의 사회적 네트워크 연구로 발전했다. 크리스태키스는 내과 의사로 경력을 시작하면서 한 개인의 질병이 다른 사람, 특히 배우자에게 어떻게 큰 타격을 주는지에 관심을 갖게 되었다. 그러다가 짝을 이루는 사람들이 다른 짝들과 연결되어 "멀리까지 뻗어가는 거대한 네트워크를 형성"한다는 사실을 깨달았다.[34] 이러한 개념에 사로잡힌 크리스태키스는 사회적 네트워크 분석을 전문으로 하는 사회학자가 되었고 정치학자인 파울러와 손을 잡았다. 이는 경력을 쌓는 전통적인 방식은 아니지만, 현재 예일대학교에서 사회적네트워크연구소를 운영하는 크리스태키스는 파울러와 대화하면서 아이디어를 떠올리고 활력을 얻었으며 지적으로도 직업적으로도 생각하지 못했던 방향으로 연구를 진전시킬 수 있었다.

크리스태키스와 파울러는 우리의 사회적 선택 하나하나가 네트워크를 구성하는 요소라고 주장했다. "한 명의 상대와 체커 게임을 하고 싶은가, 아니면 많은 상대와 숨바꼭질 게임을 하고 싶은가? 무분별한 삼촌과 계속 연락하고 싶은가? 결혼하고 싶은가, 상대를 바꿔가며 연애하고 싶은가?"[35] 반대로 네트워크도 우리를 형성한다. 예를 들어 자신의 친구가 정말 친구인지, 친구에게 친구가 몇 명이나 있는지, 가족 안에서 자신의 위치가 무엇인지에 따라 삶의 경로가 바뀔 수 있다. "유대를 형성한 구성원 모두가 서로 영향을 주고받을 기회를 제공한다."[36] 크리스태키스와 파울러가 2009년 출간한 《행복은 전염된다Connected》의 핵심 내용 중 하나는, 3단계(케빈 베이컨에게 평균적으로 도달하는 단계의 절반) 떨어져 있는 친구들이 투표 행위부터 비만에 이르는 모든 일에 끼치는 영향력에 대한 것이다.

크리스태키스와 파울러는 우정 관련 자료를 풍부하게 보유하고 있지만 가치를 인정받지 못했던 프레이밍햄 심장연구를 활용해 많은 연구를 진행했다. 대규모 데이터 세트를 찾고 있던 크리스태키스는 프레이밍햄 심장연구 참가자들이 가까운 친구와 가족을 비상연락망에 기록했지만 실제로 한 번도 사용하지 않았다는 사실을 알아냈다. 자료에는 모두 5만 가지가 넘는 관계가 기록되어 있었다.

감정이 네트워크를 타고 전달되는 방식을 보기 위해 그들이 프레이밍햄에서 연구한 전염 현상의 하나는 행복이었다. 별로 가깝지 않은 친구들을 포함하더라도 사회적 관계를 많이 맺고 있는 사람들이 가장 행복했다. 당신이 미소를 지으면 실제로 세계가 당신을 향해 미소를 짓는 것 같다. 이웃이 활짝 웃으며 당신에게 인사하고, 바리스타가 당신의 이름과 평소 즐겨 마시는 음료를 기억해주고, 당신이 좋아하는 텔레비전 프로그램에 대해 동료와 잡담을 나누면서 업무를 시작하는 것처럼, 매일 경험하는 행복한 작은 순간들이 합쳐져 당신을 고양시킬 수 있다. 크리스태키스와 파울러는 행복이 불행보다 좀 더 전염성이 강하다고 주장했다. 두 사람의 계산에 따르면 불행한 친구 한 명은 우리의 즐거움을 7퍼센트씩 감소시키는 반면에, 행복한 친구 한 명은 즐거움을 9퍼센트씩 증가시킨다. 더 많은 연결을 형성할수록 사회적 그물을 더욱 넓게 펼치는 셈이므로 개인은 더욱 행복해질 것이다. 파울러는 〈뉴욕타임스〉와의 인터뷰에서 이렇게 말했다. "네트워크의 중심에 있으면 네트워크를 통해 전파되는 것들에 더욱 민감해집니다. 행복이 더 잘 확산된다면 평균적으로 슬픈 감정의 파도보다 행복한 감정의 파도를 더 자주 타게 될 것입니다."[37]

약한 유대의 중요성

잘 알지 못하는 사람에게서 얻는 것은 행복만이 아니다. 1973년 마크 그래노베터Mark Granovetter는 향후 사회학 분야에서 큰 영향력을 발휘하게 된 '약한 유대의 힘'에 관한 논문을 발표했다.[38] 그래노베터는 강한 유대는 지지를 제공하는 반면 동료나 친구의 친구, 우리가 가볍게 인사하는 이웃과 형성하는 약한 유대는 다리를 제공한다고 주장했다. 약한 유대는 친한 사람하고만 상호작용할 때 놓치는 정보와 아이디어를 제공한다. 그래노베터는 최근에 아는 사람을 통해 들은 정보로 직장을 구한 성인 집단을 대상으로, 취업 정보를 들었을 무렵 그 상대를 얼마나 자주 만났는지 물었다. 응답자의 55.6%는 가끔 만났고, 27.8%는 거의 만나지 않았고, 20% 미만은 자주 만났다고 대답했다. 역설적으로 관계가 탄탄하고 응집력 있는 집단에 속하더라도 다른 집단의 구성원과 약한 유대를 유지하지 않으면 외부와 접촉하는 정도가 부족하므로 변화에 탄력적으로 대응하지 못할 수 있다. 달리 표현하면 새로운 피를 약간 공급하는 것이 건강에 좋을 수 있다. 그래노베터의 연구는 약한 유대가 지지를 제공하지는 못하더라도 새로운 정보를 얻기에 유용하고, 강한 유대는 그 반대라는 보편적인 원리를 보여주었다.

정보 교환에 관한 글을 읽으면서 나는 친구 캣과 최근에 주고받은 메일을 생각했다. 우리는 동료 과학 저자이고 일 년에 한두 번씩 회의에서 만나 한잔하거나 저녁식사를 한다. 밀린 이야기를 나누는 것을 좋아하지만 몇 달이고 서로 연락하지 않을 때도 많다. 하지만 캣은 연로하신 부모님을 보살필 사람을 구해야 해서 조언이 필요했을 때 그 과정을 이미 겪은 내게 이메일을 보냈다. 이러한 상황에서는 대개 먼저 경험한 친구가 유용한 법이다. 몇 년 전 노인을 보살피는 일에 대해 아무것도 몰랐던 나는 알츠하이머를 앓는 어머니를 둔 친구 제니와 줄리에게 의지했다. 또 내 친구 스테퍼니의 친구이고, 내가 딱 한 번 만났을 뿐이지만 이 분야에서 경험이 많은 베라의 도움을 받았다.

하버드대학교 사회학자 마리오 루이스 스몰Mario Luis Small이 이 이야기를 들었다면 아마도 고개를 끄덕이며 수긍했을 것이다. 스몰은 약한 유대에는 정보를 제공하는 것 이상의 장점이 있다고 믿었다. 우리는 핵심 네트워크를 유지하고 있더라도 잘 모르는 사람에게 비밀을 쉽게 털어놓는다. 스몰은 "마주치는 모든 사람이 잠재적으로 절친한 친구가 될 수 있다."고 썼다.[39] 그는 대학원 입학생 38명을 선정해서 경제 문제, 직업 전망, 가정생활에 관련된 상세한 관심사와 대화를 중심으로 1년간 심층 사례 연구를 실시했다. 그는 이처럼 소규모 집단에 밀착해서 연구한 결과, 빅데이터 접근법을 사용했다면 놓쳤을 삶의 진실이 드러났다고 밝혔다. 그가 채택한 전략은 참가자들에게 누구랑 이야기하는지 묻고, 실제로 어떻게 행동했는지 파악하는 것이었다. 그는 이 연구의 결과를 검증하기 위해 전국에 걸쳐 18세 이상 성인 2,000명 이상을 대상으로 설문조사를 실시하기도 했다. 연구 규모와 상관없이 참가자의 절반 이상은 "그렇게 친하지 않은 사람들에게도 매우 개인적인 이야기를 털어놓았다."고 응답했다.[40]

이렇게 행동하는 이유 중 하나는 평소 친한 사람들을 확실히 피하고 싶기 때문이다. 스몰은 이렇게 말했다. "암에 걸린 남편은 걱정시키고 싶지 않기 때문에 아내에게 병에 대해 말하길 꺼립니다. 자녀는 파산했다는 소식을 어머니가 아는 걸 원치 않습니다. 빈털터리인 어머니가 어떻게든 돈을 마련하려고 애쓸 테니까요." 둘째, 사람들은 자신과 비슷한 경험을 했거나 전문적인 지식을 보유한 사람을 찾는다. 대화 상대가 의사일 수도, 심리치료사일 수도, 그런 종류의 경험과 관련된 낯선 사람일 수도 있다. "사람들은 마음을 다치는 걸 우려하기보다는 공감을 얻고 싶어합니다. 이혼 수속을 밟고 있는 아빠가 어린이집 대기실에 앉아 아이가 나오기를 기다리면서, 역시 아이를 기다리고 있는 다른 아빠의 손가락에서 반지를 꼈던 자국을 볼 때처럼 말이죠. 그러면 사연을 털어놓게 되죠." 별로 가깝지 않은 사람에게 내밀한 사연을 털어놓는 세번째 이유는 아주 단순하다. "그냥 우연히 함께 있는 사람에게 얘기하는 겁니다."

우리는 자신이 얼마나 자주 이런 행동을 하는지 의식하지 못한다. 스몰은 "사람들은 스스로 생각하는 것만큼 방어적이지 않아요."라고 말했다. 그는 사람들이 자신의 문제를 털어놓을 때 그 대상은 생각만큼 중요하지 않다고 믿게 되었다. "그냥 얘기만 하더라도 효과가 있습니다. 사실상 다른 사람에게는 절대 말하지 않겠다고 친구들에게 장담할 수 있는 경우는 거의 없어요." 그는 저녁식사를 하거나 비행기를 오래 타는 것 같은 상황에서는 타인의 얘기에 귀를 기울일 가능성이 크다고 지적했다. "우리는 누구에게 의지해야 할지에 대해 이성적으로 판단하는 것만큼이나 쉽게 속내를 털어놓게 만드는 상황적 맥락에도 반응합니다."

스몰은 강력한 유대가 중요하다는 정설을 반박하지는 않았다. "당신이 곤경에 빠져 추락하면 가까운 사람들로 이루어진 안전망이 받쳐줄 것입니다." 하지만 사회적 상호작용이 끊임없이 흐르는 것도 중요하다고 믿는다. "정말 곤경에 빠진 사람들은 안전망이 되어줄 수 있는 사람 서너 명을 꼽을 수 없는 사람이 아닙니다. 정기적으로 만나는 사람이 한 명도 없는 사람들이에요."

우정의 성별 차이

내 친구 엘리자베스는 남자친구와 그의 남동생과 저녁 시간을 함께 보낸 이야기를 들려준 적이 있다. 편의상 그들을 각각 리처드와 윌리엄이라고 하자. 그들은 미식축구 경기를 시청했다. 평소 아주 가까웠던 형제는 소파에 나란히 붙어 앉아 있었지만, "팝콘을 건네줄" 뿐 별 얘기는 하지 않았다. 하지만 리처드는 집으로 돌아온 후 엘리자베스에게 "오늘 동생을 오랜만에 만나 밀린 이야기를 해서 참 좋앉어."라며 흐뭇해했다.

엘리자베스의 이야기가 끝나자 우리는 한바탕 크게 웃었다. 형제가 전혀 밀린 이야기를 한 것 같지 않았기 때문이다. 우리의 우정은 그와는 다르다. 우리는 서로 얼굴을 마주 본다. 그리고 주로 여름에 다른 친구인 에이미도 불러 롱아일랜드 해안에서 조금 떨어진 작은 섬에서 몇 주간 휴가를 보낸다. 우리 세 가족은 밤낮으로 서로의 숙소를 드나들고 바닷가를 들락날락한다. 엘리자베스, 에이미, 나 이렇게 셋은 수다를 떤다. 끝없이 바닷가를 거닐거나, 늦은 오후의 부드러운 햇살을 받으며 모래사장에 앉아 얘기를 나눈다. 내 숙소의 데크나 에이미 숙소의 방충망이 설치된 베란다에서 대화한다. 커피나 와인을 마시며 대화를 주고받는다. 여덟 명의 아이들, 남편들, 전 남편들, 늙어가는 부모님들에 대해 말한다. 요즘 하는 일은 어떤지, 저녁에 무엇을 먹을지, 다음에 무슨 책을 읽을지 이야기한다. 집으로 돌아갈 즈음이면 이미 서로의 삶에 대해 시시콜콜하게 모두 말로 풀어놓았다. 우리는 오랜만에 만나 밀린 이야기를 하려면 대화가 많이 필요하다.

내가 방금 묘사한 형제의 관계는 여성은 얼굴을 맞대고 남성은 나란히 앉아 우정을 나눈다는, 남녀가 우정을 나누는 방식에 대한 고정관념을 소재로 한 코미디 같다. 하지만 역사를 거슬러 올라가 살펴보면 아리스토텔레스와 몽테뉴에게는 남성이야말로 깊은 우정을 나눌 수 있는 존재였다. 1960년대 한 사회과학자가 콜카타에서 수집한 인용문에 따르면 "남성에게는 친구가 있고 여성에게는 지인이 있다."[41] 정말 시대가 변하기는 했나 보다! 여성은 우정을 누리는 데 능하고 남성은 형편없다는 관점이 최근 수십 년간 대세이기 때문이다. 테드TED 무대에 올라 여성의 우정에 대해 얘기하는 자리에서 제인 폰다Jane Fonda와 릴리 톰린Lily Tomlin은 1980년 돌리 파튼Dolly Parton과 함께 영화 〈나인 투 파이브9 to 5〉에 출연한 것을 계기로 싹튼 그들의 우정에 감사했다. 폰다는 "여성의 우정은 재생 가능한 힘의 원천과 같다."고 말하면서 "남성들이 불쌍하다."고 덧붙였다.[42]

여성이 누리는 우정의 잠재적 혜택에 관해 나는 폰다의 의견에 동의한다. 하지만 성별과 우정의 관계는 '여성의 우정은 좋고, 남성의 우정은 나쁘다.'고 단정할 만큼 단순하지는 않다. 여성이 친구에게 아주 못되게 굴 수도 있고, 내 주위에 있는 남성들은 매우 끈끈한 우정을 유지한다. 내 남편인 마크와 에이미의 남편인 톰은 우리들 못지않게 가깝다. 두 사람은 운동 경기를 하거나 달리기를 하거나 테니스를 치면서 많은 시간을 보내며 대화한다. 남편은 "톰과 테니스를 세 세트 뛰고 나면 마음이 완전히 평온해져. 이렇다 저렇다 훈수를 두지 않으니까 정말 휴식이 되는 것 같아."라고 내게 말했다.

연구자들은 남성과 여성의 우정을 조사할 목적으로 수백 건의 연구 결과를 수집했다. 남녀는 우정에 대해 무엇을 기대할까? 어떻게 상호작용하고 행동할까? 자기노출에 관한 50가지 양적 연구 결과에 따르면 여성이 자신의 정보를 친구들과 공유하는 정도는 남성보다 아주 약간 많은 것으로 드러났다.[43] 캔자스대학교University of Kansas 키뮤니케이션학과 교수인 제프 홀Jeff Hall은 성별에 따라 우정이 어떻게 달라지는지 광범위하게 검토해왔다. 홀은 이렇게 말했다. "남녀의 친밀감 유형은 다르지만, 만족감이나 우정의 가치는 그렇게 다르지 않습니다. 남녀는 매우 비슷한 방식으로 우정의 중요성을 정의하죠. 똑같이 진실하고 충성스럽고 신뢰할 수 있는 친구를 사귀고 싶어 해요."[44]

홀은 기대라는 토대 위에 우정을 쌓는 개념을 떠올렸다. "우리는 우정을 복잡하게 구축합니다." 여러 연구 결과를 통합해서 남녀 8,800명으로 구성된 대규모 표본을 분석한 후 홀은 성별 간에 많은 유사성과 약간의 차이를 발견했다. 남성은 관계를 형성할 때 친구가 자신에게 무엇을 해줄 수 있는지, 어떤 기회를 열어줄 수 있는지, 어떤 종류의 자원을 제공해줄 수 있는지에 초점을 맞추는 경향이 더 강하다. 홀은 이러한 역할을 가리켜 중개 역할이라고 표현했다. 반면에 여성은 가장 친한 친구들에게서 정서적 만족감과 지지를 기대한다.[45]

이런 차이의 일부는 문화적 성격을 띤다. 1970년대와 1980년대에 심리학자들이 우정을 진지하게 연구하기 시작하면서 내린 결론을 살펴보면, 여자아이는 일대일 우정을 추구하도록 양육되는 반면 남자아이는 보이 스카우트나 리틀 리그처럼 집단 속에서 사회화되도록 양육된다. 이러한 문화적 전통은 요즘은 어느 정도 바뀌어서 남자아이들이 놀이 모임에 가는 횟수가 늘고, 여자아이들이 스포츠팀에 참여하는 사례가 늘었다. 하지만 남성이든 여성이든 많은 사람들이 각기 다른 욕구를 충족하기 위해 그때 그때 다른 사람을 찾는다. 노스웨스턴대학교 소속 사회심리학자인 일레인 청Elaine

Cheung과 웬디 가드너Wendi Gardner는 이러한 현상을 가리켜 '이모션십emotionship'이라고 불렀다. 가드너는 이렇게 설명했다. "우리가 특정 감정 상태에 있을 때는 그 상태에 맞는 사람이 있습니다. 나는 슬플 때 언니에게 전화를 걸어요. 하지만 불안할 때는 언니에게 절대 전화하지 않죠. 언니와 나는 성향이 지나치게 비슷하기 때문이에요."[46]

어떻게 낯선 사람과 가까워지는가

서로 모르는 두 사람이 친해지도록 노력하라는 임무를 부여받고 연구실에 앉아 있다. 그 과정을 원활하게 진행하기 위해 그들은 서른 여섯 가지 질문을 활용한다. 처음 몇 가지 질문은 답하기 쉽다. '이 세상의 누구라도 초대할 수 있다면 저녁식사에 누구를 초대하고 싶은가요? 유명해지고 싶은가요? 그렇다면 어떤 방식으로 유명해지고 싶은가요?'

다음 두 가지 질문은 좀 더 깊이가 있다. '당신이 생각하는 '완벽한' 날은 어떤 날인가요? 가장 최근에 혼자 노래를 흥얼거린 것은 언제였나요? 다른 사람에게 노래를 불러준 것은 언제였나요?'

45분간 질문과 답이 이어지면서 질문의 내용이 점차 개인적인 성격을 띤다. '어머니와의 관계에 대해 어떻게 느끼나요?'

마지막 질문들은 실험에 참가한 두 사람 사이에 친밀감을 형성하려는 목적에 더욱 충실하다. '상대방의 어떤 점을 이미 좋아하고 있는지 말해보세요. 당신의 개인적인 고민을 털어놓고, 상대방이라면 그 문제를 어떻게 처리할지 조언을 구해보세요.'

이 질문들은 1990년대 뉴욕주립대학교 스토니브룩캠퍼스the State University of New York at Stony Brook 소속 사회심리학자 아서 에런Arthur Aron과 동료들이 개발했다.[47] 에런은 연애를 연구하고 있었으므로, 실험실에서 친밀감을 이끌어낼 수 있는 방법을 생각해내야 했다. 이러한 목적으로 개발한 질문들은 대단한 효과를 발휘해서 실험 참가자 한 쌍이 결혼했다. 이 설문은 현재 '사랑하게 만드는 36가지 질문'으로 알려져 있다.[48]

하지만 내가 묘사하는 동영상에서 질문을 주고받는 두 사람은 사랑에 빠지는 방법을 찾고 있는 게 아니었다. 두 사람은 이성애자 남성들이었고, 이미 서로 친구였으며, 남성 사이의 감정적 친밀감에 대한 연구에 참여하고 있었다. 연구자는 캐나다 위니펙대학교University of Winnipeg에서 우정을 연구하는 심리학자 베벌리 페르Beverley Fehr였다. 그녀는 마음을 여는 것이 기대되는 상황을 조성하면 남성들의 틀에 박힌 반응을 바꿀 수 있을지 알고 싶었다. "나는 남성들이 비규범적 행동을 마음 편하게 할지, 아니면 해로운 약을 먹은 것처럼 반응할지 궁금했습니다. 그들이 좋아할 만한 실험은 아니었지만 결국 유익한 결과를 얻었습니다."[49]

정중하게 이루어지는 대화였지만, 연구에 참여한 남성들은 답변을 주저했다. 두 사람씩 짝을 짓고 교대로 질문하고 대답하다가 긴장이 발생하리라 예측되는 순간에 도달했다. 페르는 이렇게 설명했다. "한 사람이 질문을 읽습니다. 상대방은 자리에 앉아 완전히 황당하다는 표정을 자주 보입니다. 대개는 잠시 침묵이 흐르는데, 그 다음 흔하게 나타나는 반응은 욕설을 내뱉거나 '그건 너무 개인적인 질문인데요.'라고 대답하는 것입니다." 질문을 받은 남성들은 "헤드라이트 불빛 앞에 서 있는 사슴"처럼 몹시 당황한 듯 보이지만 그런데도 매우 개인적인 이야기를 술술 털어놓았다. 한 남자는 자신이 입양된 것인지 아닌지 궁금하다고 말하기도 했다.

페르는 질문을 활용해 실험하는 것 외에도 참가자들에게 운동 경기를 함께 해보거나 관람해 보라고 주문했다. 둘 다 남성 사이의 유대를 형성하기 위한 의식이었다. 그녀는 운동 경기를 관람하고, 함께 경기를 뛰고, 개인적인 사연을 자세하게 털어놓는 3가지 실험에 각각 참여한 남성들에게 전후의 친밀감 수준을 묘사해 달라고 요청했다. 예비 조사 결과 36가지 질문을 주고받은 후에 남성들이 느끼는 친밀감 수준이 가장 높았고, 우정에 만족하는 수준도 더 높아졌다. 함께 운동 경기를 한 남성들의 친밀감도 더 높아졌다. 단순히 운동 경기를 함께 관람한 경우에는 친밀감 수준도 우정에 만족하는 수준도 차이가 없었다.

우정이 싹트는 조건

남성이든 여성이든, 신중한 우정을 맺든 독립적 우정을 맺든, 누구나 우정을 나눌 때는 시간의 제약을 받는다. 친구와 보내는 시간은 하루면 24시간, 일주일이면 168시간을 절대 넘을 수 없다. 성인기에는 우선순위가 충돌하므로 친구와 보내는 시간은 줄어들기 마련이다. 십대, 중년, 은퇴자를 포함한 300명에게 두 시간마다 어디 있는지, 무엇을 하고 있는지 물었다. 십대는 30퍼센트, 40~65세는 4퍼센트, 은퇴자는 8퍼센트의 시간 동안 친구와 함께였다. 연령과 상관없이 모두들 친구와 함께 있으면 즐겁다고 대답했다. 결혼한 사람은 배우자와 같이 있을 때보다 친구와 있을 때 더 행복하다고 대답했다. 그럴 수밖에 없는 것이, 배우자와 함께 있는 시간에 집안일을 해야 하기 때문일 것이다. 물론 사람들은 배우자와 친구가 다 함께 모여 있을 때 가장 행복하다고 대답했다. 연구자들은 이렇게 결론을 내렸다. "친구와 함께 있으면 주의를 집중하게 되고, 정신이 덜 흐트러지며, 시간을 의식하지 않게 된다. 우리는 타인과 공유하는 친밀감과 기쁨이 근본적 실체인 세상으로 들어간다. 그때만큼은 다른 세상이 펼쳐지는 것이다."[50]

시간 제약이 존재하면 자신이 얼마나 많은 사람을 알고 있든 상관없이 관계도 제한된다. 자기 삶에 들어와 있는 모든 사람을 매일 같은 정도로 접촉할 수는 없다. 제프 홀은 '친구를 사귀는 데 시간이 얼마나 걸릴까?'라는 기본적인 질문을 던지고, 해답을 찾기 위해 지난 6개월 동안 이사한 성인 355명을 조사했다. 각 개인에게 이사 후 만난 사람들 중에서 친구가 될 수 있을 것 같다고 예상하는 사람을 떠올리라고 요청하고 다음과 같이 물었다. '둘은 어디서 만났나요? 지난주에 몇 시간이나 함께 있었나요? 보통 일주일에 몇 시간 동안 함께 시간을 보내나요? 이 사람과 어떤 종류의 우정을 맺을 생각인가요? 함께 있을 때는 무엇을 하나요? 함께 외출하나요, 일을 같이 하나요, 이야기를 나누나요?' 두번째 연구에서 제프 홀은 아직 친구를 사귈 기회를 잡지 못한 신입생과 전학생을 모았다. 대학생활을 시작한 지 3주가 지난 시점에 참가자들에게 방 친구를 제외하고 새로 만난 사람을 두 명 거론하라고 요청했다. 그러고 나서 새로 맺은 관계를 조사하기 위해 약 3주 후와 6주 후에 참가자들에게 새로운 친구와 함께 보낸 시간을 더해 보고, 관계가 더욱 가까워졌는지 그렇다면 언제 가까워졌는지 물었다.

홀은 '경계선' 즉 새로 만난 사람과 가까워지는 데 필요한 시간의 양을 찾고 있었다. 결국 두 연구 결과를 결합함으로써, 지인에서 평범한 우정으로 관계를 발전시키려면 40~60시간, 누군가를 친구로 부르려면 80~100시간, 가장 친한 친구라고 말할 수 있으려면 200시간 이상이 걸린다는 결과를 산출했다.[51]

어떻게 시간을 보내는지가 중요했다. 시간의 양이나 근접성만으로는 우정을 쌓기에 충분하지 않았다. 홀은 이렇게 설명했다. "첫번째 연구에서 어떤 참가자는 직장에서 400~600시간 넘게 함께 지낸 사람을 그저 지인으로 불렀다. 우리는 함께 일하는 사람을 모두 좋아하는 것도 아니고, 함께 일하는 사람이라고 무턱대고 친구로 삼고 싶어 하지도 않는다." 밖에 나가서 어울리고 함께 식사하는 것은 지인을 친구로 만드는 좋은 방법이었다. 우정을 맺는 데는 서로에게 말하는 방식도 중요했다. "농담을 하고, 의미 있는 대화를 하고, 서로 밀린 이야기를 나누며 시간을 보내는 것을 포함해 모든 유형의 의사소통은 관계를 우정으로 더욱 빨리 발전시키는 데 기여한다." 홀은 말했다. "보통의 친구 사이를 생각해보라. 다음번에 만나면 어떻게 지냈는지 안부를 물을 것이다. 그러면 상대방도 안부를 물어올 것이다. 이것은 의미 있는 행동이다. 자기 삶에 무슨 일이 일어나든 서로 맺은 관계에 현재를 끌어들이고 싶어 하기 때문이다. 안부를 물어볼 생각이 들지 않는 사람들이 얼마나 많은지 생각해보라. 그 사람들에게는 사무실을 걷다가 마주칠 때 단순히 가볍게 인사하는 게 전부다."

자기노출은 관계를 형성하고 유지하는 데 결정적으로 중요한 요인으로 자주 거론되지만, 홀은 자기노출 이외에도 중요한 요인이 있다고 강조했다. "꼭 친밀할 필요는 없다. 친밀감에 지나치게 초점을 맞추다 보면 서로 농담을 주고받고 상대에게 무슨 일이 일어나고 있는지 살펴보는 일의 가치를 간과하기 쉽다. 그렇다고 자기노출이 중요하지 않다는 것은 아니고, 다른 요인들도 중요하다는 뜻이다." 심지어 함께 비디오 게임을 하는 것도 텔레비전이나 영화를 함께 보는 것처럼 대학생들의 관계를 더 가깝게 만드는 것 같다. 홀은 "우리에게 밤새 함께 놀 친구가 있다고 칩시다. 함께 비디오 게임을 하는 십대보다 우리의 우정이 훨씬 우월하다고 누가 판단할 수 있겠어요?"라고 내게 말했다. 내가 비디오 게임에 대해 매우 비판적이었다고 털어놓자 홀이 웃으며 말했다. "둘 다 중요하겠죠. 대화하고, 장난치고, 밀린 이야기를 나누는 것 아니면 오로지 비디오 게임만 하는 것의 양자택일 문제가 아닙니다. 두 가지 모두 우정을 발전시키는 활동입니다."

우정을 형성할 때까지 함께 보내야 한다는 50시간이 길다는 생각이 들었다. '좀 더 빨리 유대감을 키우는 사람도 있지 않을까?' 이

때 우정을 맺고 싶은 마음이 금방 생기더라도 실제로 우정을 맺기까지는 시간이 걸린다는 아리스토텔레스의 말이 떠올랐다. 현실의 삶에서 50시간은 어떤 모습일까? 대학생은 일주일에 3시간 동안 수업을 함께 듣는 방식으로 50시간을 반 이상 채울 수 있다. 홀은 이렇게 설명했다. "대학교 신입생은 별로 어렵지 않게 30시간을 채울 수 있어요. 하지만 나처럼 배우자와 아이들이 있고 직업이 있는 사람은 상당히 힘들죠. 가장 친한 친구들에게도 시간을 내서 잠깐 들르기가 힘들어요. 우정을 형성하는 데는 시간이 본질적으로 중요합니다." 나도 홀의 말에 공감했다.

홀은 타인과 유대를 형성하는 대화를 하려면 감정적 에너지가 요구된다는 이론을 주장했다. "이런 대화를 할 때는 시간도 필요하고 위험을 감수해야 하죠." 그는 바우마이스터와 리리가 얘기한 대로 소속하려는 욕구를 충족하기 위해 사람들은 이러한 위험을 기꺼이 감수한다고 믿었다. 사람들은 이러한 진화적 욕구를 일단 충족하고 난 후에는 말을 줄이고 친구와 함께 있는 시간을 줄이면서 에너지를 아낀다. 궁극적으로 소속감을 최대로 느낄 수 있는 관계에 우선순위를 두고, 이러한 관계를 발전시키는 대화에 참여한다. 우정을 원하는 것만으로는 충분하지 않다. 홀은 이렇게 설명했다. "사람에게 시간을 투자해야 합니다. 이 점을 우선순위로 마음에 새겨야 해요. 정말 많은 성인이 자신에게 시간이 충분하지 않다고 느끼지만, 소속감을 주는 관계에 우선순위를 두지 않으면 그 관계를 발전시킬 수 없을 것입니다."

8장

디지털 세상의
우정

수영과 소풍을 즐긴 여학생 세 명이 그날의 이벤트에 대해 SNS에 포스팅할 사진을 고르는 문제로 한 시간 동안 싸웠다. 그중 한 명은 섭식장애를 앓고 있었다. 자녀가 하루 종일 스마트폰만 들여다본다면 좀 더 주의 깊게 관찰해야 한다. 늘 혼자 게임을 하는 것일까? 오전 내내 문자를 주고받은 친구는 온라인에서만 친구일까, 밖에서도 만나 어울리는 친구일까?

2010년 새해 전날 밤 사진작가 탄자 홀랜더Tanja Hollander는 메인주 오번Auburn에 있는 자택에 앉아 몇몇 친구와 대화를 나누고 있었다. 그녀는 인도네시아의 자카르타에서 영화 일을 하는 친구에게 인스턴트 메시지를 보냈다. 아프가니스탄에 주둔한 친구에게는 손편지를 쓰는 중이었다. 홀랜더는 아주 다른 세상에 살고 있지만 모두 자신의 삶에서 중요한 부분을 차지하는 두 친구와 자신의 관계에 대해 생각했다.

최근에 프로젝트를 진행하면서 사진을 찍은 친구들과 가족들에게 생각이 미쳤다. 스마트폰 화면을 스크롤하며 페이스북을 훑어보기 시작했다. 그러면서 페이스북 친구 626명이 미국 전역은 물론 세계 전역에 흩어져 살고 있다는 사실을 깨달았다. 친척, 어린 시절 친구, 대학 친구, 동료 예술가들로 이루어진 626명의 페이스북 친구는 그녀 삶의 여러 다른 부분들을 대변하고 있었다. 수십 년간 알고 지낸 사람도 있고, 알게 된 지 일 년이 넘지 않은 사람도 있었다. 사이가 가까운 사람도 있고, 타인이나 다름없는 사람도 있었다.

새해 전날 싹트기 시작한 생각은 며칠 후 다른 친구들이 저녁식사에 찾아오면서 구체화되기 시작했다. 홀랜더는 나중에 이렇게 기억했다. "우리는 이야기를 나누었고 정치나 예술 문제를 놓고 다투지는 않았습니다. 내게 우정은 저녁식사를 하려고 친구 집에 가거나 친구를 초대하고, 논쟁을 벌이거나 포도주를 지나치게 많이 마시긴 하지만 다음 날 아침에도 친구 사이는 여전한 것입니다."

홀랜더는 새 프로젝트를 시작하기로 결심했다. 프로젝트명은 '당신은 정말 내 친구인가요?Are You Really My Friend?'로 정하고, 목표는 모든 페이스북 친구를 직접 찾아가 허락을 받을 수 있으면 그들이 사는 집에서 그들의 모습을 사진에 담는 것이었다. 이 프로젝트를 완수하기까지 6년이 걸렸다. 홀랜더는 32만 킬로미터 이상을 여행하면서 미국 34개 주, 세계 12개국을 찾아갔다. 페이스북 친구 626명에게 연락하고, 각 개인을 알게 된 경위와 알고 지낸 기간을 기록하는 스프레드시트를 만들었다. 전체 626명 중 67명은 응답하지 않았고, 53명은 약속을 잡지 않았고, 21명은 거절했다. 14명은 사업체였고, 13명은 친구 명단에서 홀랜더를 삭제하거나 홀랜더가 그들을 삭제했다. 5명은 약속을 취소했고, 2명은 약속 장소에 나타나지 않았다. 그러나 나머지 사람들은 모두 수락했다. 아주 호의적인 사람들도 있어서 홀랜더에게 며칠 동안 숙식을 제공하면서 자신이 사는 동네를 보여주었다. 홀랜더는 424곳의 가정집을 방문하고 430장의 인물 사진 작품을 남겼으며 여행을 기록하기 위해 소셜 미디어에 사진 수천 장을 올렸다. 그녀는 이 프로젝트를 책으로 쓰고 영화로도 제작했다.[1]

나는 매사추세츠현대미술관Mass MOCA을 방문한 동안 우연히 이 전시회를 둘러보면서 사람들의 공적·사적 생활, 온라인·오프라인 세계를 가르는 경계를 살펴볼 수 있었다. 홀랜더가 추진한 프로젝트는 소셜 미디어 시대를 맞아 우정의 의미를 탐색하려는 탁월한 시도였다. 처음에는 모든 페이스북 친구를 완전한 의미에서 딱히 친구라고 부를 수는 없었지만, 막상 집으로 찾아가 그들을 직접 만나면서 가까워질 수 있었다. 하지만 애당초 소셜 미디어를 통해 연결되어 있지 않았다면 이런 깊은 연결은 결코 이루어지지 않았을 것이다.

소셜 미디어의 영향력

당신은 정말 내 친구인가? 이 시대에 생각해봐야 할 실존적 질문이다. '친구'라는 단어를 남발하는 현상이 친구 관계의 가치를 깎아내리고 있을까? 서로 연결된 세상에서 온라인 관계는 얼마나 가치가 있을까? 사실은 서로 분리되어 있는 걸까? 집으로 찾아갈 수 있어야 진정한 친구라고 부를 수 있을까? 사회의 일원으로 살아가면서 우리는 디지털 시대가 건강과 관계에 미치는 심리적인, 생리적인 영향에 대해 숙고하고 있다. 그래서 아이들이 화면을 지나치게 많이 들여다본다고, 십대들이 게임에 너무 빠져 있다고, 스마트폰 때문에 집중을 못 한다고, 문자를 주고받는 데 익숙하다 보니 한 문장을 제대로 완성하거나 얼굴을 맞대고 대화하는 것을 힘들어 한다고 걱정한다.

휴대전화, 인터넷, 소셜 네트워크 서비스가 몰고 온 기술 변화를 온몸으로 맞다 보면 그 속도와 위력에 강타당하는 것 같다. 1990년 대 들어 휴대전화가 널리 보급되기 시작했다. 2018년 미국 성인의 95%가 휴대전화를 사용하고 있었다. 2007년 인터넷에 즉시 접속할 수 있는 스마트폰이 등장했고 현재 미국 성인의 4분의 3이 소유하고 있다. 또 89%가 인터넷을 사용한다. 50세 이하 성인과 고소득 가구는 디지털화한 물건들에 잔뜩 포위되어 있다. 인터넷 미사용자는 대개 65세 이상이거나, 가난하거나, 서비스 제한 지역에 거주하는 사람들이다. 미국 교외 지역 거주민 10명 중 6명은 자신들이 사는 지역에서 광대역 인터넷에 접속할 때 문제가 있다고 말한다. 퓨 리서치센터가 소셜 미디어 사용을 추적하기 시작한 2005년부터 2018년까지 축적된 자료를 보면 소셜 미디어로 관계를 맺고, 뉴스를 보고, 정보를 공유하고, 오락거리를 찾는 미국인은 전체의 5%에서 69%로 증가했다. 성인 20명 중 1명에서 10명 중 7명으로 많이 늘어난 것이다.

페이스북은 모든 소셜 네트워크 사이트 중에서도 규모가 단연 크고, 소셜 미디어 과학도 지배하고 있다. 2018년 미국에서 페이스북에 가입한 성인은 전체의 약 3분의 2에 이르렀다. 한때 십대도 가입해서 활동했지만 부모나 조부모가 뉴스피드에 나타나기 시작하면서 인스타그램이나 스냅챗Snapchat으로 이동했고, 당신이 이 글을 읽을 때면 또 다른 어딘가로 이동할 것이다. 젊은이들의 전반적인 온라인 활동은 계속 증가하는 추세다. 2018년 십대의 95%가 스마트폰을 사용했고, 절반 가까이는 '거의 항상' 온라인 상태를 유지했다.[2]

소셜 미디어가 매우 새로운 매체이므로 그 영향력을 조사하는 과학도 새롭다. 외로움과 사회적 고립의 영향에 관한 연구가 25년 전 그러했던 것처럼. 하지만 소셜 미디어를 연구하는 과학은 다른 가정들을 바탕으로 출발한다. 우리는 사회적 관계가 건강에 영향을 미칠 수 있다는 사실을 발견하고 의외라고 생각했지만, 소셜 미디어가 건강에 영향을 미치지 않는다는 말을 들어도 역시 의외로 여길 것 같다.

새 기술이 미치는 영향에 대해 두려움과 공포를 느꼈던 역사는 소크라테스까지 거슬러 올라간다. 소크라테스는 당시 새롭게 등장한 글쓰기 탓에 사람들의 기억력이 약해진다고 탄식했다. 토머스 홉스와 토머스 제퍼슨은 산업사회가 등장하면서 생활의 중심이 교외에서 도시로 이동함에 따라 공동체 관계가 약해질 것이라고 경고했다. 기술 혁신의 영향을 연구하는 사회학자 키스 햄프턴Keith Hampton과 배리 웰먼Barry Wellman은 "우리는 스마트폰을 몹시 싫어하기 이전에 도시를 몹시 싫어했다."고 썼다.[3] 라디오, 비디오 게임, 심지어 만화책까지도 우리에게 당혹감을 안겼다. 텔레비전은 문화 수준을 하향시킨다고 생각되었다. 내가 우정에 관해 책을 쓰고 있다는 것을 알게 된 사람들은 소셜 미디어의 영향에 대해 뭐라고 쓸지 심심치 않게 물어보았다.

지금까지 알려진 사항을 살펴보면 다음과 같이 말할 수 있다. 우정, 진정한 우정은 별반 달라지지 않았다. 우정은 살아 있고, 잘 굴러가며, 어떤 측면에서는 번성하고 있다. 그렇더라도 바쁘게 생활하는 와중에 우정을 맺기 위해 시간을 내야 하고, 관계를 키우고 유지하기 위해 얼굴을 마주 보며 대화하는 것이 매우 중요하다. 즉 근접성이 중요하다.

우정을 낙관하는 근거 중 하나는 '스마트폰이 한 세대를 파괴하고 있는가?' 같은 관점에서 디지털 기술을 거론하는 많은 히스테리성 기사와 약간 더 냉철하기는 하지만 이러한 경향을 부추기는 과학 보고서가 실은 관계에 관한 것이 아니라는 사실이다.[4] 이런 기사들과 과학 보고서들은 대체로 기술과 소셜 미디어가 '웰빙'에 미치는 영향을 파악하느라 애쓰고 있다. 웰빙의 정의는 다양하지만 그 범위는 우울, 불안, 외로움, 고립공포fear of missing out, FOMO(소외되는 것에 대한 두려움을 뜻하며 특히 소셜 미디어에 대한 집착과 의존을 지적할 때 사용되는 개념 - 옮긴이), 행복의 척도는 물론 당연히 우정을 포함한 인간관계도 아우른다. 하지만 기술과 소셜 미디어가 관계에 끼치는 영향을 전반적으로 깊이 있게 다루는 것은 이 책의 범위를 넘어선다. 게다가 현재까지 산출된 결과도 상당히 뒤섞여 있어 여러 이론이 난무하는 형편이다. 외로움이 증가하고 있다고 하지만 연결이 증가 추세라는 연구 결과도 있다. 하지만 이 책이 출간될 때쯤이면 사실 관계가 좀 더 명확해질 것이다. 소셜 미디어의 영향이 뒤섞여 나타나므로 그 결과도 뒤섞이기 마련이다. 그리고 사실 그 영향은 요란하게 선전하는 것만큼 그렇게 극적이지는 않다. 최신 연구 결과는 소셜 미디어를 둘러싼 히스테리를 진정시키고, 이미 발생한 좀 더 미묘한 문제에 관심을 집중하도록 이끌고 있다. 또한 디지털 혁명이 구체적으로 어떤 방식으로 우정에 영향을 끼치고 있는지 이해하는 데 도움을 준다.

우선 큰 그림을 그려보자. 한 발짝 뒤로 물러서면 마치 점묘화가의 그림을 가까이서 보다가 뒤에서 보는 것처럼 연구를 보는 관점이 바뀐다. 스탠퍼드대학교에서 소셜 미디어 연구실을 운영하는 붙임성 좋은 캐나다인 심리학자 제프 행콕Jeff Hancock은 몇 년 전 소셜 미디어의 영향을 다룬 기사가 그다음 보도 내용과 충돌한다는 사실을 발견하고 당황했다. 둘 다 자신의 연구실에서 발표한 내용을 인용했기 때문에 더욱 그랬다. 그래서 행콕은 그때까지 쌓인 연구 내용들을 빠짐없이 재검토하기 시작했다. 주요 메타 분석법을 사용하기로 결정하고, 2006년부터 12년 동안 발표된 논문 226편을 검토하면서 소셜 미디어가 웰빙의 모든 가능한 척도에 미치는 영향에 관한 자료를 모았다. 이때 표본의 크기는 27만 5,000명 이상이었다. 2019년 학회에서 행콕이 발표한 연구 결과는 명쾌했다. "소셜 미디어를 사용하는 것은 본질적으로 맞바꾸기입니다. 자신의 웰빙을 위해 매우 작지만 통계적으로 의미 있는 비용을 지불하면서 매우 작지만 의미 있는 이익을 얻는 것이죠." 또 행콕은 더 나아가 웰빙에 미치는 모든 영향을 결합했을 때 기술 사용에 따르는 개인 간 차이는 "본질적으로 없었다."고 언급했다. 구체적인 결과를 보면, 0.2를 작은 영향으로 간주하는데, 이 연구에서는 0.01이었다.[5]

이런 결과는 다른 연구에도 반복적으로 나타났다. 옥스퍼드대학교 소속 실험심리학자인 앤드루 프르지빌스키Andrew Przybylski와 에이미 오벤Amy Orben은 2019년 초 논문 삼부작을 발표했다. 이 연구에서 가장 주목할 만한 점은, 청소년 35만 명 이상에 관한 자료를 엄밀하게 분석하고 0.5% 이하의 편차를 설명하며, 기술 사용이 청소년의 웰빙에 미치는 영향은 거의 무시해도 될 정도로 작다는 사실을 설득력 있게 제시했다는 것이다. 논문에서 두 사람은 같은 자료에서 얻은 다른 정보와 연구 결과를 비교했다. 감자를 먹는 것은 기술 사용과 거의 같은 정도로 십대의 웰빙에 부정적인 영향을 미치고, 안경을 쓰는 것은 기술 사용보다 더 부정적인 영향을 미친다. 하지만 누구도 감자를 먹지 말거나 안경을 쓰지 말라고 십대의 손목을 비틀지는 않는다.

새로운 연구들은 이 분야에서 과학자들이 지금까지 사용해온 통계적 방법의 함정을 드러낸다. 일부 연구는 부주의했다. 거의 모든 연구가 서로 연결되어 있는 데다가 참가자의 보고에 의존해야 하므로 신뢰하기 어렵다. 또 연구자들이 발견하고자 하는 결과에 맞춰 대부분의 연구가 의도치 않게 편향되어 있다. 이런 연구들은 대부분 기존의 대형 데이터 세트를 분석한다. 예를 들면 십대의 행동·태도·가치를 지속적으로 추적해 연구하는 미시간대학교의 '미래 조사Monitoring the Future' 같은 자료가 널리 활용된다. 그래서 프르지빌스키와 오벤은 여러 연구들을 비교할 수 있었다. 이러한 방대한 데이터 세트에는 온갖 종류의 자질구레한 정보가 가득 담겨 있다. 그로 인해 통계적으로만 의미가 있고 실제로는 별 차이가 없으며 종종 다른 연구 결과들과 충돌하는 결과를 산출하기 쉽다. 이 점을 명확하게 밝히기 위해 프르지빌스키와 오벤은 자신들이 표준 통계 절차를 따랐다면 동일한 데이터 세트를 이용해 엄청나게 많은 논문을 쓸 수 있었다고 계산해냈다. 계산에 따르면 1만 편의 보고서는 부정적인 스크린 효과를 입증하고, 5,000편은 아무 영향도 입증하지 못하고, 4,000편은 기술이 젊은이들에게 긍정적인 영향을 미친다는 결과를 산출했을 것이라고 주장했다. 프르지빌스키는 이렇게 설명했다. "우리는 이같이 유리한 결과만 골라내는 사고방식에서 벗어나 좀 더 전체적인 그림을 그리려고 노력하고 있습니다. 그래야 극히 미미한 스크린 효과를 현실의 맥락에서 규명할 수 있습니다."[6]

소셜 미디어가 결코 문제가 되지 않는다는 뜻은 아니다. 하지만 문제는 과학이 제시해온 것보다 미묘하게 나타난다. 실제로 소셜 미디어가 미치는 영향은 사용자에 따라 달라진다. 나이와 정신 건강 상태, 오직 이 두 가지만이 차이를 낳는 중요한 요인이다. 피츠버그대학교 미디어·기술·건강 연구센터에서 활동하는 통계학자 에리얼 셴사Ariel Shensa는 "어느 한 가지 발견이나 권고가 모든 상황에 들어맞는 것은 아닙니다."라고 강조했다.

높은 심리적 웰빙 수준에서 소셜 미디어를 사용하기 시작한 사람과 비교하면, 우울하거나 불안한 경향이 있는 사람은 소셜 미디어를 사용하면서 더욱 큰 위험에 빠질 수 있다. 그런데도 잠재적으로 문제를 안고 있는 사람들에 초점을 맞추어 진행된 연구는 거의 찾아볼 수 없다. 뉴욕의 헌터칼리지Hunter College 소속 임상 신경심리학자 트레이시 데니스-티와리Tracy Dennis-Tiwary는 이렇게 말했다. "문제 소지가 있는 스마트폰 사용은 정신 건강 문제를 일으키는 원인인 만큼이나 그 결과일 수 있으므로 다른 종류의 해결책들이 필요합니다. 이에 대한 해결책을 찾는 데 초점을 맞추어 연구 노력을 기울이고 자원을 투입해야 한다는 뜻입니다."[7]

새로운 차원의 소셜 미디어 연구는 좀 더 정확한 질문을 필요로 한다. 사용 빈도와 접속 시간을 포함한 소셜 미디어 사용 시간에만 지나치게 신경을 쓰다보면 내용이나 맥락을 무시하기 십상이다. 시간을 보내는 방법이 다양하다는 점을 고려할 때, 스크린을 보는 시간 자체는 본질적으로 무의미하다. 사용 시간만큼 또는 그 이상으로 누구와 무엇을 상호작용하느냐가 중요하다.

현실의 친구와 소셜 미디어 친구

이제 우정 문제로 돌아가 보자. 소셜 미디어가 우정과 관계에 미치는 영향에 대한 연구를 웰빙의 다른 척도가 끼치는 영향으로부터 분리하면 결과는 대부분 좋다. 은유로 표현하면 부가 부를 부른다. 오프라인에서 강력한 사회적 네트워크를 보유한 것은 온라인에서도 강점으로 작용한다. 디지털 커뮤니케이션은 또 하나의 연결 통로니까. 반대로 현재의 외로운 상황이 소셜 미디어 사용으로 더 악화된다는 점에서 사회적으로 빈약한 사람이 더욱 빈약해질 가능성도 있다. 그렇더라도 여러 정보가 뒤섞여 있는 데다가 이 문제는 분명히 나이와 관련이 깊다.

좀 더 깊이 살펴보기 위해 행콕의 메타분석 결과를 면밀하게 들여다보자. 행콕에 따르면 웰빙에 영향을 끼치는 요인들은 일반적으로 6가지 범주로 분류할 수 있다. 우울, 불안, 외로움, (삶의 의미를 찾는) 목적 지향적 행복, (순간에서 즐거움을 얻는) 쾌락적 행복, 그리고 관계다. 각 영향에 따른 결과를 분리해보면, 외로움을 제외한 불안과 우울은 유의미하지만 미미한 부정적 영향을 끼친다. 만족감과 관계는 유의미하지만 미미한 긍정적 영향을 끼친다. 6가지 범주 가운데 관계가 웰빙에 미치는 영향이 가장 크다. 작더라도 의미 있는 영향으로 간주하는 0.2 바로 아래인 0.19다. 따라서 관계 측면에서는 이익이 대가를 상회한다. 추가적인 온라인 연결이 강력한 긍정적 영향을 미치는 나이든 성인에게 특히 그렇다. 행콕은 이렇게 말했다. "나이든 사람들에게 소셜 미디어는 연결과 관계적 웰빙을 달성하는 진정한 수단이다." 소셜 미디어를 사용하는 나이든 성인은 장성한 자녀와 비친족 친구들의 지지를 더 많이 받고 있다고 응답했다.[8]

소셜 미디어와 온라인, 오프라인 인간관계의 교차점을 조사한 최초이자 유일한 연구는 현재 미시간주립대학교에서 교수로 재직하는 키스 햄프턴이 2011년 퓨리서치센터의 의뢰를 받아 실시했다.[9] 소셜 미디어가 관계의 질과 가치를 떨어뜨릴 수 있다는 우려가 있었지만 성인 2,255명을 조사한 결과에 따르면 소셜 미디어 활동을 적극적으로 펼치는 사람들이 온·오프라인 경계를 넘어 더 강력한 관계를 맺고 있었다. 그들은 소셜 미디어 비사용자보다 조언, 동료애, 친교, 아플 때 받는 도움 등의 형태로 사회적 지지를 더욱 많이 받았다. 연구원들은 "페이스북을 하루에도 여러 차례 사용하는 사람이 받는 지지는 결혼했거나 파트너와 함께 사는 사람이 받는 지지의 절반에 가깝다."고 썼다. 게다가 페이스북 사용자들은 정치 문제에 더욱 적극적으로 관여하고 타인을 잘 믿는다.

잘 알려져 있듯 페이스북은 '휴면 중인' 관계를 되살리는 역할을 했다. 〈애틀랜틱〉에 실린 최근 기사 〈페이스북: 우정이 결코 죽지 않는 곳〉은 이 점을 달리 해석했다. 이것을 좋은 경향으로 생각하든 성가신 경향으로 생각하든, 오랜 관계의 지속성은 새로운 현상이다. 햄프턴에 따르면 현재의 기술이 끼치는 영향이 과거의 혁신과 어떻게 다른지 진정한 역사적 차이를 보여주는 몇 안 되는 지점 중 하나가 바로 페이스북이다.

수세기 동안 기술의 변화는 이동성의 변화와 동일하므로 결국 관계의 밀도를 감소시킬 수 있다. 산업 혁명이 일어나기 전에 농업 중심이었던 미국에서 소도시 주민은 같은 지역사회에서 태어나고 죽었다. 주민끼리 사이가 매우 가깝고 밀도 높은 네트워크를 발달시켰다. 이 네트워크는 사회적 지지를 받거나 외양간을 지을 때는 이롭지만, 순응해야 한다는 압박을 받을 때는 그만큼 이롭지 않았다. 도시로 떠나는 사람들이 늘어나면서 이동성이 증가하자 공통 관심사를 가진 사람들을 찾기가 훨씬 쉬워졌다. 관계의 배타성도 줄어들었다. 네트워크가 유연해졌다. 학교를 졸업하고 나서 다른 도시에 정착하거나, 직장을 따라 이사하는 등 살아가는 단계에 따라 이동하는 경향이 증가하면서 유대의 지속성이 감소했다. 이러한 변화가 시작된 것은 휴대전화와 소셜 미디어 때문은 아니었다. 사람들은 갑자기 장소 기반 관계를 포기하고 새로운 유형의 온라인 관계를 선택하게 된 것이 아니다.

몇 가지 의미 있는 변화가 발생하기 시작했는데 결코 죽지 않는 우정도 여기에 해당한다. 우정이 죽지 않는 부분적인 원인은 요즈음 흔한 지속성이다. 사람들은 수십 년간 같은 휴대전화 번호, 아마도 같은 이메일 주소를 사용한다. 소셜 미디어에서 개인의 존재는 설사 활동하지 않을 때도 유지된다. 햄프턴은 이렇게 설명했다. "개인이 고등학교를 졸업하거나, 직장을 옮기거나, 거주지를 옮기면 사회적 유대를 잃으리라는 예상은 더 이상 현실과 맞지 않는다." 결과적으로 사회적 지지에 대한 접근성, 스트레스, 의견 형성이 모두 영향을 받을 가능성이 크다. 햄프턴이 확인한 또 다른 중요한 변화는 주위 사람들이 무엇을 하고 있는지 훨씬 더 잘 인식하게 되었다는 점이다. 이러한 현상은 작은 마을을 돌아다니는 소문을 떠올리게 하는 비공식적인 사회적 감시에 해당한다.

2011년 햄프턴이 퓨리서치센터에서 의뢰받아 실시한 연구에 따르면, 페이스북 연결망에서는 고등학교 시절부터 지속된 관계가 가장 높은 비율을 차지했다. 관계의 연속성이 분명하게 드러난 결과였다. 일반적인 페이스북 사용자들의 친구는 229명이었고 이들을 분류하면 다음과 같다.

22% 고등학교 친구

12% 확대 가족

10% 동료

9% 대학교 친구

8% 직계 가족

7% 자발적 집단 구성원

2% 이웃

나머지 31%는(30%가 되어야 하는데 반올림 때문에 1% 오차가 발생한 것으로 보임 - 옮긴이) 위에 나열한 어떤 범주에도 들어가지 않았다. 연구자들은 사용자들의 친구를 분류하고 나서 낯선 사람이거나 한 번만 직접 만났을 뿐인 사람들은 아주 소수만 포함되어 있다는 사실을 발견했다. 페이스북 친구 명단은 개인이 구축한 사회적 네트워크의 한계 너머까지 뻗어나가지만, 사용자의 40%에게는 가장 가깝고 신뢰하는 사람들이 페이스북에서도 모두 친구였다. 다시 말해 가장 가까운 원에 있는 사람들은 온라인에서도 오프라인에서도 친구였다. 이 점에 대해서는 다시 살펴볼 것이다.

2011년 퓨리서치센터 연구는 가까운 사회적 유대의 수와 다양성, 사회적 고립에 대한 조사 내용을 업데이트했다. 이 책의 7장에서 언급한 2008년 퓨리서치센터의 연구 결과는 2011년 연구 결과보다 좀 더 제한적이기는 하지만 '미국 성인의 4분의 1은 중요한 문제를 의논할 사람이 전혀 없다'는 개념을 수정할 수 있었다. 당시에 좀 더 정확한 수치는 25%가 아니라 12%였고, 2011년까지 9%로 떨어졌다. 평균적인 미국인이 손꼽는 절친한 사람의 수도 비슷한 유형을 보여서 2008년 1.93명에서 2011년 2.16명이 되었다. 두 연구 모두 휴대전화나 인터넷 사용이 미국인의 가까운 관계에 부정적인 영향을 미치고 있다는 증거는 제시하지 못했다. 인터넷과 휴대전화를 사용하면 대개 사회적 네트워크의 규모가 커지고 다양해진다. 소셜 미디어 사용자는 비사용자와 비교할 때, 절친한 사람이 없다고 대답하는 응답자가 적었고(5% 대 15%), 가까운 사회적 유대를 더 많이 맺고 있다고(2.27명) 보고했다.

사회적 네트워크를 살펴보면 소셜 미디어의 긍정적인 영향을 매우 분명하게 확인할 수 있다. 평균적인 미국인이 맺은 사회적 유대는 모두 634건으로, 가장 가까운 친구와 가족은 물론 다수의 훨씬 약한 유대를 포함한다. 기술 사용자의 사회적 유대는 평균 669건으로 비사용자의 평균 506건에 비해 네트워크 규모가 더욱 컸다. 인터넷을 많이 사용할수록 개인의 네트워크는 더 커지는 경향을 보였다.

퓨리서치센터 조사를 수행한 연구자들은 소셜 미디어 사용이 친밀감을 약화시키기는커녕 오히려 증진시킨다는 결론을 내릴 수밖에 없었다. "소셜 미디어 사용자들이 사회적 네트워크가 더 작다거나, 친밀감이 적다거나, 다양성이 부족할 수 있다는 우려는 거의 타당하지 않다. 전반적인 사회적 유대, 사회적 지지, 신뢰, 지역사회 참여도가 부족한 현상은 실제로는 낮은 교육 수준처럼 전통적인 요인에서 기인할 가능성이 훨씬 더 크다."[10]

이미 살펴보았듯 우정의 이면에는 외로움이 도사리고 있다. 소셜 미디어 사용이 어느 쪽으로든 외로움에 전혀 영향을 미치지 않는다는 행콕의 분석 내용을 읽고 나는 의외라고 생각했다. 하지만 2017년 피츠버그대학교가 실시한 대규모 연구에서 도출된 결과는 달랐다. 연구자들은 전국적으로 대표성 있는 집단에 속한 약 2,000명을 선택하고, 그들이 사용하는 11개의 서로 다른 소셜 미디어 플랫폼 사용 시간과 빈도를 조사하며, 동시에 그들의 웰빙 수준을 측정했다. 소셜 미디어에서 대부분의 시간을 보내는 사람들이 외로움을 느낄 확률은 2배 높았고, 소셜 미디어 사이트를 가장 자주 방문하는 사람들이 사회적 고립을 느낄 확률은 3배 높았다.[11] 하지만 이 연구는 외로움이 먼저인지 소셜 미디어 사용이 먼저인지는 알려주지 못했다. 이것은 1장에서 언급한 짐 하우스가 1988년 사회적 관계와 건강에 관해 발표한 논문에서 직면했던 '닭이 먼저냐 달걀이 먼저냐'의 문제와 같다. 이미 사회적으로 고립되었다고 느끼는 개인이 아마도 자가 치료의 일환으로 소셜 미디어를 더욱 많이 사용할 것이다. 이 연구 결과를 발표하면서 책임 저자인 브라이언 프리맥Brian Primack은 "'직접적인' 사회적 배출구가 적은 사람들은 대체물을 찾기 위해 온라인 네트워크로 눈을 돌릴 수 있다."고 설명했다. 한편, 소셜 미디어를 많이 사용할수록 사람들이 더 큰 소외감을 느낄 가능성도 있다. 이중 어떤 설명이 타당한지 규명하는 것이 중요하다.

온라인과 오프라인 친구는 겹친다

여기까지 이 책을 읽었다면 우정의 깊이가 페이스북 수준을 능가한다는 사실을 납득했을 것이다. 생물학자와 사회학자가 정의한 우정에 따르면, 사람들은 친구를 지인과 다르게 대하고, 가까운 친구와 친밀하지 않은 사람을 구분한다. 자신의 오프라인 동심원에 있는 사회적 관계를 온라인 네트워크로 끌어오면 대개는 절친한 친구와 가족을 동시에 여러 경로로 접촉하는 셈이 된다. 햄프턴은 이렇게 설명했다. "대개 온라인 관계는 사실상 기존의 물리적 장소를 중심으로 형성된 후에 온라인으로 옮겨온 것일 뿐입니다. 학교, 친족, 직장을 중심으로 맺어진 관계죠. 이렇듯 온라인 관계는 대부분 오프라인에서 시작합니다." 반대로 온라인에서 관계를 맺어 친해진 사람들도 현실 세계로 이주한다. 햄프턴은 이렇게 덧붙였다. "다양한 미디어를 통해 유지되는 네트워크에 대해 이야기하는 것입니다. 우리는 관계를 맺은 사람들과 전화로 이야기하고 직접 만납니다. 이메일을 주고받고, 페이스북에서도 친구로 삼고요." 관계를 유지하기 위해 미디어를 많이 사용할수록 유대는 더욱 강해질 가능성이 크다.[12]

'친구'라는 명칭을 광범위하게 쓰더라도 사람들이 사이가 가까운 친구와 사이가 먼 지인의 차이를 모르는 것은 아니다. 사람들은 이보다 영리하다. 미시간주립대학교 소속의 다른 연구자 집단은 페이스북을 사용하는 것은 관계 유지 통로를 추가로 확보하는 셈이어서 오프라인 관계를 보완할 수 있음을 보여주었다. 사용자들은 페이스북 친구의 25~30%가 '실제 친구'라고 응답함으로써, 자신의 원 안에 있는 여러 종류의 관계를 완벽하게 구분할 수 있다는 사실을 입증했다.[13] 오랜 관계를 지우는 걸 주저하기 때문에 친구 명단은 늘어나지만 가장 친한 친구는 군중 속에서도 눈에 띄는 법이다.

스마트폰으로부터 관계를 보호하려면?

이제 주의해야 할 사항을 살펴보자. 디지털 기술은 개인의 네트워크를 확장해 줄 수 있지만 개인적인 순간들을 방해하기도 한다. 스마트폰을 내려놓지 못하거나, 옆에 있는 사람에게 집중하지 않고 소셜 미디어 피드에 몰두하거나, 구글 검색을 하느라 대화를 제대로 이어가지 못하는 사람들이 상당히 많다. 이러한 문제는 십대뿐 아니라 성인에게서도 나타난다.

우리는 스마트폰이 늘 곁에 있기에 생겨날 수 있는 단절을 상상하지 않는 경향이 있다. 2012년 실시한 실험에서 연구자들은 옆에 스마트폰이 있기만 해도 처음 만난 두 사람이 주고받는 대화의 질에 영향을 미치는지 알아내고자 했다. 참가자들은 "지난 한 달 동안 자신에게 일어난 흥미진진한 사건"에 대해 얘기하라는 요청을 받고 나서, 스마트폰이 있는 경우에는(통제된 상황에서 노트패드가 있을 때와 대비해서) 특히 일상적이지 않고 의미 있는 대화를 할 때 형성되는 친밀감이 적었다고 보고했다.

스마트폰은 부모와 어린 자녀의 관계를 방해한다. 이 사실은 앞에서 설명했던 애착에 대한 볼비의 연구 결과를 떠오르게 할 뿐만 아니라 다른 관계에도 함의하는 바가 있다. 트레이시 데니스-티와리와 동료들은 무표정 패러다임이라는 고전적인 심리 실험을 재설계했다. 상호작용이 적은 우울한 어머니에게서 양육될 때 아기가 어떤 영향을 받는지 평가할 목적으로 설계한 실험이다. 어머니는 아기와 놀아주다가 무표정해지며 더 이상 아기에게 반응하지 않는다. 아기에게도 괴롭고 어머니에게도 버티기 힘든 상황이다. 심리학자들은 어머니가 다시 반응을 보이면서 놀아주기 시작할 때 발생하는 현상에 특히 관심을 쏟았다. 아기들은 얼마나 빨리 회복할까? 데니스-티와리 팀은 무표정을 스마트폰으로 대체해 실험을 실시했다. 부모가 아이와 놀아주다가 2분 동안 스마트폰을 들여다보았다. 부모를 디지털 세계에 빼앗기고 나면 대부분의 아이들은 원래 실험에서 어머니의 무표정한 얼굴을 보았을 때와 마찬가지로 괴로워했다.[14] 데니스-티와리는 이렇게 결론을 내렸다. "스마트폰은 부모와 아이가 서로 주파수를 맞추는 과정을 파괴한다. 개인이 스마트폰에 몰두할 때는 고개를 아래로 숙이는 데 그치지 않고 사회적으로 아무 정보도 주고받지 못하므로 마치 부재한 상태와 같다."

이 유용한 연구 결과는 스마트폰에 몰두하는 행위가 주위 사람에게 어떤 영향을 미치는지에 우리가 왜 관심을 기울여야 하는지 알려준다. 자녀 앞에서 스마트폰을 사용하지 말라고 부모에게 충고하거나, 같이 있는 사람에게만 집중하라고 기대하는 것은 비현실적이다. 하지만 저녁식사에 초대받은 손님들에게 식사 전 스마트폰을 바구니에 넣게 하는 것은 건강한 시도다. 대화할 때는 눈을 맞추는 것이 중요하다. 그러면 뇌에 있는 사회적 네트워크가 자극을 받으면서 우리에게 필요한 건강한 양질의 관계를 유지하도록 돕는다.

스마트폰에 몰두하는 바람에 우리가 서로의 존재감을 상실할지 모른다는 우려 속에서 창의적인 움직임이 생겨나고 있다. 영화제작자인 티퍼니 슐레인Tiffany Shlain은 과학 기술에 반대하는 운동과 거리가 먼 사람이다. 웨비상Webby Awards(우수한 인터넷 사이트에 수여하는 상-옮긴이)을 제정했고, 국제 디지털예술 및 과학아카데미도 공동 설립했다. 하지만 가족을 위해 '기술 안식일Technology Shabbat'을 정했다. 금요일 일몰부터 토요일 일몰까지 특정 활동을 금지하는 유대교 관습을 본떠 매주 24시간 동안 스크린을 바라보는 활동을 자제하는 것이다. 그녀의 가족에게 기술 안식일은 앞에 있는 사람들과 '함께하는 것'이다.

이것은 관계를 보호하기 위한 규제를 삶에 적용한 사례다. 캘리포니아대학교 버클리캠퍼스 소속 사회학자 클로드 피셔Claude Fischer가 염두에 두었을 법한 대책이다. 피셔는 사람들이 환경을 바꿀 수 없을 때 친구와 가까운 관계를 유지하기 위해 필요한 일은 무엇이든 하면서 상황에 적응해가는 모습을 기록했다.[15] 오랫동안 사회적 네트워크를 연구해온 그는 2010년 발표한 저서 《여전히 연결된Still Connected》에 40년에 걸친 연구 내용을 담았다. 피셔는 그동안 발생한 주요 변화는 기술이었다는 사실을 깨달았다. 그의 책이 출간되었을 당시 다른 학자들은 기술의 영향을 어떻게 판단할지 여전히 고심하고 있었지만, 피셔는 "'미국에서 외롭고 친구가 없는 사람들' 모두 미디어에서 수다를 늘어놓는 것으로 보아 미국의 2000년대 우정은 1970년대만큼이나 건전하다."는 결론을 내렸다. 사람들이 우정을 누리는 방식에는 차이가 있었다. 친구를 집으로 초대하는 경우는 적어졌지만 집 밖에서 친구와 보내는 시간은 많아졌다.[16] 피셔는 "사람들은 핵심적인 관계를 보호하고 있다."고 강조했다.

딸 시에라를 잃고 털고르기를 해줄 새로운 상대를 찾으려 애썼던 개코원숭이 실비아를 기억하는가? 실비아가 자신의 핵심 관계에 집중했다고 볼 수 있을 것이다. 실비아는 핵심 관계를 재구축하려고 애썼고 자신에게 그러한 관계가 필요하다는 사실도 알고 있었다. 개코원숭이를 포함한 원숭이들이 유대를 강화하기 위해 하는 행동은 주로 털고르기다. 침팬지 같은 유인원은 털고르기 외에도 음식을 나눠 먹고 함께 사냥하며 유대를 강화한다. 인간은 가장 많고 복잡한 방법들을 구사한다. 이제 인간은 이미 갖추고 있는 모든 수단에 소셜 미디어와 디지털 기술을 추가했다. 기술이 발달하면서 인간이 우정을 쌓고 유지하려고 사용하는 수단은 바뀌고 있지만, 우정이 우리 삶에서 하는 역할은 바뀌지 않았다.

소셜 미디어와 십대

소셜 미디어를 주제로 글을 쓰면서 특히 십대에 관해 언급하지 않을 수 없다. 이 문제에서 십대는 성인이 느끼는 상당한 불안의 원천이기 때문이다. 십대는 학습하고 성장하고 있으며, 앞에서 살펴보았듯 십대의 뇌는 사회생활을 더욱 정교하게 영위할 수 있는 방법을 여전히 찾고 있는 중이다. 십대는 우정의 기복에 대처하는 능력이 어떤 의미로든 서툴다. 의심할 여지 없이 실수를 저지른다. 소셜미디어를 제대로 이해하고 사용하지 못할 때도 있다. 온라인에는 시각적 단서가 별로 없고, 인위적인 거리감과 익명성이 존재하므로 아이들은 얼굴을 맞대고는 꿈도 꾸지 못하는 말과 행동을 할 수 있다. 그래서 마음에 상처를 입고 남에게도 상처를 입힌다. 하지만 이는 부분적으로 청소년기의 특성 그 자체 때문이다. 캘리포니아대학교 어바인캠퍼스의 심리학자 캔디스 오저스Candice Odgers는 "젊은이들이 디지털로 서로를 연결하는 방식은 오프라인으로 연결하는 방식을 반영한다."고 설명했다.[17]

사실상 십대들의 우정의 핵심적인 특징은 학교 식당과 마찬가지로 인스타그램과 스냅챗에서 발견할 수 있다. 아이들은 온라인에서 자신을 드러낸다. 적절하게도 그냥 아는 지인들보다는 친한 친구들에게 자신을 드러내는 경향이 더 강하다. 숙제를 해결하고, 부모의 이혼을 극복하려고 조언을 구하는 등 자신과 관련된 온갖 일들에 대한 확인과 지지를 온라인에서 찾는다. 농담과 문화를 공유하고, 함께 게임을 하며 우정을 즐긴다. 물론 오프라인과 마찬가지로 온라인에서도 갈등을 빚는다. 약한 아이를 못살게 구는 녀석들과 고약한 여자아이들이 영향을 미치는 범위가 급속하게 늘어나고 있기는 하지만, 이들이 스마트폰을 통해 탄생한 것은 아니다. 아직 연구가 많이 진행되지는 않았지만 온라인에서 갈등이 해소되기도 한다. 예를 들어 이모티콘은 비언어적 단서가 없는 상황에서 의미를 분명하게 전달하는 데 유용하게 쓰인다.[18]

나는 이러한 사례를 일상적인 오후에 집에서 많이 목격한다. 우리 집은 아들들이 다니는 학교에서 몇 블록 떨어지지 않은 곳에 있다. 아이들은 운동을 하지 않을 때는 집에 일찍 들어와 소파에 눕는다. 많은 사람이 앉을 수 있고, 음료나 음식 부스러기를 흘려도 용서할 수 있도록 내가 신경 써서 고른, 여러 부분으로 이루어진 커다란 가죽 소파 세트다. 아들들은 학교를 마치고 나서 집에 올 때 언제나 친구 한 명 이상을 달고 온다. 어떨 때는 네 명 이상을 몰고 올 때도 있다. 그러면 누가 먼저랄 것도 없이 소파에 앉아 비디오 게임에 몰두하기 시작한다. 아이들이 좋아하는 게임은 NBA2K, FIFA, Fortnite 등으로 매년 바뀌지만, 게임을 즐기는 마음은 그대로다. 직접 만나서 게임을 할 때는 짝을 지어 경쟁한다. 놀러 온 친구가 없으면 헤드셋을 끼고 온라인에서 친구들과 대화하며 게임을 즐긴다. 내가 이 원고를 쓰고 있는 동안에도 알렉스는 내 서재 옆방에 있는 소파에 앉아 네 집 건너에 사는 찰리와 게임을 하고 있다. 이렇게 온라인으로 만나서 게임을 하는 친구 중에는 같은 블록에 사는 친구도 있고, 같은 도시지만 멀리 사는 친구도 있다. 아이들은 이따금 오리건주에 사는 사촌과 게임을 하기도 한다.

비디오 게임을 좋아하는 것은 내 아들들을 포함해 또래 아이들의 전형적인 모습이다. 비디오 게임, 소셜 미디어, 스마트폰은 십대들이 친구를 만나고 상호작용하는 데 필수불가결한 역할을 한다. 2015년 퓨리서치센터는 십대, 기술, 우정에 관해 대규모 조사를 실시했는데, 십대의 절반 이상이 온라인에서 친구를 새로 사귀고(이런 경향은 여자아이들보다 남자아이들에게 더 강하다), 88%는 친구에게 적어도 가끔씩 문자를 보내고, 55%는 매일 문자를 보낸다고 보고했다. 십대의 거의 4분의 3은 소셜 미디어에서 친구와 시간을 보내고 4분의 1은 매일 그렇게 한다. 하지만 십대가 친구와 주로 상호작용하는 곳은 학교라는 점이 중요하다. 또한 거의 전부에 해당하는 95%는 이따금 학교 밖에서도 친구를 직접 만나 시간을 보내고, 25%는 매일 그렇게 한다.[19]

남자아이들에게 비디오 게임은 우정을 쌓고 유지하는 데 결정적으로 중요한 역할을 한다. 2018년에는 남자아이들의 97%가 비디오 게임을 했다. 내 아들들과 마찬가지로 남자아이들은 혼자 게임을 하는 법이 거의 없다. 이런 놀이는 남자아이들이 우정을 쌓고 유지하는 매개체다. 남자아이의 3분의 1 이상이 잠재적인 새 친구를 만났을 때 교환하는 첫 세 가지 정보에는 게임기 컨트롤러가 있다. 이렇게 하는 여자아이는 7%에 불과하다. 퓨리서치센터의 보고에 따르면 사람들은 "협업하고, 대화하고, 뒷담화하려고" 음성연결을 사용한다. 다른 사람과 함께 게임하는 남자아이들의 71%는 음성연결을 사용해 상대방과 대화한다. 온라인으로 게임하는 사람의 4분의 3 이상은 원래 알고 지내던 친구들과 온라인 게임을 할 때 그들과 한층 가까워진 느낌이 든다고 말했다.

여자아이들에게 주요 변화는 문자 메시지다. 모든 십대에게 문자가 주요 의사소통 수단이기는 하지만 남자아이들보다 여자아이들이 문자를 더 많이 활용한다. 십대는 하루 평균 60통의 문자를 보내는데, 한 14세 여자아이는 뉴욕타임스 기자에게 자신은 하루에 900통의 문자를 보낸다고 말하기도 했다.[20] 이 문제와 관련해 남자아이들보다 여자아이들에 대해 좀 더 우려하는 이유가 있다. 2019년 실시한 연구에서 에이미 오벤은 여자아이들이 소셜 미디어에 시간을 쏟는 바람에 삶에 만족하는 정도가 하락할 가능성이 크다고 경고하는, 작지만 통계적으로 유의미한 징후를 발견했다.[21] 오벤은 이어지는 연구들을 통해 이런 현상의 원인과 개인차를 조사할 계획이다. 여자아이들이 남자아이들보다 우울과 불안을 겪을 확률이 조금 더 높을 수도 있다. 또 모든 사진에서 멋진 모습을 보여주어야 한다는 사회적 압력이 남자아이보다 여자아이에게 더 크게 작용할 것 같다. 최근에 나는 수영과 소풍을 즐기며 재밌게 하루를 보낸 대학생 무리에 관한 이야기를 들었다. 집에 돌아오는 길에 그들 중 세 명의 여학생은 그날의 이벤트에 대해 포스팅할 사진을 고르는 문제로 한 시간 동안 싸웠다. 그중 한 명은 섭식장애를 앓고 있었다. 저변에 깔려 있던 문제가 드러나며 악화되는 현상과 소셜 미디어 사용의 양면성을 보여주는 사례다.

모든 청소년에게 '온라인에 접속해 있지 않다면 무엇을 하고 있겠는가?'라고 물어보는 것이 공정할 것이다. 문자나 비디오 게임을 통한 상호작용이 직접 만나 대화하는 것만큼 가치 있다고 입증해주는 증거는 없는 반면에 그만큼의 가치가 없음을 시사하는 증거는 많다. 관련 연구가 여전히 진행되는 중인데, 에리얼 셴사의 최신 연구에서 현실의 친밀감과 우울 증상의 관계를 발견하면서 이 문제에 접근할 수 있었다. 실제 친구들이 소셜 미디어 친구 중 상당수를 차지해 온라인 친구와 오프라인 친구가 많이 겹치는 청년들은 그렇지 않은 청년들과 비교할 때 우울하지 않을 가능성이 더 크다. 셴사는 이렇게 말했다. "소셜 미디어를 직접적인 사회적 관계를 확장하는 도구로 사용하는 것은 정말 좋은 시도이다. 관계를 맺는 또 하나의 방식이다. 하지만 낯선 사람에게 그러한 종류의 노출을 시도하는 행동은 위험할 수 있다."

자녀가 온라인에서 너무 많은 시간을 보낸다고 걱정하는 어른들은 한 발자국 물러서서 자신이 우려하는 현상을 좀 더 주의 깊게 관찰하는 것이 좋다. 내가 푸에르토리코에서 집에 돌아왔을 때 아들 제이크와 친구 크리스티안에게서 보았던 우정이 온라인에도 존재할까? 아니면 아이는 언제나 혼자 게임을 하는 것일까? 열다섯 살짜리 여자아이가 아침 내내 문자를 주고받은 친구들과 쇼핑센터나

축구장에서도 만날까? 아니면 집에 박혀 수동적으로 스마트폰만 만지작거리고 있는 것일까? 이 차이는 상당히 의미심장할 수 있다. 소아청소년과 의사들은 문제 소지가 있는 소셜 미디어 사용을 그 자체의 문제로 보기보다는 더 큰 증후군의 일부로 보기 시작했다.[22]

아이들의 소셜 미디어 사용이 정상 범위에 들어 있더라도 어른들은 자신이 잘 모르는 세계라 좋아하지 않을 수 있다. 나는 아이들이 친구들과 '대화하지' 않는 것 같아 이따금 불평한다. 하지만 아이들에게는 문자가 곧 대화다. 그럴 때면 내 십대 시절을 되짚어 본다. 나를 포함해 또래들은 친구와 저녁마다 수다를 떠느라 지나치게 오래 수화기를 붙들고 지냈으므로 경제적 여유가 있는 부모들은 외부에서 걸려오는 전화를 받으려고 전화선을 따로 개통하기도 했다. 아버지 역시 나에게 '후회할 수도 있으니 하고 싶은 대로만 하지 말고 절제해라.'라고 말하고 싶었을 것이다.

부모도 아이도 상식을 발휘해야 한다. 연구자들이 소셜 미디어 사용 시간의 기준을 세우는 것이 도움이 된다. 프르지빌스키는 '딱 적당한' 수준으로 디지털 기술을 사용할 수 있다는 골디락스 가설을 발전시켰다. 그와 동료는 "디지털 기술을 적당히 사용하면 본질적으로 해롭지 않고 연결된 세상에서 이점을 누릴 수 있을 것이다." 라고 썼다. 일반적으로 적당한 사용은 평일 기준 하루 두 시간 이하를 가리키는 것 같다.[23] 다른 연구자들도 비슷한 결론을 내린다.

누구나 이 점을 기억했으면 한다. 소셜 미디어는 새롭고, 우정은 아프리카 사바나에서 영위하는 삶만큼 오래된 것이다. 우정은 결코 쉽게 사라지지 않을 것이다.

내 페이스북 친구들은 어떤 사람들일까?

소셜 미디어에 대한 모든 연구 자료를 읽고, 탄자 홀랜더의 프로젝트 내용을 샅샅이 검토하면서 나는 생각에 잠겼다. 어느 날 밤 조사를 좀 해보자고 결심했다. 개인 페이스북 프로파일(내게는 저자 페이지도 있다)에 들어가 보니 그 당시 친구가 793명이었다.

793명은 누구일까? 진짜 친구일까? 나는 페이스북 친구들을 하나씩 짚어가면서 어떻게 알게 되었는지 기억을 더듬어 분류하기 시작했다. 누구인지 즉시 파악하지 못하거나, 어떻게 아는 사이인지 기억하지 못하는 친구는 우선 '물음표' 범주에 넣은 후 나중에 다시 검토하면서 어떤 범주에 넣을지 궁리했다. 그 결과는 다음과 같다.

> 브루클린과 내 아들들이 다니는 학교: 274명
>
> 대학교: 178명
>
> 경력: 109명
>
> 파이어섬(15년 동안 여름 휴가를 보낸 곳): 57명
>
> 고등학교와 어린 시절(부모님의 친구를 포함해서): 62명
>
> 홍콩: 29명
>
> 친척: 26명
>
> 기타(남편의 동료, 이전 아이돌보미 등): 47명
>
> 물음표: 11명 (프로파일을 보고 나서 11명 중 9명은 다른 범주로 옮겼다.)

물음표 범주에 속한 사람은 그 이상은 나타나지 않아 나는 안도

했다. 또 프로파일은 여전히 살아 있는데도 두 명이 사망했다는 사실에 숙연해졌다.

793명은 적지 않은 수이므로 내 우정 유형은 분명히 획득적이었다. 내가 친구 및 지인과 맺은 관계는 지속적이기도 했다. 내게 친구가 많은 데는 몇 가지 다른 이유도 있다. 나는 지금 사는 동네에서 20년 동안 거주하며, 지역사회 활동에 매우 활발하게 참여해왔다. 아들들을 통해 세 학급의 부모들과 연결되어 있다. 남편과 나는 같은 대학을 다녔는데, 그 결과 거의 200명의 친구를 공유한다. 직업 때문에 공적인 공간에 나 자신을 노출해야 한다. 나는 첫 책을 출간하면서 페이스북에 가입했다.

793명 중 몇몇은 친한 친구지만 가장 가까운 친구 중 세 명은 페이스북을 하지 않고, 나머지는 페이스북에서 그다지 활발하게 활동하지 않는다. 793명 중에는 개인적으로 거의 만나지 않고 페이스북으로만 연결되어 있어 실제로는 친구가 아닌 사람들이 더 많다. 그런데 내가 이 책의 원고를 쓰는 동안 흥미로운 행사가 열렸다. 30주년 대학교 동창회가 열렸던 것이다. 내게 테디베어를 다시 안겨주었던 세라를 포함한 예전 기숙사 방 친구들, 최근에 일 때문에 매주 만나고 함께 원고를 쓰며 이런저런 일들을 견뎌내고 나서 다시 친해진 레아와 수잰을 동창회에서 만날 수 있어서 기분이 좋았다. 기숙사 방을 함께 썼던 다른 친구들(나는 1년 동안 9명과 함께 생활했다!)과 예전에 가깝게 지냈던 친구들도 만났다. 대부분은 가까이 살지 않으므로 동창회에서의 만남이 더욱 뜻깊었다. 우리는 맥주를 마시고, 밴드 연주가 멈출 때까지 춤을 추고, 과거를 회상하고, 함께 모인 것을 기뻐했다.

하지만 페이스북에서만 주로 소통했던 같은 학과 몇몇 친구들도 보고 싶었다. 우리는 친하지 않았고, 아마 앞으로도 가까워지는 일은 없을 터였다. 수천 킬로미터 떨어진 지역에 살고, 바쁘게 생활하며, 각자의 안쪽 원은 다른 친구들로 꽉 차 있을 것이다. 하지만 우리는 페이스북 친구이므로 나는 그들의 삶에 대해 약간 알 수 있었다. 신랄한 정치 평론가여서 나를 심심치 않게 웃겨 주는 친구도 있고, 최근 푸에르토리코를 황폐하게 만든 허리케인을 겪은 친구도 있다. 페이스북을 하면서 같은 학과를 졸업한 친구들의 아이들, 직업, 마라톤에 대한 열정 같은 것들을 알 수 있었다. 동창회에서 직접 만났을 때 우리는 손에 맥주잔을 든 채 일상적인 가벼운 대화를 건너뛰고 바로 의미 있는 대화를 할 수 있었다.

나는 "만나게 되어 반가워."라고 말했고, 정말로 반가웠다.

9장

우정과
유전자

비슷한 사람들이 함께 어울린다는 속담인 '유유상종'은 어느
정도 유전자와 관련된 현상이다. 친구들은 비슷한 특징을 지
닌 데 그치지 않고 유전자형 수준에서 서로 닮았다. "친구는
일종의 '기능적인 친족'일 수 있다." 우리가 상대의 유전자형
을 어떻게 인식하고 친구로 삼는지는 여전히 미지수다.

내가 획득적 우정 유형에 속하는 것은 아마도 사람 사귀는 것을 즐기는 가정에서 양육되었기 때문일 것이다. 손님을 초대하는 것은 어머니의 가장 큰 즐거움이었다. 어머니는 특별한 준비 없이 수시로 사람들을 초대해서 허물없이 어울리는 걸 좋아했다. 불시에 연락해 마침 시간이 있는 사람들을 모으거나, 시골에서 함께 음식을 만들며 주말을 보냈다. 그녀는 친구, 음식, 와인, 대화에 집중했고, 정치적인 대화가 포함되면 더 좋아했다.

내가 열아홉 살 되던 해부터 어머니는 이러한 모임 중 상당수를 메릴랜드주 동해안에 있는 컴프턴이라는 아름답고 유서 깊은 농가에서 열었다. 여기서 갖는 모임은 특이했다. 부모님은 친한 친구들과 함께 농가를 빌렸는데, 가족 단위로 돌아가며 그 공간을 활용하지는 않았다. 세 가족이 주말을 함께 보내면서 배를 타고 책을 읽고 들판을 거닐었다.

남동생 마이클과 나는 그 무리의 일원이었고 친구처럼 대우받았다. 내 남자친구였던 마크가 컴프턴에 처음 왔을 때도 그랬다. 나중에 우리는 그곳 정원에 있는 목련나무 아래서 결혼식을 올렸다.

내가 마크와 주말에 가겠다고 말하면 어머니는 "저녁식사에 누구를 부를까?"라고 대뜸 내게 물었다. 그다음에는 여지없이 "무슨 음식을 만들까?"라는 질문이 뒤따랐다. 어머니와 나, 음식을 함께 만들 여유가 있는 친구들은 요리책을 뒤지고 함께 장을 봐서 음식을 준비했다. 그러면 아버지는 이따금 부엌을 들여다보고 배를 타러 가고 싶은 사람이 있는지 물었다. 날씨가 추워지면 아버지는 서던컴포트와 베르무트를 섞어 '선원 유지용'으로 만든 술을 따라주며 마시라고 꾀었다.

지금 어머니는 심한 치매를 앓고 있어서 몇 년째 요리도 대화도 할 수 없다. 하지만 병이 진행되는 동안에도 나를 보며 가끔 "저녁 식사에 누구를 부를까?" "무슨 음식을 만들까?"라고 묻는다.

우리 가족은 어머니에게 내재한 손님 초대 유전자는 평생 사라지지 않을 것이라고 농담하면서도 눈물을 글썽였다. 사교성을 추구하는 어머니의 성향은 마치 DNA에 새겨져 있는 것 같았다.

나는 어머니의 딸이고 어머니처럼 자주 하지는 못하지만 비슷한 파티를 연다. 하지만 어머니의 파란 눈과 아일랜드인 특유의 얼굴빛은 물려받았을지라도 손님 초대 유전자 같은 건 물론 존재하지 않는다. 설사 그런 유전자가 있더라도 내가 대대로 손님 초대 유전자를 물려받은 자손이라고 느낀 적은 없다. 확실한 건, 어머니는 내가 어머니를 보고 배운 것처럼 손님을 초대하는 걸 즐기는 가정에서 자라지도 않았다는 점이다. 비록 어머니가 어렸을 때 요란한 생일 파티를 몇 번 열어주기는 했지만, 외할머니가 암으로 세상을 떠나시면서 당시 14세, 10세, 9세였던 어머니와 이모들에게 더 이상 파티는 없었다. 아내가 죽고 나자 외할아버지는 크게 상심한 나머지 더 이상 파티를 열지 않았던 것이다.

나는 어머니의 성인기에 이루어진 사회화가 주로 문화적인 영향에 기인했다고 추측한다. 어머니는 중산층, 도시, 전문직 문화에 속했다. 남편의 경험은 이와 달랐다. 마크는 펜실베이니아주 교외 지역의 철강·철도 노동자 가정에서 자랐다. 그곳에서 사회화는 모두 몇 킬로미터 내에 모여 사는 조부모, 삼촌, 고모, 사촌 등의 가족을 중심으로 이루어졌다.

하지만 지난 십 년 동안 과학자들은 어머니에게 손님 초대 유전자가 있는 것 같다는 내 농담에 일말의 진실이 담겨 있음을 발견했다. 사회화에는 유전자를 포함하는 생물학이 작용한다. 사회화의 방법 중 하나인 저녁 파티는 부분적으로 사회경제학과 서구 전통에 기인하지만, 그런 관습에 내재한, 타인과 함께하는 즐거움은 적어도 전적으로 그렇지는 않다. 사교적인 성향은 유전되므로 다음 세대로 이어진다. 타인과 강력한 유대를 맺으려는 욕구에서 태어난 우정은 진화의 산물이다. 유전자에는 자연선택이 작용하기 때문이다.

이제 내가 어머니에게서 친화력을 물려받았다고 말하는 것보다 이야기가 훨씬 복잡해진다. 손님 초대 유전자가 없듯, 우정 유전자나 그런 종류의 복잡한 형질이나 행동 유전자도 존재하지 않는다. 다른 말로 표현해서 유전자로는 훨씬 내성적인 친구인 엘리자베스와 나 사이에 존재하는 극히 작은 차이만 설명할 수 있을 뿐이다. 지난 20년 동안 후성유전학이 발달하면서 유전자와 환경의 상호작용 방식을 훨씬 정교하게 파악할 수 있었다. 설사 우정 유전자가 존재하고 내게 그 유전자가 있다 하더라도, 내가 살아온 경험이 우정 유전자의 발현을 억눌렀다면 나는 지금 수준의 사교성을 지니지 못했을 수도 있다.

그렇더라도 유전 분석의 대상인 두 가지 주요 동인은 사회적 행동에 적용될 때 많은 잠재력을 발휘한다. 유전학은 협동 욕구처럼 인간의 보편적인 성향을 설명하는 데 유용할 수 있다. 왜 어떤 사람은 수줍음을 타고 어떤 사람은 외향적인지 개인차의 원인을 밝힐 수 있을지도 모른다. 그에 비해 집단과 집단의 차이는 문화 때문에 발생하는 경향이 있다. 사회적 관계의 중요성이 점점 더 확실해짐에 따라, 게놈에서 해답을 추가로 찾는 것이 논리적인 수순이다. 우정과 우정의 영향을 연구하는 과학자들은 바로 이러한 연구를 추진하고 있다.

유전자가 비슷한 사람이 친구가 된다

7장에서 소개한, 사회적 네트워크를 연구하는 사회학자 니컬러스 크리스태키스는 이렇게 말했다. "유전학은 유전자가 어떤 방식으로 신체의 구조와 기능에 영향을 미치는지 이해하는 데서 출발했고, 그다음에 인간의 정신으로 관심을 돌렸습니다. 이제 나 같은 학자들은 유전자가 어떤 방식으로 사회의 구조와 기능에 영향을 미치는지 질문하기 시작했습니다." 내 어머니처럼 크리스태키스는 저녁 파티를 좋아한다고 했다. "내가 세상에서 제일 좋아하는 일은 친한 부부 두 쌍을 집에 초대해 여섯 명이 저녁 파티를 즐기는 것입니다."[1] 크리스태키스는 저녁 파티를 통해 지속적인 관계, 상호성(아마도 다음에는 그 친구들이 집으로 초대할 것이다), 와인과 함께 흐르는 긍정적인 감정 등 우정이 우리를 기분 좋게 만드는 요소들을 경험했다. 하지만 크리스태키스가 수행한 네트워크 연구의 대상은 여섯 명이 둘러앉은 식탁에 작용하는 역학이라기보다는, 천 명 아니 심지어 만 명이 들어찬 공식 축하 만찬에 작용하는 역학에 더 가깝다.

사회적 네트워크를 형성하는 요인을 찾으려고 노력하는 과정에서 크리스태키스와 제임스 파울러는 개인의 특징이 미치는 영향에 관심을 기울였다. 이웃의 사회적 네트워크 구조와 나의 사회적 네트워크 구조를 다르게 만드는 요인은 무엇일까? 네트워크의 형성 방식을 설명하기 위해 설계된 모델들은 대부분 개인차의 영향을 무시했다. 개인차에 대해 생각하면 자연스럽게 유전자에 생각이 미치고 진화생물학 개념을 적용하게 된다. 인간이 자신들의 네트워크 속성에 영향을 미치는 특징을 타고날 가능성을 탐색하기 시작하면서, 크리스태키스와 파울러는 "우리의 가장 본질적인 특징은 유전자에서 발견할 수 있다."는 것을 참작하게 되었다.

특정 형질의 유전을 살펴보려면 쌍둥이 사례 연구가 효과적이다. 과학자들은 유전을 완전히 이해하기 전에도 쌍둥이가 유전을 연구하기에 좋은 대상임을 인식하고 있었다. 1920년대 일란성 쌍둥이와 이란성 쌍둥이가 유전적으로 다르다는 것이 밝혀지면서 정설로 굳어졌다.[2] 일란성 쌍둥이는 하나의 수정란이 분열하여 두 명의 태아가 된 경우이고, 이란성 쌍둥이는 처음부터 두 개의 난자가 각각 태아로 자란 경우다. 그 결과, 일란성 쌍둥이는 DNA를 100% 공유하고, 이란성 쌍둥이는 다른 형제자매와 마찬가지로 유전자의 약 50%만 공유한다. 유전이 형질 발현에 현저하게 관여한다면 이란성 쌍둥이보다 일란성 쌍둥이에게서 더 비슷한 형질이 나타나야 한다. 같은 가정에서 자란 이란성 쌍둥이나 태어난 직후 헤어져 따로 자란 일란성 쌍둥이는 환경의 영향을 조사하기에 적합하다. 이러한 접근법은 개성, 지능, 기타 행동 특징을 결정하는 데 유전자가 관여한다는 사실을 입증할 목적으로 활용됐다. 이와 관련해 개인적인 불만이 있다. 남동생 마이클과 나는 쌍둥이다. 그런데 놀랍게도 마이클과 내가 성별이 다르므로 결코 일란성 쌍둥이일 수 없다는 사실을 모르는 사람이 많다. 쌍둥이의 유전학에 대해 진지하게 생각해본 사람들이 거의 없는 것 같다.

쌍둥이 연구는 몇몇 과학 저자들이 현대 생물학의 난제 중 하나로 지적했던 유전율 발달에 기여했다. 눈동자 색깔을 포함한 일부 유전 형질은 순전히 열성 유전자와 우성 유전자로 결정된다. 내 눈동자는 파란색(열성 유전자)이고, 남편의 눈동자는 갈색(우성 유전자)이다. 하지만 세 아들 가운데 제이크와 매슈, 두 아들의 눈동자가 파란색이다. 남편이 어머니에게서 열성 유전자인 파란색 눈동자 형질을 물려받아 전달했기 때문이다. 남편의 갈색 눈동자는 막내인 알렉스에게 유전되었다. 키를 비롯한 다른 형질들은 좀 더 변수가 많다. 개인의 키는 부모의 키와 상관관계가 크고, 여러 유전자에 따라 결정되며, 식습관과 환경의 영향도 받을 수 있다. 내 키는 168cm이고 남편의 키는 약 180cm인데 세 아들의 키는 모두 183cm를 넘는다. 확대가족을 구성하는 나머지 사람들의 키를 조사해보면 까닭을 알 수 있다. 확대가족 중 아직까지 내 키가 가장 작다. 다음 세대에 발현되는 형질의 차이를 어떻게 설명할 수 있을까? 형질이나 행동의 가시적인 발현(표현형)은 일부분은 유전학(유전자형)에 일부분은 환경에 기인한다. 본성과 양육은 환경에 따라 상대적인 기여도는 다르지만 늘 함께 작용한다. 유전자에서 비롯된 형질의 변이 정도를 유전율이라고 한다.

크리스태키스와 파울러는 바로 유전율을 찾고 있었다. 두 사람은 사회적 네트워크의 유전적 근거를 찾기 위해 먼저 쌍둥이 연구로 시선을 돌렸다. 다행히 미국 청소년과 성인 건강에 관한 장기연구National Longitudinal Study of Adolescent to Adult Health(애드 헬스Add Health로 알려져 있다)가 유전 정보와 우정에 관한 자료를 확보하고 있었다. 이 연구는 쌍둥이 1,110쌍에 관한 자료도 포함했다. 크리스태키스와 파울러는 일란성 쌍둥이와 이란성 쌍둥이를 유전적·사회적 측면에서 비교했다. 이 연구의 결과를 담아 2009년《미국과학원회보Proceedings of the National Academy of Science》에 발표한 논문은 모든 종을 대상으로 유전학과 사회적 네트워크를 최초로 결합한 논문이었다.[3] 이 논문에서 두 사람은 인간의 사회적 네트워크를 형성하는 데 필수적인 몇 가지 개인적 속성의 유전율을 계산했다.

여기서 사회적 네트워크 분석에 사용되는 용어들을 간단히 살펴보자. '중심성centrality'은 말 그대로 개인이 타인과 얼마나 잘 연결되었는지를 측정하는 척도이다. '강도strength'는 각 연결의 상대적인 중요성에 무게를 둔다. '고유 벡터 중심성Eigenvector centrality'은 특정인과 연결된 사람들이 각자 다른 사람들과 맺고 있는 연결의 강도를 계산해서 인기도를 측정한다. 멋진 사람들에게 멋진 친구들이 있다는 것을 보여주는 지표다. '전이성transitivity'은 한 개인이 접촉한 두 사람이 원래 친구이거나 서로 연결될 가능성이다. '정도Degree'는 내향성과 외향성을 모두 포함해 한 개인이 접촉하는 사람들의 수나 사회적 유대의 수를 가리킨다. 내향 연결 정도in-degree는 다른 사람들이 한 개인을 친구로 지명한 횟수를 반영한다. 외향 연결 정도out-degree는 반대로 한 개인이 지명한 친구의 수를 반영한다. 두 가지가 항상 상응하는 것은 아니다.

이러한 네트워크 지도는 알렉산더 콜더Alexander Calder의 복잡한 모빌과 닮았다. 무수한 3차원의 중심축과 바퀴살처럼 선과 원들이 더 많은 선과 원과 연결되며 중첩된다. 원은 개인, 선은 개인과 개인을 잇는 연결을 나타낸다. 하나의 사회적 네트워크 지도 중심에 있는 사람에게는 연결된 선이 많다. 반면에 가장자리에 있는 외톨이에게 연결된 선은 매우 적다. 두 개인의 차이는 노선 11개가 모이는 뉴욕시 타임스스퀘어 지하철역과 한 노선만 운행하는 외곽에 있는 정거장의 차이와 같다.

크리스태키스와 파울러는 전부는 아니지만 일부 네트워크 특징이 유전된다는 사실을 발견했다. 내향 연결 정도 및 외향 연결 정도와 관련된 수치를 살펴보면, 개인이 친구 집단에 연결되는 방식의 차이 거의 절반은 유전적 요인에 기인한다. 달리 표현하면 친구의 수에는 유전율이 작용한다. 키를 비롯한 다른 특징과 마찬가지로 친화성은 개인마다 다르다. 우리는 대부분 이런 결론을 의외의 사실로 받아들이지 않는다. 개개인이 수줍은 성격이나 외향적 성격을 타고난다는 사실을 이미 알고 있기 때문이다. 우정에 대한 취향은 다양하다.

놀랍게도 크리스태키스와 파울러는 한 개인의 친구들이 서로 친구일 가능성도 유전학으로 설명할 수 있다고 밝혔다. 크리스태키스는 이렇게 설명했다. "이것은 예상하지 못한 결과입니다. 가령 톰, 딕, 해리와 한 방에 있다고 칩시다. 딕이 해리와 친구인지 아닌지는 딕의 유전자나 해리의 유전자는 물론 톰의 유전자에도 달려 있습니다. 어떻게 그럴 수 있을까요? 친구를 서로에게 소개해주느냐 여부가 사람마다 다르다는 데서 원인을 찾았어요. 어떤 사람들은 자신을 중심으로 친구들의 네트워크를 형성하는 반면에 어떤 사람들은 친구들을 따로따로 사귑니다."

끝으로 한 개인이 네트워크의 중앙에 있든 주변에 있든 중심성의 29%는 유전자로 설명할 수 있다고 했다. 크리스태키스는 인기 있는 친구에 대한 사람들의 취향이 다르기 때문이라고 추측했다. "친구들에게 온전히 관심을 받기 위해 인기 없는 친구 네 명을 원할 수 있습니다. 반면에 같은 수의 친구를 사귀더라도 친구들이 서로 잘 연결되기를 바라기 때문에 인기 있는 친구를 원할 수도 있습니다. 자신에게 친구들의 관심이 많이 쏠리지 않더라도 친구들은 많은 연결을 형성하겠죠. 이것들은 서로 다른 전략입니다." 친구들을 서로에게 소개해주느냐 여부, 인기 있는 사람이나 인기 없는 사람을 친구로 선택하는 성향에서 드러나는 개인적 차이는 사회적 네트워크의 실제 구조에 최종적으로 반영된다. 그러므로 이 구조는 부분적으로 우리의 유전자에 기초한다.

2011년 크리스태키스와 파울러는 생물학적 연관성이 없는 친구들의 유전적 유사성을 알아보는 방향으로 연구를 진전시켰다. 그러기 위해서 같은 데이터베이스인 애드헬스 연구에서 6가지 유전자형을 조사했는데, 이번에는 친족을 제외했다. 그들이 도출한 결과를 보면 같은 성향을 지닌 사람들이 함께 모인다는 속담인 '유유상종'은 어느 정도 유전자와 관련된 현상임을 짐작할 수 있다. 친구들은 그저 비슷한 특징을 지닌 데 그치지 않고 유전자형 수준에서 서로 닮았다.[4] 연구 결과는 유럽계 혈통이나 아시아계 혈통처럼 같은 조상에서 유래한 체계적인 유전적 차이가 원인일 수 있다는 사람들의 예상을 훌쩍 뛰어넘는다. 달리 표현하면 우리는 그저 자신과 닮은 사람을 친구로 삼는 것이 아니다.

　　크리스태키스와 파울러는 이 연구를 확장해서 2014년 우정과 자연선택에 관한 논문을 다시 《미국과학원회보》에 발표하고, 친구들의 유전자형 상호관련성 수준이 10촌에 상응한다는 결과를 제시했다.[5] 이 결과는 애드헬스 데이터베이스뿐만 아니라 훨씬 더 큰 데이터베이스인 프레이밍햄 심장연구 자료에 적용했을 때도 바뀌지 않았다. 두 사람은 "친구는 일종의 '기능적인 친족'일 수 있다."는 결론을 내렸다. 우리가 이러한 '기능적인 친족'을 어떻게 인식하고 친구로 사귀는지는 여전히 미지수다.

사회적 행동의 개인차와 생물학적 원인

이 책의 출발점인 푸에르토리코 해안 건너 카요산티아고섬에서 마이클 플랫과 로런 브렌트는 히말라야원숭이 무리들에게 사회적 네트워크 분석을 적용하고 있다. 그들은 크리스태키스와 파울러의 연구를 따라 사회적 행동의 유전율을 최초로 탐구한 연구자들이기도 하다.

플랫은 펜실베이니아대학교에 있는 로버트 세이파스와 도로시 체니의 연구실에서 생물인류학과 대학원생으로 수련하면서 사회적 행동에 대한 강한 탐구심을 학문적 유산으로 물려받았다. 그는 예전에 이런 말을 했었다. "우리의 뇌와 몸이 합쳐 우정, 동맹, 연인, 적, 사회 등의 관계를 형성하는 방식을 이해하는 것보다 더 흥미진진하고 감동적인 일이 있을까요? 이러한 관계가 애당초 어떻게 무너지거나 아예 형성되지도 못하는지, 이러한 균열을 어떻게 메울 수 있는지 해독하는 것보다 더 의미 있는 일이 있을까요?"[6] 플랫은 듀크대학교에서 오래 근무하고 나서 2015년 펜실베이니아대학교 교수로 돌아갔다. 나는 거기서 그를 처음으로 만났다. 크리스태키스처럼 플랫은 아이디어와 활력이 넘쳤고, 방대한 지식과 통찰력으로 동료들을 놀라게 하곤 했다. 공식적으로는 신경생물학자지만 자폐증, 의사결정, 인간성의 본질 등 그의 연구 영역은 인류학, 영장류학, 신경경제학에 걸쳐 있다. 이렇듯 학문의 영역을 뛰어넘으면서도, 그의 모든 연구는 사회성, 좀 더 깊이 들어가면 우정이라는 주제를 다루고 있다.

카요섬에서 플랫은 사회적 행동의 개인차와 그 생물학적 원인이 될 만한 요소들을 파악할 수 있을 것이다. 성별과 나이, 생리 기능, 유전자, 신경 구조, 사회 구조, 최종적인 번식 성공과 진화적 적응 등 가능한 원인은 많다. 물고기, 다람쥐, 돌고래, 고래 등 대부분의 사회적 동물에게서 관찰할 수 있는 행동은 제한적이지만 히말라야원숭이는 대규모 인간 집단만큼이나 다채로운 영장류 사회의 축소판이다. 원숭이에 따라 사회생활에 깊이 참여하기도 하고, 주변을 맴돌기도 한다.

과거를 거슬러 고등학교 1학년 때를 생각해보자. 같은 반에 조용하거나 떠들썩한 아이는 없었는가? 친절하거나 못된 아이는 없었는가? 학구적이거나 운동을 잘하는 아이는 없었는가? 이렇게 개인차가 큰 까닭은 무엇일까? 카요섬은 많은 동물이 자유롭게 사회를 이루며 서식할 수 있는 환경을 제공하고 개별 동물에 대해 몇 세대를 거슬러 올라가 방대한 자료를 취합할 수 있다. 또 과학자들은 이곳에서 매년 동물들의 혈액 샘플을 채취하여 유전 정보를 수집한다. 이러한 과정을 통해 유전자가 어떻게 환경과 상호작용하며 행동 방식을 형성하는지 살펴볼 수 있다. 플랫은 이렇게 말했다. "동물이 카요섬에서 하는 모든 행동은 자신의 성공, 생존 능력, 번성하고 짝을 짓고 새끼를 낳는 능력에 영향을 미칩니다. 그런 점에서 우리는 진화가 일어나는 현장을 들여다볼 수 있어요."[7] 플랫은 대규모로 사회영장류학을 연구하려는 야심을 품고 있다. 그는 푸에르토리코에서 멀리 떨어진 필라델피아의 공원 벤치에 앉아 밝게 웃으며 이렇게 말했다. "원숭이들을 모조리 관찰해봅시다."

프로젝트를 진행하기 위해 플랫은 듀크대학교에 재직하던 2010년 로런 브렌트를 박사후과정 연구원으로 채용했다. 당시 브렌트는 원숭이의 사회적 관계와 스트레스 반응을 연결한 논문을 쓰기 위해 이미 섬에서 일 년을 보냈었다. 그녀는 더 강력한 사회적 유대를 형성하는 것이 적응적 행동이라면, 사회적 네트워크에서 중심에 가까이 있고 그럼으로써 더 많은 간접적인 연결(친구의 친구)을 형성할 가능성이 큰 동물들은 낮은 스트레스 반응을 보일 것이라는 이론을 제시했다. 브렌트는 연구 대상 동물 전체의 사회적 네트워크 지도를 작성하고 배설물에 있는 스트레스 호르몬 수준을 측정함으로써 의미 있는 계산을 할 수 있을 정도로 충분한 호르몬 정보를 확보할 수 있었다. 결과적으로 간접적인 연결이 많은, 지위가 높은 암컷의 스트레스 호르몬 수준이 훨씬 낮았다.

진 올트먼의 방법론을 토대로 플랫과 브렌트는 음식 먹이기, 물 먹이기, 이동하기, 상호 털고르기, 휴식하기, 싸우기 등 55가지 행동을 선택해 연구 조교들에게 사이온Psion 휴대용 단말기에 관찰한 내용을 입력하라고 지시했다. 각 원숭이는 주당 20분씩 추적했다. 시간이 별로 길지 않다고 생각할 수 있지만, 관찰 시간은 계속 축적된다. 프로젝트를 시작한 지 5년이 지나자 플랫과 브렌트는 450마리에 대한 오랜 시간에 걸친 관찰 자료와 900마리에 대한 DNA 자료를 수집할 수 있었다. 플랫은 이렇게 설명했다. "이 연구의 목적은 개체군에 있는 모든 동물의 특징을 완전히 파악하고, 시간을 두고 행동 특징의 지속성을 평가하는 것입니다. 그런 다음 최대한 완전하게 이런 행동들의 생물학적 의의를 판단하는 것이죠."

원숭이 크리스마스

카요섬에서 맞은 어느 비 오는 날 아침, 나는 얼마 전 1년 기간의 연구 조교로 채용된 대학원생 아파르나 찬드라셰카르Aparna Chandrashekar를 따라 배설물 샘플을 채집하러 나섰다. 비에 젖은 나무뿌리들이 미끄럽고 위험해 보였다. 어디선가 소라게가 불쑥 나타나기도 했다.

이것은 어릴 때 눈을 뜨면 침대 위에 원숭이가 매달려 있던 찬드라셰카르에게는 꿈의 직업이었다. 그녀는 동화책에 등장하는 귀여운 꼬마 원숭이 큐리어스 조지 때문에 바나나를 좋아하게 되었다. 이제 진짜 원숭이들이 그녀의 일상을 채웠다. 그녀는 할당된 집단에 속한 어른 원숭이 57마리에게서 일주일에 두 번씩 배설물 샘플을 채집했다. 작업이 순조롭게 진행되는 날에는 오전과 오후에 각각 15마리씩 모두 30마리의 샘플을 채집할 수 있었다. 찬드라셰카르는 아침마다 여섯 개의 시간대로 나눈 일정표와 그날 추적할 동물들의 명단을 챙기는 것으로 일과를 시작했다. 추적할 동물이 많이 남은 날도 있었고, 몇 마리만 남은 날도 있었다. 배설물 샘플을 채집하는 작업은 끊임없이 되풀이되는 과정이었다.

점심식사와 배낭을 우리에 두고 울타리를 빠져나오자마자 명단에 있는 원숭이 한 마리를 발견했다. 나이든 수컷인 94Z가 사육장 밖에 앉아 있었다. 94Z는 얼굴이 긴 삼각형 모양이었고, 등이 굽은 것처럼 걸었다. 찬드라셰카르는 휴대용 단말기에 94Z의 상세 정보 코드를 입력했다. 그런 순간에는 원숭이를 안심시키기 위해 이동을 멈추고 자리를 지켰다. 나머지 십 분간은 94Z가 먹이를 먹고 주위를 경계하며 계속 여기저기 둘러보는 모습을 기록했다. 94Z는 흥미로운 사례였다. 한때 다른 집단에서 우두머리 수컷이었다가 권력을 잃고 이 집단으로 옮겨왔기 때문이다. 아마도 94Z의 지배 유형은 자유방임형이었을 것이라고 찬드라셰카르는 설명했다. "94Z가 공격성을 드러내는 모습을 단 한 번도 본 적이 없거든요."

그렇더라도 94Z는 이따금 젊은 원숭이들에게 자신의 지위를 상기시켰다. 94Z가 땅을 치고 가까이 있는 젊은 원숭이를 매섭게 노려보자 찬드라셰카르는 "젊은 원숭이를 위협하고 있는 거예요."라고 말했다.

십 분이 지난 후 우리는 자리를 이동했다. 우리가 막 떠나왔던 사육장에 있는 주름진 지붕 위에 원숭이 세 마리가 함께 누워 있었다. 원숭이들이 금속 돌출부 위에서 좌우로 몸을 구르는 모습을 보면서 찬드라셰카르는 "저 원숭이들은 직접 등 마사지를 하고 있는 거예요."라고 설명했다. 비가 온 다음이었으므로 지붕에서 빗물이 뚝뚝 떨어지고 있었다. 한 원숭이가 몸을 구부려 물을 마시자, 다른 원숭이도 좋은 방법이라고 생각했는지 다가가서 동작을 따라 했다.

"저 녀석들은 비를 좋아해요. 빗물 놀이를 하는 거죠."

하지만 이렇게 쉽게 찾은 원숭이들은 하필 그날 추적해야 할 명단에 없었다. 그래서 외톨이인 1G9를 찾아 나섰지만, 어디에서도 찾을 수 없었다. 자주 모습을 감추거나 무리 속에서 어울리는 기간이 짧은 1G9의 성향 때문에, 이 원숭이를 관찰해서 기록하는 작업 일정이 한참 뒤처져 있었다. 그래서 찬드라셰카르는 밀린 기록을 채워 넣기 위해 매일 1G9를 찾아다녀야 했다.

"녀석은 주로 이곳으로 돌아옵니다." 1G9를 찾느라 원숭이 무리로부터 꽤 떨어진 수풀 지대에서 몸을 웅크리고 있던 찬드라셰카르가 말했다.

"덩치는 큰데 숨기를 좋아하는 게 확실해요."

우리는 지나가다 마주친 다른 연구자에게 물었다.

"1G9를 보았나요? 등 한 부분에 털이 빠져 있어요."

애석하게도 보지 못했다고 했다. 1G9가 선호하는 수풀의 건너편에 도착한 우리는 멀리 볼 수 있도록 수풀을 땅 쪽으로 눕혔다.

찬드라셰카르가 말했다. "나는 언제나 이곳에서 녀석을 찾습니다. 아마도 누군가에게 쫓겨서 달아났을 거예요. 이리로 돌아오겠죠. 늘 그랬어요."

찬드라셰카르는 1G9를 못 찾아 실망한 채, 다른 원숭이의 배설물 샘플을 채집하러 이동했다. 하지만 나중에 다시 이곳에 와야 할 것이다.

연구 프로젝트가 끝날 무렵이 되면 이렇게 시시각각 수집한 현장 자료를 통해 사회성에 대해 훨씬 큰 그림을 그릴 수 있을 것이다. 주간 자료를 취합하는 매주 금요일이면 연구자들은 푼타산티아고의 사무실로 돌아가 오후 내내 소프트웨어 프로그램에 자료를 업로드한다. 변위displacement에 입력해야 하는데 접근성에 입력하는 등 실수를 한 경우 메모를 해두었다가 다음 금요일에 수정한다.

조앤 실크가 암보셀리와 모레미에 있는 개코원숭이를 연구할 때처럼, 매해 연말이면 브렌트는 코드화된 방대한 스프레드시트를 편집해서 그해 자료의 마스터 파일을 만든다. 자료를 잘 정리하고 몇 가지 결정을 내려야 한다. 브렌트는 자료를 조합할 때 내가 아침에 찬드라셰카르와 함께 목격한 94Z의 행동 같은 관찰 기록들로 만든 그래픽 보고서도 포함한다. 2015년 털고르기 차트, 2016년 공격성 차트, 이런 식으로 자료를 뽑아볼 수 있다. 브렌트는 현장 팀이 투입한 노동의 성과를 직접 확인할 수 있도록 연구 결과를 담은 그래프를 '원숭이 크리스마스'라는 제목의 이메일로 보낸다.

브렌트는 또한 누가 누구 근처에 모여 있는지를 표시한 근접성 네트워크 지도를 작성한다. 근접성은 중요한 사회적 행동으로 보이지 않을지도 모른다. 둘이 직접 상호작용하지 않는다면 누가 가까이 있는지가 중요할까? 비인간 영장류의 경우에는 중요하다. 원숭이와 유인원은 낯선 존재에 관대하지 않으므로 근접성은 긍정적인 유대를 나타내는 신호다. 그래서 영장류학자들은 인간이 하루에도 수천 번씩 그렇게 하는 것처럼 서로 모르는 침팬지 무리를 비행기에 함께 태우고 비행하는 내내 조용히 앉아 있기를 기대한다면 대체 무슨 일이 일어날지 궁금하다는 농담을 한다.[8]

브렌트의 사회적 네트워크 지도에 점으로 표시한다면 1G9는 외톨이 점일 것이다. 아니나 다를까 2년 후 기록을 살펴보니 1G9는 찬드라셰카르가 관리하던 기간 동안 다른 동물과 털고르기를 한 적이 없었다.[9]

사회적 지위와 유전자

사회적 네트워크만 살펴보더라도 사회적 행동에 대한 흥미로운 사실 몇 가지를 알 수 있다. 암컷 히말라야원숭이는 자신이 태어난 집단에 머무르기 때문에 논리적으로 생각하면 암컷이 사회적 기술을 더 정교하게 발달시킬 것이다. 또는 모든 구성원을 아주 잘 아는 나이든 암컷이 사회에서 중심 역할을 담당할 것이다. 브렌트는 바로 이 사실을 밝혀냈다. 암컷은 사회적 네트워크에서 수컷보다 훨씬 큰 역할을 담당하고 있었다. 암컷은 털고르기 빈도나 근접성 정도가 높고 나이든 암컷이 공격을 받는 경우는 적었다. 브렌트는 "나이든 암컷이 능숙한 사회적 기술을 지닌 덕택에 곤경에서 벗어나는 방법을 잘 알고 있거나, 활력이 부족해 무리에 적극적으로 섞이지 않기 때문입니다."라고 설명했다.

자료를 광범위하게 입수하면서 브렌트는 모든 집단의 지배 서열을 파악할 수 있었다. 서열은 개체 사이에 상호작용이 발생하는 동안 기록한 승리와 패배를 토대로 작성했다. 브렌트는 '변위'를 이렇게 설명했다. "내가 다가갔을 때 당신이 비켜난다고 치죠. 그때 내가 당신이 앉았던 의자를 가로채서 이기고 당신은 지는 겁니다." 또 공포로 일그러진 표정을 짓거나 조용히 이빨을 드러내 보이는 것처럼 겉으로는 웃는 것 같지만 굴복할 테니 자신을 해치지 말라는 복종을 뜻하는 의례적인 몸짓도 있었다. 브렌트는 이렇게 설명했다. "아니면 그저 몸을 바깥쪽으로 기울이거나, 쭈그리고 앉거나, 개처럼 바닥에 눕는 겁니다. 원숭이가 그렇게 행동하면 완전히 항복한다는 뜻이에요."[10] 결과를 기록한 차트에는 몇 년에 걸친 승부에 따라 테니스 선수들을 성적 순서로 나열하듯 원숭이들의 서열이 순서대로 나열되어 있었다. 하지만 지배 서열이 사회적 네트워크 전체를 설명할 수는 없다. 지위가 높은 개체는 다른 개체들과 잘 연결된 경우가 많지만, 항상 그렇지는 않았다. 그래서 카요섬에서 활동하는 과학자들은 유전자로 관심을 돌려 특정 원숭이가 사회적 네트워크에서 특정한 자리를 차지하는 데 유전적 특징이 작용하는지 질문하기 시작했다.

행동의 이면에 작용하는 유전학을 이해하고 싶다면 가능한 몇 가지 접근법이 있다. 2003년 인간 게놈 지도가 완성되면서, 병인을 찾기 위해 특정인의 게놈 전체와 수많은 타인들의 게놈 데이터 전체를 비교하는 게놈 전체 연관성 연구genome-wide association studies, GWAS가 가능해졌다. 파킨슨병에 걸린 사람의 특정 유전자에서 다른 사람들에게서는 볼 수 없는 변이가 발견되었다면 이 유전자는 파킨슨병과 관계가 있다고 말할 수 있다. 유전자가 병을 유발한다고 말할 수 있는지 밝히려면 더 많은 연구가 필요하다. GWAS 기술은 지속적으로 향상되고 있지만[11] 초기에 쏟아지던 뜨거운 관심은 다소 수그러들었다. GWAS는 나이와 관련한 황반변성처럼 한 개나 몇 개의 유전자 변이와 관련된 질병을 연구하는 데 유용하다고 입증되었다. 하지만 좀 더 복잡한 특징이나 질병에서 유전적 변이를 밝힐 목적으로 GWAS를 활용하려면 비교 대상 피험자가 수천 명에서 수백만 명까지 필요하다. 10년 동안 노력을 기울인 결과 2017년 키에 관한 GWAS에서는 70만 명 이상의 게놈을 활용해, 인간의 키를 결정하는 데 영향을 미치는 유전자를 800개 가까이 밝혀냈다. 이 유전자들은 모두 합해 27%를 약간 넘어서는 키 유전율을 기록했다. 수년간 노력해서 키에 영향을 미치는 유전자 하나를 최초로 발견했던 연구자들은 당연히 기뻐했다. 하지만 다른 학자들은 키에 관해 여전히 많은 의문이 남기 때문에 지금껏 진행해온 신장 관련 연구가 시간 낭비이고 연구 결과도 실망스럽다고 생각했다.[12] 유전학 연구 물컵의 절반이 차 있다고 생각할지, 절반이 비어 있다고 생각할지는 보는 관점에 따라 완전히 다르다.

두번째 접근법은 연구 대상 질병이나 행동에 영향을 미친다고 생각할 만한 근거가 있는 후보 유전자를 선택하는 것이다. 그러려면 연구자가 찾고 있는 유전자가 해당 특징과 관련이 있다는 사실을 미리 알고 있어야 한다.

이것은 플랫, 브렌트와 동료들이 카요섬에서 채택한 접근법이었다. 그들은 뇌에서 사회적 보상에 관여함으로써 사회적 관계에 중요한 역할을 하는 세로토닌 경로를 연구하기로 결정했다. 인간의 경우에 그들이 연구한 대립유전자인 5-HTTLPR은 높은 불안 수준, 사회적 위협에 대한 민감성, 위험을 피하는 경향과 관계가 있다. 다른 대립유전자인 TPH2는 자폐증 및 우울과 관계가 있다. 브렌트는 "세로토닌 경로에 변이가 발생해서 더 낮은 기능을 하는 경로를 갖는다면 아마도 정말 반사회적인 원숭이가 될 것입니다."라고 말했다.

크리스태키스와 파울러의 연구를 충실히 반영한 플랫과 브렌트는 히말라야원숭이의 경우에 사회적 네트워크 지위가 유전될 수 있다는 사실을 발견했다. 관계가 가까운 동물들은 관계가 멀거나 없는 동물들보다 중심성 측면에서 비슷했다. 털고르기를 해주거나, 공격적인 태도를 보이거나, 다른 동물 가까이서 많은 시간을 보내는 것처럼 동물이 어느 정도 통제할 수 있는 사회적 행동은 유전될 가능성이 매우 높았다. 플랫과 브렌트가 분석한, 세로토닌 변이를 보인 히말라야원숭이들은 아마도 사회적 기술이 부족하거나 다른 동물에 대한 관심이 부족하기 때문에 친구와 동맹자가 더 적은 경향을 보였을 것이다. 2013년 〈과학보고서Scientific Report〉에 발표한 논문에서 그들은 이렇게 결론을 내렸다. "종합해 보면 이러한 연구 결과들은 다음과 같은 학설을 뒷받침한다. 당사자끼리 직접 관계를 형성하는 것을 넘어 다른 개체가 중개하는 사회적 관계를 형성하는 능력은 자연선택으로 이루어졌고, 이 능력이 영장류 사회의 진화에 결정적인 역할을 했을 거라는 점이다."[13]

플랫과 브렌트는 인간의 행동 차이와 관련한 유전자 변이를 찾아서, 사회적 지위의 차이와 관련 있어 보이는 원숭이의 유전자 연구와 연결했다. 이렇게 해서 연구자들은 보상이나 의사소통 등을 포함한 원숭이의 사회적 기능 모델을 정립해 자폐증 및 기타 장애를 앓는 사람들을 이해할 수 있는 단서를 제공했다. 그들은 우정의 기본 사항에 대해서도 더 많은 것들을 밝혀냈다. 네트워크의 중심에 있고, 서로 털고르기를 해주는 파트너가 많은 원숭이들은 집단 안에서나 밖에서나 개체들을 더 잘 구별하는 경향이 있는 것으로 보인다. 플랫은 이렇게 말했다. "그들은 큰 그림을 쥐고 있는 겁니다. 아마도 네트워크의 중심에 있는 개체들이 사회적 기술과 관심을 좀 더 많이 지녔다는 사실을 암시하겠죠."

카요섬에서 활동하는 연구자들은 아프리카에서 개코원숭이를 관찰한 방식을 따랐다. 사회적 네트워크와 게놈 자료에 비추어 번식 성공을 측정한 것이다. 브렌트는 말했다. "만약 정말 사회적이거나 공격적인 행동을 선택한다면 우리는 그렇게 행동하는 동물들이 더 큰 번식 결과를 얻을 것이라 예상합니다." 털고르기를 더 많이 받고, 다른 동물들 가까이서 함께 시간을 보내고, 네트워크의 중심을 차지하는 등 가장 사회적인 원숭이가 더 많은 새끼를 번식시켰다.

외로운 원숭이의 면역 반응

카요섬과 멀리 떨어진 이곳에서 작은 암컷 히말라야원숭이가 다이아몬드 모양으로 철사를 엮은 울타리에 수평으로 매달린 채로 나를 바라보고 있다. 머리를 한쪽으로 들어 올리고 입술을 벌려 이빨을 드러냈다. 캘리포니아대학교 데이비스캠퍼스의 영장류학자 존 캐피태니오John Capitanio가 "당신에게 보여주려고 '입맛 다시기lip smack'를 하고 있는 겁니다."라고 설명했다. 입맛 다시기는 약간의 두려움과 복종을 나타내면서 제휴하겠다는 의지를 표현한다. 캐피태니오는 암컷 원숭이의 몸짓과 자세를 가리키며 말했다. "이런 행동은 저쪽에 선 채로 털고르기를 선물하는 것이라고 할 수 있습니다. '와서 내 털을 쓰다듬으세요'라고 말하는 거죠."

나는 털고르기를 해줄 수 없었다. 안전하지 않기 때문이라기보다는 캐피태니오와 내가 바깥이 아닌 차 안에 앉아 있었기 때문이었다. 그는 내게 캘리포니아 국립영장류연구센터를 구경시켜 주었다. 데이비스에서 몇 킬로미터 떨어진 농지 한가운데 자리 잡은 이곳은 미국에서 일곱 군데뿐인 영장류연구센터 중 하나다. 서식하고 있는 약 4,500마리 원숭이 중 거의 대부분은 히말라야원숭이다. 카요섬에서처럼 이 원숭이들은 의학적으로 허가를 받지 않은 나 같은 방문객으로부터 병이 옮지 않도록 보호받아야 한다. 대부분의 원숭이들은 우리가 차를 주차했던 곳 같은 2,000제곱미터 면적의 우리들 안에서 서식한다. 우리에는 플라스틱 미끄럼틀, 기어오르는 탑, 그네 타기 로프, 굴릴 수 있는 통처럼 흔한 놀이기구들이 잘 갖춰져 있다. 각 우리에는 원숭이 50~150마리가 야생 상태로 모계 혈통을 따라 무리 지어 서식한다. 이곳에는 실내 연구실들과, 연구 진행 상황에 따라 수요가 발생하면 주택으로 개조할 수 있는 창고들도 있다.

40년 동안 히말라야원숭이를 관찰해온 캐피태니오는 데이비스 캠퍼스에서 많은 시간을 보내면서 박사학위를 받았고, 현재 신경과학 및 행동 부서를 총괄하고 있다. 홀쭉하고 머리카락을 길게 기른 캐피태니오는 대담하고 나이 지긋한 히피다. 그는 동물 행동 연구에 관심을 갖게 해준 매사추세츠대학교 애머스트캠퍼스의 이상심리학 수업에 오랫동안 발길을 끊었었다. 어느 화창한 날, 주머니에는 마리화나 담배가 들어 있고 밴드가 멋진 음악을 연주하고 있었다. 하지만 가톨릭 신자로서 느끼던 죄책감 때문에 자신도 모르게 강연장에 발을 들여놓았다고 했다. 해리 할로의 마지막 제자인 한 심리학자를 초청한 강연이었다. 그곳에서 강연에 빠져든 캐피태니오는 그 심리학자의 연구실 조교가 되었고 그 후로 록 그룹 그레이트풀 데드Grateful Dead에 심취했을 때만큼이나 헌신적으로 원숭이들을 따라다니고 있다.[14]

우리가 차 안에서 관찰하던 암컷은 대담하면서도 정중하게 나와 관계를 맺으려는 의도를 행동으로 표현했다. 인간과 마찬가지로 모든 원숭이가 낯선 개체에게 먼저 다가가는 것은 아니다. 오랫동안 연구 활동을 하면서 캐피태니오는 원숭이의 사회적 행동을 큰 틀에서 조망하면서 동시에 미묘한 차이를 감별하는 전문가가 되었고, 원숭이를 통해 인간에 대해 많이 알게 되었다고 확신했다.

여러 종의 행동을 비교 연구할 때는 그 행동을 가장 단순한 형태로 정제해야 한다. 캐피태니오의 작업은 우정을 가장 단순하게 정의하는 데서 출발했다. 그의 계산법에 따르면, 두 동물이 예측했던 것보다 더 자주, 갈등이나 공격 행위 없이 행복하게 어울리면 친구로 본다. 하지만 이러한 수학적 접근으로는 우리가 인간의 우정을 이야기할 때 의미하는 것을 포착하기 어렵다. 캐피태니오는 그렇다고 바로 인정하면서, 오랫동안 알고 지내 공유한 배경을 깊이 이해하고 연락이 끊겼던 지점에서 다시 관계를 이어갈 수 있는 오래된 친구를 예로 들었다. "두 원숭이 사이의 우정이 모든 면에서 인간과 같다는 뜻이 아닙니다. 문제는 정확히 같은 종류의 우정이 아니더라도 이 연구가 유용하냐는 것입니다. 물론 유용하다는 것이 내 생각이고요."

이 연구가 유용한 이유는 공통 조상과 상동성이라는 두 가지 주요 개념과 관계가 있다. 히말라야원숭이와 인간은 약 2,300만 년 전에 갈라졌다. 강연할 때 캐피태니오는 공통 조상의 하나인 이집토피테쿠스Aegyptopithecus를 자주 언급한다. 이집토피테쿠스는 "연결하는 이집트 유인원"이라는 뜻이고, 화석에 남은 흔적에 따르면 캐피태니오의 말대로 "아마 규모는 작았겠지만 내내 사회적 집단으로 살았다." 공통 조상을 두었기 때문에 종 사이에 존재하는 유사성을 상동성이라 부른다. 캐피태니오는 암컷 히말라야원숭이를 가리키며 이렇게 말했다. "상동성은 멋진 개념입니다. 저 녀석의 뇌에 있는 것과 비슷한 무언가를 인간의 뇌에서 발견할 개연성은 상사 상황analogous situation(기원이 다른 종에게서 발견되는 유사성 – 옮긴이)보다 상동 상황homologous situation(공통 조상으로부터 유래한 유사성 – 옮긴이)에서 훨씬 높기 때문입니다." 과학자들은 인간의 뇌와 우리가 관찰하고 있는 원숭이의 뇌에 상동한 구조가 있다고 여기므로, 이 원숭이들의 사회생활을 연구하면 인간에게 해당하는 진실을 배울 가능성이 크다. 또 캐피태니오는 자신이 수행하는 연구가 암보셀리와 모레미에서 개코원숭이를 대상으로 실시하는 연구들과 비슷한 결과를 도출해 유효성을 입증받고 있다면서 흥분했다. "다른 종들을 다른 과학자들이 다른 방법론으로 연구하고 있지만, 공통적으로 사회적 통합이 인간의 건강에 이롭다는 사실을 밝혀냈습니다."

이 분야에서, 또는 인간을 대상으로 하기는 불가능한 실험이 캘리포니아 국립영장류연구센터에서는 가능하다. 캐피태니오의 작업은 야생에서나 할 수 있는 관찰연구도 일부 포함하고 있다. 그는 원승이의 사회적 행동 목록 전체에서 개별 원숭이가 취하는 각각의 행동을 모두 관찰하는 방식으로 사회적 성향을 식별한다. "털고르기 행동은 큰 가치가 있습니다." 캐피태니오와 그의 연구원들은 관찰 기록을 근거로 원숭이별로 일종의 사회적 점수를 집계한다. 각 동물은 다른 동물에게 몇 번 접근했는가? 얼마나 자주 성공했는가?

캐피태니오는 각 원숭이 무리가 기질에 따라 상당히 균등하게 나뉜다는 사실을 발견했다. 무리 중 3분의 1은 사회성이 높아, 관계를 잘 맺으며 사회적 상호작용을 추구하고 성취한다. 3분의 1은 평균적이다. 나머지 3분의 1은 사회성이 낮아서, 집단의 나머지 개체들과 연결된 경우가 훨씬 적다. 캐피태니오는 다른 현상도 알아냈다. 사회성이 높은 개체들은 기질이 대부분 비슷했지만, 사회성이 낮은 개체들은 두 가지 범주로 나뉘었다. 일부는 내향적인 것 같았다. 사교 활동에 별로 참여하지 않으면서 적극적으로 활동할 다른 방법을 찾지도 않아서 다른 동물에게 접근하는 경우가 적고 그냥 지나치곤 했다. 사회성이 낮지만 둘째 범주에 속한 동물은 달랐다. 친구를 사귀고 같이 어울리려고 노력했다. 성공하는 빈도가 높지 않아서 노력한 만큼 관계를 맺지 못할 뿐이었다.[15]

시카고대학교에서 외로움을 연구하는 존 카시오포는 이러한 사실에 크게 흥미를 느끼고 동물의 외로움을 규명하는 모델을 만들면 어떨지 궁리하기 시작했다. 물론 원숭이에게 UCLA 외로움 척도를 적용할 수는 없었다. 원숭이의 외로움을 규명하는 모델을 고안할 수 있으면 인간에게서 더욱 파악하기 어려운 외로움의 생물학에 대해 무엇을 알 수 있을까?

카시오포는 UCLA의 유전학자 스티브 콜과 손을 잡고, 외로운 사람의 면역 체계 조절에 나타난 분명한 변화를 입증하는 첫 논문을 발표했다. 콜은 몇 년 동안 HIV를 연구한 덕택에 유전자 발현 현상을 쉽게 읽을 수 있었다. 콜은 자신이 발견한 현상에 매우 놀랐다. "외로운 사람들의 백혈구에서 활동성이 낮은 유전자들을 들여다보니 우연히 내가 지난 10년 동안 연구해온 항바이러스 반응에 관여하는 유전자들로 가득하더군요. 이러한 현상을 목격하면서 세상에 맙소사! 이 사람들이 그토록 자주 아픈 이유를 알 수 있었어요. 이것이 바로 질병을 얻는 통로였던 거죠."[16] 두 사람은 카시오포의 실험에 참가했던 더 큰 피험자 집단에서 처음에는 93명, 그다음에는 141명을 대상으로 앞선 연구를 되풀이했다.[17]

카시오포에게 캐피태니오를 소개해주었을 때 콜은 이미 캐피태니오와 함께 원숭이에게 작용하는 원숭이면역결핍바이러스SIV로 HIV 연구를 실시하고 있었다.[18] 비록 커밍아웃하지 않은 남성 동성애자의 경험을 히말라야원숭이에게 재현할 수는 없지만 콜이 언급한 대로 "성적 정체성을 드러내지 않는 심리에서 드러나는 만성적인 위협감을 합리적으로 복제"할 수 있었다. 캐피태니오는 안정된 무리와 안정되지 않은 무리, 두 종류의 사회적 집단에 원숭이들을 배치하는 방식을 써서 만성적인 위협감을 조성했다. 한 실험에서는 동물들을 우리 밖으로 꺼내 친숙하지 않은 동물들과 100분 동안 함께 두었다. 다음 날부터는 일부 동물들은 새롭지만 같은 동물들과 매일 함께 두어 서로 낯을 익힐 시간을 주고, 나머지 동물들은 매번 새로운 동물들과 함께 두었다. 원숭이에게 스트레스를 주고 싶으면 매일 다른 동물들과 함께 두면 된다. 캐피태니오는 이렇게 말했다. "같이 지낼 원숭이들을 매일 섞어서 투입합니다. 안정적인 집단의 원숭이들과 불안정한 집단의 원숭이들에게 같은 시간의 사회적 기회가 주어지더라도, 안정된 사회적 상황에 놓인 원숭이들이 더 정교하고 깊은 관계를 발달시킬 수 있습니다." 캐피태니오와 콜은 불안정한 상황에서 이처럼 인위적으로 사회적 스트레스를 유도하면, 콜의 연구 대상이었던 커밍아웃하지 않은 동성애자 남성들과 마찬가지로 실험대상 원숭이들의 SIV가 더 빨리 복제된다는 사실을 밝혀냈다.[19]

두 학자는 실험을 더 진전시켰다. 교감신경계의 신경섬유를 관찰하기 위해 원숭이에게서 바이러스가 복제되는 림프절을 제거했다. 이 신경섬유는 주로 투쟁 또는 도피 스트레스 반응으로 촉발되는 노르에피네프린norepinephrine 같은 신경전달물질을 분출함으로써 기능한다. 콜과 캐피태니오는 신경섬유가 SIV를 보유하고 있는 세포 옆에 있는지 알고 싶었다. 예상 밖으로 그런 세포들은 신경섬유 옆에 있는 정도가 아니었다. SIV는 신경섬유가 있는 곳에 훨씬 많았다. 콜은 이렇게 설명했다. "림프절에는 늘 신경섬유가 있습니다. 신경섬유는 혈관으로 둘러싸여 있고, 간혹 여기저기로 작은 가지를 뻗습니다. 하지만 동물들이 2주간 이렇듯 불안정한 상황에 놓이면 이 가지들은 사방으로 촉수를 뻗어요."[20]

콜의 예상과 전혀 다른 결과였다. 콜은 신경 분포가 대체로 정적인 경향을 띠어서 기본 발달 프로그램에 따라 설정되고, 그 상태를 유지하면서 신경전달물질을 분출한다고 배웠다. 콜은 이렇게 설명했다. "이렇게 작용할 때는 신경이 매우 활동적으로 보입니다. 사람이 오랫동안 스트레스를 받으면 신경이 더욱 많은 가지를 뻗으면서 기본적으로 뇌에서 면역 체계까지 커다란 파이프라인을 형성합니다." 두 사람은 스트레스를 질병으로 변형시키는 생물학적 기제를 적어도 한 가지 밝혀낸 것 같았다. 이러한 결과는 콜이 몇 년 전에 수행한 연구, 즉 인간 세포를 시험관에 넣고 HIV로 감염시킨 다음에 노르에피네프린을 첨가했을 때 얻은 연구 결과에 부합했다. 맙소사! HIV 바이러스는 더욱 신속하게 복제되었다.

이러한 연구들이 진행되는 동안 기본적인 실험과학 분야에서는 인간을 괴롭히는 거의 모든 질병에 염증이 일반적인 비료처럼 작용한다는 사실을 파악하기 시작했다. 콜은 스트레스에 직면했을 때 바이러스 반응을 차단하고 세균 저항성을 증가시키는 인간의 스트레스 생물학을 이용해 HIV가 진화했다는 것을 깨달았다. 먼 옛날에는 치료받지 못한 상처와 전염병이 인간의 사망 원인이었으므로 이것은 올바른 반응이었을 것이다. 하지만 전이성 암과 심장병 같은 만성 질환이 만연한 오늘날에는 정반대이다. 콜은 이렇게 설명했다. "인간의 항바이러스 반응을 차단하면 어떨까요? HIV 입장에서는 잠에서 깨어나 미친 듯이 복제하기에 좋은 환경이죠. 대부분의 바이러스는 스트레스 생물학에 잘 적응하여 바이러스에 대한 면역 반응이 차단됨과 동시에 활성화함으로써 인간 면역 체계에 대응하는 프로그램을 가동하도록 학습해왔습니다."

콜은 커밍아웃하지 않는 남성 동성애자의 행동을 주로 심리적인 현상으로 인식하고, 숙주의 경험이 바이러스의 행동에 어떻게 영향을 미치는지 탐구하는 방향으로 연구를 전환했다. 카시오포가 외로 움에 대해 알고 싶었던 것도 바로 이 점이었다. 그는 외로움을 위협 받고 있는 심리 상태로 보았다. 그리고 첫번째 유전자 발현 연구를 시행해, 외로움이 분자 수준에서 나타난다고 밝혔다. 원숭이에게 같 은 방식으로 조사할 수 있다면, 외로운 동물들의 림프절에서 비슷 한 현상이 일어나고 있는지 파악할 수 있다.

콜은 이렇게 강조했다. "유전자에 대해 우리가 배운 것은, 개인의 미래 모습을 확실히 결정하기 때문이 아니라 환경의 영향에 대한 민감성을 좌우하기 때문에 개인의 유전자가 중요하다는 것입니다. 유전자는 인간 단백질을 형성하면서 한 인간의 기본적인 구조를 배 열합니다. 하지만 나중에 실제로 어떤 사람이 될지, 어떤 단백질이 만들어질지에 관련된 거의 모든 사항은 주로 우리가 살아가면서 경 험하는 세계, 유전 프로젝트가 펼쳐지는 환경에 따라 결정되죠. 따 라서 우리는 특정 인간 게놈과 특정 삶의 공동 산물입니다." 어떤 유전자의 스위치가 켜지고 꺼지는지에 따라 생리 작용과 개인이 행 동하는 방식이 달라진다. 콜의 연구는 인간의 사회적 환경이 숨 쉬 는 공기, 먹는 음식 같은 물리적 환경만큼 중요한 요소라는 사실을 조명하고 있다.

콜, 카시오포, 캐피태니오는 캐피태니오가 과거에 식별해냈던 두 범주의 사회성 낮은 원숭이들 사이에 차이를 초래한 생물학을 탐구 하기 시작했다. 카시오포가 실시한 시카고 연구의 성인 피험자들과 마찬가지로, 더 많은 연결을 형성하고 싶어 하는 원숭이에게 같은 유형의 면역 체계 조절 문제가 뚜렷하게 나타났다. 염증 유발 유전자의 발현이 증가하고, 바이러스 방어 유전자의 발현이 감소한 것이다.[21] 캐피태니오는 이렇게 설명했다. "외로운 사람들과 마찬가지로 외로운 원숭이들도 같은 상태에 놓여 있다고 생각합니다. 사회적 상호작용을 늘리고 싶으면서도 시작하는 것을 두려워하죠. 거절당할까 봐 두려운 것입니다." 이러한 두려움은 교감신경계에 과부하를 일으켜서, 골수에서 분출되어 염증 반응을 일으키는 백혈구를 증가시킨다.[22]

흥미롭게도 캐피태니오는 다른 동물과 그다지 상호작용하려 하지 않는 두번째 범주의 원숭이들에게서는 같은 종류의 근본적인 생리적 변화를 발견하지 못했다. 실제로 이 원숭이들의 신체 기능은 사회성이 높은 원숭이들과 매우 비슷해 보였다. 캐피태니오는 "여기서 결정적으로 중요한 차이는 '만족'하는 정도입니다."라고 설명하면서 '만족'이라고 말할 때 양손 손가락으로 공중에 인용부호를 찍었다. "내가 인용부호를 찍은 이유는 원숭이 뇌에서 과연 그런 현상이 일어나고 있는지는 모르기 때문입니다."

역경에 대한 보존된 전사 반응

외로운 사람에게 일어나는 유전자 발현의 변화를 다룬 첫 논문은 대중을 흥분시키는 정도에 그치지 않았다. 콜은 다른 어떤 연구 결과를 발표했을 때보다도 많은 이메일을 받았다. 다른 과학자들도 물밀듯 찾아왔다. 이 과학자들은 대부분 사회적 스트레스에 관심이 있었고 게놈에서 일어나는 변화를 보려는 기대에 부풀어서 콜에게 협업을 제의했다. 첫번째 공동연구를 수행한 학자는 스트레스가 건강에 영향을 미치는 방식을 연구하는 심리학자 그레그 밀러Greg Miller였다. 현재 노스웨스턴대학교에 재직 중인 밀러는 뇌종양으로 죽어가는 남편을 돌보는 여성 노인들을 연구하고 있었다. 그는 카시오포처럼 여성들의 혈액 샘플을 냉동고에 가득 보유하고 있었으므로 콜과 함께 신속하게 분석 작업을 시작할 수 있었다.[23] 콜은 이렇게 말했다. "우리가 백혈구에서 같은 변화를 보지 못했다면 어떡할 뻔했을까요? 전부 같은 유전자는 아니었지만 죽어가는 남편을 돌보는 여성들에게서 염증의 증후가 상향 발현되고, 항바이러스 반응이 하향 발현되었습니다. 신호는 아주 분명했어요."

콜은 다양한 종류의 역경을 겪는 사람에게서 같은 반응을 찾기 시작했다. 거듭 조사해보아도 그러한 반응은 어김없이 나타났다. 외상후 스트레스 장애로 고통을 겪거나, 가난으로 고통받는 사람들에게서도 나타났다. 네팔의 소년병이나 유방암 환자에게서도 나타났다. 일관된 반응이 뚜렷하게 나타났으므로 콜은 이 현상을 '역경에 대한 보존된 전사 반응conserved transcriptional response to adversity, CTRA'이라고 명명했다.[24] 이 명칭은 쉽게 입에 붙지 않을 수 있지만 콜이 밝혀낸 반응 과정의 필수적 요소를 반영한다. '보존된conserved'이라는 단어에는 특징이 여러 종에 걸쳐 나타날 뿐만 아니라 여러 종류의 위험 인자에도 나타난다는 이중의 의미가 담겨 있다. CTRA는 인간과 히말라야원숭이는 물론 쥐와 심지어 어류에서도 발견되고 있다. 위험 인자에 공통으로 존재하는 것은 위협과 불확실성에 대한 인식이다. 이때 위협은 투쟁 또는 도피의 생물학을 활성화한다. '전사'는 유전자 스위치를 켜거나 끄는 중요한 단계를 가리킨다. 유전자가 몸에 영향을 끼치려면 DNA가 RNA로 전사되어야 한다.

역경을 겪는 사람들에게서 CTRA가 반복해 나타났지만, 콜은 이 반응을 처음 발견했던 외로움의 심각성에 끈기 있게 관심을 쏟았고, 사회적 연결이 매우 중요하다는 사실을 더욱 깊이 인식했다. "사람들이 외로움을 경험하는 방식은 소리 없는 고통에 그칠 수 있지만, 분자 수준에서 순위를 매겨보면 빈곤, 정신적 외상, 사별, 다른 온갖 종류의 훨씬 더 생생하고 극적인 역경보다 더 심각한 문제입니다. 외로움은 신체가 위협을 느끼고 불안정해지는 가장 강력한 요인 중 하나입니다."

10장

뇌 속에 형성된 우정과 유대

친구를 판단할 때는 자신에 대해 생각하는 과정에 관여한다고 알려진 뇌 영역이 활성화되지만, 가깝지 않은 사람을 판단할 때는 그렇지 않았다. 친구 사이의 친밀감을 거리로 묘사하는 은유는 뇌 활동 과정을 반영한다. 가까운 물체를 볼 때는 친한 친구를 볼 때와 같은 뇌 패턴이 나타나고 멀리 있는 물체를 볼 때는 지인을 볼 때와 비슷한 뇌 패턴이 나타난다.

다트머스대학이 보유한 fMRI 기계는 심리학과 건물 지하실에 있었다. 바깥은 무더운 8월이지만 이곳 지하실에서 여름을 실감하게 해주는 것은 기술자들이 입고 있는 반바지와 알로하셔츠뿐이었다. 우리는 옆방 제어실에 앉아 대형 벽걸이 화면으로 기계를 지켜보았다. 카메라의 각도 때문에 fMRI 기계 튜브는 로켓선에 연결된 부속장치처럼 보였다. 우주비행사들이 좁은 터널을 통과해 이곳저곳 움직이는 모습을 담은 공상과학 영화가 떠올랐다.

학생 자원자가 스캐너에 누워 있는 동안 밖으로 보이는 것은 무릎과 발뿐이었다. 사생활을 보호하기 위해 여기서는 이 학생을 브래드라 부르겠다. 기계 안에는 어떤 금속도 허용되지 않으므로 브래드는 병원 가운을 입고 누워 있었고, 밖으로 돌출된 그의 무릎 밑에는 편한 자세를 위해 쿠션을 받쳤다. 브래드가 고정용 받침대에 머리를 얹자 화면에 그의 검은색 머리카락, 눈동자, 길고 폭이 좁은 얼굴이 보였다.

브래드는 스물여덟 살이고 대학원에 막 입학했다. 그는 대학교 캠퍼스에 온 후 제일 먼저 MRI 연구실을 찾았는데 이것이 실험의 핵심이었다. 캠퍼스에서 사람을 사귀기 전에 검사를 해야 했기 때문이다.

나는 기술적인 측면에서 사회적 행동을 연구하는 과학의 최첨단 기술을 목격하고 있었다. 이 지하 연구실에서 신경과학자 탈리아 휘틀리Thalia Wheatley와 캐럴린 파킨슨Carolyn Parkinson은 성인 뇌에서 우정이 어떤 형태로 나타나는지 조사했다. 휘틀리는 다트머스대학 소속이고, 파킨슨은 예전에 대학원생으로 휘틀리 연구실에 있다가 지금은 UCLA에서 연구실을 운영하고 있다. 브래드는 친구 없이 혼자 기계에 누워 있다. 파킨슨과 휘틀리는 브래드의 뇌를 미리 관찰했기에 앞으로 그가 캠퍼스에서 맺을 우정의 특성과 경향에 대해 몇 가지를 예측할 수 있으리라고 생각했다.

앞에서 사회적 뇌가 유아와 아동, 십대를 거치며 발달하는 과정을 살펴보았다. 사랑을 담아 어루만지는 손길, 어머니의 얼굴과 목소리에 집중한 아기는 뇌에 행복한 신호를 보내 유대를 쌓는다. 아기들은 성장하면서 타인의 눈과 귀를 통해 세상을 보고, 타인에게 독특한 생각·신념·관점으로 이루어진 나름의 정신세계가 있다는 사실을 인식하기 시작한다. 이것이 우정을 형성하는 전제조건이다. 놀이와 학교 경험을 거치면서 아이들은 협동하고 신뢰하고 신뢰의 대상이 되고 집단 속에서 영향을 주고받는 일원이 되는 법을 배운다. 이렇게 우정으로 향하는 길을 걷기 시작하는 것이다. 사춘기에는 비밀을 털어놓을 수 있고 함께 재미있게 시간을 보낼 수 있는 가까운 친구를 만들며, 서로 연결되어 있고 타인에게 인정받고 있다고 느끼는 데서 얻는 보상에 민감해진다. 관계 때문에 마음에 상처를 입거나 따돌림을 당하면서 집단에서 배제되는 극심한 고통을 겪는 아이들도 많다.

이 과정을 거쳐 마침내 아이들은 성인으로 성장한다. 앞에서 살펴본 대로 친구를 잘 사귀거나 별로 그렇지 않은 유전적 성향은 성인기로 이어지며, 이 성향은 주변 사람들과 장소들을 포함한 성장 환경에 따라 조율된다. 유전자와 사회적 행동의 관계는 신경계, 뇌, 뇌가 몸을 통해 보내는 신호의 지배를 받는다.

성인의 뇌는 많은 시간 동안 사회적 자극을 처리하는 경험을 한다. 대부분의 성인은 마음 이론을 습득한 상태다. 그렇지 못했다면 신경장애의 징후다.[1] 이성과 판단을 다루는 대뇌피질 영역이 대뇌변연계에서 감정을 따라잡으면서 완전히 성숙한다. 성인은 사회성과 관련된 신경학적 보상을 여전히 추구하지만 이 보상을 더 잘 판단할 수 있고, 협력하고 제휴하려는 타고난 성향을 더 나은 결과를 위해 더 잘 이용할 수 있게 된다.

이 모든 발달과정을 거친 인간은 사회성을 실현하는 능력이 뛰어나다. 원숭이, 유인원, 돌고래, 기타 종들도 인간이 할 수 있는 많은 일을 할 수 있지만, 인간이 달성해온 고도의 협력에는 이르지 못했다. 다른 동물에게도 친구가 있지만 인간의 친구와는 다르다. 관계의 종류라는 측면에서는 인간과 비슷하지만, 관계의 정도로 보면 동물의 친구는 인간의 친구에 비할 바가 아니다. 이제 사회적 행동이 결정적으로 중요하다는 사실을 깊이 이해하게 되면서, 많은 과학자는 우정의 생물학과 진화를 이해하면 인간이란 무엇인지 온전히 파악하는 데 한층 가까워질 것이라고 희망한다. 휘틀리는 이렇게 설명했다. "우리가 타인들과 관계를 맺으며 살아간다는 것은,

그 일에 이해할 만한 가치가 있고 인간에게 유익한 어떤 목적이 있다는 뜻입니다."[2] 인간의 생각과 행동을 이해하는 것이 주된 연구 목적인 신경과학자들은 이러한 과제를 수행하기에 적합한 위치에 있다.

사회적 뇌의 기능

이 책에서 설명한 대로 사회적 뇌는 일련의 회로라는 개념을 확대해보자. 사회적 뇌는 타인과 맺는 상호작용을 처리하는 모든 구성 요소를 포함한다. 우리에게는 자신을 타인과 구별하는 능력부터, 자신의 성격과 자전적 역사를 인식하는 능력까지 아우르는 자아 인식이 있다. 마음 읽기나 마음 이론으로 알려진 타인의 관점을 취할 수 있는 능력이 있다. 타인에게 반응하거나 사회적 규범에 맞추기 위해 자신의 감정과 행동을 조절하는 능력이 있다. 또 자신이 사회에 포함되는지 배제되는지 파악할 수 있는 능력이 있고, 이는 위협을 감지할 수 있다는 뜻이다.[3]

정교하고 신속한 거의 자동적인 과정을 통합해야 이러한 능력을 갖출 수 있다. 우리는 보고 듣고 만지고 맛보는 것을 거의 즉시 해독한다. 그런 다음 금방 받은 정보에 대해 생각하고, 해당 정보의 가치와 중요성을 평가해서 자신의 기억에 비추어 보고, 타인이 다음에 무엇을 할지 또는 우리에게 무엇을 기대할지 예측하고, 사회적 상황을 광범위하게 판단한다.

다음과 같은 상황을 생각해보자. 토요일 밤이다. 가볍게 즐기고 싶다는 기대를 품고 혼잡한 파티 장소에 들어선다. 한동안 보지 못했던 친구가 눈에 띄었는데 기분이 언짢아 보인다. 친구는 화가 난 것 같고 내가 모르는 사람을 마주 보며 흥분한 상태로 얘기하고 있다. 나는 주변을 둘러보면서 무엇을 해야 할지 생각한다. 친구에게 다가가 무엇이 문제인지 알아볼까? 만난 적은 있지만 잘 알지 못하는 사람들이 모여 호탕하게 웃고 있는 곳으로 갈까? 아니면 파티 테이블 옆에 혼자 서 있는 여성에게 다가가 말을 걸어볼까? 웃고 있는 무리가 가장 재미있어 보이기는 하지만 나를 기억하지 못하면 어떡할까? 내가 곧장 다가가지 않으면 친구가 마음을 다칠까? 대화를 방해하면 친구가 화를 낼까? 홀로 서 있는 여성에게 말을 거는 일은 녹록하지 않겠지만 친절한 행동으로 비칠 수 있다. 게다가 그녀가 나에게 관심을 보일 수도 있지 않을까?

정말 많은 사회적 상황에서 그렇듯 최고의 결정을 내리는 일은 복잡하다. 파티에 참석한 친구와 타인의 마음 상태, 타인이 내 결정에 보일 반응을 포함해서 미지의 요소가 많다. 파티 장소에 도착한 순간부터 뇌는 여러 상황을 고려하느라 부지런히 움직인다. 우선 참석자들을 식별하고, 과거에 있었던 그들과의 상호작용을 기억한다(내측측두엽medial temporal lobes, 방추상회fusiform gyrus). 그런 다음에는 마음 읽기 네트워크를 가동하면서 학습한 대로 타인의 생각을 추측한다(상측두구, 측두두정 접합부, 전측대상피질anterior cingulate cortex, ACC). 자신의 선호에 비중을 두면서 저녁 시간을 어떻게 보내고 싶은지 생각한다(복내측전전두엽피질ventromedial prefrontal cortex, 안와전두피질orbitofrontal cortex, 복측선조체ventral striatum). 친구와 맺은 관계의 가치를 고려한다(앞의 것과 같음). 몇 가지 결정을 내리고 결과를 평가한다(도파민으로 활성화되는 중뇌dopaminergic midbrain, 선조체striatum, 전측대상피질, 배외측전전두피질dorsolateral prefrontal cortex).[4]

괄호에 열거한 용어가 낯설 수 있겠지만 여기서 소개한 설명은 지난 10~15년 동안 연구자들이 신경과학 분야에서 기울인 노력의 성과다. 중학교 3학년 때 학교 영어 선생님이 문장을 분석해 도표로 정확하게 그렸던 것처럼, 연구자들은 앞에서 열거한 능력의 인지적인 토대를 면밀하게 분석하고 있다.

뇌는 사랑하는 사람을 자신의 일부로 인식한다

신경과학자들은 친밀감이 뇌에 어떻게 나타나는지 탐구하고 있다. 소설가 이디스 워튼Edith Wharton은 이렇게 말한 적이 있다. "각자의 삶에는 얼마나 아끼고 사랑하든 상관없이 별개의 존재가 아니라 자신의 확장, 해석, 영혼인 친구가 한 명 있다."[5]

1990년대 인지과학자들은 이런 생각에 시적 요소를 넘어서는 무언가가 있다고 생각하기 시작했다. '사랑하게 만드는 36가지 질문'을 개발한 심리학자 집단인 아서 에런과 동료들은 자신과 타인의 결합을 어느 정도로 인식하는지 포착하는 강력한 방식을 찾아냈다. 사람들에게 관계의 친밀도를 표현하라고 요청하는 대신에 벤다이어그램 7개 세트를 제시했다. 벤다이어그램은 자신과 상대방을 각각 원으로 설정하고, 한 쌍의 원을 완전히 분리된 원부터 거의 하나로 겹치는 원까지 친밀도에 따라 겹치도록 그렸다. 그 결과 벤다이어그램은 사람들이 연인·가족·친구에게 느끼는 친밀감을 놀랍도록 효과적으로 나타냈다.[6]

그렇다면 정신적 과정에서 우리가 자신에 대해 생각하듯 가까운 친구에 대해 생각한다는 뜻일까? 아마도 그럴 것이다. 이것은 친한 친구를 돕는 이유이기도 하다. 친한 친구를 도우면 자신을 돕는 것처럼 느끼기 때문이다. 연구자들은 우리가 타인과 동화할수록 성공한 친구를 보며 질투심을 느끼기보다는 행복을 느낀다는 걸 밝혀냈다.[7]

우리의 기분은 가까운 사람들의 감정에 따라 바뀐다고도 알려져 있다. 만약 내 남편이나 아이들 중 누구라도 순탄하지 않은 하루를 보내고 있다면 나도 그럴 가능성이 있다. 나는 친구 스테퍼니가 이혼할 때도 그 고통을 날카롭게 느꼈다. 우리는 간혹 타인과 너무 가깝다고 느낀 나머지 그들에게 일어난 일을 마치 자신에게 일어난 일로 잘못 기억하기도 한다. 한 연구에서 학생들에게 자신의 성격 특징을 평가하고, 다음에는 가장 친한 친구, 부모 중 더 가까운 쪽, 유명인사의 성격 특징을 평가하라고 요청했다. 스스로를 어떻게 평가했는지 떠올려 보라는 요청을 받은 이후에 학생들은 가장 친한 친구를 묘사할 때 언급한 특징을 잘못 기억하는 경향을 보였다.[8]

신경과학자들이 뇌 스캔을 통해 자신과 타인의 동화를 실험하기 시작한 것은 결코 비약적인 행보가 아니었다. 공감을 연구하는 신경과학자들이 이 분야를 가장 광범위하게 탐구해왔다. 2004년 독일 라이프치히 막스플랑크 인간인지 및 뇌과학연구소 소속인 타니아 싱어Tania Singer와 동료들은 통증을 느끼는 사람의 뇌 활동과 사랑하는 사람이 통증을 느끼는 광경을 목격한 사람의 뇌 활동을 최초로 비교한 획기적인 논문을 〈사이언스〉에 발표했다.[9] 남성 파트너가 옆에 앉아 있는 자리에서 여성 16명이 fMRI 촬영을 했다. 여성 피험자나 남성 파트너에게 전극을 통해 다양한 수준의 고통스러운 자극을 주었다. 파트너가 통증을 느끼면 여성 피험자에게 신호를 주었다. 여성의 일부 뇌 영역은 자신이 통증을 느낄 때만 활성화되었지만, 다른 영역 특히 잘 알려진 대로 전뇌섬엽anterior insula과 전측대상피질은 누가 통증을 느끼든 상관없이 활성화되었다. 공감은 고통 네트워크의 정서적이거나 감정적인 부분을 활성화했지만, 육체적인 통증 감각은 활성화하지 않았다. 이 연구와 그 후에 실시된 많은 영상 연구에 따르면, 공감의 핵심 능력은 뇌가 인간의 내면 상태를 나타내는 방식으로 시작해 타인이 느끼는 것을 지각하는 방향으로 진화했다.[10]

자신과 타인의 동화는 다른 방식으로도 뇌에 나타난다. 한 연구에서 피험자들이 가장 가까운 친구를 판단하는 경우 자신에 대해 생각하는 과정에 관여한다고 알려진 뇌 영역이 활성화된 반면, 그다지 가깝다고 생각하지 않는 사람을 판단하는 경우에는 같은 활동이 관찰되지 않았다. 2012년 버지니아대학교 소속 제임스 콘James Coan과 동료들은 위협에 직면할 때 발생하는 자신과 타인의 동화에 대해 실험했다. 22쌍의 친구를 대상으로 친구나 낯선 사람의 손을 잡고 있는 동안 발목에 충격을 가했다. 과학자들은 자신이나 상대방에게 위협이 가해졌을 때 뇌가 얼마나 비슷하게 활성화되는지 측정했다. 그 결과 뇌가 위협에 반응하는 방식은 친밀도에 좌우됨을 확인함으로써 동화의 심리적 단서를 확보했다. 연구자들은 "친밀감은 타인을 자신에게 포함시키는 것이다. 뇌의 관점에서 생각할 때 친구들, 우리가 사랑하는 사람들은 실제로 우리 자신의 일부분이다."라고 결론을 내렸다.[11]

파킨슨과 휘틀리는 사람들이 친구 사이의 친밀감과 거리를 묘사할 때 사용하는 은유가 뇌 활동 과정을 반영하는지 실험해왔다. "우리의 뇌는 문자 그대로 우정을 보여주는가?"라고 질문했다. 물론 그렇다. 가까운 물체를 볼 때는 친한 친구를 볼 때와 같은 뇌 패턴이 나타난다. 멀리 있는 물체에 대한 반응은 지인을 볼 때 나타나는 반응에 가깝다.

원숭이를 통해 밝히는 사회적 뇌의 비밀

마이클 플랫은 카요산티아고섬 연구를 감독하는 것 외에도 펜실베이니아대학교에서 신경과학연구소를 운영하면서 어떻게 우리 뇌가 사고방식을 형성하고, 어떻게 우리 삶이 생리 현상을 좌우하는지 탐구하고 있다.

플랫은 이렇게 설명했다. "우리가 복잡한 사회적 행동을 진화시키는 생물이라면, 오래 살게 되고 다른 사람들에게 의지하게 되고 특히 사회적으로 예리해지고 마음을 능숙하게 읽고 좋은 친구를 잘 사귀게 됩니다. 이것은 뇌 깊숙이 만들어진 구조입니다."

펜실베이니아대학교 의료센터 근처에 있는 신경과학연구소에 들어서면 복도를 따라 양옆에 방들이 늘어서 있다. 오른쪽 방들에는 히말라야원숭이 십여 마리가 있다. 연구자들은 원숭이들에게 오락거리로 라디오를 틀어주고, 이따금 영화를 보여주기도 한다. 그들은 데이비드 애튼버러David Attenborough가 제작한 〈살아있는 지구Planet Earth〉를 가장 좋아한다. 왼쪽 방들은 특별히 게임용으로 꾸며졌다. 방음 처리가 되어 있고, 화면과 조이스틱이 가득 놓여 있고, 움직이지 않아도 주스를 입으로 곧장 넣을 수 있는 튜브가 설치되어 있다. 십대 남자아이들의 천국을 원숭이 세계에 구현한 것이다. 원숭이가 노는 동안 연구원들은 옆 제어실에서 계속 관찰한다. 제어실에는 시선 추적 센서, 비디오 피드, 원숭이 뇌에 전극을 장착해 신경 활동을 기록하는 고해상도 장치를 포함한 값비싼 컴퓨터 장비가 가득하다. 뇌 자체에는 통증 수용기가 없으므로 원숭이들은 통증을 전혀 느끼지 않는다. 이러한 기술을 사용하면 개별 뉴런의 활동을 추적해서 행동의 숲에 있는 신경학적 나무를 볼 수 있다.

데이비스에서 연구 활동을 하는 캐피태니오와 마찬가지로 플랫은 이 동물들이 인간에 대해 중요한 것들을 말해준다고 믿었다. 플랫은 그의 연구실이, 인간을 MRI 기계에 넣어서 혼자 가만히 누워 있는 동안 할 수 있는 정도까지 제한적으로 연구하는 것과 쥐, 초파리에 대해 눈부신 분자 수준의 유전 연구를 하는 것 사이에 존재하는, 과학의 최적 장소라고 묘사한다. 쥐와 초파리를 대상으로 하면 특정 뉴런을 선택적으로 연구할 수 있지만, 그들의 사회화가 제한적이기 때문에 행동 연구 면에서는 한계가 있다. 플랫은 이렇게 설명했다. "이러한 작업은 이타주의, 자선, 사랑, 타인과 함께 있어 느끼는 기쁨, 우정 수준까지 이르지 못합니다. 아주 큰 격차가 있죠." 그러면서 자신이 이러한 연구에 훨씬 가깝게 다가갈 수 있다고 강조했다.

"정말 원숭이로 그 모든 연구를 할 수 있을까요?" 내가 물었다.

플랫은 이렇게 대답했다. "인간과 원숭이는 생물학과 사회적 행동을 공유하므로 그러한 과정의 몇몇 뿌리를 탐구할 수 있습니다. 인간의 본성은 근본적으로 영장류의 본성입니다. 다른 개인을 친구로 사귀는 인간의 욕구와 능력은 조상에게서 물려받은 적응 기제죠." 플랫의 연구는 멘토인 세이파스와 체니를 포함한 다른 학자들의 영향을 받아 발전했다. 이 학자들은 비인간 영장류에게 친구와 동맹이 있으며, 이러한 관계를 맺기 위해 유대하고 협력하는 법을 알고 있음을 실증적으로 보여주었다. 플랫은 지금까지 쌓아온 연구 결과를 정리하면서 중요한 사항을 하나씩 지적했다. "친구와 동맹은 스트레스를 완화합니다. 타인과 관계가 좋을수록 수명은 늘어나고, 자녀도 더 많이 낳죠. 더욱 성공적으로 삶을 영위하고요. 개인에게 이런 종류의 관계를 형성할 수 있게 해주는 기술과 성향은 생물학적이어서 유전됩니다."[12] 그렇다면 이제 뇌에서 어떤 현상이 일어나고 있는지 더 잘 파악하는 일이 남아 있다.

연구소에서 나는 유명한 고인류학자의 이름을 따서 리키로 불리는 히말라야원숭이를 관찰했다. 박사후과정 연구원인 야오광지앙 Yaoguang Jiang이 축구와 하키를 결합한 비디오게임을 리키가 할 수 있도록 준비했다. 게임의 목적은 조이스틱을 사용해 공을 차서 골대에 넣는 것이지만, 공은 퍽처럼 벽을 맞고 튀어 나온다. 리키와 동료들은 공을 차기도 하고 골키퍼를 맡기도 했다. 점수를 내면 주스를 한 모금 마실 수 있었다. 다른 방에서는 1906년 노벨상을 받은 선구적 신경과학자 산티아고 라몬 이 카할Santiago Ramón y Cajal의 이름을 딴 히말라야원숭이 카할이 우리에 부착된 아이패드로 터치스크린 게임을 했다. 이름은 연구 주제를 암시한다. 카할이 표적에 손을 댈 때, 연구원인 나즈 벨카야Naz Belkaya가 반응시간을 측정했다. 이때 반응시간은 역시 스크린에 떠서 카할의 주의를 산만하게 만드는 대상(다른 원숭이의 얼굴과 생식기)의 사회적 가치에 따라 달라졌다. 카할은 표적에 손을 대는 데 성공할 때마다 작은 알갱이 같은 간식을 받았다. 또 원숭이들은 박사후과정 연구원인 웨이쏭웅Wei Song Ong이 설계한 일종의 치킨 게임에 투입되어 모의 자동차를 몰았다. 플랫은 "〈이유 없는 반항〉의 제임스 딘을 생각해보세요."라고 말했다. 웅이 변형한 게임을 보면 원숭이들은 1950년대 할리우드 고전영화와 달리 절벽으로 차를 몰지는 않았다. 충돌 위험을 무릅쓰고 서로를 향해 곧장 차를 몰다가 충돌을 피하려고 옆으로 방향을 틀었다.[13] 그렇다면 원숭이들은 협력할까?

이처럼 원숭이들이 참여하는 게임은 사회적 뇌의 복잡성을 면밀하게 조사할 목적으로 고안되었다. 게임마다 보상이 주어졌다. 단순한 독재자 게임에서는 원숭이들을 훈련해서, 각각 다른 형태의 보상을 원숭이 자신에게 또는 다른 원숭이에게 주도록 하고 아니면 누구에게도 주지 않도록 하거나 이런 선택을 섞도록 했다. 평균적으로 원숭이들은 아무에게도 보상하지 않는 것보다는 다른 원숭이에게 보상하는 것을 훨씬 선호하는 매우 친사회적인 경향을 보였다. 플랫은 말했다. "다른 원숭이에게 보상하는 것은 자신이 경험할 수도 있는 보상을 대신 받는 효과가 있습니다." 원숭이들은 친구에게 더 많이 베풀면서 경쟁심은 덜 느꼈다. 플랫과 동료들이 상측두구, 전측대상회anterior cingulate gyrus, 편도체 등 사회적 행동에 관여한다고 밝혀진 다양한 뇌 부위의 개별 뉴런에서 나오는 신호를 기록하자, 이러한 행동에 내재한 사회적 동기가 훨씬 명확하게 드러났다. 플랫은 이렇게 설명했다. "상측두구에 있는 뉴런들은 사회적 맥락을 해독합니다. 즉 누가 주변에 있는지, 누구에게 어떤 문제가 있는지, 이 문제가 다른 개체에게 어떤 영향을 미치는지 해독하는 거죠. 전측대상회에 있는 뉴런은 다른 개체의 경험을 해독합니다. 아마도 편도체는 이러한 결과에 근거한 감정적 반응을 동원하고 있을 겁니다."[14]

원숭이가 누구를 상대로 경기를 벌이는지도 매우 중요하다. 상대는 컴퓨터일 때도, 다른 원숭이일 때도 있다. 방에서 경기를 하고 있는 것처럼 보이지만 실제로는 그 게임과 연결되어 있지 않은 조이스틱을 쥐고 있는 '미끼' 원숭이일 때도 있다. 원숭이의 뇌는 상황에 따라 다르게 반응한다. 내가 방문한 시간 동안 리키는 컴퓨터를 상대로 게임을 했다. 이때는 대부분 매우 평범한 게임이어서 공에 다가가 똑바로 차는 단순한 전략을 구사했다. 하지만 원숭이들이 함께 게임할 때는 더욱 복잡한 전략을 구사했다. 플랫은 "원숭이들은 상대 원숭이를 속이려는 것처럼 보입니다. 왼쪽인지 오른쪽인지 헛

갈리게 하죠."라고 말했다. 연구자들이 미끼 원숭이를 보여주면 원숭이들은 미끼의 표정과 다른 사회적 단서들 사이에 존재하는 단절을 금세 알아채고, 게임에서 어떤 상황이 벌어지고 있는지 재빨리 파악한다. "이것은 사회적인 행동입니다. 원숭이들 사이에서 뭔가가 일어나고 있는 거죠. 서로 뭔가를 의사소통하면서 같은 단서를 봅니다."

함께 일할 때 인간은 비슷한 사회적 단서에 의존하고, 이 과정은 보는 것으로 시작한다. 영장류는 매우 시각적인 동물이다. 플랫은 이렇게 설명했다. "인간은 시각적으로 의사소통합니다. 시각적 자극에 주목하는 것은 인간의 발달 방식에 절대적으로 중요하죠. 자폐증을 앓을 때 가장 먼저 무너지는 것은 타인에 대한 관심이고, 다음에는 거기에서 파생하는 공동 관심사입니다. 그다음에 언어가 무너지죠."

눈 맞춤은 플랫이 가장 좋아하는 주제여서, 플랫과 함께 일하는 연구원들 사이에서 자주 농담거리가 된다.

박사후과정 연구원인 제프 애덤스는 이렇게 말했다. "사회적 응시의 전문가와 일하기 때문에 연구실 회의에 참석했을 때 매우 어색한 상황이 가끔 발생합니다. 대체 시선을 어디에 두어야 할지 난감할 때가 있어요."

"모든 사람들의 시선을 상당히 의식하는 편입니다." 플랫이 파란 눈동자로 잠시 우리를 차례차례 응시하며 말했다.

"그렇다니까요." 애덤스가 맞장구를 치자 연구실에 웃음이 터졌다. "우리는 교수님이 시선을 의식한다는 사실을 의식하고 있거든요."

원숭이도 시선을 의식했다. 조이스틱을 쥐고 서로 경쟁하는 게임을 할 때 서로 긴장하며 쳐다봤다. 플랫은 "일단 게임을 시작하면 원숭이들은 다른 원숭이에게서 눈을 떼지 않습니다. 상대 원숭이의 눈과 손을 보죠. 주스를 마시는 모습도 봅니다."라고 설명했다. 지양이 고안한 게임에서 원숭이들은 동작하기 몇 초 직전에야 공을 차서 보내려는 지점을 흘끗 쳐다보는 행동을 일관되게 보여주었다. 그래서 과학자들은 원숭이들이 언제 상대를 속이려 하는지 알아차릴 수 있다. 또 원숭이들은 게임을 할 때마다 이전의 상대적인 서열과 상대와 얽혔던 경험을 떠올린다. 게임을 함께 하는 두 원숭이는 친할수록 서로에게 더욱 관심을 기울이고, 공유하려는 동기를 더욱 강하게 보인다.

웅과 플랫은 원숭이들이 같은 크기의 보상을 받더라도 협동해서 보상을 받을 때 더 의미심장한 반응을 보이는 뉴런 개체군을 다시 상측두구에서 발견하는 흥미진진한 연구 결과를 거두었다. 웅은 원숭이들이 스크린에 나타나는 서로의 행동에서 받는 신호의 강도를 조절할 수 있도록 치킨 게임을 고안했다. 플랫은 "원숭이들이 이러한 신호를 사용해 행동을 조절할 기회는 많습니다."라고 말했다. 신호가 약하고 무작위로 발생할수록 원숭이들이 실패할 빈도는 잦다. "신호와 표현이 존재하는 이유는 충돌을 피하기 위해서라는 진화적 신호 이론과 일치합니다." 연구자들은 뇌 영역에 있는 협동 활성화 세포가 공감보다 전략적 사고와 연결되어 있다는 사실도 밝혀냈다.

원숭이들은 인간과 똑같은 사회적 결정을 내리지는 않지만, 인간과 같은 뇌 작용을 많이 보인다. 플랫이 이끄는 연구팀은 인간과 원숭이의 유사점을 활용해서 사회적 뇌의 세부 영역들을 규명해내려 한다. 아기들이 얼굴 보는 것을 선호하듯 히말라야원숭이는 주스를 포기하더라도 다른 원숭이의 사진을 보는 즐거움을 누리려 할 것이다. 그리고 과학자들은 이러한 결정이 뇌에 있는 보상 영역을 자극한다는 것을 파악할 수 있다. 게임을 할 때 원숭이 자신이 보상을 받는지, 다른 원숭이가 보상을 받는지, 아무도 보상을 받지 않는지에 따라 서로 다른 뉴런이 점화한다.

사회적 뇌에 있는 병변이 사회성에 장애를 일으킬 수 있다. 플랫은 이러한 사회적 장애를 이해하는 것을 연구의 주요 목적으로 삼았다. "연결을 연구하는 것 자체가 흥미롭습니다. 무엇보다도 이러한 연결을 만드는 데 어려움을 겪는 사람들을 어떤 방법으로 도울 수 있을지 생각하기 시작하면 이 일이 엄청나게 중요해집니다." 카요산티아고섬에서 수행하는 일부 연구의 궁극적인 목적은 게놈 분석과 사회적 네트워크 분석으로, 관련 유전적 변이를 지니고 "정상적인" 사회적 행동의 경계를 넘어선 동물을 식별해내는 것이다. 그런 다음 플랫은 같은 대립 유전자를 보유한 원숭이들을 펜실베이니아대학교 연구실로 데려와 뇌에서 발생하는 미세조정 현상을 조사하고 싶어 했다. "현장에 있는 대부분의 연구자들은 뇌 회로 세트가 있다고 생각합니다. 그럼 볼륨 손잡이도 있겠죠. 그 손잡이를 올리고 내리는 게 무엇인가가 중요합니다."

옥시토신의 가능성과 부작용

가능성 있는 답 하나는 뇌 자체의 생화학 작용이다.

뇌에는 모두 행복 호르몬으로 불리기도 하는 옥시토신, 엔도르핀, 도파민, 세로토닌 같은 신경전달물질이 흐른다. 신경전달물질은 신경세포에서 분출되고, 호르몬은 내분비선에서 분출되지만 두 가지는 본질적으로 같다. 신경전달물질은 뇌 호르몬이다. 과학 저자인 랜디 허터 엡스타인Randi Hutter Epstein은 신경전달물질을 가리켜 신체에 작용하는 '무선 네트워크'라고 불렀다.[15] 이것은 플랫이 올리거나 내린다고 묘사했던 볼륨 손잡이를 움직이는 능력이 있지만 동시에 파괴할 능력도 있다.

요즈음 가장 인기 있는 신경전달물질은 옥시토신이다. 사랑 호르몬과 도덕적 분자moral molecule로 언론에서 상당히 호평을 받고 있다. 강력한 사회적 성향이 있다고 알려진 초원들쥐 덕택에 유명해졌다. 옥시토신이 급증하면 출산과 수유를 유도하므로 이 물질은 출산과 수유에 관여하는 동시에 어머니와 유아의 유대 형성에 중요한 요소로만 수십 년간 알려져 왔다. 하지만 2000년대 초 에머리대학교 소속 신경과학자 래리 영Larry Young과 동료들은 옥시토신이 그 이상의 역할을 한다는 사실을 발견했다. 들쥐와 다른 종들의 뇌에 옥시토신을 주입하자 "신화에 나오는 사랑의 묘약처럼 작용해서 즉각적이고 강력한 일부일처제 애착을 형성했다."고 옥시토신 연구를 선도하는 폴 잭은 기록했다.[16] 사실 옥시토신은 짝과 형성하는 유대뿐 아니라 모든 형태의 애착을 강화했다. 영의 연구 결과 옥시토신을 투여하면 무엇보다 쥐의 사회적 자각이 향상되고, 쥐의 유전자를 조작해서 더 이상 옥시토신을 생산하지 못하도록 하면 쥐의 사회적 자각이 망가졌다.[17]

플랫이 이끄는 연구팀은 소아용 흡입기를 개조해서 원숭이에게 옥시토신을 흡입시키는 방법을 생각해냈다. 그런 다음에 보상하거나 기부하는 임무를 부여하자 원숭이들은 더 많이 베풀고 더 공감했다. 이번에 연구팀은 더 많은 대리 보상을 제시했다. 플랫은 이렇게 설명했다. "원숭이들은 다른 원숭이들에게 더 관심을 기울이고 더 오래 바라보고 눈을 들여다봅니다. 옥시토신은 자폐증을 앓는 아이들이 갖지 못하는 사회적 상호작용과 타인에 대한 관심을 북돋우는 것 같아요." 연구팀이 사전에 확보한 자료에 따르면 옥시토신은 뇌 회로에서 일어나는 통신을 더욱 뚜렷하게 만드는 역할을 한다. "확실히 신호는 증가하고 소음은 감소합니다."[18] 자폐증의 치료법으로 옥시토신을 흡입시키는 방법의 안정성과 효과를 탐구하는 다양한 임상 실험이 진행 중이다. 해답을 찾으려는 희망은 크지만, 아직 일관된 결과를 얻지 못했다.[19]

언론에서 옥시토신이 긍정적인 평가를 받는 이유는 그럴 만한 조건을 갖췄기 때문이다. 라이프치히 막스플랑크 진화인류학연구소 소속 캐시 크록퍼드Cathy Crockford와 로만 비티히Roman Wittig는 플랫과 마찬가지로 세이파스와 체니의 연구실에서 연구 기법을 익혔다. 그들은 최근 옥시토신의 급격한 분출이 어떤 개체가 관련되느냐에 따라 다르다는 사실을 밝혀냈다. 두 학자는 털고르기를 하는 침팬지 쌍들을 연구했다. 오래 알고 지낸 소속 집단의 구성원이 털고르기를 해주는 경우 호르몬 수치는 크게 바뀌지 않았다. 수혜자와 가까운 유대(친족을 포함하지만 친족으로 제한하지 않은)를 맺은 개체가 털고르기를 해주는 경우에는 옥시토신 수치가 상당히 증가했다.[20] 다시 말해 무엇보다 중요한 것은 둘이 친구인가였다. 연구 결과는 의미심장했다. 세이파스는 이렇게 설명했다. "이 결과는 우리가 가까운 친구라고 인식하고 있는 개체와 상호작용하는 것이 중요하다고 말해줍니다. 심리적으로 큰 보람을 느끼게 해주죠."

과도한 옥시토신이 분출될 때도 있다. 2016년 〈사이언스〉에 실린 연구는 초원들쥐의 뇌에서 옥시토신이 어떻게 작용하는지 설명했다. 이 연구를 이끈 에머리대학교 소속 정신과학자 제임스 버켓 James Burkett은 스트레스를 받은 들쥐가 서로 위로하는 장면을 관찰했다. 더욱 명확하게 판단하기 위해 그는 관찰 내용을 바탕으로 실험을 고안했다. 우선 동물 여러 쌍을 몇 주간 우리에 함께 넣어두었다가 암컷을 잠시 꺼냈다. 스트레스를 유발하는 공포 상황을 만들기 위해 암컷을 몇 분 동안 격리하거나, 암컷의 발에 가벼운 충격을 주었다. 그런 다음에 우리에서 다시 만났을 때 들쥐들이 보이는 자연적인 사회적 상호작용을 관찰했다. 암컷이 스트레스를 받지 않았을 때는 둘 다 특별히 불안해하지 않았다. 하지만 암컷이 충격을 받았을 때는 수컷이 재빨리 높은 수준으로 암컷을 쓰다듬기 시작했다. 암컷이 충격을 받지 않았다면 하지 않았을 행동이므로 이것은 위로하는 의미로 해석할 수 있다. 우리 안에 남겨진 수컷은 우리에서 꺼냈던 암컷과 비슷한 생리 반응을 보였다. 또한 위로하는 반응의 정도는 개체별로 달라졌다.[21]

들쥐의 뇌를 보고 버켓은 들쥐의 반응이 옥시토신 수치와 긍정적인 상관관계가 있고, 같은 뇌 부위인 전측대상피질에 있는 옥시토신 수용체의 밀도와 부정적인 상관관계가 있다는 사실을 발견했다. 앞서 타니아 싱어는 타인의 고통에 공감하는 인간에게서 전측대상피질이 활성화되는 현상을 포착했었다. 옥시토신 수치에는 최적 지점이 있는 것 같다. 뇌는 옥시토신 때문에 압도될 수 있고 사실상 무력해질 수도 있다. 결과적으로 옥시토신 수용체 밀도가 높은 동물은 위로하는 시간이 더 짧았고, 위로하는 시간이 짧은 동물은 옥시토신 수용체 밀도가 높았다. 버켓은 "개인이 스트레스를 크게 느낄수록 도움을 제공할 가능성은 적다."고 지적했다.[22] 버켓은 연구를 통해 공감의 여러 부정적인 측면 중 하나에 대해 가능한 설명을 제시했다. 개인이 스트레스를 받거나 고통스러운 감정을 경험할 때는 공감하기가 힘들다. 스탠퍼드대학교의 자밀 자키Jamil Zaki 교수는 이렇게 말했다. "자신보다 열악한 상황에 놓여 있는 사람들 누구에게나 공감한다면 수입의 95%를 자선단체에 기부할 마음이 생길 수 있습니다. 죄책감과 가난 사이에서 도덕적인 이중 속박에 눌리기보다는 자신보다 불운한 사람들에 대해 생각하지 않겠다고 선택할 수도 있습니다."[23] 인간의 고통에 항상 노출될 수 있는 의료와 법 집행 등의 분야에서 특정 임무를 수행하면서 지나치게 고통을 많이 느낀다면 직업 수행에 방해가 된다. 예를 들어 의사는 과도한 피로를 느끼고, 스스로 목숨을 끊을 위험성이 일반인보다 높다.

하지만 좋은 우정을 맺은 사람들에게는 옥시토신, 엔도르핀, 기타 행복 호르몬이 적절하게 분출되는 것 같다. 이러한 호르몬들은 웃고 함께 노래하고 이야기를 할 때 나오며,[24] 우리를 기분 좋게 해주고 친밀한 사람들과 어울리는 시간을 더 많이 원하게 한다.

왜 친구의 뇌는 나와 비슷한가

스캐너 안에 참을성 있게 누워 있는 학생 자원자 브래드에게 돌아가 보자. 브래드가 45분가량 스캐너 안에 누워 있는 동안 연구자들은 fMRI를 연달아 11번 촬영했다. 몇 번의 촬영은 브래드의 뇌의 해부학적 세부사항을 파악하기 위해서였다. 나는 제어실의 컴퓨터 화면으로 그런 의도를 확인할 수 있었다. 저해상도 영상 3편과 고해상도 사진 세트가 모든 부위를 선명하고 뚜렷하게 드러냈다. 따라서 우리는 브래드의 뇌를 옆, 앞, 위에서 볼 수 있었다. 나는 오랫동안 뇌에 관한 글을 써왔지만, 사진이나 인쇄된 종이가 아니라 실제로 움직이는 뇌 영상을 본 것은 처음이었다. 브래드의 뇌간, 소뇌, 뇌의 좌우 반구를 연결하는 흰색 뇌량이 확연하게 보였다. 울퉁불퉁하고 주름진 전두엽피질을 보니 심장이 두근거렸다. 누워 있을 때 브래드의 전체 머리 모양은 내가 아까 봤던 모양대로 길고 폭이 좁을 것이다. 지금 내 눈앞에는 브래드의 머릿속에서 살아 움직이는 뇌 영상이 펼쳐지고 있었다.

스캐너에 들어간 지 8분가량 지나서 해부학적 스캐닝을 마친 브래드는 동영상을 보기 시작했다. 인터넷 여기저기서 고른, 서로 연관성이 없는 동영상 여섯 편이었다. 서른 살을 갓 넘겼을 뿐이지만 수상 실적이 화려한, 수줍은 캐나다인 캐럴린 파킨슨은 이 실험을 채널 찾기에 비유했다.[25] 첫번째 동영상은 캐나다 출생 우주인 크리스 해드필드Chris Hadfield가 우주에서 바라본 지구를 묘사한 인터뷰에서 따왔다. 여기에는 해드필드의 얼굴 사진과 우주에서 바라본 지구의 모습을 담은 영상이 들어 있다. 놀랍도록 아름다운 광경도 있지만 멕시코시티와 베이징 같은 대도시 위를 덮고 있는 대기 오염 현상도 담겨 있다. 해드필드는 "마치 지구의 얼굴에 커다란 회색 얼룩이 묻어 있는 것 같았습니다."라고 언급했다. 두번째 동영상은 뮤직비디오에서 따왔다. 세번째 동영상은 '올해의 오스트레일리아인'이라고 자신을 소개하는 보통 남성의 모습을 담은, 무미건조하게 코믹한 오스트레일리아 모큐멘터리mockumentary(허구의 내용을 다큐멘터리처럼 만드는 장르)의 일부였다. 네번째는 나무늘보 보호소에서 일하는 자원봉사자와 직원을 찍은 영상이었다. 한 여성이 시드라는 이름의 나무늘보를 안고 좌우로 부드럽게 흔들면서 "이 녀석은 느리게 흔들어주는 것을 좋아합니다."라고 말했다. 다섯번째는 구글 글래스Google Glass에 대한 비디오 리뷰였다. 마지막은 지미 팰런Jimmy Fallon, 세스 로건Seth Rogen, 잭 에프런Zac Efron이 십대 여자아이들처럼 옷을 입고 셀카를 찍는 모습을 방송한 〈투나이트 쇼Tonight Show〉의 장면이었다. 나중에 온라인에서 찾아보니 다음과 같은 리뷰가 있었다. "이것이 재미있는지 순전히 마음을 어지럽히는지 잘 모르겠다. 시청 주의."

이 동영상들을 재미있게 느낄지 마음을 어지럽힌다고 느낄지는 보는 사람의 감성에 따라 다르고, 파킨슨도 그 때문에 이런 동영상들을 선택했다. 여섯 편의 동영상 모두 보는 사람의 흥미를 끌고 강렬한 반응을 일으킬 만한 요소가 있다. 파킨슨의 연구조교가 확인한 바에 따르면, 브래드는 오스트레일리아 모큐멘터리가 끝난 후에도 웃음을 그치지 않았다. 그의 반응으로 볼 때 모큐멘터리 바로 다음에 이어진 나무늘보 보호소 동영상에 대한 관심은 적다고 판단할 수 있을 것 같다. 파킨슨과 탈리아 휘틀리의 연구 결과를 적용해서 예측해 보면, 몇 달 뒤 학기를 시작한 브래드가 새로 사귄 친구들의 뇌를 검사하면 동영상에 대한 반응이 브래드의 뇌와 비슷할 것이다.

2018년 초 〈네이처 커뮤니케이션스〉는 파킨슨의 논문에 수록된 이 연구 결과를 게재했다.[26] 파킨슨과 휘틀리는 연구를 위해 사회적 네트워크를 연구하는 다트머스대학 턱Tuck경영대학원 교수 애덤 클라인바움Adam Kleinbaum과 손을 잡았다. 세 사람은 대규모 대학원생 집단으로 구성된 사회적 네트워크를 분석한 후 구성원 42명을 선택해 스캐너에 눕혔다. 지금 브래드가 보고 있는 것과 같은 동영상을 피험자들에게 보여주는 동안, 과학자들은 뇌의 해부학적 영역 80곳에서 발생하고 사라지는 반응을 시간을 두고 추적했다. 파킨슨은 각 쌍의 피험자들의 뇌가 얼마나 비슷한 반응을 보이는지 관찰하기 위해 시간별 추적 결과를 비교했다. 같은 순서로 같은 동영상을 보았으므로 피험자들의 뇌에서 발생하는 반응은 성격이나 관점의 차이에 따른 결과라는 이론을 세울 수 있었다.

이미 알려졌듯 적어도 고대 그리스와 아마도 그 이전부터 유사성은 우정의 특징으로 인식되었다. 몇 년 동안 이런 가정을 시험해온 과학자들은 성별, 나이, 민족 등이 같은 사람을 친구로 사귈 가능성이 더 크다는 사실을 발견했다. 파킨슨은 말했다. "자기 주변을 비슷한 사람으로 에워싸는 것은 시대, 장소, 사회를 막론하고 보편적인 경향입니다." 내 친구들이 상당히 다양한 편인데도 창의적인 직업에 종사하는 백인 중년 어머니들이 그중 많은 까닭도 아마 이 때문일 것이다. 눈앞에 놓여 있는 상자마다 일일이 열어서 꼼꼼하게 확인하는 휘틀리를 만나 함께 대화를 시작하면서 우리 둘이 친구가 될 수 있다고 금세 느꼈던 것도 이 때문일 것이다. 게일 콜드웰이 회고록 《먼 길로 돌아갈까?Let's Take the Long Way Home》에서 아름답게 묘사한 캐럴라인 냅과 맺은 우정도 유사성에 근거한다고 설명할 수 있다. 두 사람 모두 독신의 기자였고, 알코올 중독에서 벗어났고, 열정적으로 반려견을 키웠다. 친구 사이에 유사성이 심하게 부족한 경우라면 시트콤의 주제가 될 정도로 갈등을 빚을 가능성을 예측할 수 있다. 미국 드라마 〈오드 커플The Odd Couple〉을 보라.

유사성은 뉴런의 점화 패턴까지 확장된다고 밝혀졌다. 파킨슨, 휘틀리, 클라인바움은 피험자들의 뇌가 주변 세상을 인식하고 반응하는 방식대로 짝지어서, 어떤 피험자가 친구로 삼기에 좋고 어떤 피험자가 그렇지 않은지 예측할 수 있었다. 이러한 현상은 사회적 정보를 처리한다고 알려진 영역에만 나타나지 않았다. 휘틀리는 이렇게 설명했다. "감각 영역, 기억, 언어 등 뇌 전반에 걸쳐 그런 현상이 나타났습니다. 우정을 담당하는 사회적 뇌 네트워크가 따로 있다고는 말할 수 없었어요. 하지만 친구들의 뇌는 광범위한 영역에 걸쳐 놀라울 정도로 비슷했습니다." 우리가 보거나 듣는 것을 지배하는 영역에서 상관관계가 강력하게 드러났다. 파킨슨은 "우리와 친구는 동영상의 같은 부분에 관심을 보이거나 비슷한 방식으로 관심을 기울입니다."라고 말했다. 나는 이 말에 놀랐다. 어째서 청각 피질이나 시각 피질에 있는 패턴이 친구라고 더 비슷할까? 누구나 세상을 같은 방식으로 듣지 않을까? 그렇지 않은 것 같다. 휘틀리는 이렇게 덧붙였다. "세상에는 풍부한 경험이 존재합니다. 내 친구들은 친구의 친구들이나 친구의 친구의 친구들보다 세상을 나와 더 비슷하게 보고 들어요. 우리가 시각과 소리를 처리하는 방식의 수준까지 관련되죠. 친구끼리 뮤직비디오를 보면서 선율이나 영상의 일부에서 특히 매력을 느낀다면 눈과 귀를 그 부분에 집중할 것입니다. 정말 놀라운 현상이죠."

나는 이 말에 대해 곰곰이 생각하다가 둘째 아들인 매슈를 데리고 다트머스대학까지 차를 몰고 갔던 때를 떠올렸다. 우리는 볼일도 보고 대학교도 둘러보려고 길을 떠났고 시내로 들어갈 즈음 1940년대 4인조 그룹인 잉크 스파츠의 노래가 흘러나왔다. 아버지가 좋아하던 그룹의 노래가 내게 향수를 불러일으켰다. 재즈 색소폰을 연주하고, 프랭크 오션부터 프랭크 시나트라까지 다양한 음악을 좋아하는 매슈는 세 아들 가운데 유일하게 내 구식 취향에 대해 툴툴대지 않을 뿐만 아니라 바리톤 음정으로 흘러나오는 〈살다 보면 누구에게나 비가 내리는 법이죠Into Each Life Some Rain Must Fall〉를 무척 좋아하는 것 같았다. 아마 우리 모자도 이 음악을 같은 방식으로 듣지 않았을까?

휘틀리가 수긍했다. "당신이 차에서 잉크 스파츠의 노래를 틀었을 때 당신과 둘째 아들은 같은 종류의 경험을 했겠죠. 같은 자극을 받더라도 다른 두 아들은 완전히 다른 경험을 할 것입니다."

그렇다고 내가 아들 중에 매슈를 더 사랑한다는 뜻은 물론 아니다. 음악적 취향이 다른 사람을 친구로 삼을 수 없다는 뜻도 아니다. 나와 비슷한 유머 감각이 있는 친한 친구 모이라는 브루스 스프링스틴의 열렬한 팬이지만 나는 그렇지 않다. 하지만 에디트 피아프와 팻시 클라인, 잉크 스파츠의 노래를 함께 듣는 것이 매슈와 나의 유대에서 특별한 요소인 것은 사실이다.

파킨슨은 이렇게 설명했다. "주변에 비슷한 사람들을 두면 나름대로 이점이 있습니다. 아마도 비슷한 사람끼리는 비슷한 목표, 추정, 경험을 공유할 것이므로 응집력, 공감, 집단행동에 유리하겠죠. 생각해 볼 만한 흥미로운 주제입니다."

한편 사회적 네트워크에서 두 사람의 거리가 멀수록 뇌 반응의 유사성은 적어진다. 하지만 이런 반비례 관계는 3단계까지만 직접적으로 적용되어, 크리스태키스와 파울러가 주장한 3단계 영향력의 법칙을 강화하는 결과를 보여주었다. 휘틀리는 이렇게 설명했다. "잘 알지 못하는 사람에 대해서는 이 원리를 적용하기 어렵습니다. 그 사람들을 잘 알게 되면 실제로는 자기 가까이 끌어당길지도 모릅니다. 반대로 우리는 3단계까지는 서로를 잘 알고 있습니다. 그래서 친구의 친구, 친구의 친구의 친구 정도로 거리를 두지요. 직접 친구로 지낼 정도로 뇌가 비슷하게 작동하지 않는다는 사실을 알 만큼 그들을 잘 알고 있기 때문입니다."

파킨슨은 자신의 첫 연구를 '개념의 입증proof of concept'이라고 불렀다. 연구자들은 피험자를 한 번에 한 사람씩 스캐너에 넣고 피험자들 사이에 존재하는 연관성에 대해 흥미 있는 결론을 도출할 수 있다는 사실을 입증했다. 하지만 이러한 연구 작업은 한순간만 신속하게 포착했을 뿐이다. 결과는 더 큰 의문을 남겼다. 무엇이 먼저인가? 비슷한 뇌 패턴을 보이는 사람들이 서로에게 끌릴까? 아니면 친구 사이이고 함께 시간을 보내기 때문에 뇌 반응이 바뀔까? 이에 대한 해답은 아직 나오지 않았다.

브래드가 투입된 것은 바로 이 시점이었다. 파킨슨과 휘틀리는 연구 방향을 묻는 앞선 질문에 대한 해답을 찾을 수 있기를 바라고 있다. 현재 과학자들은 2차로 대학원생 집단을 모집하고 개강 전에 학생들의 뇌를 스캔하고 있다. 그런 다음 일 년간 해당 집단을 추적해서 누가 누구와 친구가 되었는지 파악하고, 다시 뇌 스캔을 하고, 새 친구를 사귀고 난 후 개인의 반응이 어떻게 바뀌었는지 분석할 것이다. 피험자들은 오스트레일리아 코미디가 재미있다고 처음부터 비슷하게 생각했을까? 환경 보호를 열렬히 주장하는 친구가, 오염된 지구의 사진을 보는 피험자에게 사전에 영향을 끼쳤을까? 그 영향은 양쪽으로 미칠 수 있을 것 같다. 우리는 자신과 같은 방식으로 세상일을 처리하는 사람들에게 마음이 끌릴 수도 있고, 거꾸로 이러한 사람들과 유대를 맺고 나서 마음이 바뀔 수도 있다.

안타깝게도 이 책에서 해답을 제시할 수는 없다. 브래드가 투입된 연구는 과학의 연구 방향이 어디로 나아가야 할지 알려줄 수 있지만, 결과를 산출하려면 정보를 수집하고 분석할 때까지 시간이 걸린다. 이 책의 원고를 마감하고도 더 많은 시간이 걸릴 것이다.

하지만 휘틀리의 연구실에서 최근 실시한 다른 연구에서 몇 가지 단서가 나왔다. 피험자들은 fMRI 스캐너에 들어가 소리를 끈 상태로 영화 몇 장면을 보았다. 영상은 내용이 모호한 것으로 골랐다. 휘틀리는 "동영상에 등장하는 인물들이 서로 어떤 관계에 있는지 분간할 수 없습니다."라고 덧붙였다. 피험자들은 몇 장면을 보고 나서 다섯 명씩 모여 방금 본 영상에 대해 토론했다. 그런 다음에 합의점을 도출하라는 요청을 받았다. 등장인물들은 형제일까? 정확하게 무슨 일이 일어난 걸까? 휘틀리는 말했다. "참가자들은 한두 시간 동안 모든 장면에 대해 철저하게 토론하면서 자신이 동의한 내용이 옳게 해석한 것인지 판단합니다." 각 집단은 현저하게 다른 해석을 내놓았다. 그런 다음 피험자 전원은 스캐너로 돌아간 후에 영화가 한참 진행되며 나오는 일부 장면뿐 아니라 같은 장면을 다시 보았다. 각 집단이 합의점에 도달한 것을 뇌 영상으로 확인할 수 있었다. "누구의 뇌든 처음에는 매우 고유한 특성을 보입니다. 하지만 대화를 하고 나서는 신경이 일종의 정렬 상태가 되죠. 집단은 영화를 다시 볼 때 장면들을 같은 방식으로 하나의 뇌처럼 봅니다. 대화를 통해 경험을 공유하며 신경을 정렬한 것입니다."[27]

대학원생 에마 템플턴Emma Templeton이 찾아와 대화를 재미있게 만드는 요인을 연구하고 싶다고 말했을 때 휘틀리가 큰 흥미를 느낀 건 전혀 놀랍지 않다. 두 사람은 낯선 사람들끼리 나누는 일대일 대화를 수십 건 녹화하고, 모든 단어를 옮겨 적고 영상을 코드로 전환하는 작업을 하고 있다. 뇌 영상 작업과 마찬가지로 이 연구는 내가 이 책의 원고를 다 쓸 때까지도 완성되지 않겠지만 이들은 이미

'화자들이 재미있다고 판단한 대화의 특징은 빨리 주고받기'라는 예비 결론을 도출해냈다. 휘틀리는 말했다. "우리는 이것이 대화에 깊이 참여하고 이해를 공유하고 있다는 것을 드러내는 정직한 신호라고 생각합니다."[28]

뇌 영상으로 우정을 포착할 수 있을까

파킨슨과 휘틀리가 규명하려고 연구하는 뇌의 동조화는 신경과학 분야의 최신 경향이다. 이 현상은 다른 연구에서도 발견되고 있다. 과학자들은 사람들이 함께 콘서트에 참석하거나 흥미진진한 수업을 들을 때 뇌파검사(EEG)로 측정할 수 있는 뇌파 패턴이 동조화한다는 사실을 발견했다.[29] 프린스턴대학교 소속 신경과학자 우리 하슨Uri Hasson은 두 개의 뇌가 상호작용하는 방식에 관한 연구를 이끌고 있다. 한 선도적인 연구에서는 피험자들을 뇌 스캐너에 눕히고 지금까지 살아온 이야기를 해달라고 요청한 후 녹음했다. 그런 다음에 그들을 다시 스캐너에 눕히고 이번에는 녹음한 사연을 틀어주었다. 하슨은 듣기만 하는 것도 의사소통으로 간주했다. 이야기를 듣는 동안 두 피험자의 뇌는 비슷한 패턴을 보이면서 정렬되었다. 뇌에서 동조화가 많이 일어날수록 청자는 자신이 이야기에 더 깊이 빠져들었다고 평가했다.[30]

두 개의 뇌가 동시에 상호작용하는 현상을 관찰하기 위해 예일대학교 신경과학자 조이 허슈Joy Hirsch는 기능적 근적외분광분석법

fNIRS으로 관심을 돌렸다. 세라 로이드-폭스와 마크 존슨이 아기 뇌를 조사할 때 사용한 것과 같은 기술이었다. 허슈는 일본 회사에 의뢰해 두 성인의 머리를 한 번에 완전히 덮을 수 있는 fNIRS 시스템을 만들게 했다. 그런 다음 동료들과 함께 이 방식으로 눈 맞춤을 연구함으로써 두 사람이 서로 마주 볼 때는 사진을 볼 때와 다른 신경 활동이 일어난다는 사실을 발견했다. 연구를 통해 밝혀진 사항은 더 있었다. 허슈는 이렇게 말했다. "실제 얼굴을 보고 있을 때는 언어 시스템의 요소들이 활성화되는 정말 멋진 현상이 일어납니다. 다른 사람과 눈을 맞추는 것은 행동하고, 말하고, 관계를 맺을 준비를 하라고 요청하는 것입니다."[31]

다뇌 상호작용을 연구하는 소수의 과학자들 가운데서도 탈리아 휘틀리는 우정에 초점을 맞춘 몇 안 되는 학자 중 한 명이다. "우리는 서로 대화하고 유대를 맺으며 생애를 보냅니다. 하지만 사람들이 실제로 어떻게 관계를 맺는지는 거의 이해하지 못하죠. 마음이 결합하는 방식에 대해 거의 모릅니다."

좋은 대화는 새로운 뭔가를 함께 창조하는 것이라고 휘틀리는 말했다. "어디에 닿을지 모르는 채 숲속을 걷는 것과 같아요. 혼자라면 가능하지 않을 새로운 아이디어와 경험을 함께 만들어가는 것이죠." 휘틀리는 과학 분야에서 볼 수 있는 협업이 대화의 완벽한 예라고 말했다. "우리는 학생들을 한데 모아 브레인스토밍을 합니다. 이것이 우리가 타인과 더불어 더 지적이고 더 창의적으로 생각하는 방식입니다."

하지만 실질적인 과학 연구에서는 여전히 이러한 과정을 포착해

내지 못했다. 휘틀리는 fMRI의 한계에 대한 플랫의 불평을 반복하면서 이렇게 덧붙였다. "우리는 피험자를 시끄러운 튜브 안에 똑바로 눕히고 영상을 보여주는 실험을 고안했습니다. 마치 뇌가 고립된 단위로 가동하는 것처럼 연구합니다. 마치 뇌를 항아리 같은 곳에 놓고 연구하는 셈이죠." 휘틀리가 지적했듯 내가 관찰한 연구에서도 여전히 피험자를 스캐너에 눕혀놓고 실험했다. 하슨의 초기 연구에서는 피험자가 사연을 말하고, 나중에 다른 사람이 그 사연을 들었다. 휘틀리는 이렇게 설명했다. "그러고 나서 시간이 지난후 두 사람은 이야기를 공유하고, 화자의 뇌 활동이 청자의 뇌 활동과 비슷한지 확인합니다. 하지만 두 사람 사이에는 100년 정도 거리가 떨어져 있을 수도 있어요. 그러면 결코 만났을 리가 없겠죠. 이 과정은 무엇 하나 만들어내지 못하므로 대화가 아닙니다." 휘틀리가 자기 방식대로 연구를 수행하면 곧 다음 단계의 상호작용을 포착할 것이다. "공유하는 이해와 경험을 창출할 때 마음은 어떻게 실시간으로 상호작용할까요?"

휘틀리는 하이퍼스캐닝 기술을 활용하며 하슨과 손을 잡았다. 하이퍼스캐닝 기술을 사용하면 피험자 두 명을 각기 다른 fMRI 기계 두 대에 분리해 눕히고 그들이 대화할 때 동시에 스캔을 진행할 수 있다. 기술적인 어려움이 상당히 크고 계산도 힘들다. 그러나 휘틀리와 동료들은 우정을 연구하는 데 기술을 동원하려고 노력하고 있다. 우선 다른 대학교들이 구비하고 있는 스캐너를 인터넷으로 연결하는 시스템을 갖췄다. 내가 방문했을 때, 휘틀리는 헝가리에 있는 중부유럽대학교Central European University 소속 애덤 번츠Adam

Boncz와 화상으로 대화했다. 번츠는 최근 일 년간 휘틀리의 연구실에서 활동했고, 하이퍼스캐닝 기술을 활용한 연구를 선도하고 있다. 이미 두 사람은 다트머스대학 지하실에 있는 스캐너와 하버드대학교에 있는 스캐너를 이용해 몇 차례 하이퍼스캐닝을 시도한 끝에 성공했다. 휘틀리는 사전 실험에서 실제로 피험자가 되겠다고 자원했다. 한 대학원생 피험자가 다트머스대학 스캐너에 누울 때, 휘틀리는 하버드대학교에 있는 fMRI에 누웠다. 한 사람은 이야기를 시작하고 나머지 사람이 그 이야기를 이어가는 방식으로 두 사람은 돌아가며 이야기 하나를 완성하려고 노력했다. 휘틀리는 "그 방식은 정말 완벽하게 통했어요."라고 말했다.

탈리아 휘틀리의 꿈은 이런 것이다. "함께 춤을 출 때 인간의 뇌가 어떤 모습일지 알고 싶어요. 왜 특정 파트너와 함께 출 때 춤을 더 잘 출까요? 왜 어떤 사람들은 다른 사람들보다 인기가 더 많을까요?" 휘틀리와 번츠의 연구는 피험자들이 상호작용을 하는 동안 뇌세포가 반복해서 재점화하는 양상을 파악할 수 있다면 어떻게 두 개의 뇌가 서로 가까워지거나 멀어지는지 알 수 있다고 가정한다. 그들은 이런 방식으로 우정이 실시간으로 형성되는 모습을 볼 수 있을지도 모른다.

11장

멋진 삶의
비결

암전문의는 배우자나 자녀가 있는지 물었다. 둘 다 없다고 답하자 "대체 투병 생활을 어떻게 할 건가요?"라고 물었다. 소극적인 치료를 강권하자 델패토어는 의사를 바꿔 독한 병용화학요법을 받았고 생명을 구했다. 이후 그녀는 기혼 환자와 미혼 환자의 치료율에 상당한 차이가 있다는 사실을 파악하고 이 문제에 대한 글을 〈워싱턴포스트〉에 기고했다.

어느 날 60대 후반인 폴라 더턴이 집에 혼자 있을 때 심장이 뛰기 시작하더니 숨이 가빠왔다. 가슴이 답답하면서 뻐근하고 아팠다. 갑자기 두려움이 몰려왔다.

"죽을지도 모른다는 생각이 들었어요." 나중에 더턴은 이렇게 회상했다.

더턴은 가까스로 구급차를 불렀다. 사우스 로스앤젤레스에 있는 더턴의 집에 도착한 구급대원들은 더턴이 심장마비가 아니라 공황 발작을 일으켰다는 것을 알아차렸다. 그들은 그녀를 진정시켰고 병원에 갈 필요는 없었다.

더턴은 죽지 않았지만, 꼭 죽을 것만 같은 두려움을 계속 겪으리라는 것을 알았다. 그녀는 전화회사에서 수십 년 근무한 끝에 2011년 퇴직했다. "직장에 다닐 때는 주위에 언제나 사람들이 있었어요. 그들과 어울리며 동료애를 느꼈죠." 하지만 지금은 동료도 없고 근처에 사는 가족도 없다. 결혼생활은 십 년간 유지한 후 끝이 나버렸다. 자녀도 없었다. 먼저 아버지가 세상을 떠나고 그 후 어머니마저 세상을 떠났다. 남은 가족은 그녀가 성장한 필라델피아 동해안에 살고 있었다.

더턴은 이렇게 기억했다. "내가 정말 혼자이고 주위에 아무도 없고 도움을 청할 사람도 전혀 없다는 사실을 불현듯 깨달았습니다. 신세 한탄을 자주 하곤 했죠. 게다가 나는 온갖 종류의 불안과 우울을 달고 살았어요. 외로움에 빠져서 정말 미칠 지경이 되었습니다. 불안과 나쁜 감정들에 쫓기다 못해 '너무 외로운 것이 결국 병이 되었나?'라는 의문이 들더군요."

공황발작을 겪고 나서 더턴은 몇 가지 변화를 시도하기로 결심했다. 우선 집 근처에 있는 교회에 다니기 시작하면서 공동체 의식을 느낄 수 있었다. 2015년에 들어서면서 두 가지 변화를 추가로 시도했다. 한 남성을 새로 만나 지금까지 사귀고 있다. 또 집에서 불과 몇 블록 떨어진 74번가 초등학교에서 주당 4~5일 봉사하는 '제너레이션 엑스체인지Generation Xchange' 프로그램에 가입했다.[1]

내가 2018년 가을 학기에 테리사 브리셋이 담임 교사로 있는 1학년 교실까지 따라갔을 때 더턴은 더 이상 두려움에 떨지도 외로워하지도 않았다.

"미스 폴라! 미스 폴라! 내가 만든 것 좀 보세요." 한 여학생이 플라스틱 블록으로 만든 커다란 탑을 들어 올리며 외쳤다. 색인 카드에 적힌 '탑'이라는 단어를 읽고 만든 것이었다.

더턴은 탁자를 돌며 탑을 이모저모 살펴보면서 감탄을 표했다. 스마트폰을 꺼내 사진을 찍고, 옆에 앉은 남학생이 만든 집의 사진도 찍었다. 그녀는 스마트폰을 주머니에 넣으면서 나를 보며 말했다. "다섯 달 전 전화기를 바꿀 때 확인해 보니까 학교에서 찍은 사진이 1,100장이나 되더군요."

머리를 짧게 자르고 체구가 작고 단정한 모습의 더턴은 격식을 차려 입지는 않았지만 멋스럽게 청바지를 입고 빨간 단화를 신었다. 내가 만났을 당시 더턴은 73세였는데 유일하게 나이를 짐작할 수 있는 것은 희끗희끗한 머리와 약간 뻣뻣한 무릎뿐이었다. 무릎이 다소 불편하다는 이유로 가만히 자리를 지키기만 하지는 않았다. 다른 탁자로 가더니 책을 읽고 있는, 머리를 양 갈래로 땋은 여학생 옆에서 무릎을 구부렸다. 더턴이 조용히 책에 관해 묻자 여학생은 환하게 웃으며 대답했다. 더턴도 따라 웃었다. 한 남학생은 찰흙과 이쑤시개로 로켓을 만들고 있었다. 더턴은 그 남학생에게 "이 로켓이 달까지 올라가겠는데."라고 말하면서 다시 스마트폰을 꺼내 사진을 찍었다.

"아이들은 자신의 할머니와 같이 있는 것처럼 느낀답니다." 담임 교사인 브리셋이 내게 말했다. 그들은 함께 일한 2년 동안 매우 친해져서 더턴은 브리셋의 여덟 살짜리 아들에게도 할머니 같은 존재가 되었다.

"나는 원래 카리브해 출신이에요." 브리셋이 말했다. "친정어머니도 시어머니도 멀리 떨어져 살아요. 이곳 캘리포니아에서 미스 폴라는 내게 어머니 같답니다."

제너레이션 엑스체인지 프로그램이 더턴의 삶을 바꾸었다. 이 프로그램은 확고하면서도 섬세한 방식으로 사람들의 삶을 바꾸는 것을 목표로 출범했다. 세대 간 프로그램은 UCLA 소속 역학자 테리사 시먼Teresa Seeman이 생각해낸 아이디어였다. 이것은 지역사회의 건강 계획을 실천하기 위해 외로운 개인들에게 개입하는 교육 비영리 조직으로 조용하지만 꾸준히 본연의 활동을 펼치고 있다. 시먼이 소속된 UCLA 데이비드게펜의과대학원 노인병학 부서는 이 프로그램을 실시하기 위해 로스앤젤레스 통합 교육구와 제휴했다. 그들은 지역사회에 거주하는 노인들을 사우스 로스앤젤레스에 있는 재정이 부족한 초등학교에 투입했다. 노인들이 사는 동네와 마찬가지로 그들이 봉사 활동을 하는 네 학교의 학생들은 주로 아프리카계와 라틴아메리카계 미국인들이다. 학생의 평균 40%는 위탁가정에서 자란다. 영재 프로그램을 운영하는 학교도 있지만 많은 학생이 학교생활을 제대로 하지 못하고 있으므로 특별한 관심을 기울여야 한다.

제너레이션 엑스체인지 프로그램의 참가자들은 교육을 받고 나서 유치원 교실부터 초등학교 3학년까지의 특정 교실에 배정되어 일 년 동안 활동한다. 주당 최소 10시간 봉사하는데 자원봉사자들은 대부분 더 많은 시간을 아이들과 함께 보낸다. 교육 프로그램이므로 아이들의 학업 능력, 특히 독서 능력 향상에 주력하고 아이들의 행동 문제를 다룰 수 있도록 노인들을 훈련한다. 콜레스테롤과 혈압 조절, 체중 감소, 이동량 증가 등을 목표로 한 건강 프로그램으로서, 노인들이 집 밖에 나와 활동할 수 있도록 유도한다. 외로운 사람들에게 개입하기 위해 관계를 맺고 우정을 쌓도록 고안되었다. 이 프로그램은 모든 영역은 물론, 방법 면에서도 성공을 거두었고 (스포일러 경고: 이것은 유전자 발현과 관계가 있다), 이는 시먼이 처음 시작했을 때는 상상하지 못했던 결과였다.[2]

60세가 넘으면 배우자보다 친구가 더 중요하다

나이가 들면서 관계를 포함해 우리가 그동안 살아온 삶의 영향은 몸으로 나타날 수밖에 없다. 어떤 영향은 누적되고 어떤 영향은 단기에 그친다. 존 카시오포는 외로운 대학생의 혈관계에서 우려할 만한 징후를 찾아냈는데, 이러한 초기 문제들은 시간이 흐르면서 외로운 성인들을 괴롭히고 해를 입히면서 결국 고혈압을 초래했다.

테리사 시먼은 경력 내내 사회적 관계와 인생 후반기를 연구했다. 1980년대 대학원을 졸업하는 즉시 앨러미다 카운티 연구에서 나온 자료를 다시 검토하는 작업을 시작했다. 사회적 관계가 사망률과 연관성이 있다고 리사 버크먼과 레너드 사임이 최초로 밝힌 것도 앨러미다 카운티 연구 결과 덕택이었다. 시먼은 두 사람의 연구에 크게 영향을 받았다. 시먼이 역학 박사과정을 밟으려고 막 버클리대학에 입학했을 당시 버크먼은 박사학위를 따고 졸업을 하려던 참이었다. 두 사람은 사회적 고립이 노화를 가속한다고 보고, 계속 협력해서 연구 활동을 펼쳤다.[3]

버크먼은 초기 연구를 통해 관계가 전반적으로 중요하다는 것을 밝혀냈지만 시먼은 세부 사항에 대해 많은 의문을 품었다. 또한 시먼은 노화 과정에서 관계의 영향이 어떻게 바뀌는지 연구하는 사람이 전혀 없다는 사실을 깨달았다. 1979년 버크먼과 사임이 발표해 이 분야 연구를 선도했던 논문은 30~69세를 아우르는 성인을 대상으로 했다. 하지만 40대와 50대에 사실인 것이 70대와 80대에도 반드시 사실인 것은 아니다. 시먼은 사회적 고립에 따르는 사망률 증가 위험이 노년까지 계속되는지 궁금했다. 어떤 유형의 사회적 유대가 더 중요한지도 알고 싶었다. 결혼을 해야 했을까? 다른 관계도 똑같이 영향을 미쳤을까? 시먼은 앨러미다 카운티 연구에서 수집한 자료들을 연령대로 나누어 분석하는 방식을 사용해서, 집단에서 가장 나이가 많은 사람들에게 어떤 요인이 가장 강력한 영향을 미쳤는지 찾아내기로 했다. 특히 배우자를 잃은 사람들을 걱정했다. "나이를 먹을수록 배우자를 잃기 쉽습니다. 그러므로 배우자 유무가 지속적으로 엄청나게 중요한 요인이라면 정말 많은 사람이 점점 더 큰 위험에 노출될 것입니다. 바람직하지 않은 현상이죠."

앨러미다 연구 자료는 4가지 유형의 사회적 유대에 대한 질문을 포함했다. 그중 3가지 질문에 대해 피험자들은 간단하게 예나 아니오로 대답했다. 결혼했나요? 예/아니오. 종교단체에 속해 있나요? 예/아니오. 다른 종류의 공동체에 속해 있나요? 예/아니오. 가까운 친구와 친척에 관해 묻는 네번째 질문에는 내용이 약간 더 추가됐다. 우선 가까운 친구와 친척이 몇 명인지, 이중 매달 한 번 이상 만나는 사람은 몇 명인지 물었다. 친한 친구 및 가족과 매달 5회 이하로 만난다고 대답하면 '고립'되어 있는 사람으로 간주했다. 표본의 24%에 해당한다. 1979년 발표한 논문에서 버크먼은 9년 동안 사망률을 조사해서 발표했었다. 시먼은 1987년까지 17년 동안 도출한 결과를 검토할 수 있었다.

자료를 재분석하면서 시먼은 연구 초기에 38~94세였던 피험자들을 모두 포함했다. 결과적으로 나이와 관계 유형 둘 다 실제로 매우 중요하다는 사실이 드러났다. 60세 이하인 사람들에게는 결혼

여부가 가장 유의미한 영향을 미쳤다. 다른 말로 표현하면 중년인데 결혼하지 않은 사람은 그렇지 않은 사람보다 일찍 사망할 위험성이 더 컸다. 하지만 이 점이 최고령 집단에도 해당하지는 않는다는 놀라운 사실이 밝혀졌다. 60세를 넘긴 사람들에게는 친구 및 친척과 가까운 유대를 형성하는 것이 배우자를 두는 것보다 더 중요했다.[4] 시먼은 "내게 커다란 깨달음을 준 발견이었습니다."라고 말했다.

30년 동안 후속 연구를 실시했지만 초기 결과의 중요성을 거듭 확인할 뿐이었다. 시먼은 이렇게 설명했다. "사회적 관계에서 가장 중요한 것은 관계가 얼마나 중요하고 소중한가입니다. 삶의 전반부에는 결혼, 그리고 배우자와 맺는 관계가 매우 중요하지만, 나이가 들면서 우정이 훨씬 더 중요해지고, 배우자 유무는 상대적으로 중요성이 낮아집니다." 이것은 좋은 소식이다. 설사 배우자를 잃더라도 우정에 기대 살아갈 힘을 얻을 수 있기 때문이다. 게다가 우리는 평생에 걸쳐 새로운 친구를 계속 사귈 수 있다.

우정이 제공하는 사회적 지지

74번가 학교에서 자원봉사하는 여성들도 바로 이 점을 깨달았다. 그들은 이 프로그램에 참여하면서 새 친구를 사귀고 외로움을 줄일 수 있었다고 말했다. 자원봉사자들은 아이들 및 교사들과 형성하는 관계 외에도 봉사자들끼리 과거 더턴이 직장에서 누렸던 마음 편한 동료애 같은 관계를 발전시킨다.

자원봉사 현장을 방문한 10월 어느 날 아침에 나는 그러한 동료애를 목격했다. 여성 열 명이 빈 교실에 작은 책상들을 빙 둘러놓고 앉았다. 매주 열리는 팀 회의였는데 담당한 반 아이들과 함께 현장학습을 가느라 참석하지 못한 한 사람을 제외하고 모두 참석했다. 늘 그렇듯 간식과 음료수도 눈에 띄었다. 여기 참석자들은 모두 여성이었지만, 다른 학교에는 남성 자원봉사자들도 있었고, 제너레이션 엑스체인지 프로그램에서는 더 많은 남성 지원자들을 찾고 있다.

74번가 초등학교에 파견된 자원봉사자들을 이끄는 린다 릭스는 유머 감각을 발휘하며 회의를 진행했다.

"현재 내 골치를 썩이는 문제 학생은 바로 이 사람이에요." 릭스는 바버라 필립스를 가리키며 내게 말했다.

자원봉사자들은 학교 행사가 열리기 전에 만나 함께 점심식사를 하자는 얘기를 하고 있었다.

"끝내 점심식사 값을 내겠다는 거예요?" 릭스가 필립스에게 물었다.

"당신이 신경 쓰지 말라고 내가 돈을 내는 거예요." 모여 있는 사람들이 일제히 웃음을 터뜨렸다.

"들었죠? 달리 문제 학생이 아니라니까."

"강적끼리 만났군요." 다른 여성이 말했다.

릭스는 74세였다. 남편은 세상을 떠났고 증손자까지 보았으며, 전문적인 자원봉사자라 할 만한 사람이었다. 우체국, 연방 기관, 끝으로 은행에서 근무하다가 20년 전 은퇴한 후에는 지역 도서관에 개설된 '책 읽어주는 할머니와 할아버지 프로그램'에 자원해 몇 년 동안 봉사했다. 지난 10년간 흑인 공동체에서 운동가로 활동하면서 선거운동 기간 후보와 공약에 관한 정보를 교류하는 모임들을 주선하고 유권자 등록을 촉구하는 운동에 참여했다. 그러다가 제너레이션 엑스체인지 프로그램에 대해 듣자마자 시먼과 함께 프로그램을 공동 운영하며 자원봉사자 모집을 담당하고 있는 댄 모리스D'Ann Morris에게 연락해 가입하고 싶다고 말했다.

릭스는 프로그램에서 활동한 지 5년 되었고 지금은 74번가 학교에서 마이클 트레버스가 담임 교사인 유치원반을 담당해 3년째 활동하고 있다. 릭스는 올해 입학한 학생들을 처음 소개받은 날, 아이들이 트레버스에게 "선생님, 이분은 선생님의 할머니에요?"라고 물었다는 이야기를 들려주었다.

릭스는 내게 눈짓을 하며 "헌데 트레버스 선생님은 백인이라오."라고 덧붙였다.

트레버스도 릭스의 열렬한 팬이어서 내게 이렇게 말했다. "릭스가 출근하면 마치 〈에드 설리번 쇼〉에 비틀스가 출연한 것 같아요. 아이들을 그대로 놔두었다가는 떼로 몰려들걸요." 트레버스와 브리셋은 매일 아침 더턴과 릭스가 출근할 때 아이들에게 몰려들지 말고 손을 흔들어 인사하라는 규칙을 만들어 가르쳐야 했다.[5]

릭스는 월요일부터 목요일까지 아침마다 교실에 들어가고, 아이들은 몇 개 팀으로 나뉘어 차례로 자리를 옮겨가며 독서 활동을 했다. 릭스의 행동은 온화하게 관심을 기울이는 더턴과 별반 다르지 않았다. 하지만 허튼짓을 참지 않는 깐깐한 면모가 있어서 이따금 카랑카랑한 목소리가 교실에 울려 퍼졌다.

담임 교사인 트레버스가 반대편에서 아이들을 돕는 동안 릭스는 그림과 소리를 맞추고 있는 팀을 감독했다.

"이것은 무슨 그림이지?" 자물쇠요.

"이 그림의 짝은 어디 있을까?" 아이들 앞에 각각 놓인 종이에는 머리글자 J, K, L 별로 칸이 나뉘어 있었다. 그림 속 물체의 머리글자 소리에 맞춰 칸별로 잘 분류한 아이들은 릭스에게 하이파이브와 스티커를 받았다.

회의를 시작하면서 릭스는 새로 작성해야 하는 서류에 대해 의논해야 한다고 말했다. 앞으로 자원봉사자들은 교실을 들락날락하는 아이들의 이름을 빠짐없이 기록해야 한다고 했다. 또 다가오는 추수감사절 축제와 할로윈 퍼레이드를 도와줄 자원자의 이름을 적었다. 자원봉사자들은 정치에 관해서도 이야기를 나누었다. "누구한테 투표하라고는 말하지 않겠지만 유권자 등록은 꼭 해요." 학교에서 파업이 일어날 가능성이 있다는 이야기가 나오자 자원봉사자들은 그 경우에 어떻게 해야 할지 의논했다. 학교 직원은 아니지만, 노조를 지지해야 한다고 단호하게 말하는 사람도 있었고, 아이들을 떠나야 할까 봐 걱정하는 사람도 있었다.

그런 다음 자원봉사자들은 처음에 이 프로그램에 가입하게 된 경위를 말했다. 릭스처럼 꾸준히 자원봉사를 많이 해온 사람도 있었지만 더턴과 비슷한 경우도 많았다.

위노나 프라이스가 말문을 열었다. "퇴직한 지 15년 정도 되었을 때였어요. 몸도 마음도 지쳐서 손자가 찾아와도 손가락 하나 까딱하기 싫었죠. 오죽하면 손자가 '할머니, 나가서 몸을 움직이고 여기저기 다니셔야 해요.'라고 말했겠어요." 자원봉사를 시작하는 날 프라이스는 아마도 자신이 조만간 인공 무릎관절 수술을 받아야 할 것 같다고 릭스에게 말했었다. 하지만 자원봉사를 하면서 활동량이 늘어나자 기적 같은 일이 일어났다. "학교에 다니기 시작하고부터 몸 상태가 훨씬 좋아졌어요. 무릎 수술은 아예 생각도 하지 않게 됐어요."

프라이스는 여동생인 바버라 배스를 프로그램에 끌어들였다. 배스는 여기 있는 사람 중 가장 늦게 합류했다. "언니는 내게 그냥 집에 앉아서 텔레비전을 보는 것 말고 할 일이 필요하다고 생각했죠." 배스가 웃으며 말했다.

회의에 모인 참석자들은 모두 은퇴자들이었다. 배우자를 잃은 사람도 있고, 병을 앓거나 몸이 허약한 사람도 있고, 유방암을 앓았던 사람도 있었다. 메노라 가녀는 아침에 지팡이를 짚고 도로를 건너 학교에 온다. 그녀는 자녀들과 손자들이 다녔던 학교에서 봉사활동을 하고 싶어 했다.

자원봉사자들이 이 학교에서 계속 활동하는 이유는 관계를 맺고 유지하기 위해서였다. 그들은 늘 아이들 얘기를 했다. 한 아이는 날마다 학교 정문에서 미스 버니스를 기다렸다가 교실까지 가방을 들어다 준다. 어떤 아이는 "머리카락 색깔을 보니 할머니가 늙었다는 걸 알겠어요."라고 말해 릭스를 웃게 했다.

"아이들은 뭔가 성취했을 때 정말 기뻐한답니다." 필립스가 말했다. "아이들은 내게 달려와서 '미스 바버라, 내가 만든 것 좀 보세요!'라고 자랑해요." 자원봉사자들에게는 예외 없이 아이들에게 사랑을 받은 경험이 있다.

그리고 여기 있는 여성들이 서로에게 받는 사랑 역시 아이들로부터 받는 사랑만큼 중요하다.

"여기 있는 사람들은 내 가족을 대신해 신이 주신 선물이에요! 내 친구들이죠." 필립스가 말했다.

"가족은 선택할 수가 없잖아요." 누군가가 불쑥 말했다. 교실에 다시 웃음소리가 퍼졌다.

함께 있으면 모두 화기애애하고 즐거운 관계였지만, 폴라 더턴과 린다 릭스의 유대는 그중에서도 특별했다. 릭스와 달리 더턴은 자신이 이런 일에 맞을지 확신할 수 없었다. 3년 전 70세 생일 무렵 친구 버사 웰링턴이 이 프로그램의 예비모임에 가보라고 부추겼다. 공황발작을 겪고 나서 더턴은 바깥 활동을 늘려야 한다고 생각하기는 했지만, 막상 실천하려니 망설여졌다. 자식을 낳아보지 않았고, 어린이들과 함께 시간을 보낸 경험이 거의 없었으므로 매주 몇 시간씩 초등학교 교실에서 아이들과 잘 지낼 수 있을지 자신이 없었다. 더턴은 "내가 생각할 수 있는 일 중에서 가장 두려운 일이었죠."라고 회상했다.

예비모임 장소에 도착해서 문을 열고 들어가려는데 한 여성과 마주쳤다. 바로 릭스였다. 그래서 두 사람은 자연스럽게 행사장에 함께 들어가서 나란히 앉았다. 더턴은 릭스를 보면서 친구가 될 수 있겠다고 생각했다. "친구가 될 사람은 자동적으로 서로를 알아보는 법이죠." 두 사람은 오리엔테이션을 받다가 밖으로 살짝 빠져나가 담배를 피우기도 했다. 이야기를 나누다 보니 두 사람은 가까이 살면서도 그동안 한 번도 마주친 적이 없었다. 한 사람이 집까지 차로 태워다 줄 때쯤 이미 두 사람은 친구가 되어 있었다.

릭스는 프로그램에 가입하라면서 더턴을 계속 부추겼다.

"잘 생각해봐요. 자기도 모르는 사이에 이 쪼끄만 녀석들에게 마음을 빼앗길 거예요."

더턴은 한번 해보겠다고 용기를 냈고 새로 사귄 친구와 붙어 다녀야겠다고 마음먹었다. "나는 린다가 가는 곳이면 어디든지 따라가겠다고 결심했어요." 더턴이 말했다.

그때 이후로 두 사람은 늘 같은 학교에서 활동했다. 방과 후에는 함께 쇼핑을 하거나 점심식사를 했다. 봉사를 시작하기 전에는 두려워했지만, 막상 시작하자 아이들과 잘 어울리는 기질을 타고난 것 같았다.

처음 교실에 들어갔던 날 릭스가 봉사활동을 계속하겠느냐고 묻자 더턴은 미소를 지으며 "아이들에게는 내가 필요해요."라고 대답했다.

우정은 면역 체계를 강화한다

제너레이션 엑스체인지 프로그램의 공식적인 성과는 괄목할 만했다. 물론 시먼과 책임자들이 기부자들에게 보여주려고 작성한 보고

서에는 봉사자들 사이의 우정과 유대 같은 이야기는 담겨 있지 않았다. 이 프로그램이 진행된 첫 2년간 한 학교에서 거둔 성과를 살펴보자. 학기 말까지 독해 기준을 충족한 비율이 유치원(46%에서 78%)과 1학년(38%에서 77%)에서 거의 두 배가 되었다. 2학년에서는 61%에서 78%로 상승했다. 교사들과 교장들은 학생의 출석률이 증가하는 한편, 수업 시간에 집중하고 사회적으로 상호작용하는 능력이 향상되었다고 보고했다. 교장실로 불려가 훈육을 받는 사례도 줄어들었다.

그러는 동안 노인 자원봉사자들 역시 기대했던 것처럼 건강이 좋아졌다. 혈압과 콜레스테롤 수치가 낮아졌고, 위노나 프라이스를 포함해서 모든 자원봉사자의 이동성이 증가했다. 체중이 감소한 사람도 많았다. 20킬로그램을 감량한 릭스는 "주치의가 정말 기뻐했어요."라고 말했다.

초기에 거론되지 않은 다른 건강상 이점도 눈에 띄었다. UCLA에서 활동하는 시먼은 면역 체계에서 일어나는 유전자 발현에 대한 스티브 콜의 연구 내용을 알고 있었다. 콜은 외로움과 다른 형태의 역경이 염증과 바이러스 감염을 일으킬 확률을 증가시키는 반면, 사회적 통합과 성취감은 질병에 저항하는 면역 능력을 향상시킨다는 사실을 발견했었다.[6] 이 프로그램에 담긴 매우 사회적인 성격을 고려한 시먼은 아마도 자원봉사자들이 이러한 변화를 보일 수 있다고 판단했고, 콜은 확인해보자는 제의에 기꺼이 동의했다.

우선 각 학년의 초반, 중반, 후반에 모든 자원봉사자의 혈액을 채취했다. 콜은 2016~17년을 시작으로 샘플에 대한 게놈 분석을 실시해 참가자들의 유전자 발현을 관찰하고 자신의 초기 연구와 일치하는 변화가 발생했는지 살펴보았다. 그 결과 확실히 올바른 방향으로 변화가 일어나 염증이 줄어들고 바이러스에 대한 저항 능력이 강화되는 통계학적으로 유의미한 변화가 발견되었다. 이 프로그램에 참여한 노인 자원봉사자들의 건강은 유전자 수준에서도 향상되었던 것이다.

나는 이 결과를 과장하고 싶지 않다. 콜과 시먼은 연구 결과를 발표하고 싶어 하지만 표본의 크기가 여전히 작다. 더 확실히 하려면 앞으로 자원봉사자와 통제집단을 비교해야 할 것이다.

아직 거쳐야 할 과정이 남아 있지만, 콜과 시먼이 도출한 연구 결과는 고무적이다. 우정은 제너레이션 엑스체인지 프로그램에서 매우 중요한 요소로 보인다. 자원봉사자들이 공동의 목적을 위해 협력하도록 설계된 뜻깊은 활동에 참여하고 있기 때문이다. 칼슘이 몸에 흡수되도록 비타민 D를 섭취해야 하는 것과 같은 논리다. 그래야 서로 효능을 발휘해 결과적으로 뼈를 더욱 튼튼하게 만들 수 있다. 시먼이 프로그램에 봉사자 모임과 학년말 파티를 포함한 것도 이 때문이었다. "우리는 봉사자를 모집할 때 친구를 더 많이 사귈 수 있다고 말하지는 않습니다. 아이들을 돕는 일이 중요하기 때문에 모집한다고 말하죠. 자원봉사가 건강에 이로울 거라고도 생각하죠." 하지만 우정을 북돋우는 것이 프로그램의 숨은 동기냐고 질문하자, 시먼은 망설이지 않고 그렇다고 대답했다.

행복의 U자형 곡선

프로그램 참가자들은 삶의 후반기에 나타나는 우정과 외로움의 양극성을 잘 드러낸다. 이제 폴라 더턴은 여러 사람과 즐겁고 탄탄한 관계를 맺고 있다. 남자친구도 있고 같은 교회 신도들과 함께 이스라엘을 여행할 계획도 세웠다. 그녀가 맺은 우정은 릭스와 동료 자원봉사자, 교사인 브리셋, 초등학생 등 세 세대를 아우른다. 더턴은 현재의 삶에 상당히 만족한다.

사람들의 삶은 대부분 50세 이후에 나아진다.《행복 곡선The Happiness Curve》의 저자 조너선 로치Jonathan Rauch는 〈가디언〉과 인터뷰하는 자리에서 "다른 조건이 같다고 가정했을 때 나이가 행복에 비례하는 방향으로 작용한다는 사실이 무엇보다 놀랍습니다."라고 밝혔다.[7] 로치의 결론은 2008년 발표되어 지금은 유명해진, 전 생애에 걸친 심리적 웰빙 연구에 근거한다. 이 연구에서는 미국인과 서유럽인 50만 명을 조사하고 세계 여러 지역에서 수집한 자료를 분석한 끝에 로치의 책 제목처럼 행복 곡선이 U자 형태를 띤다는 사실을 밝혀냈다. "전형적인 개인"의 행복 곡선은 46세 무렵의 중년에 바닥까지 떨어졌다가 다시 상승한다. 삶의 후반기에 행복 곡선이 평평하다가 말년에 이르면 결국 내려간다는 통념을 입증하는 증거는 적었다.[8] 나는 홍콩에서 돌아온 후 친구들과 정기적으로 저녁식사 모임을 하기로 했다. 지금은 모두 50세를 넘긴 브루클린 거주 여성들로 구성된 이 모임의 이름을 '상승 클럽Upswing Club'으로 정한 것도 내가 이 연구 내용을 알고 있었기 때문이었다.

이 연구 결과를 발표한 저자들은 행복의 U자 곡선에 대해 몇 가지 가설을 제시했다. 첫째, 중년에 진입하면 자신의 강점과 약점을 인정하고 적응하면서 "실현할 수 없는 강렬한 소망을 누그러뜨린다." 둘째, "쾌활한 사람이 불행한 사람보다 오래 산다." 살아남은 사람들을 대상으로 조사했으므로 '선택 효과'가 작용한 것이다. 셋째, 삶의 후반기에 이르면 자신의 상황이 더 나빠질 수 있음을 자각한다. 친구들이 세상을 떠나기 시작하면서 앞으로 남은 시간 동안 받을 축복을 소중히 여겨야 한다고 깨닫는다.

스탠퍼드대학교 장수연구센터Stanford Center on Longevity 창립 이사인 로라 카스텐슨Laura Carstensen은 이처럼 축복의 가치를 깨닫는 것이 중요하다고 강조했다. 그녀는 삶의 후반기를 위해 비전을 수정해야 한다고 전파하는 일에 몰두해 왔다. 1990년대 초에는 시간과 시간을 쓰고 싶은 방식에 초점을 맞춘 영향력 있는 이론을 발표했다. 시간이 절대적으로 중요해지면 살아가는 동안 감정적 의미를 달성하려는 동기가 증가한다고 주장했다. 나이가 들수록 사회적 관계의 범위가 좁아지는데 이는 다분히 의도적이다. 자신이 정말 아끼는 사람들과 시간을 보내겠다고 선택하기 때문이다. 관계의 양보다 질을 선택하는 것이다. 이때 사회적 네트워크에서 잘려 나가는 것은 바깥 원에 있는 사람들이다. 가족이 주로 안쪽 원을 채우게 되지만, 가족이 없는 경우에는 비친족 친구가 안쪽 원을 채우는 경우도 흔하다. 다시 강조하지만, 관계의 기원이 아니라 성격이 중요하다. 직업과 가족에 대한 의무가 줄어들면, 자신이 하고 싶은 일과 그 일을 함께 하고 싶은 사람들에게 쓸 시간이 많아진다.[9]

짐작하겠지만 이런 패턴은 많은 비인간 영장류에게도 되풀이해 나타난다. 영장류학자 줄리아 피셔Julia Fischer는 모레미에서 연구하는 로버트 세이파스와 도로시 체니의 연구에 초반부터 참여했다. 지금은 괴팅겐 소재 독일영장류센터의 인지동물행동학연구소를 이끌면서 바바리원숭이의 노화를 연구하고 있다. 그녀는 개코원숭이에 관한 회의에 참석했다가 나와 점심식사를 함께 하면서 이 패턴에 관해 이야기했다.

피셔는 원숭이가 나이를 먹을수록 예측가능성을 선호하는 경향이 점차 강해진다고 했다. "젊었을 때 일단 강력한 유대를 형성하고 이후에는 선택적인 경향을 띱니다. 나이가 들수록 파트너의 수는 줄지만, 유대의 질은 강해집니다."

원숭이들을 관찰하면 파트너들과 형성하는 유대가 얼마나 강한지 분명히 알 수 있다.

"서로 껴안는 모습이 정말 다정해요. 태곳적부터 존재한 유대가 오늘날에도 지속되는 거죠." 피셔가 말했다.

"인간이 이런 연구에서 어떤 교훈을 얻을 수 있을까요?" 내가 물었다.

피셔는 고개를 뒤로 젖히며 유쾌하게 웃었다.

"'서로 더 많이 껴안아라.'가 아닐까요?"

나도 따라 웃었다. 이보다 더 단순하게 표현할 수 있을까?

피셔는 이렇게 설명했다. "사회적 행동에 관한 대부분의 연구는 유대와 신체적 접촉이 얼마나 중요한지, 실제로 소파에 함께 앉는 것이 얼마나 중요한지 보여줍니다. 그렇게 하려면 시간을 내야 합니다. 함께 앉아서 아이들이나 손자들에게 책을 읽어주려면 말이죠. 이것은 영장류의 오랜 유산이고, 모두 관계 형성에 관한 것입니다."

외로움을 어떻게 예방할 것인가

그렇더라도 껴안을 수 있는 사람이 가까이 있어야 한다. 노년기의 외로움을 초래하는 복합적인 요인들은 가볍게 여길 만한 것들이 아니다. 일단 은퇴하고 나면 동료와 규칙적으로 상호작용할 기회가 사라진다. 대부분의 질병은 나이가 들수록 걸릴 가능성이 커지고 원래 있던 병도 악화된다. 정신적·신체적 능력이 감소하고, 청력 상실이나 이동성 감소 때문에 사회생활에 제약이 따를 수 있다. 배우자를 잃을 가능성이 증가하고 친구들도 세상을 떠나기 시작한다. 내 어머니처럼 치매를 앓으면서 관계를 잃을 수도 있다. 어머니의 상태는 나에게도 그렇지만 어머니의 친구들에게도 매우 고통스럽다. 심각한 치매를 앓는 사람은 여전히 살아 있지만, 그들이 그동안 맺은 관계는 그렇지 않다. 길 건너에 살면서 1960년대 초 신혼부부 시절부터 어머니와 알고 지낸 가장 친한 친구는 자신의 딸들에게 "우리가 함께 늙어 가리라 생각했어."라고 한탄했다.

나이가 들면 자동적으로 외로워지는 것은 아니더라도 노인의 수가 늘어나면 외로워지는 사람이 절대적으로 많아질 것은 분명하다. 인구통계는 외로움에 대항하는 싸움에 결코 유리하지 않다. 2035년이 되면 미국 역사상 최초로 노인의 수가 어린이보다 많아지리라 예측된다. 결혼과 출산이 줄어들어서 결혼하지 않고 아이를 낳지 않는 성인이 역사상 그 어느 때보다도 많다. 퓨리서치센터의 발표에 따르면 혼자 사는 노인의 비율은 2014년 초 약간 감소했지만 20세기 내내 꾸준히 증가하면서 지금은 26%를 맴돌고 있다.[10]

2017년 영국 비영리단체 '외로움 종결 캠페인Campaign to End Loneliness'은 유튜브에 단편 영화를 올려 외로움이 얼마나 큰 문제가 될 수 있는지 알렸다.[11] 동영상은 아파트에 혼자 있는 젊은이를 보여주는 장면으로 시작한다. 전제는 이렇다. '일주일 동안 친구도 만나지 않고 전화도 하지 않는다. 외부인과 전혀 접촉하지 않는다. 당신은 이런 식으로 혼자 생활할 수 있는가?' 턱수염을 기르고 눈동자가 파랗고, 20대 후반에서 30대 초반으로 보이는 젊은이의 곁에는 아무도 없다. 젊은이는 텔레비전을 보거나 책을 읽거나 어떤 방식으로든 혼자 시간을 보낼 수 있다.

동영상 속 젊은이는 영상 일기를 녹화하면서 쾌활하게 하루를 시작한다. "약간 외롭기는 하지만 견디기 힘든 정도는 아니에요." 하루가 지나고 또 하루가 지난다. 젊은이는 소파에서 낮잠을 자고, 텔레비전을 보고, 음식을 만들어 먹는다. 한 영상 일기를 보면 이웃들이 대화하고 외출할 준비를 하는 소리가 들리자 젊은이의 얼굴은 울상이 된다. "솔직하게 말하기가 힘드네요." 잠이 잘 오지 않는다. "하루의 시작, 중간, 끝이 없으므로 정신적으로 잠을 잘 준비가 되어 있지 않은 것 같아요. 공허한 상태가 끝없이 계속될 뿐이에요."

혼자 일주일을 지낸 후 비로소 조라는 이름을 밝힌 젊은이는 마침내 아파트를 뛰쳐나와 이 영상의 진정한 목적을 보여준다. 조는 이웃에 사는 독거노인 배리를 찾아간다. 화면에는 '50만 명 이상의 노인이 일주일 내내 아무도 만나지 않으며 살고 있다.'라는 자막이 뜬다.

나는 동영상에 달린 댓글들을 읽으며 마음이 심란해졌다. 몇몇 측면에서 우려할 만한 댓글들이 있었다. "나도 이렇게 살고 있어요."라고 말하는 사람이 많았다. 반면 젊은이가 정신을 차려야 하고, 시간을 보내는 방법을 모르거나 전자기기에 얽매여 지내는 것이 문제라고 생각하는 사람도 많았다. 인터넷 사용 시간이 많은 내성적인 사람들은 젊은이가 혼자 지낸 일주일을 '외로운' 시간으로 표기하는 것에 거부감을 나타냈다.

주변에서도 자주 목격하듯 사회적으로 원하는 것과 얻는 것이 잘못 짝지어졌을 때 사람들은 외로움을 느낀다. 아내를 잃고 혼자 생활하는 배리는 분명 더 많은 것을 원한다. 그는 2년 반 전 아내가 죽고 나서 찾아온 외로움 때문에 위축되어 있다. 배리는 조에게 이렇게 말한다. "자신에게 실제로 일어나기 전까지는 아무도 몰라요. 말을 걸고, 포옹하고, 생각을 이야기할 사람이 없다는 사실을 말이에요. … 그러니 엄청난 충격에 휩싸일 수 있어요." 배리는 주변에 외로운 사람들이 있다는 사실을 사회가 인식해야 한다고 강조했다. "그러니 약간 노력해야 할 필요가 있지 않겠어요?" 어머니나 할아버지에게 전화하거나 이웃이 잘 지내는지 살펴보는 일을 잊지 않게 해줄 방책을 마련해야 한다.

노인만 외로운 것은 아니다. 다양한 통계 자료 중 최근 발표된 몇몇 자료를 면밀하게 살펴보면 인구의 20%는 생활하는 데 문제가 될 정도로 외로움을 느낀다.[12] 테리사 시먼의 연구 결과를 포함해 최근 발표된 몇 가지 연구 결과에 따르면, 우리는 삶의 단계마다 그에 맞는 사회적 관계가 필요하다. 2016년 노스캐롤라이나대학교 연구팀은 여러 삶의 단계를 중심으로 시행한 네 가지 대규모 장기 연구에서 도출한 자료를 다시 분석했다. 사춘기는 물론 노년기에도 친구를 사귀면 생리적 문제를 겪을 가능성이 감소하고, 친구가 많을수록 더 감소했다. 두 가지 요소가 용량-반응 관계에 있다는 뜻이다. 이와는 대조적으로 중년에는 사회적 연결 방식의 변화에 영향을 덜 받았다. 그들이 형성하는 사회적 관계의 질(우정이 지지를 제공하든 부담을 지우든 상관없이)이 더욱 중요했다.[13] 또 2017년 미시간주립대학교 소속 윌리엄 초픽William Chopik은 성인 27만 명 이상을 조사해서, 가족에 가치를 두는 것이 중요하지만 나이가 들수록 우정에 가치를 두는 것이 더욱 중요해진다는 것을 발견했다. 이처럼 삶의 단계별로 사회적 관계를 잘 맺은 사람들은 평생에 걸쳐 높은 수준의 건강, 행복, 주관적인 웰빙을 누렸다.[14]

효과적인 개입 프로그램의 조건

관계를 맺는 데 효과적인 방법을 특정하기는 쉽지 않다. 이제 많은 사람이 그 중요성을 깨닫고 특히 외로운 노인의 사회적 통합을 증진할 수 있는 대책을 세우려고 노력하는 중이다. 예약 없이 찾아갈 수 있는 지역사회센터부터 국가적 차원의 인식 제고 캠페인에 이르기까지 다양한 곳에서 야심 찬 노력이 시작되고 있다. 영국에는 외로움 담당 차관까지 있다! 하지만 불행하게도 모든 프로그램이 제너레이션 엑스체인지만큼 성공을 거두지는 못했다. 스티브 콜은 "우리에게는 외로움을 개선하기 위한 멋진 해결책이 없습니다."라고 호소했다. 개입 프로그램의 결과는 소셜 미디어 연구처럼 제각각이다. 2010년 30만 명 이상을 대상으로 메타 분석을 실시했던 브리검영대학교 소속 심리학자 줄리앤 홀트-룬스타드는 사회적 연결이 사망률을 50% 감소시킨다는 사실을 밝히고, 당시까지 수립된 개입 프로그램들을 몇 년 동안 비슷한 방법으로 분석했다. 하지만 안타깝게도 무엇이 효과가 있고 무엇이 없는지를 명쾌하게 규명하지 못했다.[15]

개입 프로그램이 성공하기 어려운 이유는 다음과 같이 추정된다. 첫째, 사회적 관계는 기존의 친한 관계를 근거로 구축되지만, 많은 개입 프로그램은 완전히 낯선 사람들을 대상으로 한다. 이 방법은 제너레이션 엑스체인지에서는 효과가 있었지만 더 큰 목적이 없는, 관계 증진만을 목적으로 하는 프로그램에서는 효과가 없을 수도 있다. 둘째, 개입은 사회적 접촉을 증가시킴으로써 문제를 해결하는 데 유용할 수 있지만, 문제의 근본 원인을 뿌리 뽑지는 못한다. 자신이 타인과 완전히 연결되어 있다고 느끼지 못하면 주위에 사람이 있더라도 여전히 외로울 수 있다. 이것은 노인이 외로울 때 전화할 수 있도록 설치한 전화상담 서비스에서 존 카시오포가 보았던 한계였다. 이 서비스와 관련된 감동적인 사연들이 언론에 실렸고, 이것이 몇 가지 목표를 달성하는 데 기여한 것은 분명하다. 영국에서는 어떤 할머니가 매시간 전화를 걸어 시간을 물었다. 그렇지 않으면 며칠 동안 말을 걸 사람이 한 명도 없기 때문이었다.[16] 전화상담 서비스는 없는 것보다는 낫지만 외로운 할머니의 세포에까지 손을 뻗어 면역 체계를 증진시키지는 않는다.

더 주목해야 할 점은 개입 시기다. 홀트-룬스타드는 대부분의 개입 프로그램이 외로운 사람들에게 지나치게 늦게 개입한다고 주장했다. "공중보건 관점에서 보면 1차적, 2차적, 3차적 예방이 있습니다. 외로움을 타파하기 위한 대부분의 노력은 외로움이 이미 많이 진행된 3차 단계에 집중됩니다." 이러한 전략은 어떤 공중보건 문제에도 거의 효과를 내지 못한다. 위험에 처한 사람들을 초기에 식별해서 예방하는 일에 중점을 두어야 한다. 홀트-룬스타드는 이렇게 설명했다. "우리가 현재 시점에서 어떤 방법이 효과적인지 잘 알고 있는 것은 아닙니다. 저는 생활방식과 연관된 위험 인자에 대해 생각해왔습니다. 우리가 일찍부터 형성한 습관은 시간이 흐르면서 만성적인 영향을 미치는데, 나이가 많이 들기 전에는 그 영향을 깨닫지 못할 때가 많습니다." 홀트-룬스타드는 영양, 운동, 수면 문제처럼 외로움 문제에서도 합의된 지침이 있어야 한다고 주장했다. 어머니에게 한동안 전화하지 않았을 때 확인 메시지를 보내주는 앱을 만들 수 있다고도 했다. 또 일정표에 운동 시간을 정해놓듯 친구를 만나는 시간을 정해놓을 필요가 있을지도 모른다.

역학자 리사 버크먼은 관계에 관심을 쏟는 시기가 너무 늦을 때가 많다는 데 동의했다. 그러면서 수십 년 동안 몸에 밴 행동을 바꾸는 것은 정말 힘들다고 거듭 강조했다. "그것은 흡연과 크게 다르지 않습니다. 14세에 담배를 피우기 시작해서 65세에 끊으면 많은 측면에서 이미 손상을 입은 것입니다. 되돌릴 수 없는 것은 아니에요. 금연은 몇몇 측면을 개선하죠. 노력할 가치는 있지만 시기가 매우 늦은 겁니다." 사회적 관계를 흡연과 같은 틀에 넣어 생각하는 사람은 거의 없다. 하지만 버크먼은 그래야 한다고 주장했다. "젊어서나, 중년일 때나, 직업에 몰두하는 동안 어떻게 해야 자신이 아주 중요하게 여기는 관계들을 유지할 수 있을지 생각해야 합니다. 우리는 이러한 방향으로 연구를 추진하고 있습니다."[17]

과학자들과 언론은 장수를 촉진하는 단서를 찾기 위해 블루존, 즉 세계 어느 지역보다 100세 이상 노인이 많은 예외적인 지역을 조사해왔다. 이 지역들에서는 사회적 통합과 연결이 두드러졌다. 심리학자이자 저자인 수전 핑커는 블루존인 사르디니아 산촌을 방문하고 나서 사회적 고립이 불가능하다는 사실을 발견했다. "우리가 만난 100세 노인들은 예외 없이 친구와 친척으로 둘러싸여 있었다." 핑커는《마을 효과The Village Effect》에 이렇게 쓰고 한 여성을 소개했다. "100세인 지아 테레사는 한결같았다. 많은 친구, 친척, 이웃과 어울리며 생활하는 사교적인 여성이었고, 사람들은 정기적으로 찾아와 이야기를 나누면서, 자신들의 삶과 지역사회에서 그녀가 차지하는 중요성과 위상을 강화했다."[18]

테레사가 있는 마을 같은 곳에서 살아야만 장수하는 것은 아니지만, 그렇게 살면 생각이 같은 사람들에 둘러싸여 모두 하나라고 느낄 수 있다. 버크먼과 시먼이 실시한 초기 연구의 결과도 같았다. 그들은 친구나 가족과 지리적으로 가까이 사는 것이 정말 중요하다는 것을 밝혀냈다. 니컬러스 크리스태키스와 동료들이 하버드대학교에서 실시한 초기 연구에 따르면, 배우자를 잃은 사람들 중 자신과 같은 처지에 있는 사람들이 많은 동네에서 살겠다고 선택한 경우 더 오래 살았다.[19]

정부와 기업이 나서야 한다

생물학적, 진화론적 현상이라는 새로운 관점에서 우정을 더욱 깊이 이해하면, 공중보건 분야에서 사회적 연결의 중요성을 부각하기에 유용하다. 암보셀리에 서식하는 개코원숭이를 연구하며, 이 주제에 큰 도움이 되었던 영장류학자 수전 앨버츠는 이렇게 말했다. "우리가 인류에 대해 매우 우려하는 현상에 진화론적 원인이 있다면 그 문제를 바로잡으려는 방식에 큰 영향을 끼칠 것입니다." 만약 우정이 순수하게 문화적이라면, 우정을 북돋우거나 우정에 반대되는 외로움을 피하려는 것은 문화적인 문제일 것이다. 하지만 개코원숭이, 히말라야원숭이, 돌고래, 심지어 초원들쥐와 제브라피시에게 친구가 있고 또 친구가 필요하다면 해답은 다른 곳에 있다. 인간의 면역체계가 작동하는 방식을 바꾸고, 뇌 신경전달물질의 분출을 증가시키거나 감소시키고, 인간의 생명을 연장하거나 단축할 영향력이 있는 요인이 존재한다면, 그 특성에 맞게 다루어야 한다.

홀트-룬스타드는 사회적 연결과 외로움을 공중보건 문제로 생각하는 것이 매우 중요하다고 단호하게 주장했다. 창문으로 먼 산의

풍경이 한눈에 들어오는 브리검영대학교 연구실에서 만난 자리에서 그녀는 내게 이렇게 강조했다. "사회적 연결과 외로움은 감정적 웰빙에는 필수적이지만 신체적 건강과 장수에 꼭 필요한 것은 아니라고 생각해온 세월이 너무 길었어요. 사람들은 관계가 신체와 상관이 없고 개인적이고 감정적인 문제라고 생각하죠." 홀트-룬스타드는 자신의 메시지를 건강 전문가들에게 전달하기 위해 연구 결과를 심리학 학술지가 아닌 최고 의학 학술지에 발표하려고 추진하고 있다. 2017년 도발적인 내용의 논문에서, 그녀는 사회적 연결이 사망률을 감소시킨다는 사실을 축적된 자료로 입증한 연구 결과를 미국 보건 조직들이 발 빠르게 인식하지 못하고 있다고 주장했다. 사회적 연결이 부족할 때 따르는 건강상의 위험은 비만이나 대기 오염처럼 관심과 자원을 요구하는 다른 위험 요소들보다 더 크다고도 강조했다.[20]

진정한 변화를 일으키려면 지역사회, 기관, 기업이 행동해야 한다. 개인에게 행동과 습관을 바꾸라고 호소하는 방식은 대부분 통하지 않는다. 의사들과 공중보건 전문가들은 운동을 하고 채소를 먹으라고 오랫동안 조언해왔다. 모든 사람이 그 조언을 따른 것은 아니었다. 하지만 정책입안자들이 우정과 사회적 연결을 고려한다면 어떨까? 리사 버크먼은 이렇게 질문했다. "꼭 새로운 관계를 만들어내는 것이 아니라, 사람들이 살아가며 자연스럽게 맺는 관계를 허물지 않고 증진하도록 돕는 것이 목표라면, 무엇을 해야 할까요? 아마도 가족 친화적인 정책을 세우겠죠. 사람들이 먼 지역으로 이동하지 않도록 대책을 마련해서 지리적 이탈을 막으려 노력할 것입니다. 사람들이 자연스럽게 서로 접촉할 가능성을 높이는 자발적인 활동, 공동체 결속, 이웃과의 교류를 장려할 것입니다. 이것이 기업, 국가, 도시 차원에서 사회적 고립에 실질적으로 가장 큰 영향을 미칠 수 있는 성격의 정책입니다."

정책입안자들이 사회적 유대의 필요성을 인식할 필요가 있다는 점은 내 친구 스테퍼니처럼 군인 가정에서 성장한 사람은 누구라도 실감한다. 스테퍼니는 대학에 진학하기 전에 학교를 열 군데 이상 옮겨 다녔고, 이사는 더 많이 다녀서 학기 중간에 집을 옮기기도 했다. 그로 인해 새로 사귄 친구들과 곧 헤어져야 하는 일을 반복하는 환경에서 어린 시절을 보내야 했다.

건강관리 시스템과 관련된 다른 예를 들어보자. 우리는 친구가 환자에게 의미 있는 지지를 제공할 수 있다는 점을 인정해야 한다. 영어학과 교수를 지냈고 현재 70대인 조앤 델패토어Joan DelFattore 는 "독신 기간 투병한" 경험을 상세하게 글로 쓰고 강연하고 있다. 어떤 치료법을 시도할지 의논하는 과정에서 암전문의는 델패토어 에게 배우자나 자녀가 있는지 물었다. 델패토어는 "둘 다 없다고 대답하자 의사의 얼굴에는 정말 걱정스럽다는 표정이 역력했어요."라고 〈워싱턴포스트〉에 썼다.[21] "'그러면 대체 투병 생활을 어떻게 할 건가요?'라고 의사가 묻더군요." 이런 경우 통상 훨씬 독하지만 더 효과적인 병용화학요법을 시도하지만, 그녀에게는 치료를 받는 동안 돌봐줄 직계가족이 없으므로 순한 약 한 가지만 투여하자고 의사가 제안했다. 그녀는 "내게 가까운 친구들과 확대가족이 많다고 말했지만, 의사는 자신의 제안을 고집하면서 나를 설득했습니다."

라고 썼다. 델패토어는 의사를 바꾸고 병용화학요법을 받았는데 그 덕택에 생명을 구했다고 생각한다. 비록 의학계는 아니지만 다른 분야에서 풍부한 연구 경험을 쌓았던 델패토어는 환자의 결혼 상태에 따른 치료법 차이에 관한 연구 결과를 최대한 수집해서 검토했다. "연구 결과를 검토할수록 기혼 환자와 미혼 환자의 치료율에 상당한 차이가 있다는 사실이 드러났습니다." 델패토어는 자신의 이야기를 널리 알려서 의료계가 환자에게 지원을 제공할 수 있는 사람들에 대한 고정관념에서 벗어나 환자의 필요를 충족하는 일에 초점을 맞추도록 바뀌는 데 기여할 수 있기를 바란다.

사회적 고립은 분명히 재정적인 문제도 초래한다. 사회적 접촉이 부족한 노인들에게 소요되는 메디케어 비용은 연간 67억 달러에 달하는데 대개 네트워크가 없는 사람들의 입원비와 요양시설비로 쓰인다. 메디케어 및 메디케이드 서비스센터 관리자로 일했던 도널드 버윅은 〈월스트리트저널〉에 "고립의 영향은 매우 강력하다. 사람들의 건강을 증진하려면, 특히 취약계층의 건강 문제를 개선하려면, 외로움 문제를 해결해야 한다."라고 썼다.[22]

우정을 위해 하루하루를 계획하라

개인의 습관을 바꾸기는 어렵지만, 우리에게 그럴 책임이 없다는 뜻은 아니다. 우정을 우선순위에 놓고 우리의 일정표와 아이들의 일정표에도 반영해야 한다. 친구를 고를 수는 있지만 좀 더 폭넓게 선택해야 한다. 우정을 받아들이고 우정에 투자하고 우정을 쌓도록 노력해야 한다. 시간과 관심을 기울여 양질의 관계를 구축해야 한다. 자신의 사회적 호위대를 의식해야 한다. 그래야만 한다.

스티브 콜은 생물학적 피드백으로 개인적인 웰빙에 대한 정보를 얻을 수 있으리라 기대한다. "우리가 얼마나 잘살고 있는지 나타내는 신체적 징후를 유전자 발현 프로파일로 측정할 수 있다면 이것을 지표로 삼아 자신에게 약간의 실험을 해볼 수 있습니다. 다시 말해 생활방식을 다양하게 변화시켜 어떤 방식이 분자 차원에서 웰빙을 향상시키는지, 희망하기로는 질병을 일으키기 훨씬 전에 그렇게 할 수 있는지 실험해 볼 수 있어요." 그러면 자신의 사회적 연결 수준에 진심으로 '만족'하는 사람과 더 많은 연결을 형성하고 싶어 하는 사람들의 차이, 자신이 깊이 연결되어 있다고 느끼는 사람들과 그렇지 않은 사람들의 차이가 드러날 것이다. 콜은 자신의 우정이 행운이라고 느끼는 사람들의 유전자 발현을 확실하게 실험해 본 적은 없었지만 이러한 가능성이 논리적이라고 믿는다. "인간은 믿기 힘들 정도로 근본적으로 사회적입니다. 세상에서 외톨이 인간은 거의 찾아볼 수 없어요. 우리의 뇌는 의사소통하고 서로 연결하고 조정하는 역할을 하고, 이것이야말로 인간 삶의 역사를 이루는 전략에 담긴 비결입니다. 덕분에 우리는 건강하고 안심하며 안전하다고 느낄 수 있고, 심리적인 위협과 불확실성에서 놓여날 수 있습니다."

이러한 주장을 뒷받침하는 증거가 인간의 전 생애를 성공적으로 추적한 몇몇 연구에서 나왔다. 인간을 대상으로 이러한 연구를 시행하는 것은 개코원숭이와 히말라야원숭이보다 더 어렵다. 인간은 과학자들의 지시에 따를 수도 있지만 더 이상 따르지 않기도 하고 수명도 훨씬 길기 때문이다. 하지만 연구자들의 끈질긴 노력은 좋은 성과로 이어졌다.

이중 가장 철저하고 가장 장기간 이어진 연구는 1937년 하버드대학교에서 시작했다.[23] "무뚝뚝하고 허튼 틈을 보이지 않는 의사"로서 하버드대학교 보건서비스 프로그램을 이끌었던 알리 복Arlie Bock이 꿈꿔온 연구였다. 복은 대학교 2학년생 268명을 엄격한 기준으로 선정해 정밀 건강검진을 실시하고, 사회복지사와 함께 가정을 방문해 부모를 면담하는 방식으로 생활사를 수집하는 동시에 전반적인 심리 평가를 실시했다. 1938년에는 하버드 대학생들과 모든 측면에서 거리가 먼 두번째 남성 집단을 실험 대상에 추가했다. 11~16세에 해당하는 십대 남성 집단은 보스턴에서 가장 가난한 동네 출신들이었다. 연구자들은 몇 년에 한 번씩 더 많은 검사와 질문을 하는 방식으로 집단을 추적했다. 결과적으로 이 연구는 남성 724명의 삶을 75년 넘게 조사했다.

처음에 복은 나쁜 건강에 초점을 맞추지 않고 잘살려면 어떻게 해야 하는지에 초점을 맞추겠다는 원대한 목표를 세웠다. 수십 년이 지났을 때 답은 아주 분명했다. 2008년 연구 책임자로 오랫동안 활동해온 조지 베일런트George Vaillant는 "무엇을 배웠나요?"라는 질문을 받고, 단호하게 대답했다. "삶에서 정말 유일하게 중요한 것은 다른 사람과 맺는 관계입니다."

현재 연구 책임자는 로버트 월딩어Robert Waldinger다. 2015년 11월 말 월딩어는 테드 강연에서 조지 베일런트의 주장을 반복했고 이 동영상은 3,000만 건에 가까운 조회수를 기록했다. "75년에 걸쳐 연구한 결과 얻은 분명한 메시지는 좋은 관계가 인간을 더욱 행복하고 건강하게 해준다는 것이었습니다."[24]

월딩어는 이 주장을 뒷받침하는 주요 교훈 세 가지를 거론했다. 첫째, 사회적 연결은 우리에게 이롭고 외로움은 죽음이다. 이 책을 여기까지 읽었다면 어째서 이것이 사실인지, 이 교훈을 어떻게 알 수 있었는지 정확하게 파악했을 것이다. 둘째, 사회적 연결의 질은 양만큼 중요하거나 양보다 중요하다. 이 점도 책에서 살펴보았다. 월딩어는 "갈등은 건강에 해롭고, 따뜻하고 좋은 관계는 건강을 보호한다."고 강조했다. 지금까지 우리가 살펴본 우정에 관한 이야기에 하버드 연구가 추가하는 내용이 바로 여기에 있다. 연구자들은 80대까지 생존한 남성들을 조사하며 중년 시절 수집한 자료를 토대로 "80대가 되었을 때 누가 행복하고 건강하며, 누가 그렇지 않을지" 그 당시에 예측할 수 있었을지 살펴보았다. 월딩어와 연구팀은 이 남성들이 50세였을 때의 자료를 모두 찾아보았다. "연구 대상자들이 어떻게 늙어갈지 예측한 지표는 중년에 기록한 콜레스테롤 수치가 아니라, 자신이 형성한 관계에 대한 만족도였다. 50세 때 관계에 가장 만족했던 사람들이 80세에 가장 건강했다. 친밀하고 좋은 관계가 노화에 따른 고난을 완화해 주는 것 같다." 좋은 관계는 육체적 고통까지도 참을 만하게 해주었다.

셋째, 좋은 관계는 신체뿐 아니라 뇌도 보호한다. 80대에 타인과 안정적인 유대 관계를 맺고 있는 사람들은 그렇지 않은 사람보다 오랫동안 예리한 인지 능력을 유지했다. 월딩어는 이렇게 강조했다.

"관계가 항상 순탄할 필요는 없다. 허구한 날 다툴 수도 있지만 힘들 때 서로 의지할 수 있다고 느끼는 한 다툼이 큰 걸림돌이 되지는 않는다."

월딩어는 일부 세부 사항이 새롭게 밝혀지고 있지만 관계가 사람에게 이롭다는 지혜는 전혀 새로운 것이 아니라고 지적했다. "이것은 아주 오래된 지혜다. 어째서 관계를 맺기는 그토록 어렵고, 관계를 무시하기는 그토록 쉬울까?" 달리 표현하면 우정이 결정적으로 중요하고, 강력한 사회적 유대가 중요하다는 사실이 분명한데 왜 그토록 오랫동안 무시되고 있을까?

월딩어는 사람들이 빠른 해결책을 좋아하기 때문이라고 생각한다. "관계는 혼란스럽고 복잡하다. 가족이나 친구를 돌보는 힘든 일은 매력적이지도 않다. 게다가 관계는 오래가며 결코 끝나지 않는다." 월딩어가 연구한 대상 중에서 은퇴 생활을 가장 행복하게 즐기는 사람들은 관계를 위해 노력했다. 인간관계를 소중히 여기고 잘 관리했다. 동료를 새 놀이 친구로 삼기 위해 적극적으로 나섰다. 그들은 관계에 시간을 들였다.

누구에게나 해당할 만한 교훈은 월딩어가 열거한 세 가지보다 훨씬 단순할 수 있다. 자신이 사람들과 얼마나 깊숙이 연결되어 있는가에 관한 모든 정보를 주의 깊게 수집하고, 스티브 콜이 말한 대로 "그에 따라 하루를 계획"하라.

숙제와 우정 사이

내가 이 책을 쓰기 시작한 이후로 세 아들은 친구의 중요성을 내게 일깨우는 면에서 뛰어난 능력을 보여주고 있다. 내가 원고를 쓰기 시작했을 즈음 제이크가 고등학교를 졸업했고, 원고를 완성했을 즈음 매슈는 고등학교 3학년이었다. 학년이 시작하기 직전에 매슈는 마지막 여름 주말을 친구들과 보내고 싶어 했다. 매슈와 친구들의 우정은 워낙 단단해서 나중에 졸업할 때 학창 시절 자신에게 무엇이 중요했는지 5분 동안 말할 기회가 주어졌을 때 친구 중 한 명은 매슈를 비롯한 친구들에 대해 말했을 정도였다.

하지만 친구들과 함께 시간을 보내고 싶어 했던 주말에 매슈는 대학교 입학 원서와 아직 끝내지 못한 여름방학 숙제를 완성해야 했다. 늘 그래왔던 대로 매슈는 여름을 즐기겠다는 생각에 사로잡혀서 해야 할 일을 마지막 순간까지 미뤄놨다. 나는 스스로 내린 결정 때문에 어떤 대가를 치러야 하는지에 관해 매슈가 교훈을 얻었으리라 생각했다. 그런데도 매슈는 고등학교 친구들과 이런 식으로 시간을 보낼 마지막 기회라며 허락해달라고 재촉했다. 9월이 되면 저마다 바쁜 아이들이 모일 수 있을까? 매슈는 형 제이크와 친구 크리스티안을 보면서 이미 경험을 쌓았던 것이다.

결국 나는 매슈를 보내주고 말았다.

우선 친구들에게 가장 먼저 감사하다고 말하고 싶습니다. 우정에 관해 글을 쓰면서 그런 일이 일어나지 않도록 노력했는데도 실제로는 친구들과 제대로 어울리는 시간을 보내지 못한 것은 슬픈 아이러니입니다. 그런데도 내 사회적 관계의 안쪽 원과 바깥쪽 원에 있는 사람들은 이 책이 태어나는 과정 내내 자리를 지키며 나를 지지해주고, 유용한 질문을 던져주고, 자신들이 겪은 사연을 들려주었습니다. 모이라 베일리와 스테퍼니 홈즈는 초기 원고를 읽어주었습니다. 레아 맥팔레인과 수전 마이어스에게 감사합니다. 원고를 쓰는 동안 머릿속을 채우는 다양한 문제들을 해결할 수 있을지, 여전히 눈앞에 놓인 수천 단어를 제대로 엮을 수 있을지, 결국 지나치다고 밝혀진 수천 단어들을 삭제할지 고민할 때 작업을 계속할 수 있도록 조언과 지지를 아끼지 않았습니다. 이들 말고도 많은 친구들이 내가 필요할 때마다 도움의 손길을 주었습니다. 특히 에이미 제이컵슨과 톰 제이컵슨, 엘리자베스 슈워츠, 제니 맥마흔, 댄 돌진, 상승클럽 회원들(스테퍼니, 모이라, 수재나 웨니거, 셜리 헤든, 렉시 러벌, 세라 프뤼돔, 클레어 라이트)에게 감사합니다. 이들은 나와 지속적으로 많은 대화를 하면서 강력하게 지지해주었습니다. 매일 공동체의 중요성을 깨닫게 해준 나머지 브루클린과 버클리 친구들에게 감사합니다. 지속적인 관계의 가치를 일깨워준 고등학교와 대학교 친구들에게도 감사합니다.

이 책을 쓰는 여러 해 동안 새 친구들을 만날 수 있어서 행운이었습니다. 로런 브렌트, 로버트 세이파스, 도로시 체니, 마이클 플랫, 수전 앨버츠에게 감사합니다. 이들의 지혜와 기꺼이 몇 번이고 대화하며 전해 준 통찰은 이 책에 필수적이었고 내게 즐거움을 안겨주었습니다. 2018년 11월 도로시가 세상을 떠났을 때 더 깊은 우정을 쌓을 기회를 놓쳐서 못내 아쉬웠지만 짧은 기간이라도 우리가 함께할 수 있었던 것에 깊이 감사합니다. 또 친구이자 과학 분야의 조언자였던 로버트에게 특별히 감사를 표합니다. 원고를 여러 차례 꼼꼼히 읽어주고 어느 면에서나 원고의 질이 엄청나게 향상될 수 있도록 도와주었습니다. 혹시라도 원고에 실수나 오판이 남아 있다면 그것은 온전히 내 몫입니다.

내게 시간을 내어 많은 정보를 제공해준 많은 사람에게 마음에서 우러난 감사의 말을 전합니다. 이 책에서 언급하지 못한 사람들도 상당히 많습니다. 우정에 관한 수많은 연구 중 지면과 시간의 제약 때문에 이 책에서 거론하지 못한 연구가 훨씬 더 많습니다. 하지만 우정에 대한 정보를 수집하고 우정을 더욱 깊이 이해하기 위해 최대한 많은 대화에 참여하고, 다양한 의견에 귀를 기울이고, 책과 논문을 읽었습니다. 이 과정에서 나를 도와준 모든 사람에게 감사하기는 어렵지만 시도해보겠습니다.

카요산티아고에서 나를 도와준 마이클 플랫과 로런 브렌트에게 감사합니다. 기세예 카라바요, 앤젤리나 루이즈 램바이즈Angelina Ruiz Lambides, 로리 산토스Laurie Santos, 린지 드레이턴Lindsay Drayton, 샘 라슨Sam Larson, 아파르나 찬드라셰카르, 마이클 몬터규Michael Montague, 디리오 마에스트리피에리Dario Maestripieri, 아마우리 미셸Amaury Michel, 리처드 롤린스Richard Rawlins, 매슈 케슬러Matthew Kessler, 내가 방문할 수 있도록 허락해준 카리브해 영장류연구센터의 모든 직원에게 감사합니다. 카요산티아고는 허리케인 마리아의 직접적인 경로에 있었으므로 주변 지역과 마찬가지로 황폐해졌습니다. 하지만 어쨌거나 원숭이들은 살아남았습니다. 카리브해 영장류연구센터 직원들이 발휘한 회복탄력성과 결단력에 경의를 표합니다. 허리케인 마리아 때문에 그들의 삶은 극적으로 바뀌었습니다. 그들은 헌신적인 전 세계 과학자들과 기부에 힘입어 동물을 돌보면서 섬을 과거의 모습으로 복원하기 위해 지금도 엄청나게 힘든 환경에서 일하고 있습니다.

암보셀리에서 나를 도와주었던 수전 앨버츠, 진 올트먼, 베스 아치Beth Archie, 제니 텅Jenny Tung, 라파엘 마투투아Raphael Matutua, 키뉴아 웨어티어Kinyua Waretere, 기타 프로젝트 관계자들, 내 방문을 매우 특별하게 만들어 준 토텔리스 로지Tortellis Lodge에게 감사합니다. 개코원숭이와 원숭이에 대한 지혜를 알려준 조앤 실크, 로빈 던바, 줄리아 오스트너Julia Ostner, 올리버 슐케Oliver Schulke, 줄리아 피셔, 페데리카 달 파스코Federica Dal Pasco에게 감사합니다. UC 데이비스의 존 캐피태니오, 브렌다 맥카원Brenda McCowan, 타마라 빈슈타인Tamara Weinstein, UCLA의 스티브 콜에게 감사합니다. 미시간대학교에서 나를 환영해준 짐 하우스와 토니 안토누치, 예일대학교에서 나를 반갑게 맞아준 니컬러스 크리스태키스, 집으로 초대해준 클로드 피셔에게 감사합니다. 내게 시간을 내준 리사 버크먼, 마크 리리, 마리오 스몰, 프란스 드 발, 자밀 재키, 캐럴린 잰-웍슬러, 에릭 넬슨Eric Nelson, 야나 유보넨, 래리 스타인버그Larry Steinberg, 제프 홀, 베벌리 페르Beverley Fehr, 빌 초픽에게 감사합니다. 그의 책을 통해 내게 영감과 매우 많은 자료를 제공해준 댄 흐루슈카에게 감사합니다. 내게 정서적 촉각 개념을 소개해준 프랜시스 맥글론, 호칸 올라우손에게 감사합니다. 버크벡칼리지의 세라 로이드-폭스, 로라 피라졸리, 마크 존슨에게 감사하며 탈리아 휘틀리, 캐럴린 파킨슨, 애덤 클라인바움, 에마 템플턴, 휘틀리 연구실 관계자들, 뇌동조화에 관해 함께 토론한 조이 허슈에게 감사합니다. 줄리앤 홀트-룬스타드, 버트 우치노, 게리 번트슨, 루이즈 호클리, 웬디 가드너, 빌 패트릭Bill Patrick, 예니 데 용 히르벨트에게 감사합니다. 또 메건 거너, 딜런 지, 댄 에이브럼스에게 감사합니다. 플랫연구소의 마이클 플랫, 제프 애덤스, 야오광지앙, 하이디 슈테펜Heidi Steffen, 나즈 벨카야, 나를 환영해주고 자신들이 맡은 업무를 설명해준 모든 직원에게 감사합니다. 중요한 정보를 공유해 준 낸시 캔위셔, 마거

릿 리빙스턴에게 감사합니다. 소셜 미디어에 관한 지혜를 전해준 키스 햄프턴, 에리얼 셴사, 앤드루 프르지빌스키, 캔디스 오저스, 제프 행콕, 멜리사 헌트, 트레이시 데니스-티와리에게 감사합니다.

마지막으로, 자신들의 사연을 들려준 74번가 학교 제너레이션 엑스체인지 프로그램의 훌륭한 회원들에게 진심으로 감사합니다. 테리사 시먼, 댄 모리스, 폴라 더턴, 린다 릭스, 테리사 브리셋, 마이클 트레버스, 버사 웰링턴, 메노라 가너, 버니스 리빙스턴, 바버라 필립스, 위노나 프라이스, 바버라 배스, 팻 템플턴, 리트리스 존스는 이 책을 완벽하게 마무리할 수 있도록 도와주었습니다.

위에서 나열한 사람들 중에서 다수는 이 책의 원고를 읽고 지속적으로 지혜를 들려주었습니다. 다시 말하지만 혹시라도 원고에 실수나 오류가 남아 있다면 그것은 온전히 내 몫입니다.

〈사이언티픽 아메리칸〉과 〈사이언티픽 아메리칸 마인드〉에서 활동하는 내 과거와 현재의 편집자들에게 감사하고, 특히 세스 플레처, 게리 스틱스, 클라우디아 월리스, 크리스틴 오젤리, 잉그리드 위켈그렌, 데이지 유하스에게 감사합니다. 그들은 내가 우정, 접촉, 공감, 개코원숭이 등에 관해 탐색하고 집필할 수 있도록 뒷받침했습니다.

내 에이전트인 도리안 카르치마르가 친구이기도 한 것이 개인적으로 정말 행운이었습니다. 나와 프로젝트의 가치를 카르치마르가 믿어주었기 때문에 이 작업을 지속할 수 있었습니다. 처음부터 뜨거운 열정을 쏟아준 W. W. 노턴의 편집자 꾸잉도에게 감사합니다. 풍부한 지원을 아끼지 않았던 도런 웨버와 앨프리드 P. 슬론 재단에도 진심으로 감사합니다.

끝으로 가족에게 감사합니다. 내가 힘들어 할 때 우정과 지지를 아끼지 않았던 낸시 레드먼드와 랜스 허닝에게 감사합니다. 자신들의 이야기를 책에 쓰도록 허락해준 세 아들 제이컵, 매슈, 알렉스에게 다시 한 번 감사하고, 넷째 아들인 크리스티안 데니스에게도 감사합니다. 각자 애증이 엇갈리기도 했으나 최고의 친구로 남아 있는 남편 마크 저스에게 감사합니다. 30년 이상을 함께 살아오는 동안 우리 부부의 유대는 지속적이고 긍정적이고 동등했습니다. 남편과 함께 80세를 맞게 되기를 고대합니다. 여러분은 모두 내 안쪽 원에 있는 사람들이고, 여러분이 없는 내 삶은 상상할 수 없습니다.

들어가며: 새롭게 떠오르는 우정의 과학

1 다음을 참조하라. BRAIN Initiative, https://www.braininitiative.nih.gov.

2 Beverley Fehr, *Friendship Processes*, vol. 12 (Sage, 1996), chap. 1; Joan B. Silk, "Using the 'F'-Word in Primatology," *Behaviour* 139, no. 2-3 (2002): 421. 나는 페르, 실크, 로버트 세이파스, 니컬러스 크리스태키스 등 여러 사람을 인터뷰했다.

3 Clive Staples Lewis, *The Four Loves* (Houghton Mifflin Harcourt, 1991).

4 Robert M. Seyfarth and Dorothy L. Cheney, "The Evolutionary Origins of Friendship," *Annual Review of Psychology* 63 (2012): 153-77.

5 Ana I. Faustino, André Tacão-Monteiro, and Rui F. Oliveira, "Mechanisms of Social Buffering of Fear in Zebrafish," *Scientific Reports* 7 (2017): 44329.

6 Keith M. Kendrick et al., "Sheep Don't Forget a Face," *Nature* 414, no. 6860(2001): 165.

7 Frans De Waal, *Are We Smart Enough to Know How Smart Animals Are?* (W. W. Norton & Company, 2016), 25.

8 Roman M. Wittig et al., "Social Support Reduces Stress Hormone Levels in Wild Chimpanzees across Stressful Events and Everyday Affiliations," *Nature Communications* 7 (2016): 13361; Simone Schnall et al., "Social Support and the Perception of Geographical Slant," *Journal of Experimental Social Psychology* 44, no. 5 (2008): 1246-55; James A. Coan, Hillary S. Schaefer, and Richard J. Davidson, "Lending a Hand: Social Regulation of the Neural Response to Threat," *Psychological Science* 17, no. 12 (2006): 1032-39.

9 10장을 참조하라.

10 Sandra Manninen et al., "Social Laughter Triggers Endogenous Opioid Release in Humans," *Journal of Neuroscience* 37, no. 25 (2017): 6125–31.

1장 우정의 생물학

1 A 2015 study: Johannes Thrul and Emmanuel Kuntsche, "The Impact of Friends on Young Adults' Drinking over the Course of the Evening: An Event-Level Analysis," *Addiction* 110, no. 4 (2015): 619–26.

2 "Achievements in Public Health, 1900–1999: Control of Infectious Diseases," Centers for Disease Control, *MMWR Weekly* 48 no. 29 (July 30, 1999): 621–29.

3 E. Cuyler Hammond and Daniel Horn, "The Relationship between Human Smoking Habits and Death Rates: A Follow-up Study of 187,766 Men," *Journal of the American Medical Association* 155, no. 15 (1954): 1316–28. A summary of the turning point is in "The Study That Helped Spur the U.S. Stop-Smoking Movement," American Cancer Society, January 9, 2014, www.cancer.org.

4 Lisa F. Berkman and Lester Breslow, *Health and Ways of Living: The Alameda County Study* (Oxford University Press, 1983); Jeff Housman and Steve Dorman, "The Alameda County Study: A Systematic, Chronological Review," *Journal of Health Education* 36, no. 5 (2005): 302–8.

5 2013년 11월 3일 〈We Are Public Health〉에서 레너드 사임을 인터뷰했다. www.wearepublichealthproject.org.

6 나는 프레이밍햄 심장연구, 앨러미다 카운티 연구, 테컴시 지역사회 건강연구를 참고했다.

7 John A. Napier, "Field Methods and Response Rates in the Tecumseh Community Health Study," *American Journal of Public Health and the Nations Health* 52, no. 2(1962): 208–16.

8 Hans Selye, *The Stress of Life* (McGraw-Hill, 1956/1976) 참조. 나는 또한 제임스 하우스를 인터뷰하고 이 부분에 참고했다.

9 Selye, *Stress of Life*, Preface to the Revised Edition, xiii.

10 John Cassel, "The Contribution of the Social Environment to Host Resistance: The Fourth Wade Hampton Frost Lecture," *American Journal of Epidemiology* 104, no. 2 (1976): 107 – 23; Sidney Cobb, "Social Support as a Moderator of Life Stress," *Psychosomatic Medicine* (1976).

11 James S. House, "Work Stress and Social Support," *Addison-Wesley Series on Occupational Stress* (1983), 14.

12 나는 리사 버크먼을 인터뷰했다.

13 Lisa F. Berkman and S. Leonard Syme, "Social Networks, Host Resistance, and Mortality: A Nine-Year Follow-up Study of Alameda County Residents," *American Journal of Epidemiology* 109, no. 2 (1979): 186 – 204.

14 해당 언급과 자세한 사항은 제임스 하우스와 데브라 엄버슨(Debra Umberson) 과의 인터뷰에서 발췌했다.

15 James S. House, Karl R. Landis, and Debra Umberson, "Social Relationships and Health," *Science* 241, no. 4865 (1988): 540 – 45.

16 Julianne Holt-Lunstad, Timothy B. Smith, and J. Bradley Layton, "Social Relationships and Mortality Risk: A Meta-Analytic Review," *PLoS Medicine* 7, no. 7(2010): e1000316.

17 William James, *Principles of Psychology*, vol. 2 (New York: Holt, 1890/1918), 450.

18 John T. Cacioppo and Louis G. Tassinary, "Inferring Psychological Significance from Physiological Signals," *American Psychologist* 45, no. 1 (1990): 16.

19 나는 스티브 콜(Steve Cole)을 인터뷰했다. 카시오포는 2018년 3월 사망했고, 나 는 카시오포의 많은 동료들과 인터뷰하고 수상식에서 발표된 글을 수집해서 배 경 지식을 추가로 얻었다. *American Psychologist* 57, no. 11 (November 2002), 817 – 31.

20 John T. Cacioppo and Gary G. Berntson, "Social Psychological Contributions to the Decade of the Brain: Doctrine of Multilevel Analysis," *American Psychologist* 47, no. 8 (1992): 1019.

21 나는 게리 번트슨을 인터뷰했다.

22 Janice K. Kiecolt-Glaser et al., "Slowing of Wound Healing by Psychological Stress," *The Lancet* 346, no. 8984 (1995): 1194-96.

23 Bert N. Uchino, John T. Cacioppo, and Janice K. Kiecolt-Glaser, "The Relationship between Social Support and Physiological Processes: A Review with Emphasis on Underlying Mechanisms and Implications for Health," *Psychological Bulletin* 119, no. 3 (1996): 488.

24 나는 게리 번트슨과 루이즈 호클리(Louise Hawkley)를 인터뷰했다. Also John T. Cacioppo et al., "Lonely Traits and Concomitant Physiological Processes: The MacArthur Social Neuroscience Studies," *International Journal of Psychophysiology* 35, no. 2-3 (2000): 143-54.

25 Louise C. Hawkley and John T. Cacioppo, "Loneliness Matters: A Theoretical and Empirical Review of Consequences and Mechanisms," *Annals of Behavioral Medicine* 40, no. 2 (2010): 218-27.

26 John Cacioppo, "What's Social about Social Neuroscience?" (Keynote address, Society for Social Neuroscience, 2015).

27 나는 루이즈 호클리를 인터뷰했다.

28 Paul Tillich, "Let Us Dare to Have Solitude," *Union Seminary Quarterly Review* (May 1957).

29 Jenny de Jong Gierveld, "A Review of Loneliness: Concept and Definitions, Determinants and Consequences," *Reviews in Clinical Gerontology* 8, no. 1 (1998): 73-80.

30 나는 예니 데 용 히르벨트를 인터뷰했다.

31 John T. Cacioppo and William Patrick, *Loneliness: Human Nature and the Need for Social Connection* (W. W. Norton & Company, 2008), 8.

32 해당 연구에 대한 설명은 내가 게리 번트슨과 루이즈 호클리와 실시한 인터뷰, 카시오포와 패트릭이 저술한 《외로움(Loneliness)》, 이 밖의 다양한 논문에서 발췌했다.

33 해당 연구는 CHASRS로 알려진 시카고 건강 노화 및 사회관계 연구(Chicago Health Aging and Social Relations Study)이다.

34 Cacioppo and Patrick, *Loneliness*.

35 Laura Fratiglioni et al., "Influence of Social Network on Occurrence of Dementia: A Community-Based Longitudinal Study," *The Lancet* 355, no. 9212 (2000): 1315‒19.

36 Cacioppo, "What's Social."

37 Cacioppo and Patrick, *Loneliness*, 15.

38 Cacioppo and Patrick, *Loneliness*, 172.

39 Sheldon Cohen et al., "Social Ties and Susceptibility to the Common Cold," *JAMA* 277, no. 24 (1997): 1940‒44.

40 Michael Marmot, *The Status Syndrome: How Social Standing Affects Our Health and Longevity* (Henry Holt, 2004), Introduction.

41 나는 버트 우치노를 인터뷰했고, 2014년 10월 30일 브리티시컬럼비아대학교에서 있었던 우치노의 연설을 참조했다. 관련 논문들을 살펴보려면 다음을 참조하라. Rebecca A. Campo et al., "The Assessment of Positivity and Negativity in Social Networks: The Reliability and Validity of the Social Relationships Index," *Journal of Community Psychology* 37, no. 4 (2009): 471‒86; Julianne Holt-Lunstad et al., "On the Importance of Relationship Quality: The Impact of Ambivalence in Friendships on Cardiovascular Functioning," *Annals of Behavioral Medicine* 33, no. 3 (2007): 278‒90.

42 양면성을 측정하는 방식에 관해 좀 더 많은 사항을 살펴보려면 다음을 참조하라. Rebecca A. Campo et al., "The Assessment of Positivity."

43 Julie K. Desjardins, Jill Q. Klausner, and Russell D. Fernald, "Female Genomic Response to Mate Information," *Proceedings of the National Academy of Sciences* 107, no. 49 (2010): 21176‒80.

44 Lisa F. Berkman and Teresa Seeman, "The Influence of Social Relationships on Aging and the Development of Cardiovascular Disease: A Review," *Postgraduate Medical Journal* 62, no. 730 (1986): 805.

45 여기서 상세하게 서술한 사항과 모든 인용문은 내가 스티브 콜과 실시한 인터뷰에서 발췌했다.

46 Steve Cole speaking on "Social Regulation of Gene Expression" to the Foundation for Psychocultural Research, 2012.

47 Steve W. Cole, "Psychosocial Influences on HIV-1 Disease Progression: Neural, Endocrine, and Virologic Mechanisms," *Psychosomatic Medicine* 70, no. 5 (2008): 562–68.

48 Steve W. Cole et al., "Social Regulation of Gene Expression in Human Leukocytes," *Genome Biology* 8, no. 9 (2007): R189.

2장 중학교 점심시간

1 이 장에서 소개하는 내용의 주요 출처는 다음과 같다. Konner, *Evolution of Childhood*, chap. 11; Willard W. Hartup and Nan Stevens, "Friendships and Adaptation in the Life Course," *Psychological Bulletin* 121, no. 3 (1997): 355; Willard W. Hartup, "Social Relationships and Their Developmental Significance," *American Psychologist* 44, no. 2 (1989): 120.

2 수평적 관계와 수직적 관계의 개념을 살펴보려면 다음을 참조하라. Hartup, "Social Relationships."

3 Beverley Fehr, *Friendship Processes* (Sage, 1996), 16.

4 또 다른 주요 출처는 다음과 같다. Kenneth H. Rubin et al., "Peer Interactions, Relationships, and Groups," in *Child and Adolescent Development: An Advanced Course*, eds. William Damon et al. (Wiley, 2008): 141–80.

5 Jerome Kagan, "Temperament," *Encyclopedia on Early Childhood Development* [online], (Montreal, Quebec: Centre of Excellence for Early Childhood Development, 2005): 1–4, Rev. April 2012.

6 Rubin et al., "Peer Interactions," 56.

7 Stuart Brown, Play: *How It Shapes the Brain, Opens the Imagination, and Invigorates the Soul* (Penguin Group, 2009), 5; see also Konner, *Evolution of Childhood*, 95.

8 다음에서 인용했다. Emily Langer, "Jaak Panksepp, 'Rat Tickler' Who Revealed Emotional Lives of Animals, Dies at 73," *Washington Post*, April 21, 2001.

9 Brown, *Play*, 28.

10 Brown, *Play*, 32.

11 Gordon M. Burghart, "Defining and Recognizing Play," in *The Oxford Handbook of the Development of Play*, ed. Anthony D. Pellegrini (Oxford University Press, 2011); Sandra Aamodt and Sam Wang, "Part Four: The Serious Business of Play" in *Welcome to Your Child's Brain* (Oneworld, 2011).

12 Pamela Weintraub, "Discover Interview: Jaak Panksepp Pinned Down Humanity's 7 Primal Emotions," *Discover*, May 31, 2012.

13 다음에서 인용했다. Brown, *Play*, 39.

14 다음에서 인용했다. Brown, *Play*, 33 – 34. 다음 자료도 참조하라. Marc Bekoff and John A. Byers, eds., *Animal Play: Evolutionary, Comparative and Ecological Perspectives* (Cambridge University Press, 1998).

15 해당 부분의 주요 출처는 다음과 같다. Konner, *Evolution of Childhood* Rubin et al., *Peer Interactions* and author interviews with Jaana Juvonen.

16 *CBS Evening News with Jeff Flor*, November 24, 2017.

17 나는 야나 유보넨을 인터뷰했다. 해당 연구의 결과로 발표된 논문의 예는 다음과 같다. Hannah L. Schacter and Jaana Juvonen, "Dynamic Changes in Peer Victimization and Adjustment across Middle School: Does Friends' Victimization Alleviate Distress?" *Child Development* (2018); Leah M. Lessard and Jaana Juvonen, "Friendless Adolescents: Do Perceptions of Social Threat Account for Their Internalizing Difficulties and Continued Friendlessness?" *Journal of Research on Adolescence* 28, no. 2 (2018): 277 – 83.

18 Lessard and Juvonen, "Friendless Adolescents."

19 개요를 보려면 다음을 참조하라. Jaana Juvonen, Guadalupe Espinoza, and Hannah Schacter, "Bullying," in *Encyclopedia of Mental Health*, 2nd ed. (Academic Press, 2018).

20 Schacter and Juvonen, "Dynamic Changes."

21 B. Bradford Brown, "The Role of Peer Groups in Adolescents' Adjustment to Secondary School," in *Peer Relationships in Child Development*, eds. T. J. Berndt and G. W. Ladd (Oxford, UK: John Wiley & Sons, 1989), 188 – 215.

22 David H. Hubel and Torsten N. Wiesel, "Receptive Fields, Binocular Interaction and Functional Architecture in the Cat's Visual Cortex," *Journal of Physiology* 160, no. 1 (1962): 106 – 54. For more of the story of this work see Lydia Denworth, *I Can Hear You Whisper: An Intimate Journey through the Science of Sound and Language* (Dutton, 2014), 31 – 33.

23 "Five Numbers to Remember about Early Childhood Development," Center on the Developing Child, Harvard University, www .developingchild. harvard.edu.

24 Jay N. Giedd et al., "Brain Development during Childhood and Adolescence: A Longitudinal MRI Study," *Nature Neuroscience* 2, no. 10 (1999): 861.

25 Interview with Jay Giedd for "Inside the Teenage Brain," *Frontline*, January 2002.

26 National Vital Statistics Report, vol. 67, no. 5, July 26, 2018; B. J. Casey, Rebecca M. Jones, and Todd A. Hare, "The Adolescent Brain," *Annals of the New York Academy of Sciences* 1124, no. 1 (2008): 111 – 26.

27 Casey et al., "The Adolescent Brain."

28 B. J. Casey, "Twelfth Jeffrey Lecture on Cognitive Neuroscience," UCLA, January 26, 2012.

29 벤의 사연과 그 사연이 벤에게 미친 영향을 알아보려면 다음을 참조하라. Laurence Steinberg, Age of Opportunity: *Lessons from the New Science of Adolescence* (Houghton Mifflin Harcourt, 2014), chap. 5.

30 위험을 감수하는 청소년에 대한 사실과 통계의 출처는 다음과 같다. Steinberg, *Age of Opportunity*, 93.

31 나는 로런스 스타인버그를 인터뷰했다. 다음 자료도 참조하라. Dustin Albert, Jason Chein, and Laurence Steinberg, "The Teenage Brain: Peer Influences on Adolescent Decision Making," *Current Directions in Psychological Science* 22, no. 2 (2013): 114 – 20.

32 Sheree Logue et al., "Adolescent Mice, Unlike Adults, Consume More Alcohol in the Presence of Peers Than Alone," *Developmental Science* 17, no. 1 (2014): 79 – 85.

33 Steinberg, *Age of Opportunity*, 95.

34 Faustino et al., "Mechanisms of Social Buffering."

35 Wittig et al., "Social Support," 13361.

36 Leslie J. Seltzer, Toni E. Ziegler, and Seth D. Pollak, "Social Vocalizations Can Release Oxytocin in Humans," *Proceedings of the Royal Society B: Biological Sciences* 277, no. 1694 (2010): 2661 – 66.

37 Dylan G. Gee et al., "Maternal Buffering of Human Amygdala-Prefrontal Circuitry during Childhood but Not during Adolescence," *Psychological Science* 25, no. 11 (2014): 2067 – 78.

38 Ryan E. Adams, Jonathan Bruce Santo, and William M. Bukowski, "The Presence of a Best Friend Buffers the Effects of Negative Experiences," *Developmental Psychology* 47, no. 6 (2011): 1786.

39 나는 메건 거너(Megan Gunnar)를 인터뷰했다. 해당 연구를 포함해 많은 연구는 다음 자료에 수록되어 있다. Megan R. Gunnar, "Social Buffering of Stress in Development: A Career Perspective," *Perspectives on Psychological Science* 12, no. 3 (2017): 355 – 73.

3장 아기의 애착, 우정의 근원

1 볼비와 힌데가 맺은 관계에 대해서는 다음 몇 가지 출처를 참조했다. Frank C. P. Van Der Horst, Rene Van der Veer, and Marinus H. Van Ijzendoorn, "John Bowlby and Ethology: An Annotated Interview with Robert Hinde," *Attachment and Human Development* 9, no. 4 (2007): 321 – 35; Patrick Bateson, Joan Stevenson-Hinde, and Tim Clutton-Brock, "Robert Aubrey Hinde CBE, 26 October 1923 – 23 December 2016," *Biographical Memoirs of Fellows of the Royal Society* 65 (2018): 151 – 77; Jane Goodall et al., "Remembering My Mentor: Robert Hinde," www .janegoodall .org .

2 Van Der Horst et al., "John Bowlby," 325.

3 John Bowlby, *Forty-Four Juvenile Thieves: Their Characters and Home-Life* (London: Ballière, Tindall & Cox, 1946).

4 Michael Pakaluk, ed., *Other Selves: Philosophers on Friendship* (Hackett,

1991).

5 다음도 참조하라. Alexander Nehamas, *On Friendship* (Basic Books, 2016).

6 Nehamas, *On Friendship*, 62.

7 Pakaluk, *Other Selves*, 1.

8 Pakaluk, *Other Selves*, 34. 우정에 관한 아리스토텔레스의 철학을 살펴보려면 다음을 참조하라. Nehamas, *On Friendship*, chap. 1.

9 Nehamas, *On Friendship*, 51.

10 William James, *Letters of William James* (Atlantic Monthly Press, 1920), 109.

11 Émile Durkheim, *Suicide: A Study in Sociology* (Free Press, 1897/1997).

12 John Watson: Deborah Blum, *Love at Goon Park: Harry Harlow and the Science of Affection* (Basic Books, 2002/2011), 37 – 40.

13 René A. Spitz, "Hospitalism: An Inquiry into the Genesis of Psychiatric Conditions in Early Childhood," *The Psychoanalytic Study of the Child* 1, no. 1 (1945): 53 – 74.

14 René A. Spitz, "Hospitalism: A Follow-Up Report on Investigation Described in Volume I, 1945," *The Psychoanalytic Study of the Child* 2, no. 1 (1946): 113 – 17.

15 Blum, *Love at Goon Park*, 52.

16 Blum, *Love at Goon Park*, 53.

17 "John Bowlby and Ethology: An Annotated Interview with Robert Hinde," *Attachment and Human Development* 9, no. 4 (2007); Sarah Blaffer Hrdy, *Mother Nature* (Random House, 1999), chap. 16; John Bowlby and World Health Organization, "Maternal Care and Mental Health: A Report Prepared on Behalf of the World Health Organization as a Contribution to the United Nations Programme for the Welfare of Homeless Children," *Bulletin of the World Health Organization* 3 (1951): 355 – 534.

18 Melvin Konner, *The Evolution of Childhood: Relationships, Emotion, Mind* (Belknap Press, 2010), 70 – 72; John Alcock, *The Triumph of Sociobiology* (Oxford University Press, 2001), 94; Richard W. Burkhardt, *Patterns of Behavior: Konrad Lorenz, Niko Tinbergen, and the Founding of Ethology*

(University of Chicago Press, 2005); the lives and achievements of all three are described in Dale Peterson, *Jane Goodall: The Woman Who Redefined Man* (Houghton Mifflin Harcourt, 2014), chap. 19.

19 Karl Von Frisch, *The Dance Language and Orientation of Bees* (Harvard University Press, 1967).

20 Nikolaas Tinbergen, *The Study of Instinct* (Clarendon Press, 1951); Patrick Bateson and Kevin N. Laland, "Tinbergen's Four Questions: An Appreciation and an Update," *Trends in Ecology and Evolution* 28, no. 12 (2013): 712-18.

21 Konrad Lorenz, "Companions as Factors in the Bird's Environment," *Studies in Animal and Human Behavior* 1 (1970): 101-258; Hrdy, *Mother Nature*, 197(photo).

22 존 볼비의 연구 내용은 다음을 참조하라. John Bowlby, *Separation: Anxiety and Anger* (Basic Books, 1973), 60-74; 예를 들어 다음을 참조하라. Robert A. Hinde and Yvette Spencer-Booth, "Effects of Brief Separation from Mother on Rhesus Monkeys," *Science* 173, no. 3992 (1971): 111-18. 참조

23 힌데는 다음 출처에서 멘토로 언급되었다. Peterson, *Jane Goodall*, chap. 19, and Goodall et al., "Remembering My Mentor."

24 Van Der Horst et al., "John Bowlby."

25 Blum, *Love at Goon Park*. 두 인용문은 2011년판 서문에서 발췌했다.

26 John Bowlby, "The Nature of the Child's Tie to His Mother," *International Journal of Psychoanalysis* 39 (1958): 350-73.

27 John Bowlby, *Attachment* (Basic Books, 1969/1982), 180.

28 Bowlby, *Attachment*, 207-8.

4장 원숭이 섬, 카요산티아고

1 카요산티아고의 역사에 관한 상세한 글은 여러 인터뷰와 몇 가지 역사적 자료에서 발췌했다. 가장 중요한 출처는 다음을 참조하라. Matt Kessler and Richard Rawlins. See Matthew J. Kessler and Richard G. Rawlins, "A 75-Year Pictorial History of the Cayo Santiago Rhesus Monkey Colony," *American*

Journal of Primatology 78, no. 1 (2016): 6-43; Richard G. Rawlins and Matt J. Kessler, "The History of the Cayo Santiago Colony," in Richard G. Rawlins and Matt J. Kessler, eds., *The Cayo Santiago Macaques: History, Behavior, and Biology* (SUNY Press, 1986). 다음 책에서도 인용했다. Donna J. Haraway, "A Semiotics of the Naturalistic Field: From C. R. Carpenter to S. A. Altmann, 1930-1955," in *Primate Visions: Gender, Race, and Nature in the World of Modern Science* (Routledge, 2013).

2 Jackie Buhl, in *Primates de Caraïbe* (2013), a documentary by Jean Christophe Ribot and Jack Silberman.

3 나는 로런 브렌트를 여러 차례 인터뷰했다. 전화로, 회의에 참석해서, 2015년 11월 예일대학교에서, 2017년 엑서터대학교에서 대화했다.

4 나는 카요섬을 2015년 7월과 2016년 5월에 방문했고 연구자·조수·사육사를 합해 8명을 인터뷰했다.

5 카요섬이 히말라야원숭이 서식지로 조성되기까지 얽힌 이야기와 준비 과정은 다음 책에 인용된 많은 과학 논문을 참조했다. K. K. Watson et al., "Genetic Influences on Social Attention in Free-Ranging Rhesus Macaques," *Animal Behaviour* 103 (2015): 267-75.

6 Eva Hagberg Fisher, *How to Be Loved: A Memoir of Lifesaving Friendship* (Houghton Mifflin Harcourt, 2019). Reviewed in the *New York Times Book Review*, March 3, 2019.

7 Theodore M. Newcomb, *The Acquaintance Process* (New York: Holt, Rinehart & Winston, 1961).

8 카요섬에서 실시한 올트먼의 연구 역사에 관한 자료는 다음에서 발췌했다. Edward O. Wilson, *Naturalist* (Island Press, 2013), chap. 16; *Lord of the Ants* (Nova/WGBH by Windfall Films and Neil Patterson Productions, 2008); Haraway, *Primate Visions*, chap. 5.

9 올트먼은 《개미 대왕(Lord of the Ants)》에서 이렇게 서술했다.

10 Wilson, *Naturalist*, chap. 1, loc. 187, Kindle. 윌슨의 소년 시절에 관한 상세한 정보는 해당 회고록을 참조했다.

11 Wilson, *Naturalist*, chap. 10, loc. 1955.

12 Carl Zimmer, *Evolution: The Triumph of an Idea* (Harper Collins, 2001), 86. 이 책은 자연선택과 유전에 관한 사고의 역사를 간결하게 제공해준 주요 출처였다.

13 Zimmer, *Evolution*, 93.

14 해당 역사를 서술하기 위해 짐머의 책 외에도 윌슨이 쓴 《자연주의자(Naturalist)》의 7장을 참조했다.

15 Altmann in *Lord of the Ants*.

16 카요산티아고섬의 자세한 역사는 여러 차례의 인터뷰와 몇 가지 역사적 출처를 참조했다. 가장 중요한 자료는 다음과 같다. Kessler and Rawlins, "A 75-Year Pictorial History"; Rawlins and Kessler, "History of the Cayo"; and Haraway, *Primate Visions*.

17 카요를 원숭이 서식지로 만드는 과정을 설명한 카펜터의 글은 다음 책으로 재출간되었다. Rawlins and Kessler, "History of the Cayo," 14 – 21.

18 다음 출처에서 인용했다. Haraway, *Primate Visions*, 93.

19 Stuart A. Altmann, "A Field Study of the Sociobiology of Rhesus Monkeys, *Macaca mulatta*" (Annals of the New York Academy of Science, 1962).

20 Wilson, *Naturalist*, chap. 16, loc. 3884.

21 Wilson, *Naturalist*, chap. 16, loc. 3897.

22 *Lord of the Ants*.

23 E. O. Wilson, *Sociobiology: The New Synthesis* (Harvard University Press, 1975/2000), 1.

24 Wilson, *Naturalist*, chap. 16, loc. 3964.

25 William D. Hamilton, "The Genetical Evolution of Social Behaviour I," *Journal of Theoretical Biology* 7, no. 1 (1964): 1 – 16.

26 Robert Trivers, *Natural Selection and Social Theory: Collected Papers of Robert Trivers* (Oxford University Press, 2002), 10.

27 윌슨은 《자연주의자》의 16장에서 해밀턴과 했던 대화를 서술했다.

28 George C. Williams, *Adaptation and Natural Selection* (Princeton University Press, 1966).

29 Robert L. Trivers, "The Evolution of Reciprocal Altruism," *Quarterly Review of Biology* 46, no. 1 (1971): 35–57.

30 Wilson, *Sociobiology*, chap. 1, loc. 542, Kindle.

31 Wilson, *Sociobiology*, chap. 27, loc. 17102.

32 Elizabeth Allen et al., "Against 'Sociobiology,'" *New York Review of Books*, November 13, 1975.

33 Boyce Rensberger, "Sociobiology: Updating Darwin on Behavior," *New York Times*, May 28, 1975, 1.

34 "Why You Do What You Do," *Time*, August 1, 1977.

5장 사회적 뇌의 형성 과정

1 Sarah Blaffer Hrdy, *Mothers and Others: The Evolutionary Origins of Mutual Understanding* (Harvard University Press, 2009), 6.

2 Konner, *Evolution of Childhood*, 89.

3 나는 마크 존슨을 인터뷰했다.

4 Bowlby, *Attachment*, 265.

5 캔위셔연구소는 다음 사이트에 강의 동영상을 올렸다. https://nancysbrain talks.mit.edu/video/humans-are-highly-social-species.

6 Paul D. MacLean and Vojetch Adalbert Kral, *A Triune Concept of the Brain and Behaviour* (University of Toronto Press, 1973).

7 사회적 뇌를 설명하기 위해 마이클 플랫, 탈리아 휘틀리(Thalia Wheatley), 캐럴린 파킨슨(Carolyn Parkinson), 랠프 아돌프스(Ralph Adolphs)의 연구를 포함해 많은 출처, 강연, 인터뷰를 인용했다. 일부를 나열하면 다음과 같다. Sébastien Tremblay, K. M. Sharika, and Michael L. Platt, "Social Decision-Making and the Brain: A Comparative Perspective," *Trends in Cognitive Sciences* 21, no. 4 (2017): 265–76; Carolyn Parkinson and Thalia Wheatley, "The Repurposed Social Brain," *Trends in Cognitive Sciences* 19, no. 3 (2015): 133–41; Ralph Adolphs, "The Social Brain: Neural Basis of Social Knowledge," *Annual Review of Psychology* 60 (2009): 693–716.

8 나는 세라 로이드-폭스(Sarah Lloyd- Fox)를 인터뷰했다.

9 M. H. Johnson, J. J. Bolhuis, and G. Horn, "Interaction between Acquired Preferences and Developing Predispositions during Imprinting," *Animal Behaviour* 33, no. 3 (1985): 1000 – 1006.

10 Mark Johnson, "Memories of Mother," *New Scientist* 117, no. 1600 (1988): 60 – 62.

11 Warren Jones and Ami Klin, "Attention to Eyes Is Present but in Decline in 2 – 6-month-old Infants Later Diagnosed with Autism," *Nature* 504, no. 7480 (2013): 427.

12 R. Jenkins, A. J. Dowsett, and A. M. Burton, "How Many Faces Do People Know?" *Proceedings of the Royal Society B* 285, no. 1888 (2018): 20181319.

13 Lisa Feldman Barrett, *How Emotions Are Made: The Secret Life of the Brain* (Houghton, Mifflin Harcourt, 2017).

14 Carolyn C. Goren, Merrill Sarty, and Paul Y. K. Wu, "Visual Following and Pattern Discrimination of Face-like Stimuli by Newborn Infants," *Pediatrics* 56, no. 4 (1975): 544 – 49.

15 Mark H. Johnson et al., "Newborns' Preferential Tracking of Face-like Stimuli and Its Subsequent Decline," *Cognition* 40, no. 1 – 2 (1991): 1 – 19.

16 Nancy Kanwisher TED Talk, March 2014.

17 Nancy Kanwisher, Josh McDermott, and Marvin M. Chun, "The Fusiform Face Area: A Module in Human Extrastriate Cortex Specialized for Face Perception," *Journal of Neuroscience* 17, no. 11 (1997): 4302 – 11.

18 Michael J. Arcaro et al., "Seeing Faces Is Necessary for Face-Domain Formation," *Nature Neuroscience* 20, no. 10 (2017): 1404.

19 Sarah Lloyd-Fox et al., "Social Perception in Infancy: A Near Infrared Spectroscopy Study," *Child Development* 80, no. 4 (2009): 986 – 99.

20 Sarah Lloyd-Fox et al., "Cortical Specialisation to Social Stimuli from the First Days to the Second Year of Life: A Rural Gambian Cohort," *Developmental Cognitive Neuroscience* 25 (2017): 92 – 104.

21 Lise Eliot, *What's Going on in There? How the Brain and Mind Develop in*

the First Five Years of Life (Bantam Books, 1999), chap. 10.

22 Sarah Lloyd-Fox et al., "The Emergence of Cerebral Specialization for the Human Voice over the First Months of Life," *Social Neuroscience* 7, no. 3 (2012): 317‒30.

23 나는 대니얼 에이브럼스를 인터뷰했다. Daniel A. Abrams et al., "Neural Circuits Underlying Mother's Voice Perception Predict Social Communication Abilities in Children," *Proceedings of the National Academy of Sciences* 113, no. 22 (2016): 6295‒6300.

24 Lydia Denworth, "The Social Power of Touch," *Scientific American Mind* 26, no. 4 (2015): 30‒39.

25 나는 호칸 올라우손을 인터뷰했다.

26 나는 호칸 올라우손과 프랜시스 맥글론(Francis McGlone)을 인터뷰했고, 감정적 촉각에 관한 문헌을 인용했다. Francis McGlone, Johan Wessberg, and Håkan Olausson, "Discriminative and Affective Touch: Sensing and Feeling," *Neuron* 82, no. 4 (2014): 737‒55; Line S. Loken et al., "Coding of Pleasant Touch by Unmyelinated Afferents in Humans," *Nature Neuroscience* 12, no. 5 (2009): 547.

27 Konner, *Evolution of Childhood*, 219‒20.

28 Autism: Sarah Lloyd-Fox et al., "Cortical Responses before 6 Months of Life Associate with Later Autism," *European Journal of Neuroscience* 47, no. 6 (2018): 736‒49.

29 나는 프란스 드 발을 인터뷰했다. Frans B. De Waal, "Putting the Altruism Back into Altruism: The Evolution of Empathy," *Annual Review of Psychology* 59 (2008): 279‒300.

30 Lydia Denworth, "I Feel Your Pain," *Scientific American* 317, no. 6 (2017): 58‒63.

31 나는 자밀 재키를 인터뷰했다.

32 Frans De Waal lecture, Primate Society of Great Britain, December 2017.

33 Carolyn Zahn-Waxler et al., "Development of Concern for Others," *Developmental Psychology* 28, no. 1 (1992): 126.

34 Recounted by Rebecca Saxe at TEDGlobal 2009, "How We Read Each Other's Minds."

35 Michael Tomasello, *Why We Cooperate* (MIT Press, 2009).

6장 돌봄의 본능과 우정의 진화

1 나는 2018년 3월 앨버츠와 함께 암보셀리를 방문했다.

2 Joan B. Silk, Susan C. Alberts, and Jeanne Altmann, "Social Bonds of Female Baboons Enhance Infant Survival," *Science* 302, no. 5648 (2003): 1231 – 34.

3 Nicholas K. Humphrey, "The Social Function of Intellect," in *Growing Points in Ethology*, eds. P. P. G. Bateson and R. A. Hinde (Cambridge University Press, 1976), 303 – 17.

4 Richard W. Byrne and Andrew Whiten, eds. *Machiavellian Intelligence: Social Expertise and the Evolution of Intellect in Monkeys, Apes, and Humans* (Oxford University Press, 1990).

5 Robin I. M. Dunbar, "The Social Brain Hypothesis," *Evolutionary Anthropology: Issues, News, and Reviews* 6, no. 5 (1998): 178 – 90.

6 Alex R. DeCasien, Scott A. Williams, and James P. Higham, "Primate Brain Size Is Predicted by Diet but Not Sociality," *Nature Ecology and Evolution* 1, no. 5 (2017): 0112.

7 Chris Venditti, "Evolution: Eating Away at the Social Brain," *Nature Ecology and Evolution* 1, no. 5 (2017): 0122.

8 나는 로버트 세이파스를 인터뷰했다.

9 인용문은 내가 마크 리리와 인터뷰한 내용에서 발췌했다. 자세한 내용은 리리의 영상 인터뷰(https://vimeo.com/34785200)와 다음 논문에서 발췌했다. Roy F. Baumeister and Mark R. Leary, "The Need to Belong: Desire for Interpersonal Attachments as a Fundamental Human Motivation," *Psychological Bulletin* 117, no. 3 (1995): 497.

10 Baumeister and Leary, "Need to Belong."

11 Shelley E. Taylor, *The Tending Instinct: How Nurturing Is Essential to Who*

We Are and How We Live (Macmillan, 2002), chap. 2, loc. 290, Kindle.

12 Shelley E. Taylor et al., "Biobehavioral Responses to Stress in Females: Tend- and-Befriend, Not Fight-or-Flight," *Psychological Review* 107, no. 3 (2000): 411.

13 Taylor, *Tending Instinct*, chap. 1, loc. 153–165.

14 나는 진 올트먼을 인터뷰했다. Jeanne Altmann, "Motherhood, Methods and Monkeys: An Intertwined Professional and Personal Life," in *Leaders in Animal Behavior: The Second Generation*, eds. Lee Drickamer and Donald Dewsbury (Cambridge University Press, 2009), 39–57.

15 Jeanne Altmann, "Observational Study of Behavior: Sampling Methods," *Behaviour* 49, no. 3–4 (1974): 227–66.

16 암보셀리 프로젝트의 연혁을 살펴보려면 다음을 참조하라. Susan C. Alberts and Jeanne Altmann, "The Amboseli Baboon Research Project: 40 Years of Continuity and Change," in *Long-Term Field Studies of Primates*, eds. Peter M. Kappeler and David P. Watts (Springer, Berlin: Heidelberg, 2012), 261–87.

17 나는 로버트 세이파스와 도로시 체니를 인터뷰했다.

18 Dorothy L. Cheney and Robert M. Seyfarth, *Baboon Metaphysics: The Evolution of a Social Mind* (University of Chicago Press, 2008), 10–11.

19 녹음재생 실험에 대해 좀 더 살펴보려면 다음을 참조하라. Dorothy L. Cheney and Robert M. Seyfarth, *How Monkeys See the World: Inside the Mind of Another Species* (University of Chicago Press, 1990).

20 Cheney and Seyfarth, *Baboon Metaphysics*, 12.

21 Dorothy Cheney, Robert Seyfarth, and Barbara Smuts, "Social Relationships and Social Cognition in Nonhuman Primates," *Science* 234, no. 4782 (1986): 1361–66.

22 Barbara B. Smuts, *Sex and Friendship in Baboons* (Aldine de Gruyter, 1985).

23 실비아와 시에라에 얽힌 이야기는 다음을 참조하라. Cheney and Seyfarth, *Baboon Metaphysics*, 87–88.

24 나는 조앤 실크(Joan Silk)를 인터뷰했다.

25 Silk, "Using the 'F'- Word," 421.

26 Robin Sloan, *Mr. Penumbra's 24-Hour Bookstore* (Farrar, Straus and Giroux, 2012), loc. 448, Kindle.

27 사회적 유대의 영향력을 다룬 논문에 대한 자세한 내용은 내가 조앤 실크와 수전 앨버츠를 상대로 실시한 인터뷰에서 발췌했다.

28 다음을 참조하라. Silk, Alberts, and Altmann, "Social Bonds of Female Baboons," 1231–34; Thore J. Bergman et al., "Hierarchical Classification by Rank and Kinship in Baboons," *Science* 302, no. 5648 (2003): 1234–36.

29 Joan B. Silk, Jeanne Altmann, and Susan C. Alberts, "Social Relationships among Adult Female Baboons (*Papio cynocephalus*) I: Variation in the Strength of Social Bonds," *Behavioral Ecology and Sociobiology* 61, no. 2 (2006): 183–95; Joan B. Silk, Susan C. Alberts, and Jeanne Altmann, "Social Relationships among Adult Female Baboons (*Papio cynocephalus*) II: Variation in the Quality and Stability of Social Bonds," *Behavioral Ecology and Sociobiology* 61, no. 2 (2006): 197–204.

30 Joan B. Silk et al., "The Benefits of Social Capital: Close Social Bonds among Female Baboons Enhance Offspring Survival," *Proceedings of the Royal Society B: Biological Sciences* 276, no. 1670 (2009): 3099–104.

31 Joan B. Silk et al., "Strong and Consistent Social Bonds Enhance the Longevity of Female Baboons," *Current Biology* 20, no. 15 (2010): 1359–61.

32 Elizabeth A. Archie et al., "Social Affiliation Matters: Both Same-Sex and Opposite-Sex Relationships Predict Survival in Wild Female Baboons," *Proceedings of the Royal Society B: Biological Sciences* 281, no. 1793 (2014): 20141261.

33 Robert M. Seyfarth and Dorothy L. Cheney, "The Evolutionary Origins of Friendship," *Annual Review of Psychology* 63 (2012): 153–77.

34 Cacioppo, "What's Social."

7장 사회적 관계의 3단계 동심원

1 Daniel J. Hruschka, *Friendship: Development, Ecology, and Evolution of a Relationship*, vol. 5 (University of California Press, 2010).

2 Ethan Watters, *Urban Tribes: A Generation Redefines Friendship, Family, and Commitment* (Bloomsbury, 2003).

3 Tamas David-Barrett et al., "Communication with Family and Friends across the Life Course," *PloS One* 11, no. 11 (2016): e0165687.

4 Fehr, *Friendship Processes*, 82–83.

5 Michael Laakasuo et al., "The Company You Keep: Personality and Friendship Characteristics," *Social Psychological and Personality Science* 8, no. 1 (2017): 66–73.

6 모든 사례는 다음에서 발췌했다. Sarah H. Matthews, "Friendship Styles" in *Aging and Everyday Life*, eds. Jaber F. Gubrium and James A. Holstein (Blackwell, 2000), 155–94.

7 Martina Miche, Oliver Huxhold, and Nan L. Stevens, "A Latent Class Analysis of Friendship Network Types and Their Predictors in the Second Half of Life," *Journals of Gerontology Series B: Psychological Sciences and Social Sciences* 68, no. 4 (2013): 644–52.

8 Joseph Henrich, Steven J. Heine, and Ara Norenzayan, "The Weirdest People in the World?" *Behavioral and Brain Sciences* 33, no. 2–3 (2010): 61–83.

9 모든 사례는 다음에서 발췌했다. Hruschka, *Friendship*.

10 Hruschka, *Friendship*, 168.

11 Hruschka, *Friendship*, 184.

12 나는 대니얼 흐루슈카를 인터뷰했다.

13 Robert L. Kahn and Toni C. Antonucci, "Convoys over the Life-Course: Attachment, Roles and Social Support," in *Life-Span Development and Behavior*, eds. Paul B. Baltes and Orville G. Brim (Academic Press, 1980), 253–86.

14 나는 토니 안토누치를 인터뷰했다.

15 이러한 통계에 대한 자세한 토론 내용을 살펴보려면 다음을 참조하라. Claude S. Fischer, *Still Connected: Family and Friends in America Since 1970* (Russell Sage Foundation, 2011), 44–49; Nicholas A. Christakis and James H.

Fowler, *Connected: The Surprising Power of Our Social Networks and How They Shape Our Lives* (Little, Brown, 2009), 18.

16 Christakis and Fowler, *Connected*, 18.

17 논문의 제목은 다음과 같다. Miller McPherson, Lynn Smith-Lovin, and Matthew E. Brashears, "Social Isolation in America: Changes in Core Discussion Networks over Two Decades," *American Sociological Review* 71, no. 3 (2006): 353-75. 책에 인용한 표제에 관해 자세히 살펴보려면 다음을 참조하라. Fischer, *Still Connected*, 1.

18 자세한 내용을 살펴보려면 다음을 참조하라. Fischer, *Still Connected*, 1-2; Hruschka, Santa Fe Institute lecture, July 20, 2012.

19 Keith N. Hampton, Lauren F. Sessions, and Eun Ja Her, "Core Networks, Social Isolation, and New Media: How Internet and Mobile Phone Use Is Related to Network Size and Diversity," *Information, Communication and Society* 14, no. 1 (2011): 130-55.

20 Christakis and Fowler, *Connected*, 18.

21 Fischer, *Still Connected*, 48.

22 Christakis and Fowler, *Connected*, 18; Toni C. Antonucci and Hiroko Akiyama, "Social Networks in Adult Life and a Preliminary Examination of the Convoy Model," *Journal of Gerontology* 42, no. 5 (1987): 519-27. 이외에도 토니 안토누치를 인터뷰한 내용을 참조했다.

23 Toni C. Antonucci, Kristine J. Ajrouch, and Kira S. Birditt, "The Convoy Model: Explaining Social Relations from a Multidisciplinary Perspective," *The Gerontologist* 54, no. 1 (2013): 82-92.

24 나는 버트 우치노를 인터뷰했다. Janice K. Kiecolt-Glaser, and Tamara L. Newton, "Marriage and Health: His and Hers," *Psychological Bulletin* 127, no. 4 (2001): 472-503.

25 H. Russell Bernard, Eugene C. Johnsen, Peter D. Killworth, Christopher McCarty, Gene A. Shelley, and Scott Robinson, "Comparing Four Different Methods for Measuring Personal Social Networks," *Social Networks* 12, no. 3 (1990): 179-215.

26 Eli J. Finkel, "The All-or-Nothing Marriage," *New York Times*, February 14. 2014, SR1.

27 Ethan Watters, "The Way We Live Now: In My Tribe," *New York Times Magazine*, October 14, 2001.

28 "Record Share of Americans Have Never Married," Pew Research Center, September 24, 2014.

29 Anna Goldfarb, "How to Maintain Sibling Relationships," *New York Times*, May 8, 2018.

30 Catherine Saint Louis, "Debunking Myths about Estrangement," *New York Times*, December 20, 2017.

31 Kylie Agllias, "Family Estrangement: Aberration or Common Occurrence?" *Psychology Today* (blog), September 8, 2014.

32 첫 논문은 다음과 같다. Jari Saramaki et al., "Persistence of Social Signatures in Human Communication," *Proceedings of the National Academy of Sciences* 111, no. 3 (2014): 942 – 47. 더욱 큰 규모의 연구는 다음을 참조하라. Sara Heydari et al., "Multichannel Social Signatures and Persistent Features of Ego Networks," *Applied Network Science* 3, no. 1 (2018): 8.

33 George A. Lundberg and Mary Steele, "Social Attraction-Patterns in a Village," *Sociometry* (1938): 375 – 419.

34 Christakis and Fowler, *Connected*, xiii – xiv. 나는 니컬러스 크리스태키스를 인터뷰했다.

35 Christakis and Fowler, *Connected*, 17.

36 Christakis and Fowler, *Connected*, 22.

37 행복 연구와 파울러의 인용문을 살펴보려면 다음을 참조하라. Christakis and Fowler, *Connected*, 49 – 54; Clive Thompson, "Are Your Friends Making You Fat?" *New York Times Magazine*, September 10, 2009.

38 최초 작업을 살펴보려면 다음을 참조하라. Mark S. Granovetter, "The Strength of Weak Ties," in *Social Networks*, ed. Samuel Leinhardt (Academic Press, 1977), 347 – 67.

39 Mario Luis Small, *Someone to Talk To* (Oxford University Press, 2017).

40 인용문은 내가 마리오 루이스 스몰을 상대로 실시한 인터뷰 내용에서 발췌했다.

41 Hruschka, *Friendship*, 140.

42 Jane Fonda and Lily Tomlin, TEDWomen, May 2015.

43 Hruschka, *Friendship*, 143.

44 나는 제프리 홀을 인터뷰했다.

45 Jeffrey A. Hall, "Sex Differences in Friendship Expectations: A Meta-Analysis," *Journal of Social and Personal Relationships* 28, no. 6 (2011): 723-47.

46 나는 웬디 가드너를 인터뷰했다. 다음도 참조하라. Elaine O. Cheung et al., "Emotionships: Examining People's Emotion-Regulation Relationships and Their Consequences for Well-Being," *Social Psychological and Personality Science* 6, no. 4 (2015): 407-14.

47 Arthur Aron et al., "The Experimental Generation of Interpersonal Closeness: A Procedure and Some Preliminary Findings," *Personality and Social Psychology Bulletin* 23, no. 4 (1997): 363-77.

48 다음을 참조하라. Daniel Jones, "Modern Love," *New York Times*, January 9, 2015.

49 나는 베벌리 페르를 인터뷰했다.

50 Fehr, *Friendship Processes*, 10-11.

51 Jeffrey A. Hall, "How Many Hours Does It Take to Make a Friend?," *Journal of Social Personal Relationships* 36, no. 4 (2019): 1278-6.

8장 디지털 세상의 우정

1 홀랜더가 진행한 프로젝트를 자세히 살펴보려면 다음을 참조하라. www.areyoureallymyfriend.com.

2 "Internet, Social Media Use and Device Ownership in U.S. Have Plateaued after Years of Growth," September 28, 2018; "Social Media Fact Sheet," February 5, 2018; "Teens, Social Media & Technology 2018," May 31, 2018.

3 Keith N. Hampton and Barry Wellman, "Lost and Saved ... Again: The

Moral Panic about the Loss of Community Takes Hold of Social Media,"
Contemporary Sociology 47, no. 6 (2018): 643–51.

4   Jean Twenge, "Have Smartphones Destroyed a Generation?" *The Atlantic*,
September 2017.

5   나는 제프 행콕을 인터뷰했다. 행콕의 주장을 살펴보려면 다음을 참조하라.
"Psychological Well-Being and Social Media Use: A Meta-Analysis," at
International Communication Association, May 2019.

6   Amy Orben and Andrew Przybylski, "The Association Between Adolescent
Well-Being and Digital Technology Use," *Nature Human Behaviour* 3, no.
2 (2019): 173. 나는 오벤과 프르지빌스키를 인터뷰했다.

7   나는 에리얼 셴사(Ariel Shensa)와 트레이시 데니스-티와리(Tracy Dennis-
Tiwary)를 인터뷰했다.

8   Rebecca P. Yu et al., "The Relationships That Matter: Social Network Site
Use and Social Wellbeing among Older Adults in the United States of
America," *Ageing and Society* 36, no. 9 (2016): 1826–52.

9   Keith Hampton et al., "Social Networking Sites and Our Lives," *Pew Internet
and American Life Project* 16 (2011): 1–85.

10   Hampton et al., "Social Networking," 42.

11   Brian A. Primack et al., "Social Media Use and Perceived Social Isolation
among Young Adults in the US," *American Journal of Preventive Medicine*
53, no. 1 (2017): 1–.

12   나는 키스 햄프턴을 인터뷰했다.

13   Jessica Vitak et al., "The Ties That Bond: Re- examining the Relationship
between Facebook Use and Bonding Social Capital," in 2011 44th *Hawaii
International Conference on System Sciences* (IEEE, 2011), 1–10.

14   Sarah Myruski et al., "Digital Disruption? Maternal Mobile Device Use Is
Related to Infant Social-Emotional Functioning," *Developmental Science* 21,
no. 4 (2018): e12610.

15   Fischer, *Still Connected*, 9.

16   Fischer, *Still Connected*, 60.

17 나는 캔디스 오저스(Candice Odgers)를 인터뷰했다.

18 Joanna C. Yau and Stephanie M. Reich, "Are the Qualities of Adolescents' Offline Friendships Present in Digital Interactions?," *Adolescent Research Review* 3, no. 3 (2018): 339–55.

19 Pew Research Center, "Teens, Technology & Friendships," August 2015.

20 Matt Richtel, "Growing Up Digital, Wired for Distraction," *New York Times*, November 21, 2010.

21 Amy Orben et. al., "Social Media's Enduring Effect on Adolescent Life Satisfaction," *Proceedings of the National Academy of Sciences* 116, no. 21 (2019): 10226–28.

22 Perri Klass, "When Social Media Is Really Problematic for Adolescents," *New York Times*, June 3, 2019.

23 Andrew K. Przybylski and Netta Weinstein, "A Large-Scale Test of the Goldilocks Hypothesis: Quantifying the Relations between Digital-Screen Use and the Mental Well-Being of Adolescents," *Psychological Science* 28, no. 2 (2017): 204–15.

9장 우정과 유전자

1 나는 니컬러스 크리스태키스를 인터뷰했다.

2 다음을 참조하라. Carl Zimmer, *She Has Her Mother's Laugh: The Powers, Perversions and Potential of Heredity* (Dutton, 2018), 264–67. 이 책에서 특히 9장은 유전의 복잡성을 살펴볼 수 있는 탁월한 출처이다.

3 James H. Fowler, Christopher T. Dawes, and Nicholas A. Christakis, "Model of Genetic Variation in Human Social Networks," *Proceedings of the National Academy of Sciences* 106, no. 6 (2009): 1720–24.

4 James H. Fowler, Jaime E. Settle, and Nicholas A. Christakis, "Correlated Genotypes in Friendship Networks," *Proceedings of the National Academy of Sciences* 108, no. 5 (2011): 1993–97.

5 Nicholas A. Christakis and James H. Fowler, "Friendship and Natural Selection," *Proceedings of the National Academy of Sciences* 111, no. 3

(2014): 10796 – 801.

6 Michael Platt in "Leaders in Social Neuroscience: An Interview with Dr. Michael Platt," posted September 3, 2013, on www.social-neuroscience.org (사이트를 재정비하면서 해당 페이지가 삭제되었다.)

7 나는 마이클 플랫을 인터뷰했다.

8 예를 들어 다음을 참조하라. "Apes on a Plane" in Hrdy, *Mothers and Others*, 1.

9 카요섬에 형성되어 있는 사회적 네트워크의 형태를 살펴보려면 다음을 참조하라. Lauren J. N. Brent et al., "Genetic Origins of Social Networks in Rhesus Macaques," *Scientific Reports* 3 (2013): 1042.

10 Lauren Brent, Lab Talk at the Human Nature Lab (headed by Nicholas Christakis), Yale University, November 5, 2015.

11 예를 들어 다음을 참조하라. Noah Snyder-Mackler et al., "Social Status Alters Chromatin Accessibility and the Gene Regulatory Response to Glucocorticoid Stimulation in Rhesus Macaques," *Proceedings of the National Academy of Sciences* 116, no. 4 (2019): 1219 – 28; Amanda J. Lea et al., "Dominance Rank-Associated Gene Expression Is Widespread, Sex-Specific, and a Precursor to High Social Status in Wild Male Baboons," *Proceedings of the National Academy of Sciences* 115, no. 52 (2018): E12163 – 71.

12 Zimmer, *She Has Her Mother's Laugh*, 277 – 81.

13 Brent, "Genetic Origins."

14 개인적인 자세한 사연과 직접적인 인용은 모두 내가 존 캐피태니오를 상대로 실시한 인터뷰에서 발췌했다.

15 존 캐피태니오와의 인터뷰. 다음도 참조하라. John P. Capitanio, "Individual Differences in Emotionality: Social Temperament and Health," *American Journal of Primatology* 73, no. 6 (2011): 507 – 15.

16 나는 스티브 콜을 인터뷰했다.

17 Steven W. Cole et al., "Myeloid Differentiation Architecture of Leukocyte Transcriptome Dynamics in Perceived Social Isolation," *Proceedings of the National Academy of Sciences* 112, no. 49 (2015): 15142 – 47.

18 Cole, "Psychosocial Influences."

19 Erica K. Sloan et al., "Social Stress Enhances Sympathetic Innervation of Primate Lymph Nodes: Mechanisms and Implications for Viral Pathogenesis," *Journal of Neuroscience* 27, no. 33 (2007): 8857–65.

20 John P. Capitanio and Steven W. Cole, "Social Instability and Immunity in Rhesus Monkeys: The Role of the Sympathetic Nervous System," *Philosophical Transactions of the Royal Society B: Biological Sciences* 370, no. 1669 (2015): 20140104.

21 해당 연구는 독특하게도 인간과 히말라야원숭이를 포함시켰다. Steven W. Cole et al., "Myeloid Differentiation Architecture of Leukocyte Transcriptome Dynamics in Perceived Social Isolation," *Proceedings of the National Academy of Sciences* 112, no. 49 (2015): 15142–47.

22 Capitanio and Cole, "Social Instability."

23 Gregory E. Miller et al., "A Functional Genomic Fingerprint of Chronic Stress in Humans: Blunted Glucocorticoid and Increased NF-κB Signaling," *Biological Psychiatry* 64, no. 4 (2008): 266–72.

24 개요를 보려면 다음을 참조하라. Steven W. Cole, "Human Social Genomics," *PLoS Genetics* 10, no. 8 (2014): e1004601.

10장 뇌 속에 형성된 우정과 유대

1 Daniel P. Kennedy and Ralph Adolphs, "The Social Brain in Psychiatric and Neurological Disorders," *Trends in Cognitive Sciences* 16, no. 11 (2012): 559–72.

2 나는 탈리아 휘틀리를 인터뷰했다.

3 다음을 참조하라. J. P. Mitchell and T. F. Heatherton, "Components of a Social Brain," *Cognitive Neurosciences* IV (2009): 951–58; Ralph Adolphs, "The Social Brain: Neural Basis of Social Knowledge," *Annual Review of Psychology* 60 (2009): 693–716.

4 파티에 참석했던 내 사례를 다음 논문에서 제시한 사례에 맞게 바꿨다. Sébastien Tremblay, K. M. Sharika, and Michael L. Platt, "Social Decision-

Making and the Brain: A Comparative Perspective," *Trends in Cognitive Sciences* 21, no. 4 (2017): 265–76. 해당 논문은 뇌 영역별 기능에 대한 자세한 정보를 제공했다.

5 Edith Wharton, *A Backward Glance: Reminiscences* (New York: D. Appleton & Company, 1934), 115.

6 Arthur Aron and Barbara Fraley, "Relationship Closeness as Including Other in the Self: Cognitive Underpinnings and Measures," *Social Cognition* 17, no. 2 (1999): 140–60.

7 Wendi L. Gardner, Shira Gabriel, and Laura Hochschild, "When You and I Are 'We,' You Are Not Threatening: The Role of Self Expansion in Social Comparison," *Journal of Personality and Social Psychology* 82, no. 2 (2002): 239.

8 해당 예들을 더욱 자세히 살펴보려면 다음을 참조하라. Hruschka, *Friendship*, 30–34.

9 Tania Singer et al., "Empathy for Pain Involves the Affective but Not Sensory Components of Pain," *Science* 303, no. 5661 (2004): 1157–62.

10 Lydia Denworth, "I Feel Your Pain," *Scientific American* 317, no. 6 (2017): 58–63.

11 Lane Beckes, James A. Coan, and Karen Hasselmo, "Familiarity Promotes the Blurring of Self and Other in the Neural Representation of Threat," *Social Cognitive and Affective Neuroscience* 8, no. 6 (2012): 670–77.

12 다음도 참조하라. Lauren J. N. Brent et al., "The Neuroethology of Friendship," *Annals of the New York Academy of Sciences* 1316, no. 1 (2014): 1–17.

13 Wei Song Ong, Seth Madlon-Kay, and Michael L. Platt, "Neuronal Mechanisms of Strategic Cooperation," *BioRxiv* (2018): 500850.

14 해당 연구 내용의 많은 부분은 다음에 요약되어 있다. Tremblay et al., "Social Decision-Making."

15 Randi Hutter Epstein, *Aroused: The History of Hormones and How They Control Just about Everything* (W. W. Norton & Company, 2018), 7.

16 Paul J. Zak, *The Moral Molecule: How Trust Works* (Penguin, 2013), 23.

17 Jennifer N. Ferguson et al., "Oxytocin in the Medial Amygdala Is Essential for Social Recognition in the Mouse," *Journal of Neuroscience* 21, no. 20 (2001): 8278 – 85; Zoe R. Donaldson and Larry J. Young, "Oxytocin, Vasopressin, and the Neurogenetics of Sociality," *Science* 322, no. 5903 (2008): 900 – 4.

18 Steve W. Chang and Michael L. Platt, "Oxytocin and Social Cognition in Rhesus Macaques: Implications for Understanding and Treating Human Psychopathology," *Brain Research* 1580 (2014): 57 – 68.

19 좀 더 자세한 사항을 살펴보려면 다음을 참조하라. Tremblay et al., "Social Decision- Making."

20 Catherine Crockford et al., "Urinary Oxytocin and Social Bonding in Related and Unrelated Wild Chimpanzees," *Proceedings of the Royal Society B: Biological Sciences* 280, no. 1755 (2013): 20122765.

21 James P. Burkett et al., "Oxytocin-Dependent Consolation Behavior in Rodents," *Science* 351, no. 6271 (2016): 375 – 78.

22 나는 제임스 버켓을 인터뷰했다.

23 나는 자밀 재키를 인터뷰했다.

24 Sandra Manninen et al., "Social Laughter Triggers Endogenous Opioid Release in Humans," *Journal of Neuroscience* 37, no. 25 (2017): 6125 – 31.

25 나는 캐럴린 파킨슨을 인터뷰했다.

26 Carolyn Parkinson, Adam M. Kleinbaum, and Thalia Wheatley, "Similar Neural Responses Predict Friendship," *Nature Communications* 9, no. 1 (2018): 332.

27 휘틀리가 내게 설명했다. 해당 연구는 아직 발표되지 않았다.

28 나는 탈리아 휘틀리와 에마 템플턴을 인터뷰했다.

29 Dana Bevilacqua et al., "Brain-to-Brain Synchrony and Learning Outcomes Vary by Student – Teacher Dynamics: Evidence from a Real-World Classroom Electroencephalography Study," *Journal of Cognitive Neuroscience* 31, no. 3 (2019): 401 – 11; Kelong Lu and Ning Hao, "When

Do We Fall in Neural Synchrony with Others?" *Social Cognitive and Affective Neuroscience* (2019).

30 내용을 살펴보려면 다음을 참조하라. Uri Hasson and Chris D. Frith, "Mirroring and Beyond: Coupled Dynamics as a Generalized Framework for Modelling Social Interactions," *Philosophical Transactions of the Royal Society B: Biological Sciences* 371, no. 1693 (2016): 20150366.

31 Joy Hirsch et al., "Frontal Temporal and Parietal Systems Synchronize within and across Brains during Live Eye-to-Eye Contact," *Neuroimage* 157 (2017): 314-30. 나는 조이 허슈를 인터뷰했다.

11장 멋진 삶의 비결

1 폴라 더턴이 겪은 자세한 경험은 내가 더턴을 인터뷰한 내용과 다음 출처에서 발췌했다. Veronique de Turenne, "Lonely Planet," *U Magazine*, UCLA Health, Fall 2016.

2 제너레이션 엑스체인지 프로그램에 대한 자세한 사항은 내가 테리사 시먼과 공동 책임자 댄 모리스를 상대로 실시한 인터뷰에서 발췌했다.

3 Berkman and Seeman, "Influence of Social Relationships."

4 Teresa E. Seeman et al., "Social Network Ties and Mortality among the Elderly in the Alameda County Study," *American Journal of Epidemiology* 126, no. 4 (1987): 714-23.

5 나는 폴라 더턴, 린다 릭스, 마이클 트레버스, 테리사 브리셋을 인터뷰했다.

6 Jo Marchant, "Immunology: The Pursuit of Happiness," *Nature News* 503, no. 7477 (2013): 458.

7 Lucy Rock, "Life Gets Better after 50: Why Age Tends to Work in Favour of Happiness," *The Guardian*, May 5, 2018.

8 David G. Blanchflower and Andrew J. Oswald, "Is Well-Being U-Shaped over the Life Cycle?" *Social Science and Medicine* 66, no. 8 (2008): 1733-49.

9 Laura L. Carstensen, Helene H. Fung, and Susan T. Charles, "Socioemotional Selectivity Theory and the Regulation of Emotion in the Second Half of

Life," *Motivation and Emotion* 27, no. 2 (2003): 103 – 23.

10 모든 통계의 출처는 퓨리서치센터다.

11 *The Loneliness Project* video published to YouTube on September 22, 2017, by Campaign to End Loneliness.

12 "Loneliness and Social Isolation in the United States, the United Kingdom, and Japan: An International Survey," The Kaiser Family Foundation, 2018; Cigna Survey, 2018; "Loneliness and Social Connections," AARP Survey, 2018.

13 Yang Claire Yang et al., "Social Relationships and Physiological Determinants of Longevity across the Human Life Span," *Proceedings of the National Academy of Sciences* 113, no. 3 (2016): 578 – 83.

14 William J. Chopik, "Associations among Relational Values, Support, Health, and Well-Being across the Adult Lifespan," *Personal Relationships* 24, no. 2 (2017): 408 – 22.

15 나는 줄리앤 홀트-룬스타드를 인터뷰했다.

16 상세한 사항은 다음에 수록되어 있다. Katie Hafner, "Researchers Confront an Epidemic of Loneliness," *New York Times*, September 5, 2016.

17 나는 리사 버크먼을 인터뷰했다.

18 Susan Pinker, *The Village Effect: How Face-to-Face Contact Can Make Us Healthier and Happier* (Spiegel & Grau, 2014), 51, 54.

19 Pinker, *Village Effect*, 54.

20 Julianne Holt-Lunstad, Theodore F. Robles, and David A. Sbarra, "Advancing Social Connection as a Public Health Priority in the United States," *American Psychologist* 72, no. 6 (2017): 517.

21 Joan DelFattore, "If You're Single with Cancer, You May Get Less Aggressive Treatment Than a Married Person," *Washington Post*, December 3, 2018.

22 Janet Adamy and Paul Overberg, "The Loneliest Generation: Americans, More Than Ever, Are Aging Alone," *Wall Street Journal*, December 11, 2018.

23 상세한 내용은 다음에서 발췌했다. George E. Vaillant and Kenneth Mukamal, "Successful Aging," *American Journal of Psychiatry* 158, no. 6 (2001): 839 – 47; Joshua Wolf Shenk, "What Makes Us Happy?" *The Atlantic*, June 2009.

24 Robert Wadlinger, "What Makes a Good Life? Lessons from the Longest Study on Happiness," TedXBeaconStreet, November 2015.

ㄱ

ㄴ

ㄷ

옮긴이 안기순

이화여자대학교 영어영문학과를 졸업하고, 동 대학 교육대학원에서 영어교육을
전공했다. 미국 워싱턴대학교에서 사회사업학 석사학위를 취득했다. 시애틀 소재
아시안카운슬링앤드리퍼럴서비스(The Asian Counseling & Referral Services)에서
카운슬러로 근무했으며 현재는 바른번역에서 전문 번역가로 활동 중이다. 주요
번역서로《일론 머스크, 미래의 설계자》《쇼터: 하루 4시간만 일하는 시대가 온다》
《린 인》《돈으로 살 수 없는 것들》등 다수가 있다.

최첨단 과학으로 밝혀낸
유대의 기원과 진화, 그 놀라운 힘

우정의 과학

초판 1쇄 인쇄 2021년 6월 18일
초판 1쇄 발행 2021년 7월 1일

지은이 리디아 덴워스
옮긴이 안기순
펴낸이 유정연

책임편집 백지선 **기획편집** 장보금 신성식 조현주 김수진 김경애 **디자인** 안수진 김소진
마케팅 임우열 박중혁 정문희 김예은 **제작** 임정호 **경영지원** 박소영

펴낸곳 흐름출판(주) **출판등록** 제313-2003-199호(2003년 5월 28일)
주소 서울시 마포구 월드컵북로5길 48-9(서교동)
전화 (02)325-4944 **팩스** (02)325-4945 **이메일** book@hbooks.co.kr
홈페이지 http://www.hbooks.co.kr **블로그** blog.naver.com/nextwave7
출력·인쇄·제본 성광인쇄 **용지** 월드페이퍼(주)

ISBN 978-89-6596-449-0 03180

─────── 지은이 ───────

리디아 덴워스

──────── Lydia Denworth ────────

과학 저널리스트이자 작가, 강연자. 주로 과학과 사회적 이
슈를 연결한 글을 저술해 왔다. 〈사이언티픽 아메리칸〉의
객원편집자, 〈사이콜로지투데이〉 블로거로 활동하며 〈뉴욕
타임스〉 〈뉴스위크〉 〈타임〉 〈월스트리트저널〉 등에 칼럼을
연재하고 있다. 대중과학서 《Toxic Truth》《I Can Hear
You Whisper》를 출간했다. 공익을 위한 과학 연구를 지
원하는 앨프리드 P. 슬론 재단의 지원을 받아 여러 대륙을
넘나들며 취재와 자료 조사를 진행하고 이 책을 완성했다.